中国共产党历史（地方卷）集成　社会主义革命和建设时期

中国共产党上海历史

第二卷（1949—1978）

中共上海市委党史研究室 著

中共党史出版社

图书在版编目(CIP)数据

中国共产党上海历史．第二卷，1949—1978 / 中共上海市委党史研究室著．-- 北京 ：中共党史出版社，2024.10. --（中国共产党历史（地方卷）集成）.
ISBN 978-7-5098-6667-2

Ⅰ.D235.51

中国国家版本馆 CIP 数据核字第 2024A0Z520 号

书　　名：中国共产党上海历史 第二卷（1949—1978）
作　　者：中共上海市委党史研究室

出版发行：中共党史出版社
责任编辑：李杨
责任校对：申宁
责任印制：段文超
社　　址：北京市海淀区芙蓉里南街 6 号院 1 号楼　**邮编：**100080
网　　址：www.dscbs.com
经　　销：新华书店
印　　刷：北京君升印刷有限公司
开　　本：710mm×1000mm　1/16
字　　数：460 千字
印　　张：30.75　25 面插页
版　　次：2024 年 10 月第 1 版
印　　次：2024 年 10 月第 1 次印刷
书　　号：ISBN 978-7-5098-6667-2
定　　价：80.00 元

此书如有印装质量问题，请联系中共党史出版社读者服务部　电话：010-83072535

1949年4月至5月，上海战役总前委、中共中央华东局和华东军区机关及各部在江苏丹阳举行集训，重点是开展接管城市政策和入城纪律的教育。图为5月底，人民解放军进入上海市区，为了不惊扰市民，不入民宅，露宿街头。

上海解放后，在市军管会领导下，上海根据“按照系统，整套接收，调查研究，逐渐改造”方针，开展接管工作。图为解放军战士和工人纠察队一起守卫接管后的中国纺织建设公司。

上海解放后，针对一些不法资本家和投机势力扰乱金融市场的行为，上海市军管会和市政府展开打击金融投机的“银元之战”。图为1949年6月10日，查封上海证券交易所大楼。

从1949年6月23日起，国民党当局在美国支持下对上海口岸实行武装封锁，造成上海生产资料和生活资料库存严重不足。在中央部署下，各地抢运粮食、棉花和煤炭等重要物资至上海。图为1951年7月，各地棉花运抵上海支援纺织厂生产。

1949年10月1日，中华人民共和国成立。翌日，上海市人民政府举行庄严隆重的升旗典礼。

上海探索居民基层自治组织模式，把散居在地区、里弄中的居民群众组织起来，居委会的雏形——居民福利会应运而生。图为1949年12月成立的上海第一个居民福利委员会——黄浦区宝兴里居民福利委员会。

1950年，根据中央部署，上海开展抗美援朝运动。图为上海产业工人响应国家号召为前线捐献飞机大炮。

新中国成立后，许多尚在海外的留学生积极响应党的号召，想方设法回到祖国，投入建设新中国的实践中。图为1950年12月4日，一批从美国返回的留学生抵达上海。

上海市委在市郊农村开展土地改革，废除封建土地所有制。图为1951年4月，市郊龙华区梅陇乡农民庆祝土地改革完成，兴高采烈地烧毁封建枷锁“土地契单”。

从1951年9月起，上海市委在厂矿企业开展民主改革，初步建立民主管理制度，调动广大工人群众当家作主、搞好生产的积极性。图为1951年中纺十厂职工热烈欢呼废除抄身制。

为丰富上海市民的文化生活，上海市委对文化设施进行改建扩建，其中最具代表性的是把跑马厅改建为人民广场和人民公园。图为1951年9月7日，人民广场举行开工典礼。

为贯彻“为生产服务,为劳动人民服务,并且首先是为工人服务”方针,上海从1951年9月起辟建第一个工人新村——曹杨新村。图为1952年6月29日,曹杨新村举行第一批居民的搬迁庆贺活动,一批先进生产者在掌声中步入新村。

“一五”计划期间,上海为国家重点项目建设提供大量人力、物力和财力支持。图为1954年,首批参加国家重点建设的五金技工乘车离开上海。

1954年，上海市、区、乡（镇）三级人民代表大会通过民主选举正式建立，标志着人民代表大会制度作为党领导下的一项根本政治制度在上海得到确立。图为1954年8月16日至21日，上海市第一届人民代表大会第一次会议召开。

1955年5月，根据《中国人民政治协商会议章程》的规定，中国人民政治协商会议上海市委员会成立。图为1955年5月12日至15日，上海市政协召开第一届第一次全体会议。

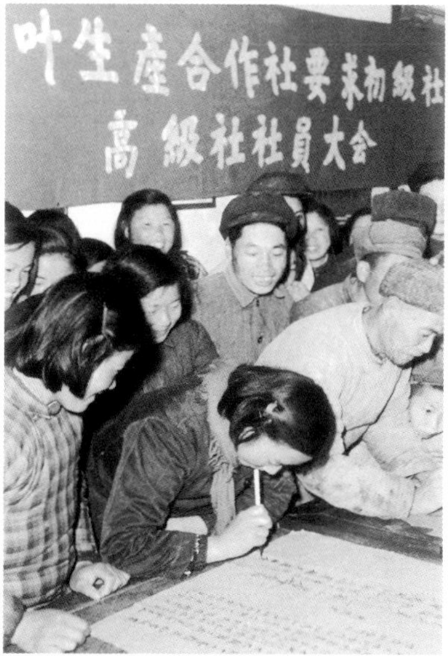

1956年1月，上海市委批准全市郊区合并组建348个高级社，基本上完成对农业的社会主义改造。图为1956年1月，西郊黎明生产合作社社员签名要求办高级社。

至 1956 年 1 月，上海基本实现手工业全面合作化。图为号称“三把榔头起家”的上海铁床社工人用 8 尺车床生产。

1956 年 1 月 20 日，上海市人民委员会召开上海市资本主义工商业公私合营大会，宣布基本完成对资本主义工商业的社会主义改造。图为工商界代表带着申请书步入申请公私合营大会会场。

为改变全国教育资源分布不均衡现象，根据国务院要求，上海组织交通大学西迁。图为1956年8月10日，交通大学师生离开上海前往西安。

1956年，党中央提出“百花齐放、百家争鸣”方针，在广大知识分子中引起强烈反响。图为1956年7月7日，上海市政协召开讨论贯彻“双百”方针的座谈会。

1956年7月11日至26日，中共上海市第一次代表大会召开。会议制定“充分利用、合理发展”工业方针。图为中共上海市第一次代表大会会场。

1956年,上海提前完成全市“一五”计划规定的绝大部分指标,在经济建设、文化教育、社会发展等领域取得令人瞩目的成就。图为1956年7月,国营第二纺机厂欢庆提前完成“一五”计划总产值目标。

为贯彻“充分利用、合理发展”工业方针,1956年下半年至1957年,上海开展第一次工业改组,提升工业生产能力。图为1957年3月,纺织工人在交流生产经验。

上海市委积极响应党中央消灭血吸虫病的号召，在郊县开展群众性的血吸虫病防治运动。图为 1958 年 5 月，青浦县开展大规模消灭钉螺工作。

为改变工业不合理布局、降低市区人口密度，上海从 1958 年开始建设闵行、吴泾、安亭、嘉定、松江等卫星城。图为 1959 年，为配合闵行卫星城建设，建成闵行一条街。

上海广大工人阶级在生产过程中积极开展技术革新，涌现出大批先进典型和技术革新能手，创造出“蚂蚁啃骨头”“小猴骑大象”等用小机床加工大工件的生产方法。图为被赞誉为“草窝里飞出了金凤凰”的上海永鑫无缝钢管厂在穿制无缝钢管。

在“双百”方针指导下，上海文艺工作者创作出一批体现民族化、群众化特色的经典音乐作品。图为1959年5月27日，小提琴协奏曲《梁山伯与祝英台》在上海兰心大戏院首次公演。

1960年2月19日，我国首枚试验型液体燃料探空火箭T-7M在上海南汇县老港镇发射成功。

1962年6月，我国第一台自行设计、制造、安装的1.2万吨水压机在上海试车成功，标志着我国成为世界上第五个拥有制造万吨级以上大型锻压设备技术和能力的国家。图为万吨水压机在锻压大型铸件。

1961年至1965年，上海市委贯彻中央对国民经济实行“调整、巩固、充实、提高”的方针，在经济、科技、教育、文化以及政治关系等领域实行一系列调整措施。图为1962年12月，松江县山阳公社盘库大队在讨论改善公社的经营管理。

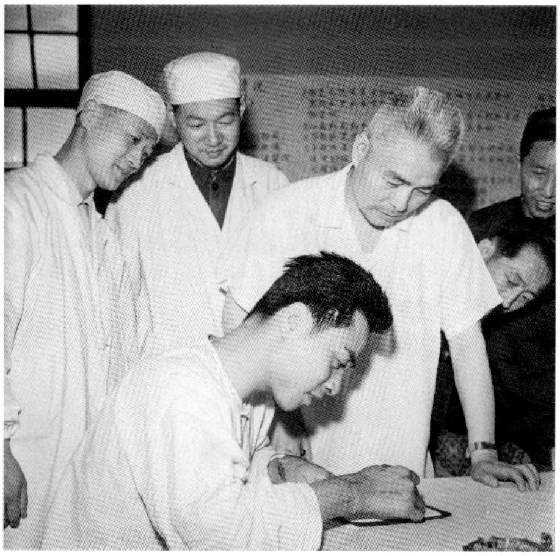

1963年1月，上海成功实施世界首例断手再植手术。图为1963年6月，术后病人在医生指导下用手写字。

1963年5月5日，根据国防部命令，南京军区在上海举行“南京路上好八连”命名大会。图为1963年“南京路上好八连”参加劳动归来。

1965年9月17日，上海科研人员与兄弟单位一起在世界上首次人工合成结晶牛胰岛素，在生命科学领域写下辉煌一页。

上海遵循“把医疗卫生工作的重点放到农村去”的指示，培训半农半医保健员（即赤脚医生）服务广大农民。图为1967年，上海川沙县赤脚医生为农民看病。

20世纪六七十年代，上海响应国家号召，开展大小三线建设。图为安徽小三线企业八五钢厂的技术人员在审核图纸。

1972年，当时全国最大的引进项目——上海石油化工总厂落户上海市金山卫。图为建设者们克服困难，利用竹排运输大件设备。

1975年8月,上海建成当时我国规模最大、设施最先进的上海体育馆。图为建设中的上海体育馆。

1976年10月6日,党中央粉碎“四人帮”,结束了“文化大革命”。图为上海人民集会游行,欢庆粉碎“四人帮”的重大胜利。

1977年10月,上海按照中央部署,开始高等学校招生工作。图为1977年12月11日,恢复高考后,上海考生步入考场。

第二卷

目录

第一编
从新民主主义向社会主义过渡

（1949 年 5 月—1956 年 7 月）

第 二 编
在探索中全面开展社会主义建设

（1956 年 7 月—1966 年 5 月）

第三编
“文化大革命”内乱和社会主义建设的曲折发展
（1966年5月—1976年10月）

第四编
在徘徊中前进和实现伟大历史转折

（1976 年 10 月—1978 年 12 月）

第 一 编

从新民主主义向社会主义过渡

（1949年5月—1956年7月）

从1949年上海解放至1956年社会主义改造基本完成，上海市委认真贯彻党中央的各项指示，团结带领全市人民相继实现了从半殖民地半封建的旧社会到人民当家作主的新社会、从新民主主义到社会主义的两个历史性转变。

上海是我国最大的城市和经济中心，能否顺利地解放和接管上海，是中国共产党能否在城市站住脚并长远掌握政权的焦点所在。面对上海解放后内外交困、百废待兴的局面，市委根据党中央和毛泽东关于必须用极大的努力去学习管理城市和建设城市的指示，领导全市人民围绕生产建设这一中心工作，开展反封锁反轰炸的斗争，打击投机、平抑物价，统一财经和调整工商业，用短短三年时间胜利完成恢复国民经济的艰巨任务。迅速稳定社会秩序，开展抗美援朝和镇压反革命运动，完成土地改革和社会各方面民主改革，开展“三反”“五反”运动，荡涤旧社会留下的污泥浊水，巩固了新生的人民政权。教育科技文化卫生等各项事业除旧布新，社会面貌焕然一新。

1953年党提出过渡时期总路线之后，上海市委制订和实施第一个五年计划，按照“维持利用、调整改造”的基本方针，在调整工业产业结构，推动自身发展的同时，服从我国开展大规模经济建设的需要，从资金、设备、人才等各方面支持全国重点项目建设和新兴城市发展。稳步推进对农业、手工业和资本主义工商业的社会主义改造，确立人民代表大会制度和中国共产党领导的多党合作和政治协商制度，为实现人民当家作主提供了制度保证。至1956年，全市基本完成对生产资料私有制的社会主义改造，初步建立起社会主义基本制度，为此后的发展奠定了根本政治前提和制度基础。

第一章
建立人民民主政权

上海是我国最大的城市和经济中心。如何使上海既能迅速解放而不被战火摧毁，又能在解放后维持正常的社会秩序和经济生产，发挥其在新中国建设中的重要作用，是对中国共产党进行的一次“综合考试”。毛泽东曾明确指出，这是“中国革命过一难关，带全党全世界性质”①。为了解放和接管好上海这座国民党长期苦心经营并赖以顽抗的重要堡垒，中国共产党精心制定作战方案，在激烈的城市攻坚战中完整地保全上海；有条不紊地开展接管工作，整个城市的社会经济生活在短时间内恢复正常；而且确立全心全意依靠工人阶级、团结各界人士的基本方针，共同把上海建设成为人民的城市，实现从消费性城市向生产性城市转变。上海由此进入一个崭新的历史发展时期。

第一节　解放和接管上海

1949 年 5 月 27 日，上海解放。为了使上海完整地回到人民手中，在中共中央和毛泽东的领导下，上海战役总前委（简称“总前委”）和中

① 《陈毅同志在丹阳一次会议上的讲话》（1949 年 5 月 10 日），中共上海市委党史研究室编：《接管上海》（上），中国广播电视出版社 1993 年版，第 59 页。

共中央华东局在入城前便提出“要完整地保全上海”的战略构想，在军事上精心谋划和指挥上海战役，在政治上深入开展政策和纪律教育，严明军纪，使人民解放军获得军事和政治上的双重胜利，在中国革命史上写下光辉的一页。解放伊始，华东局、上海市委在全市人民的有力支持下，仅用两个月的时间，便迅速而有条不紊地完成对上海的全面接收工作，为建设新上海奠定了坚实基础。

一、完整地保全上海

1949 年 4 月 21 日，毛泽东和朱德发出了“向全国进军”的命令，中国人民解放军突破长江天堑，直插国民党统治中心的宁沪杭地区，上海成为双方争夺的焦点。为了保住上海，国民党政府在此部署了 20 余万兵力，构筑了由 4000 多个永久、半永久性坚固工事组成的“钢铁阵地”。但同时，上海又是我国最大的城市和经济中心，拥有工厂 1.25 万余家，其动力与资产约占全国（东北除外）工业的半数；拥有商店 6 万余家，为天津的 2 倍、北平的 6 倍；贸易总额占到全国贸易总额的 30%—50%。上海也是举世闻名的国际大都市，外侨众多，有各国领事馆 26 处、各大使馆办事处 12 家、联合国机关 9 处；外侨在上海拥有很强的经济力量，尤其是为人民生活命脉所系的公用事业，几乎完全为外商所垄断。

因此，中央认为，解放上海的关键并不是能否攻占上海，而是如何在解放上海的激烈战斗中最大程度地保护市区的工业体系和城市基础设施不被战火所毁，最大限度地减少人民的生命财产损失；如何在解放上海以后顺利地实施对城市的全面接管。

在党的七届二中全会作出党的工作重心已经由乡村转移到城市，党必须用极大的努力去学会管理城市和建设城市这一重要决策的背景下，解放和接管上海成为考验中国共产党管理大城市能力的重要标志，不仅对全国具有重大影响，甚至受到国际上的广泛关注。

为顺利实现对上海的解放和接管，在党的七届二中全会召开期间，毛泽东和中共中央华东局负责人在讨论上海解放问题时提出了“慎重、缓进”的方针，并开始慎重考虑和精心选择上海解放后的党政领导班子组成。全会闭幕第二天，中共中央召集安排人事座谈会，确定邓小平为中共中央华东局第一书记，饶漱石、陈毅、曾山、刘晓、刘长胜等 9 人为中共上海市委委员，其中饶漱石为中共上海市委书记、陈毅为上海市市长。有关陈毅担任上海市市长一事，毛泽东还专门征求了陈叔通、黄炎培、柳亚子等民主人士的意见，得到他们的一致赞同。在初步确定的解放和接管上海的领导班子中，既有熟悉接管工作的解放区干部，也有长期领导上海地下斗争、熟悉上海各方面情况的中共中央上海局领导。中共中央还特别强调，在解放和接管上海过程中必须吸收民主人士和资产阶级上层人士，充分发挥他们的作用。4 月 7 日，毛泽东在为中共中央起草致邓小平等电文中指出，“在没有占领上海以前，即吸收他们参加某些工作。而在占领上海以后，则吸引更多的这类人物参加工作”①。同时，接管上海干部队伍的抽调、培训和配备工作也在紧张开展中。早在 1948 年 12 月，中共中央便致电上海局选派 30 名至 50 名干部，前往东北解放区学习城市管理经验，为以后接管上海、南京做好干部准备。1949 年 2 月，中共中央又给各中央局下发《关于调度准备随军渡江南进干部的指示》，从东北、华北、华东、华中各局抽调 3 万多名干部，参与接收上海等江南城市。通过全党抽调干部帮一把的方式，建立起一支接管上海等城市的干部队伍，为解放和接管上海提供必需的组织力量保障。

为协助中共中央制定解放和接管上海的方针政策，毛泽东、周恩来等中央领导亲自查阅资料，总结沈阳、北平、天津等城市的接管经验，并召集党内外人士面谈商议，广泛了解上海的具体情况。1949 年 3 月中共中央移师北平后，毛泽东在双清别墅专门召见由香港急速赶回的中共中央上海局书记刘晓，全面听取上海的情况汇报，包括上海的经济情况、上海各阶级情况、国民党四大家族资金外逃情况，以及上海解放后的经济政策设想等。3 月 31 日至 4 月 20 日，毛泽东、周恩来等先后多次邀请已在北平的陈叔通、黄炎培、章乃器、盛丕华等上海知名民主人士座谈，听取他们对解放和接管上海的意见建议。

在全面掌握上海具体情况的基础上，中共中央从全国解放后恢复和发展国民经济的全局出发，对解放上海确定了既要歼灭防守之敌，又要

① 中共中央党史和文献研究院编:《毛泽东年谱》第 3 卷，中央文献出版社 2023 年版，第 477 页。

完整地保全上海的总体指导思想。陈毅将这一思想形象地比喻为“瓷器店里捉老鼠，老鼠要抓住，瓷器可不能打烂”，单纯从军事上占领上海是小胜，只有完整地把上海交给人民才是大胜、全胜。具体而言，就是把解放上海与接管上海作为整体进行考虑，实施军事服从政治、解放服从接管的原则。上海战役的发起，特别是对市区的总攻，要根据接管准备工作的进程来确定，接管准备工作就绪后再发起总攻，以便能够主动地、有秩序地接收上海。3 月 31 日，邓小平根据中共中央和毛泽东的指示，起草《京沪杭战役实施纲要》并上报中央。其中提出，为了完整地保全上海以利于今后建设，宜将上海放在最后解决较为有利。同时，中共中央经过广泛研究，制定了接管江南城市政策和接管上海方针。4 月，中共中央批准华东局关于接管江南城市的指示，明确在攻占城市后实行军事管制的任务，并规定了接管城市方针、接管官僚资本企业的对策、保护学校和文化教育机关的政策等。5 月 20 日，中共中央电复华东局，基于上海情况复杂、群众尚未充分发动和组织，以及干部配备力量不足等因素，要求对上海采取极端慎重的步骤，要力求主动，避免被动，接管上海应采取“按照系统、整套接收、调查研究、逐渐改造”的方针，做到接收得好和管理得好。

与此同时，中共中央也要求上海党组织发挥里应外合的作用，配合人民解放军完整地接管城市。根据中共中央的指示，上海党组织确定了广泛发动群众，开展反搬迁、反破坏，保护工厂、机关、学校，开展策反和情报工作，里应外合配合人民解放军迎接解放的工作方针。从 1948 年下半年起，利用香港的特殊条件，抽调上海的党员骨干分期分批送到香港轮训，加强形势和政策教育，使其认清上海党组织迎接上海解放的任务。调整全市党的组织系统，除公用事业、警察系统外，全市党组织由按系统划分改为按地区划分，设立中共沪中、沪东、沪西、沪南、沪北、徐龙、新长、浦东等区委。针对国民党政府撤退时企图迁移重要工厂、破坏工厂重要物资和设备的阴谋，发动上海人民广泛开展反搬迁、反破坏，护厂、护校斗争，护厂队日夜不离工厂值班巡逻，护校队在校内通宵守护。国民党派遣海军进驻江南造船所，限令搬走 100 多台机床，由于工人开展的护厂斗争，一台也没有被运走。上海党组织还积极开展情报和策反工作。中共中央上海局早在 1948 年就成立了策反工作委员会，利用解放战争节节胜利的有利时机，先后策动国民党空军6架飞机和海军“重庆号”以及国民党预干总队、伞兵三团、机动车大队、工兵七团等起义，并收集国民党的《长江布防图》《淞沪地区军事构筑图》、上海作战计划等重要情报及时转交人民解放军领导机关。

4月23日，人民解放军占领南京，宣告延续22年的国民党统治的覆灭。从次日起，总前委、华东局和华东军区机关及各部约3万人及参与接收上海的约3500名干部，全部集中丹阳。进驻丹阳，标志着解放和接管上海工作从以调配接管干部、调查搜集资料为主要内容的先期准备阶段进入集中准备阶段，从思想、政策、纪律、组织、物资、后勤等各方面全面做好接管上海的准备工作。

丹阳集训的重点是开展接管城市政策和入城纪律的教育。针对大多数接管干部长期生活在农村和武装斗争环境中，缺乏城市工作经验；有些干部虽然来自城市，但只有地下斗争经验；有些干部虽然曾参加过城市接管，但只是参与过一些中小城市接管等情况，全面组织接管干部和部队官兵学习党的七届二中全会精神、中共中央和华东局有关城市工作的指示，以及接管沈阳、天津、北平、济南等城市的经验。中共中央社会部将收集整理的京沪各方面材料，特别是上海党组织送去的有关上海的情报资料，按照机关、部门、产业等分类，编辑而成《上海概况》以及《伪中央各院部会驻沪机关》《伪上海市政府各局》《上海各种公用事业概况》《官僚资本各工业单位》等百余万字的上海调查资料，发给接管上海各个系统的接管专员、部队军以上干部学习。这些材料为各接管系统制订接管计划提供了重要依据，而且为入城后接管人员立即进驻接管岗位起了重要作用，陈毅称其“为上海接管工作立了一大功”①。5月6日，中共中央华东局召开主要干部会议。会议强调接管上海的重要意义，“全中国与全世界的人民，甚至我们的敌人都将以上海工作的好坏来考验我们党有无管理大城市及全国的能力”；同时指出，接管上海重点要做好安定人心、接管工作和恢复生产三大工作，要全心全意

---

① 中共上海市委党史研究室编：《接管上海》（下），中国广播电视出版社1993年版，第8页。

依靠工人阶级团结广大劳动群众，尽力争取知识分子和自由资产阶级及其代表人物。

上海是国际大都市，中外瞩目，部队官兵和接管干部在解放和接管上海过程中讲不讲政策、守不守纪律，是关系到进入上海后中国共产党的威信能否树立，市民是否拥护的重大问题。针对部分解放军战士存在的纪律松懈现象，尤其是之前在解放南京时发生的解放军战士误入美国大使馆事件，陈毅于5月10日在大王庙向部队官兵和接管干部作入城纪律报告，强调“入城纪律是入城政策的前奏，是见面礼。入城纪律搞不好，入城政策就要走弯路”，“我们野战军的‘野’，在城市是不能‘野’的，因为我们在上海搞坏一件事，全世界都会知道”①。中共中央华东局还专门制定了12条《入城守则》，规定部队要尽量驻扎郊外，马匹、车夫一律不准入城，部队进入上海后不入民宅等原则。对于这些举措，毛泽东极为肯定，在电文中连称四个“很好”。

考虑到解放军战士绝大部分出身于农村并长期生活在农村，在接管城市过程中由于缺乏城市常识，出现不遵守公共场所秩序和交通规则、误解城市居民生活方式等问题，华东军区等部门还组织开展城市常识教育，使解放军战士和接管干部掌握上海各阶层各行业人物的基本特征，了解城市生活的一般规则和城市各类设备的主要用途和使用方法。人民解放军进入上海后体现出的纪律严明、秋毫无犯的优良作风，与在丹阳开展的政策纪律教育和城市常识教育是分不开的。

进驻丹阳期间，华东局把筹建接管组织机构和人事安排，作为部署接管上海工作的一项重要内容，建立上海市军事管制委员会（简称“市军管会”）。市军管会把接管工作分为财经、文教、政务、军事四个系统，分别设立财政经济接管委员会、文化教育管理委员会、政务接管委员会和军事接管委员会，还成立警备司令部、煤粮供应运输部等部门。在配备接管干部、搭建接管机构时，尽量根据干部原来工作的系统和工作特长，同时吸收一些产业界民主人士、党外文化工作者及职

---

① 《陈毅在丹阳一次会议上的讲话》（1949年5月10日），中共上海市委党史研究室编：《接管上海》（上），中国广播电视出版社1993年版，第59页。

工中有威望的领袖参与上海相关领域的接管工作。4月下旬,中共中央电示上海局及香港工委,调潘汉年、夏衍和许涤新参加上海的接管工作。

做好入城前的物资筹备和调运工作是顺利接管上海的重要保障。上海是一座拥有500万人口的大城市,一旦物资供应不上,城市将会陷入无法正常运转的境地,因此必须要从困难方面多考虑一些,首先是作好粮、煤等关系人民生活和工业生产的重要物资的准备。经过积极的争取和准备,至5月上旬,已筹备近1.2亿斤粮食和700多万斤食油。此外,在淮南煤矿准备了12万吨煤,同时安排该煤矿日产煤2500吨,贾汪煤矿日产煤2000吨。其他各方面的准备工作,如上海解放后人民广播电台的第一次播音、中共中央华东局和上海市委机关报《解放日报》的创刊号稿子、准备发行的人民币,以及入城后有关命令、文件、接管胸章、臂章等也均已准备就绪。

在为接管上海做好各方面准备的同时,如何在军事上确保将上海完整地交给人民,主持三野前委工作、直接指挥上海战役的第三野战军副司令员兼第二副政委粟裕和参谋长张震在仔细分析敌我态势和全国战局的基础上,考虑了三种作战方案:第一种是围困战法,但上海的情况比较特殊,500万居民的生活资料主要依靠外地运入,实施长期围困,机器不能运转,人民生活也将陷入绝境。第二种是选择敌人防御薄弱的苏州河以南地区实施突击,这种战法虽然可以避开敌人防御的重点,大量减少我军的伤亡,但主战场设在市区,城市会被打烂。第三种是把攻击的重点放在吴淞,暂时不攻击市区。这样既能封锁敌人海上退路,又能迅速切断敌人抢运上海物资的通道。但采取这种打法,解放上海必将是一场硬碰硬的艰巨的攻坚战。为了保存城市的完整性,保护上海人民的生命财产,经过再三权衡利弊,粟裕等于5月7日上报了以第三种打法为基础的作战方案。粟裕的这一作战设想也得到中央军委和总前委的支持。5月8日,中央军委在复电中同意这一部署。5月10日,三野下达《淞沪战役作战命令》。

5月12日,上海战役正式拉开序幕。战役分两阶段进行:第一阶段,由第十兵团以主力攻占浏河、太仓、嘉定、昆山、南翔,直趋宝山、吴淞,封锁黄浦江口,阻截国民党军队的舰船运输;与此同时,第九兵团在夺取平湖、金山卫、奉贤、南汇、嘉兴、松江、青浦后,进逼川沙,切断国民党军由上海向东南逃窜的退路。经过10天的外围作战,除吴淞口尚未完全封闭外,人民解放军已从东、南、西三面形成对上海市区的合围之势。国民党军为支援吴淞,不得不采取拆东墙补西墙的办法从市区调出3个军,使市区兵力空虚,更是为人民解放军攻占市区创造了有利条件。第二阶段,5月23日夜,三野司令部命令向市区发起总攻。25日,解放军进入上海市区,苏州河以南地区解放。次日,中共中央华东局和中共上海市委领导同志抵达上海,当晚在圣约翰大学与上海党组织负责人会面,互致问候并商讨上海解放后的工作。

进入上海市区后,三野各部自觉遵守各项纪律,不入民宅,露宿街头。著名诗人、书法家沈尹默目睹此景深受感动,挥毫咏诗:"秋毫无犯取名城,大炮昂然未许鸣;晓起居民始惊动,红军街宿到天明。"① 著名科学家、教育家竺可桢在日记里记下当时的情景:"5月26日。……解放军在路站岗,秩序极佳,绝不见欺侮老百姓之事。在研究院门前亦有岗位,院中同人予以食物均不受。守门之站岗者倦则卧地,亦绝不扰人,纪律之佳,诚难得也。"②5月26日,《大公报》也以《解放军纪律太好了!》为题,报道说:解放军的纪律和作风,已成全市市民最主要的话题。马路上群众议论纷纷,到处都听见赞扬和感激之声。

5月27日,经过16个昼夜的激战,上海解放。在解放上海过程中,解放军共10个军30个师及特种兵纵队总兵力近40万人参战,先后有7613名解放军指战员、72名支前民工,以及100名上海地方各界革命志士英勇牺牲;共歼灭国民党部队15.3万余人,缴获各类火炮1370门、各种枪8万余支,坦克、装甲车119辆,汽车1161辆,舰艇11艘,以及大量装备物资③。由于攻城部队在市区作战中严格执行不使用火炮等重武器

① 王致冰:《胜利之师睡马路》,中共上海市委党史研究室、上海市现代上海研究中心编:《口述上海·记忆1949》,上海教育出版社2009年版,第213页。

② 《竺可桢全集》第11卷,上海科技教育出版社2006年版,第447页。

③ 中国人民解放军上海警备区、中共上海市委党史资料征集委员会编:《上海战役》,学林出版社1989年版,第46页。

的命令,同时上海党组织发动广大工人、学生和市民群众卓有成效地开展反遣散、反迁移、反裁员,保厂、保校、保业等斗争,使城市建筑、工厂、码头等都得以保存下来。甚至在战火纷飞中,电灯依然通明,电话依然畅通,煤气、自来水依然供应,公共交通依然运行不断,创造了城市攻坚战中的奇迹。

上海的解放不仅是一座城市的解放,而且有着更为深远的历史意义。正如5月29日新华社发表经毛泽东审阅修改的社论《祝上海解放》中所指出的:“上海的解放,引起了全中国和全世界进步人类的欢呼。这是因为,第一,上海是中国最大的经济中心,上海的解放表示中国人民无论在军事上、政治上和经济上都已经打倒了自己的敌人国民党反动派;第二,上海是帝国主义侵略中国的主要基地,上海的解放表示中国人民已经确立了民族独立的基础。这两种情况,使得上海的解放在中国人民解放事业中具有特殊的意义。”

二、建立各级政权组织

5月27日解放当天,中共中央华东局召开扩大会议,具体部署接管工作,至此,原中共上海市委的历史任务胜利完成,新的中共上海市委即以执政党的地位领导全市人民建设新上海。根据中共中央的决定,上海市委委员9人,其中常委5人,饶漱石为市委书记,陈毅、刘晓为市委副书记。同年6月,上海市委委员增至16人。8月,中共中央决定饶漱石仍为市委书记,陈毅、刘晓分别担任第二书记、第三书记。上海解放后,中共中央华东局直接领导上海的工作,华东局部分领导成员同时担任上海市委领导职务,并一度使用过中共中央华东局暨上海市委员会的名称。直至1950年1月,中共中央决定华东局与上海市委领导机构分开,上海市委委员24人,其中常委4人,陈毅为市委第一书记、刘晓为第二书记、刘长胜为第三书记。

按照中共中央华东局关于对新收复的人口在五万以上的城市或工业区,均应实行一个时期的军事管制制度的要求,为了更好地维护社会秩序,保障人民生命财产安全,上海于解放当日成立中国人民解放军上海市军事管制委员会,作为全市最高军政权力机关,在上海市辖区内实行军事管制，统一军事、政治、经济、文化等管制事宜，由陈毅任主任，粟裕任副主任。

5 月 28 日，上海市人民政府宣告成立，陈毅为市长，曾山、潘汉年、韦悫为副市长。当天下午，陈毅亲自主持接管国民党上海市政府的仪式。国民党政府代市长赵祖康将旧市政府印信上交陈毅。陈毅发表简短致辞，对赵祖康率领旧市政府人员悬挂白旗、向解放军交出旧市政府关防印信并保存文书档案的行动表示嘉许，期望努力配合做好市政府的接管工作，并邀请赵祖康继续担任工务局局长之职。随后，在二楼会议室召集国民党市政府所属各局、处长和接管旧政府各局（处）的军代表参加的会议。陈毅发表演讲，指出：我们接管上海，是要组织人民政府，为人民服务。上海今天已成为人民的城市，屹立于世界上，帝国主义者说什么共产党不能治理上海的谰言，一定要破产。希望旧市政府各级人员，服从命令，共同做好接管工作，办理好移交，争取为人民服务作出贡献①。

以接管国民党上海市政府为标志，上海市政接收工作全面展开。从 5 月 29 日起，市军管会派出军代表或接管专员到国民党上海市政府所属各局、院、处，自上而下宣布政策，开始接管。在接管过程中，按照机构的不同性质，采取不同的接收办法：

对于旧政府在上海的权力机器，即原有的军事、政治、官僚、特务机构，实行彻底废除的办法。撤销原市政府中官僚、特务性强的社会局，调查、统计两处以及参事、机要两室；废除国民党的市参议会等所谓民意机关。对旧警察局、旧法院、检察署和监狱、看守所等机构予以废除，分别于 6 月 2 日和 7 月 1 日成立市人民政府公安局和市人民法院。

对于部分必需的工作机构在改造后予以重建或调整，建立适合于人民民主专政的机构。对原市政府秘书、人事和总务三个处予以改造后重建，会计处移并入财政局，新闻处和外事室暂时移交由文管会新闻出版处和军管会外事处接管。社会局中应保留的工作由工商、劳动、民政等

① 周林：《接管上海大事记实》，中共上海市委党史研究室编：《接管上海》（下），中国广播电视出版社 1993 年版，第 82 页。

单位接管，调查处、统计处等四个处室中应保留工作并入办公厅和秘书处。

对于部分带有技术性的业务管理机关，采取部分改造的办法。对公用局、工务局、卫生局等，由军管会管制，权力属于军管会所委派的代表机关，工作则由原来机构负责，仅在人事上作极小变动。因此，这些单位一边进行接收，一边立即开始繁重的市政管理与联系群众活动。

在接收旧政权机构的同时，对旧政权机构人员采取基本上包下来但又区别对待、量才录用、争取他们为人民服务的方针。1949 年 6 月 29 日，市军管会发布《关于对原伪市府旧人员处理的办法》，对旧人员实行“一般留用；少数劣迹昭著为人民所痛恨之反动分子、特务，则依法处理；对部分有劣迹，与领干薪的冗员，则视其坦白程度与分清是非轻重之后，动员回乡生产或给资遣散；其中真诚悔过自新愿为人民服务者，动员南下工作或参加学习”的处理原则。在接收的 45280 名市政府各单位旧人员中，安排工作或组织学习者 38331 人，约占被接收总人数的 84.65%；劝其转业或遣送回乡生产者 4675 人，约占 10.3%；因有劣迹被开除或免职者 787 人，约占 1.74%；其他原因停职或自动离职者 2000 余人，约占 5%。

截至 6 月 10 日，对国民党市政府系统各机构的接收工作告一段落，共接收民政、警察、社会、财政、教育、卫生、公用、工务和地政 9 个局，秘书、人事、总务、会计、新闻、调查、统计、参事、机要、外事共 10 个处室，以及各种附属机构共 40 多个单位。7 月底全市接管工作基本结束之后，上海市人民政府的机构设置也逐渐步入较正规阶段，根据当时职能需要，把财经接管委员会所属的财政、卫生、工务、公用、工商、劳工和房地产等 7 个处，正式划归市人民政府领导，并在此基础上又成立市人民政府各局。至 1949 年 12 月底，上海市人民政府所属工作部门达 23 个。市人民政府还制定各局、处的组织规程，明确各工作部门的主要任务和职责。市政府机构工作人员共有 14492 名，其中从解放区调派的有 2496 名，从原上海地方党组织调入的有 570 名，旧人员留任者有 11426 名。

在接管市级政府机构的同时，政务接管委员会也开始对市区和郊区各区开展接管工作。1949年5月30日，市军管会政务接管委员会派出接管工作组，接管普陀、杨浦、黄浦、江宁、榆林、长宁、老闸、北站、徐汇、北四川、卢湾、嵩山、新成、闸北、虹口、常熟、提篮、静安、蓬莱、邑庙等20个市内各区的国民党区党部、区公所、区“民意机构”、区警察分局等机构。在接管过程中，遵照中共中央1949年1月关于暂时利用旧保甲长问题的通知精神，对各区保甲制度[①]暂时采取“既不予承认，又不立即取消”的办法。次日，市军管会任命近郊接管委员会主任，该委员会下辖洋泾、吴淞、真如、大场、高桥、杨思、新泾、龙华、新市、江湾等10个郊区的接管委员会，对各郊区区公所进行接管。6月3日，市军管会颁布《关于市内各区成立接管委员会通令》，决定在20个市内各区成立接管委员会，其既是区的最高权力机关，也是区的政权机关。各区接管委员会由接管旧区公所专员、接管旧区警察分局专员及驻防该区的警备团政治委员3人为委员组成，以接管旧区公所专员任主任委员，接管国民党政府公务所等机构。7月，市政府宣布废除保甲制度，市区每3个至5个旧保建立一个区接管委员会的派出机构——接管专员办事处，郊区逐步建立乡、镇及行政村两级政权组织。

至1950年6月，上海市人民政府决定撤销各区接管委员会，成立区人民政府，在市内各区下设办事处，10个郊区各区下设乡政府。7月发布《上海市区人民政府试行组织规程（草案）》，明确上海市区人民政府为上海市分区的行政机关，在上海市人民政府直接领导下，贯彻执行市政府的政策、方针、法令。至此，市、区两级人民政权都建立起来。

随着各区人民政府的成立，原区接管委员会下的接管专员办事处撤销。同年11月，结合人民冬防工作的开展，各市区以公安派出所辖区为范围成立冬防办事处。1951年7月，以此为基础设立区人民政府派出人员办事处。根据上海市人民政府于1952年6月公布的《上海市市区设置区人民政府办事处试行方案（草案）》规定，办事处作为区政府的派

① 按照1946年1月国民党上海市政府公布的《上海市保甲组织暂行规定》，10户至30户为甲，10甲至30甲为保，10保至30保为区。据1948年12月统计，全市共有30个区、1193个保、28552个甲，区的实际编制大多超过30个保。

出机关，以地区居民为主要工作对象，承担组织发动里弄居民落实与贯彻当前中心任务，领导居委会组织协助区政府开展里弄中的民主建设，组织教育居民劳动生产并推进有关居民的福利工作，推动居民文化教育，组织进行街道里弄公共卫生工作等职能。

在保甲制度废除后，需尽快建立起与城市基层群众的紧密联系，组织和发动群众自己管理自己、自己解决自己的问题，体现人民群众的主人翁地位，1949 年 12 月，在黄浦区接管会第五办事处领导下，宝兴里率先成立居民福利委员会。随后，在全市范围内陆续出现冬防服务队、清洁卫生小组等居民组织。这些居民组织的主要负责人由街道派出所指定专职干部担任，其他成员则在当地居民中聘任。其主要任务是：传达政府的方针、政策和法规，开展与居民日常生活密切相关的各项活动，如防空、防特、防火、防盗，兼办诸如卫生防疫、清查户口等大量社会工作。在 1951 年 4 月召开的上海市街道里弄代表会议上，市政府决定以冬防服务队为基础，改组为街道里弄居民委员会，并确定以工人住宅集中的普陀区梅芳里为试点，探索建立居民委员会的经验。6 月 8 日，经普陀区政府批准，梅芳里居民委员会正式挂牌。至 1952 年底，上海已成立 3891 个居委会，管辖人口约占全市人口的 85%，初步形成上下贯通、集中高效、具有高度组织动员能力的组织体系，为摧毁保甲制度、完成新旧政权的更迭、恢复工商业、维护正常的社会秩序，协助中共上海市委、市政府做好城市的管理和建设工作发挥了重要作用。

三、快接细收实现全面接管

市军管会和市人民政府成立后的首要任务，就是充分吸收中国共产党接管沈阳、北平、天津、济南等大城市的成功经验，从上海实际着眼，充分考虑进入上海后可能产生的问题，贯彻“按照系统、整套接收、调查研究、逐渐改造”的方针，展开各项接管工作，以便迅速建立革命秩序，安定市民日常生活和恢复生产。

上海整个接管工作按工作进程分为接收、管理、改造三个阶段。接收阶段，是在不打乱国民党时期旧制度、不影响军管时期日常业务工作继续开展的基础上，办理清点移交。管理阶段，主要是开展调查、研究、考察，并着手开始局部改造和整顿，清除旧制度、旧痕迹，建立人民民主制度以及与人民民主制度相适应的市人民政府各局、处新的组织机构和市区基层政权，开展民主建政，召开人民代表会议。改造阶段，全面肃清反动制度，建立和巩固人民民主专政的新制度、新规程。对于政务、军事系统的各个部门，按照老解放区的军政制度对其进行全盘的彻底改造；对财经、文教系统所属单位，按照其技术和业务范围，保留符合人民利益和符合科学管理的规章和制度，改变或废除违反人民利益和违背科学管理的规章和制度，以体现为人民服务的方针。接收、管理和改造三个阶段，在时间上是穿插交叉进行的，接收中已包含管理、改造，管理、改造是一个复杂的过程，延续时间很长。

财经接收工作的对象是官僚资本的工厂、银行，贸易和交通运输机构，其中包括中国纺织建设公司（简称“中纺公司”）、化学工业、烟草工业和中央工业实验所等轻工业系统的工厂和业务机构，国民党资源委员会、善后事业保管委员会和海军造船所等重工业系统的工厂和业务机构，中央、中国、交通、中国农民等银行，保险公司、海关，以及京沪区铁路管理局等交通运输机构。由于上海是我国的经济中心和金融中心，如何顺利实现对上海财经系统的接管，不仅牵涉上海自身，而且关系全国经济和金融的稳定。鉴于我们党对这些工厂和机构的管理缺少经验，与厂内职工联系尚不够密切，工作基础不够坚实，因而进行接收的主要目的不是打乱而是改造，不是停止生产而是越快恢复生产越好，即原封不动地接收企业组织的原有机构和生产系统，对原有技术和管理人员，只要他们不搞破坏，就继续保持原职、原薪、原制度，以确保这些企业在接收后能正常进行生产，或尽快恢复生产。但“原封不动”不是长期政策，暂时“原封不动”是便于调查研究，逐步改造。“快接细收”就是在接收过程中，接要快，接收干部要立即到位；收要细，谨慎仔细地全面清点和稽核，以避免有些城市曾出现的解放军入城后很多单位无人接收，以致被破坏分子钻空子，假冒军管会名义去接收，或被流氓洗劫等情况。

从 5 月 28 日起，市军管会陆续派出代表，开始对官僚资本经管的金融机构、公用事业单位、工商企业等进行接管。对于上海官僚资本工业企业的接收,是在市军管会的领导下,相继派遣接管组或军代表进入各工厂企业,宣布接管命令,掌握企业的领导权,并在这些单位成立“清点委员会”或“清点小组”,从厂房建筑到机器设备,从原料、半成品到成品,从财务账册到文书档案等,对原有企业的一切物品都重新进行清点。对于国家资本、官僚资本金融机构,在军管会领导下,派军代表进驻各被接管金融单位,宣布军管会命令,组织成立协助接管小组。在接收中央银行过程中成立了12个协助接管小组和5个稽查小组协助点收,交通银行则在军代表领导下成立职工协助接管委员会,下设总务组、清点组和审查组,发动职工参加清点审查。各接收单位积极贯彻先接收后清理的原则,按照移交清册仔细谨慎点收各接收单位公开资财,随后分别成立清理处,对旧有债权债务进行清理,并对数量众多的旧人员作出安排处理。

在接收过程中,中共上海市委、市军管会和市人民政府始终把入城后上海的工厂是不是冒烟、生产是不是照常进行作为衡量接管上海工作好坏的一项重要标准,广泛团结工人阶级和各类技术管理人才,全力恢复和发展生产。成立于1945年的中纺公司是中国官僚资本中最大的垄断组织,下属35家工厂,拥有纺锭180万锭、布机3.94万台、固定资产总值1.45亿美元,主要生产设备在全国纺织工业中占有绝对优势,棉纱产量占1/2以上,棉布产量占3/4。在接管过程中,上海的接管机构积极借鉴北平的接管经验,从总公司到分公司,再到各个车间,自上而下逐步开展接管,保证企业正常的生产秩序。上海中纺各厂在解放后三天内就大部分恢复了生产,沪西区各厂甚至一直没有停止生产。截至当年12月,棉纱、棉布等主要产品产量均超过接管前后最高产量。资源委员会是国民党政府所属一家负责重要矿产资源生产的国营企业,拥有千余家单位、30万熟练工人和数千技术人员。在接管过程中,中共上海市委、市军管会和市人民政府明确提出尊重科学技术人才、完整保留资源委员会机构的目标,把争取和团结这些科学技术人才作为接管工作中的重要任务,甚至要比接管工厂物资看得更重要。在毛泽东的关心下,陈毅、曾山等在上海解放后第三天即到上海资源大楼,对原资源委员会各部门主管,所属单位和工矿企业负责人发表谈话，希望大家安心在原岗位，共同协力，积极工作，作出贡献。由于工作深入、政策稳妥，不仅顺利完成对资源委员会所属机构的接管，而且成功争取和团结了集中在资源委员会系统内的一大批科技和管理人才。

中共上海市委、市军管会和市人民政府还积极贯彻“放宽尺度、宁缓毋急”的方针，提出“接管尺度要比平津更宽不可更严。平津不做的，我们就不做，平津做过的，我们还要放宽些”①。除对国民党中央政府和地方政府经营的官办企业、国民党四大家族和大官僚分子直接经办的企业没收归人民所有之外，对于一些官僚资本同民族资本股份并存的工厂企业，只没收官僚资本的股份。对于外国在华企业，根据不同具体情况，采取管理和监督的方式。外国在华资本 80% 以上在上海，在华企业一半左右也设在上海。1949 年上海共有外商企业 910 家，其中，属于英、美、法等西方资本主义国家的外资企业为 685 家，分布在进出口、航运、银行、保险、造船、房地产以及水、电、煤气、电话、公共交通等行业中，雇用职工 5 万多人，资产总值估计 5 亿美元；另有 225 家属于苏联和东欧国家。除对公用事业中具有垄断地位的外商企业根据实际情况或派军事代表，或通过行政方式由市政府主管局加以监督外；对其他行业，包括在国际间经济正常往来中尚有作用的外资银行、进出口企业、轮船公司以及外侨赖以生活的小工商业，允许他们继续经营，并允许外商对有利于国计民生的生产事业继续投资。同时，通过价格、税收、工商和信贷等经济手段，限制外资企业的暴利，监督财务正常收支，确立它的经营范围。

文化接收工作的对象是公立的高、中等教育单位，新闻出版机构以及官僚资本主义性质的文艺单位。解放前夕的上海是我国文化和新闻事业的中心、高等学校和科研机构的重要集中地，拥有大小报纸 70 余家、通讯社 80 多家、外埠报社驻沪办事处 10 余家；大专院校 50 所，其中国立 10 所、市立 5 所、私立和教会学校 35 所。为此，中共上海市委、市

---

① 《华东财委关于上海市财经接管工作应注意的几个问题的指示》（1949 年 5 月），中共上海市委党史研究室编：《接管上海》（上），中国广播电视出版社 1993 年版，第 221—222 页。

军管会和市人民政府根据中央指示精神，强调维持原状、逐步改造，先接后管、宁稳勿急，力求保持主动，避免可能引起混乱和脱节，对原有的教职人员采取团结、争取与量才录用的改造方针。

为保证对上海教育部门的接管工作顺利进行，市军管会文化教育管理委员会于 1949 年 5 月 31 日颁布《关于取消反动制度与反动课程外余暂照旧复课的通告》，要求尚未复课的各级公私学校即行复课，除改用校务委员会来负责校务，取消训育制度（训导制度）及党义、公民等课程，取消教会学校以宗教作为必修课的制度外，其余暂行照旧。同时，陆续召开公私立大专院校校长、教授、学生的联合座谈会，访问中央、北平研究院各所长，宣传“维持原状、逐步改造”的接管方针和实行新民主主义教育的基本政策，全面了解接管院校的基本情况。在此基础上，开始对高等院校展开接收。在接收方法上，聚焦重点，集中力量做好国立大学和官办科研机构的接管，对于私立大学采取不接管、不调整、暂时维持现状的方针；强调要有序推进，首先选择进步力量较强、在解放前就有“民主堡垒”之称的交通大学进行试点，取得经验后再在复旦大学、同济大学、暨南大学等全面推开。至 6 月下旬接管完成以后，上海继续对高等院校中一些旧制度进行必要的改革，实行民主管理，成立校务委员会主持校务工作，吸收学校的当事人参加校务管理，开展课程改革等，以维护学校的正常教学秩序。

在接管上海的新闻单位时，根据各新闻单位资本构成、政治倾向的差异，分别采取接管、军管、管制和支持扶植等不同措施。对于由国民党的党、政、军、宪系统独资创办、直接控制的报纸、通讯社，如国民党的《中央日报》、国民党军队系统的《和平日报》（原《扫荡报》）以及国民党中央通讯社上海分社等，实行接管，立即封闭，停止出版，没收其全部财产归国家所有。对于以《申报》《新闻报》为代表的由官僚资本和民族资本合办的或其编辑部被反动派控制的新闻单位，先实行军管，然后结合各自具体情况分别加以处理。对于企业的资本，仅没收其中的官僚资本，民族资本仍归原主，并保护他们的合法收入；对于报纸的编辑部，一般采取解散后重新组建编辑部的办法。对于由民族资本家创办的、无政治背景或在政治上采取中立态度的报纸、通讯社，则采取管制政策。对于进步报纸《新民报》《文汇报》等，采取大力支持扶植的政策。《文汇报》于1947年被封闭，上海解放后，新闻出版处从政治上、物质上对《文汇报》给予大力扶助，协助解决社址房屋、机器等困难，《解放日报》也提供大量纸张和油墨，使得《文汇报》于6月21日复刊。同样于1947年曾一度被封闭的《新民报》，于上海解放后在市军管会文化教育管理委员会的大力支持下，照常出版发行，一天也没有停刊。对于新闻从业人员，市军管会采取与国民党党政机关工作人员相同的政策，除极个别证据确凿的反革命分子依法惩处外，采取"包下来"的办法，对留下继续工作的，原职原薪，不降低生活水平；对在新闻单位调整合并中多余的新闻从业人员，包括一些早已停办的新闻单位的工作人员，全部包下来，进行妥善安置。

文艺接收工作也严格按照有步骤的谨慎的原则进行。在最初的两三个月内，军管会只向每个机构派出一名联络员，由这些机构的原有人员自己组织临时管理委员会，协助接收工作。在文艺宣传方面，只禁演少数内容反动、腐朽的影片和剧目，将老解放区和人民解放军的文艺节目带到上海公演，并开展宣传教育工作。

在开展政务、财经和文教接管的同时，上海还成立市军管会军事接管委员会，重点是打扫战场和处理战俘，同时对国民党在沪陆军、海军、空军和航空部门的基地和重要军需物资进行接管。

经过两个月的工作，至7月底，接收工作基本告一段落。政务部门接收了国民党政府各局处员工4.9万余人。财经部门接收了国民党市政府及属于中央政府的银行、工厂、仓库等共411个单位、员工15.3万余名，接收黄金2.46万两、银元36万元、金圆券21万亿元，以及食糖、粮食、汽车汽油等一批重要物资。文教部门接收了大专院校19所、教职员工0.28万人，公立学校及教育机关共521个单位，教职员0.88万人；新闻出版方面接管和实行军管的共47个单位，文艺方面共接管18个单位。军事部门接收了国民党陆、海、空军一批基地和物资。从8月起，上海开始从以接收为主的阶段转入以管理改造为主的阶段。

接管上海是上海解放后的首项工作，也是从夺取政权到巩固政权的一项重要政治任务。在接管过程中，由于各部门严格按照稳步前进和按系统、分步骤接管的正确方针和方法开展工作，整个城市的社会经济生活不仅没有出现混乱，而且在短时间内恢复正常，从而为建设新上海奠定了坚实的基础。

上海之所以能够迅速且有条不紊地完成全面接收工作，首先在于中共中央审时度势、及时地作出正确的战略决策，并相应地制定了一系列接管城市的重要政策，为做好接管上海提供根本保证。华东局和上海市委从政策上、组织上、物质上为完整夺取和接管上海这座城市做好充分的准备工作，也为顺利接管上海创造了基本条件。在接管上海过程中，参与接管人员以纪律严明、清正廉洁、艰苦朴素的形象，与抗战胜利后国民党政府接收上海时营私舞弊、中饱私囊、“五子登科（抢位子、金子、房子、车子、女子）”的丑恶行径形成鲜明对照，赢得了上海各阶层人民的信任和支持，为顺利接收上海及此后的建设创造了良好的群众基础。

第二节　建设新上海的基本方针

党的七届二中全会在强调党的工作重心向城市转移的同时，对党的城市工作作出全面阐述，指出进入城市后的中心工作就是恢复和发展生产，“从我们接管城市的第一天起，我们的眼睛就要向着这个城市的生产事业的恢复和发展”[①]。会议同时明确开展城市工作的主要依靠力量，强调必须全心全意地依靠工人阶级，团结其他劳动群众，争取知识分子，争取尽可能多的能够同中国共产党合作的民族资产阶级分子及其代表人物的支持，或者保持中立。这一系列主张也成为统领和指导新上海建设的基本方针。

---

① 毛泽东：《在中国共产党第七届中央委员会第二次全体会议上的报告》，《毛泽东选集》第4卷，人民出版社1991年版，第1427—1428页。

一、全心全意依靠工人阶级

依靠谁的问题,是城市工作的根本问题。上海是中国工人阶级最集中的城市,是工人运动的发源地之一,具有光荣的革命传统。从五四运动到迎接上海解放的护厂斗争,充分体现上海工人阶级的伟大力量。1949 年上海解放时,全市工业职工已达 53 万人,占当时城市人口的 12.6%。因此,在建设新上海的过程中必须全心全意地依靠工人阶级。只有把工人阶级工作做好,把工人阶级动员组织起来,忠诚地依靠工人阶级,认真地团结其他劳动人民和革命的知识分子,才能把城市工作做好。

全心全意依靠工人阶级,要从文化上、生活和物质福利上关心工人阶级,保障工人生活水平,改善和提高职工文化生活,但更关键的是要通过推动建立工会组织和深入广泛地教育工人,提高工人阶级的组织程度和觉悟程度,使之与自己的政治地位相适应。“生活有保障,工人情绪提高了;加强教育,工人的觉悟提高了;组织工人,工人团结起来了,就有了力量”,“于是,共产党依靠工人,工人也靠了共产党,相互依靠,我们与工人群众就结合起来了”①。

上海解放以后,中共上海市委即提出要把建立各人民革命团体的组织作为新民主主义政治的基石,充分动员他们的力量来配合市军管会和人民政府的各项工作。这些组织的建立,主要根据人民自觉自愿的原则进行,同时市军管会和人民政府也给予一些必要的帮助。为此,上海基层党组织暂时不公开,组织全体党员参加筹建工会工作,尽快把工会广泛建立起来,把工人的最大多数组织到工会中去,依靠工人阶级来管理城市。

5 月 31 日,中共上海市委召开工人纪念五卅运动代表会议,中共中央华东局和上海市委领导同志出席会议并讲话。陈毅讲的第一句话就是:“上海的工人老大哥、老大姐们,我们归队了!”这句话清晰地表明了党和人民政府同工人阶级之间的紧密关系,激起在场 2000 余名工人

---

① 《建党以来重要文献选编(1921—1949)》第 26 册,中央文献出版社 2011 年版,第 177—178 页。

代表的热烈掌声，工人们热泪盈眶，“亲切感，激动感，荣誉感，使命感，阵阵地涌上心头”[①]。他还指出，上海解放是有史以来的伟大历史变革，已经成为国家主人的工人阶级要以远大的眼光和伟大的气魄，来领导新社会的经济建设和政治建设。“过去我们翻过了一座革命的大山，赢得了伟大的胜利，但摆在前面的另一座更伟大的建设大山需要我们工人阶级团结一切民主阶层以最高的革命热忱和艰难的工作爬上这座大山，建设一个新上海新中国！”[②]会议同时宣布成立工人阶级群众组织的筹备机构——上海总工会筹备委员会，以此把全市工人组织到工会中来，为巩固政权、迅速恢复和维持生产、保护工人的日常利益而奋斗。

会后，组建工会工作全面展开。上海总工会筹备委员会派出 103 个工作组共 550 余人下厂协助工人组织工会，举办 3 期工会职工干部训练班；同时根据民主、团结、统一的原则，有重点地从大产业着手，成立棉纺、卷烟、重工业、化学工业等 15 个行业工作委员会，推动各产业工会的组建。在中共中央华东局和上海市委领导下，至 1950 年初，已建立 27 个产业工会和 10 个产业工会筹委会，组织起来的职工占全市职工总数的 90%，并且在沪东、沪西、沪中和浦东等地设立联络站，这后来发展为按区设立上总办事处，为上总的成立打下组织基础。

1950 年 2 月，上海市第一次工人代表大会举行。会议通过《关于正式成立上海工人阶级统一组织和恢复上海总工会名称的决议》等九项决议和《上海总工会章程》，标志着上海总工会[③]正式成立。上海总工会成立初期，对工会组织设置加以调整，按照全总规定的按产业划分的原则调整产业工会，结合全市行政区划变动相应调整各区办事处；并依靠工会组织教育引导广大工人群众提高政治觉悟，使他们树立高度的历史使

---

① 张承宗：《善做统战工作的好市长》，中国人民政治协商会议上海市委员会文史资料委员会编：《上海文史资料选辑》第 68 辑，上海人民出版社 1991 年版，第 55 页。

② 中共上海市委党史研究室编：《接管上海》（下），中国广播电视出版社 1993 年版，第 60 页。

③ 1955 年 1 月，根据《中华人民共和国工会章程》，上海总工会改称上海市工会联合会（简称市工联）。1959 年 8 月，根据中华全国总工会（简称全总）决定，又改称上海市总工会。上海市总工会是全总领导下的地方组织，是上海各级工会组织的领导机关。

命感和主人翁责任感。1950 年上半年,上海总工会先后举办干部学习班、工人演讲员学习班,衣着业(今称服装业)、新药业和医务等 10 多个工会举办各类学习班,各工厂也积极举办夜校,召集工人作报告。通过这些方式,使工人正确认识工人阶级与中国共产党的关系,也使工人普遍认识到工人阶级的任务就是更大地发挥自觉性,更好地担负起建设新中国的任务。

正是由于中共上海市委、市政府坚决执行全心全意依靠工人阶级的方针,推动广大工人群众积极参与对国家和企业的管理,工人阶级的政治地位和领导作用不断增强。在上海市第一届第一次各界人民代表会议上,有 115 名工人代表应邀参加,占各界代表总数的 17.53%。这是上海有史以来工人群众第一次有自己的代表直接参与讨论和决定国家大事,是工人阶级政治地位变化的重要标志。上海工人阶级的主人翁责任感也极大增强,他们把克服工人阶级的本身困难与克服恢复经济时期的整个困难结合起来,把工人阶级的暂时利益与长远利益结合起来,积极响应党的号召,在配合接管、生产建设、维护治安、打击投机等各项工作中发挥了十分重要的作用,在克服困难中保持和巩固工人阶级的领导地位。

二、广泛团结各界人士

上海是中国民族资产阶级和爱国民主人士最集中的地区,为巩固新生的人民政权,必须广泛联系和团结各界人士。中共中央在贺上海解放电中也特别强调:“上海解放以后,上海的共产党员、工人和革命知识分子的首要任务,就是团结一致,与进步的产业界和一切爱国民主人士通力合作,克服困难,恢复生产,恢复城乡联系和内外贸易,并与反动势力的残余作继续斗争而取得胜利。”

团结各界人士,首先是争取党外代表人物的支持。中共上海市委、市政府领导先后上门拜会孙中山夫人宋庆龄、中国民主同盟主席张澜、商务印书馆董事长张元济及曾任北洋军阀政府国务总理的颜惠庆等知名爱国人士,听取他们关于接管、改造和建设上海的意见。这项工作也得到中央领导的积极支持。1949 年 6 月,邓颖超受中共中央派遣,携带毛泽东和周恩来的亲笔信来到上海，邀请宋庆龄以特邀代表身份赴北平共商国是。8月，宋庆龄由邓颖超等陪同乘火车抵达北京，毛泽东、朱德、周恩来等亲赴车站迎接。在随后召开的中国人民政治协商会议第一届全体会议上，宋庆龄当选中央人民政府副主席。

上海市委、市军管会和市政府还召开科学、文化教育界座谈会、青年代表会、中小学教师代表会、大学教师座谈会、工程师座谈会、产业界座谈会等各类座谈会，由市委、市军管会和市政府主要领导同时出席或分头出席，以此"传达我们的政策，宣布我们的态度，提出我们的办法，并征求各方的意见，开诚协商、使大多数人都能团结在我们周围，从事做好接管工作，改造工作，并协力应付各种困难"①。各接管委员会也主持召开小规模的各种专门业务的座谈会，阐明党的政策，征求各方意见，共同建设新上海。

为了团结全市青年，陈毅在6月1日召开的上海市各界青年纪念五卅代表大会上希望青年朋友都来担当建设新上海的重任，并向全市青年提出三大任务：一是肃清残余敌人，建立革命秩序，保护人民民主自由，恢复生产；二是劳动青年要组织、拥护自己的工会，本着发展生产、繁荣经济、公私兼顾、劳资两利的方针，努力成为模范工作者、劳动英雄；三是知识青年要成立自己的组织，团结一切民主青年，恢复上课，团结师生，学习和掌握劳动人民的新人生观和毛泽东思想，学习和掌握工农业生产知识及各种科学知识和技术，为建设新中国、新上海英勇前进。会议同时决定成立民主青年联合会筹备委员会。

当天晚上，在沪各民主党派知名人士张澜、罗隆基、胡厥文、郭春涛、陈铭枢、史良等设宴欢迎中共中央华东局、上海市委、市军管会、市政府主要负责同志，邓小平、陈毅等应邀出席。会上，陈铭枢代表各民主党派人士对中国共产党、人民解放军和人民政府致以衷心谢忱，并表示各民主党派誓当在中国共产党和毛泽东主席的领导下，合力同心，建设新中国。陈毅也在会上期望与各民主党派人士共同努力，团结百分之九十九

① 《上海市人民政府工作总结》（1949年5月27日至1950年4月），中共上海市委党史研究室编：《接管上海》（上），中国广播电视出版社1993年版，第106页。

的人来合作，打文化经济建设的大仗。6 月 3 日晚，邓小平、陈毅等领导人设宴答谢上海各民主党派人士，共商建设大事。

上海是我国私营工商业最集中的城市，一些较大的民族资本企业都设在上海，它们对上海乃至全国的经济有着重要影响。因此，要巩固新生政权，恢复和发展经济，必须全力争取在沪民族资本家的支持。6 月 2 日下午，市人民政府召开产业界人士座谈会，盛丕华、胡厥文、荣毅仁、刘靖基、蒉延芳、郭棣活、刘念智等 90 多位上海工商业者代表出席座谈会。陈毅等在会上阐明中国共产党保护民族工商业，实行发展生产、繁荣经济、公私兼顾、劳资两利的方针，并代表人民政府表示愿意与产业界共同协商，帮助他们解决困难。通过座谈，与会代表了解了中国共产党和人民政府对私营工商业的方针政策，消除了思想顾虑。会后，产业界召开座谈会，提出各行业恢复和发展经济的具体计划。受到这次座谈会的影响，刘鸿生等一批在上海解放前夕前往香港的资本家也陆续回到上海，有的还将留在海外的资金、机器设备和私人外汇都调回上海用于扩建新厂。

为加强与上海文化教育界的交流沟通，市人民政府于 6 月 5 日邀请文化界人士举行座谈会，科学、教育、文化、新闻、出版、文艺、戏剧、电影、美术、音乐等各界代表吴有训、陈望道、茅以升、金仲华、巴金、梅兰芳等 162 人参加。陈毅首先对在国民党统治下坚持斗争的文化界表示敬意，并分析革命形势和上海解放的重大历史意义，对中国共产党的文化教育等政策进行详细解释。讲话持续 4 个小时，吴有训、陈望道、巴金等 10 余人相继发言，当历史学家周谷城激动地感谢解放军打进上海、把我们解放了时，陈毅立即接上去说：不要说解放，是会师，解放军从外面打进来，你们从里面打出来，是我们共同会师[①]！陈毅一席话，使在场文化界人士深受感动，也加强了党与政府工作人员同他们思想上的沟通和团结。与会代表一致表示愿意在中国共产党和市人民政府的领导下，为建设新上海和发展新民主主义文化共同努力。此后，陈毅还先后出席上海

---

① 中共上海市委党史研究室编：《接管上海》（下），中国广播电视出版社 1993 年版，第 62—63 页。

解放后首个教师节庆祝大会、中央研究院的纪念会以及上海科学工作者协会会员大会等，号召教育界人士和科学工作者共同为建设新上海与新中国服务。

6 月 15 日，陈毅等邀集上海耆老张元济，蔡元培夫人周峻，俞寰澄、吴有训、竺可桢等举行座谈会，听取他们就发展工业生产、农村开垦荒地、疏浚河道、发展水利、恢复交通、组织上海失业人员到内地参加工农业生产，以及治安与教育改造问题等提出意见。陈毅风趣地称此会是“耆老策杖观太平之集会”①。

在当月 26 日召开的上海市各界妇女代表庆祝上海解放大会上，陈毅代表中共上海市委和市人民政府，向在国民党反动统治压迫下坚持斗争的上海妇女致敬。他指出，妇女问题是整个人民革命运动中的一部分，也是新中国建设的一部分，新中国问题解决了，妇女问题即可解决，妇女问题与新中国建设是分不开的。这次会议同时也是上海市民主妇女联合会筹备会的成立大会。

为了与广大人民群众建立起紧密的联系，上海于 1949 年 8 月 3 日至 5 日召开上海市第一届第一次各界代表会议，邀请各界代表共商全市工作大计。会议代表涵盖工人、农民、工商界、学生、妇女等社会各界，其中工人、工商界和文化教育各界代表三者合计超过代表总数的 57%，这也契合当时上海工人、知识分子和私营工商业者比较集中的实际情况。上海召开第一届第一次各界代表会议的报告得到中共中央和毛泽东的充分肯定。1949 年 8 月 7 日，毛泽东在为中共中央起草的复华东局电中指出：“你们已召开上海各界代表会议，甚好。此种会议有很大用，可以依靠它去联系群众，帮助我们克服困难。华东所属各城市均应举行，并应看重此种会议”②。

通过与各界人士的广泛接触，宣传解释党的政策，增强了各个阶层人士对党和政府各项政策的理解和支持，为新生人民政权的巩固、经济的恢复和社会的安定创造了条件。

---

① 刘树发主编：《陈毅年谱》上卷，人民出版社 1995 年版，第 572 页。

② 中共中央党史和文献研究院编：《毛泽东年谱》第 3 卷，中央文献出版社 2023 年版，第 548 页。

三、向生产性城市转变

为了充分发挥城市工业生产能力强的优势，推动我国稳步地由农业国向工业国转变，党的七届二中全会首次明确提出从消费性城市向生产性城市转变的方针，强调只有将城市的生产恢复和发展起来，将消费的城市变成生产的城市，人民政权才能得到巩固。城市中的其他工作，例如党的组织工作、政权机关的工作、工会的工作，都是围绕着生产建设这个中心工作并为这个中心工作服务的。1949 年 3 月，《人民日报》发表题为《把消费城市变为生产城市》的社论，进一步强调怎样才能把城市工作做好，怎样才能使城市起领导乡村的作用，中心环节是迅速恢复和发展生产，把消费的城市变成生产的城市。

上海解放伊始，中共中央便明确了上海作为生产性城市的目标和定位。5 月 29 日发表的新华社社论《祝上海解放》中提出，在“中国在短期间虽然还必须负着战争的最后阶段的负担，但是生产建设已经成为一天比一天重要的课题”的背景下，“上海是一个生产的城市和革命的城市，在反革命统治被捣毁以后，这个特征将要显出伟大的威力”。

根据这一城市定位，1949 年 7 月，《解放日报》发表题为《粉碎敌人封锁 为建设新上海而斗争》的社论，提出要改变上海依赖帝国主义而畸形繁荣的消费城市的特征，使其成为为国内市场生产与为中国人民服务的城市。在市第一届第一次各界代表会议上，中共上海市委正式提出建设新上海的方针，就是要把过去帝国主义买办官僚剥削压榨中国人民的旧上海，变成为国内生产与为中国人民服务的新上海，就是要把过去畸形发展的旧上海，改造成为真正健全繁荣的新上海。

推动上海从消费性城市向生产性城市转型的核心内容，一是从根本上改变上海经济具有的依赖性的特点，把为国内生产、为中国人民服务作为基本方针和发展方向。由于旧上海的经济是在西方资本主义国家控制下畸形发展起来的，其产业结构、消费结构等表现出明显的对外依赖性。外国资本长期控制国民经济命脉，上海的燃料、生产原料有很大一部分依靠外国输入，销售市场也主要面向海外。为此，必须尽力改变上海的生产方针和发展方向，为国内各城市、各工矿企业大量生产所需要的机器，为农村生产所需要的农具、肥料、布匹等。二是从根本上改变上海经济具有的消费性的特征，提升城市的生产能力。上海虽然是我国近代工业的发源地之一，生产能力和产品产量在全国处于领先地位，但也面临着产业结构不合理、轻纺工业过度集中而重工业薄弱、高档消费品过剩而普通消费品不足的问题。为此，必须充分利用上海近百年形成的工业基础，利用原有的设备和技术力量，为满足我国实现工业化目标和人民需要服务。

市委同时也指出，从消费性城市向生产性城市的转变对上海而言，是一项极端复杂而艰巨的工作。但这种转变无论对国家还是对上海而言都是不可避免的，只有国内各城市经济发展，广大农民生活改善及农业生产力提高，才能扩大工业品所必需的市场，并供给城市更多的粮食和工业原料，上海工业生产基础才更有保证，才可以自力更生，摆脱对西方资本主义国家的依赖。

面对如何迅速地接收好、管理好我国最大的经济中心城市——上海这一艰巨的任务，上海市委在中共中央的领导和全市人民的支持下，积极贯彻党的七届二中全会关于党的工作重心从乡村转移到城市的重要决策，廉洁高效、有条不紊地完成接管任务，并制定了改造旧上海、建设新上海的基本方针，开启了上海发展的新篇章。

第二章

推动国民经济全面恢复

上海解放后，新生的人民政权在经济领域面临着内外交困、百废待兴的困难局面：旧秩序被破坏，新秩序尚未建立起来；外有敌人的封锁轰炸，内有投机势力的兴风作浪和严重的自然灾害。一些资本家甚至认为“共产党军事一百分，政治八十分，财经打零分”。迅速地把经济形势稳定下来，把生产恢复起来，使自己在经济上和政治上站稳脚跟，成为解放上海之后必须做好的一件大事。在中共中央的领导和全国各省市的支援下，中共上海市委、市人民政府围绕生产建设这一中心工作，依靠国营经济的领导地位，采用有力的经济措施和必要的行政手段，在短短三年内就实现生产的恢复和发展，建立起新的经济秩序，胜利完成了国民经济全面恢复的艰巨任务。

第一节　恢复和发展生产

上海的工商业自解放伊始便面临着经营困难、生产萎缩、百业萧条的境况。其中既有特殊的历史原因，也受到当时内外因素变化的影响。尤其是败退台湾的国民党当局在美国的支持下对上海实行封锁轰炸，以及投机商人围绕银元和大米、纱布、煤炭等重要物资掀起物价上涨风，扰乱正常的市场秩序，这些对上海乃至全国都产生严重影响。根据中共中央的部署,上海市委、市政府通过打击投机,平抑物价,制定反封锁六项任务,从各地紧急调运重要物资等举措,在较短时间内就实现了经济的稳定和生产的恢复,对安定民心起到重要作用。

一、没收官僚资本组建国营经济

随着人民民主政权在上海的建立,迅速组建社会主义性质的国营经济,使之成为整个国民经济的领导成分,是从半殖民地半封建经济转变到新民主主义经济的重要步骤和关键所在。而没收官僚资本归国家所有,则是建立国营经济最重要的物质前提,并构成国营经济的主体部分。早在 1947 年 12 月,毛泽东就指出:"没收封建阶级的土地归农民所有,没收蒋介石、宋子文、孔祥熙、陈立夫为首的垄断资本归新民主主义的国家所有,保护民族工商业。这就是新民主主义革命的三大经济纲领。"①《中国人民政治协商会议共同纲领》在制定新中国的经济政策时也强调,"没收官僚资本归人民的国家所有",并"调剂国营经济、合作社经济、农民和手工业者的个体经济、私人资本主义经济和国家资本主义经济,使各种社会经济成分在国营经济领导之下,分工合作,各得其所,以促进整个社会经济的发展"②。

官僚资本是一种凭借国家政权力量发展起来的,具有封建性和买办性的国家垄断资本。国民党政府统治时期,官僚资本在上海经济中占有相当大的比重。据解放前夕的统计,在工业生产方面,官僚资本拥有工业企业 81 家、职工 8 万余人,固定资产占全市的 43%,包括炼钢平炉的全部、电炉的 85.7%、纱锭的 38.5%、织布机的 59.2%。官僚资本企业把持着上海 89.3% 的钢产量和全部的铜产量,棉纱产量占全市总产量的 42.4%、棉布占 35.5%、粗纺毛织品占 41.8%、变压器占 61.6%。在交通运输方面,铁路、公路、邮电、航空运输的全部或大部,以及 55% 的轮船吨位、48% 的码头总长度和 32% 的仓库总面积,均为官僚资本所控制。在

① 毛泽东:《目前形势和我们的任务》(1947 年 12 月 25 日),《毛泽东选集》第 4 卷,人民出版社 1991 年版,第 1253 页。

② 《中国人民政治协商会议共同纲领》,中共中央文献研究室编:《建国以来重要文献选编》第 1 册,中央文献出版社 1992 年版,第 2、7 页。

内外贸易方面，官僚资本拥有中国进出口贸易公司、中国棉业公司、中国植物油公司等一批垄断性的贸易公司。在金融业方面，国民党国家垄断资本金融体系的主体——中央银行、中国银行、交通银行、中国农民银行、中央信托局、邮政储金汇业局和中央合作金库这“四行二局一库”的总行或总管理处实际上均设在上海。

上海作为中国官僚资本最集中、最主要的活动基地，如何顺利接管这些官僚资本、建立起社会主义国营经济，对上海乃至全国的经济发展关系重大。上海解放后，中共上海市委、市军管会根据官僚资本企业的经济属性，在总结东北、华北接管城市经验的基础上，采取保持官僚资本企业原来的组织机构和生产系统，原职、原薪、原制度不变的方式，先完整地接收下来，实行监督生产，然后逐步进行民主改革和生产改革，把官僚资本企业改造成为社会主义性质的国营企业。

在接管各类官僚资本金融机构的过程中，中共上海市委、市军管会根据不同情况与实际需要，采取不同做法。具有代理发行、掌握金融政策职能的中央银行和代理市金库的市银行都具有政权机关的性质，是国家机器的组成部分，因此对它们采取推倒重来，建立人民政权自己新的金融体系的方式，利用中央银行原有机构组建人民银行上海分行的公库部、第二营业部和信托部。对主要是官僚资本的中国银行和交通银行，没收其官股，保留私股权益，改组董事会，但仍保持其原来的机构。对其各自业务分工也作出调整，中国银行成为新中国经营外汇业务的专业银行，交通银行经营对工矿实业的投资。中国农民银行、中央合作金库和邮政储金汇业局经过接管清理后，其储蓄业务及一部分机构改组为人民银行上海分行合作储蓄部。对于新华、中国通商、中国实业、四明等 4 家官商合办银行则没收其官股，改组为公私合营银行。19 家官僚资本保险公司除中国保险公司和中国航联保险公司继续营业外，其余均在接管清理后予以取消。由此，经过对官僚资本银行的接管、对民族资本银行的改造、对外国在华银行的严格管理，确立国家银行的领导地位，逐步形成社会主义的金融体系。

上海的官僚资本工业企业具有一定规模和基础，集中许多科技人才和管理人才，拥有一批技术熟练的工人和较先进的技术装备。江南造船所建有当时全国最大的船坞,能容纳 2 万吨级的船舶进坞修理;中央电工器材公司上海工厂拥有国内最先进的电线电缆制造设备;耀华玻璃厂拥有日产 300 箱平板玻璃的生产设备。对于这些官僚资本工业企业在不打乱其原来机构和生产组织的情况下,按照产业系统,分别对轻工业方面的中纺公司、化学工业、烟草工业和中央工业实验所 4 个系统的 79 家工厂、仓库和业务机构,重工业方面的资源委员会、善后事业保管委员会、国民党海军造船系统和其他官僚资本企业 4 个系统的 45 家工厂、企业和业务机构有步骤地进行接管,把它们转变为国营工业企业。

此外,中共上海市委、市军管会还接管官僚资本独占经营、集中程度比较高的水路交通和邮电通信方面的机构,使其转变为国营交通运输机构,为运输动脉的畅通提供重要保证;接管扬子建业公司、中国进出口贸易公司、孚中公司、统一贸易公司等官僚资本贸易企业,并迅速建立起国营贸易机构。1949 年 6 月,上海市贸易总公司成立,随后陆续建立粮食、花纱布、煤业、化工原料、日用品、五金器材、医药、土产、油脂、茶叶、皮毛、蚕丝等专业公司和中国进出口公司等内外贸易企业。同时成立上海市供销合作总社,作为国营商业的重要助手。

通过接管国民党市政府及属于中央政府的工交企业和金融贸易机构,约占全市 41% 左右的纱锭,1/3 的机器制造设备,1/5 的钢铁冶炼设备和小部分的轻工业设备成为人民政权手中直接掌握的经济力量。虽然国营经济在新中国成立初期上海的国民经济中所占的比重尚比较小,但就它在经济全局中所处的地位来说,已经掌握了主要命脉。经过初步的改革、改组,随着经营方向的变化和企业素质的改善,工人群众主人翁觉悟的提高,国营经济迅速得到巩固,并在各种经济成分中居于领导地位,成为党和政府恢复国民经济,以及对非社会主义经济成分进行社会主义改造的强大物质基础。

二、反封锁、反轰炸

虽然通过没收官僚资本建立起了国营经济,但新生的人民政权在经济领域仍面临着内外交困的严峻挑战。上海解放不到一个月,自 1949 年 6 月 23 日起,败退台湾的国民党当局在美国的支持下公然宣布对上海口岸实行武装封锁，企图以此阻止上海内外交通，断绝上海的粮煤及工业原料供给，破坏上海生产建设，窒息上海经济。由于旧上海的工商业呈现鲜明的对外依赖性，作为上海工业基础的动力生产，不仅为外商经营，所使用的原料油和煤炭也绝大部分依靠进口；500万人生活所需的粮食，50%—60%依赖于进口的洋米洋面；占全国设备总量60%的棉纺业，所需原棉60%依靠进口；占全国设备总量80%的毛纺业，全部靠进口毛条维持生产；占全国设备1/4的面粉业，原料全靠洋麦；月产6000余吨纸张的造纸设备，也完全依靠进口的纸浆。因此，封锁对上海的经济发展和社会生活产生明显影响，生产资料和生活资料库存严重不足，情况最紧急时，全市存粮不足1亿斤，仅够半个月的消费，存棉只够纱厂开工1个月，煤炭只够一周耗用，由此导致工业停顿、商业萎缩、劳资矛盾突出。

中共中央华东局和上海市委为此制定反封锁的六项任务：一、积极支援人民解放军南下作战，解放全中国；二、有计划地有步骤地实行疏散人员和实行将部分学校工厂内迁；三、改变今后上海生产方针与发展方向，摆脱对帝国主义经济的依赖，把为国内生产和为中国人民服务确定为上海所有企业生产的方针与发展方向；四、动员大批共产党员、干部和工人、学生到乡村去开展农村工作；五、发展内地交通，鼓励城乡物资交流；六、实行节衣缩食、精简节约，克服目前困难。1949年8月召开的上海市第一届第一次各界人民代表会议正式通过粉碎敌人封锁、建设新上海的六项任务。陈毅在这次会上号召全市人民抱定坚决克服困难的决心，脚踏实地去反对敌人的封锁，激励人们树立战胜反封锁的信心。

1949年7月，为筹备上海财经会议的召开，中央财政经济委员会①主任陈云在上海开展了短期调查。在调查的基础上，他提出，上海的问题主要是物资短缺，特别是粮食、棉花、煤炭短缺。为此，他要求各地树立全局观念，保证把粮食、棉花、煤炭如数准时运到上海。由于运到上海的各类物资很多，加之江南地区刚刚解放，因此必须把交通运输问题看成一个重要问题，精心加以组织，“运输是一件大事，这个问题不解决，上

① 1949年7月12日，中共中央财政经济部与华北财经委员会合并组成中央财政经济委员会，同年10月成为政务院财政经济委员会，均简称“中财委”。

海煤、粮、棉的供应都会很困难”①。

为突破封锁，解决原料供应问题，在中共中央、华东局的统筹部署下，铁路局全力投入抢运，上海市军管会航运处也组织一切可能运用的公私运输力量抢运煤粮。7月煤炭抵沪数为6.5万吨，8月9.6万吨，9月以后每月平均运量超过10万吨，10月以后上海经常保持存煤30万吨左右，平均每天粮食抵沪数也保持在2万石左右。市人民政府还采取准许自备外汇进口棉花，免除棉花进口税以及实行运价优待，协助外贸企业绕道天津、青岛搞转口贸易等一系列过渡办法，使上海工业在上海口岸被封锁的情况下，仍能获得部分必需原料。

同时，在全市开展厉行节约、清仓利旧、试制代用品、改装设备等活动。上海口岸被封锁后，依靠洋油作为动力的发电厂及公共交通一度面临极大困难，为此杨树浦发电厂职工自力更生，把7座燃油炉改为燃煤锅炉，确保上海正常供电。上海公共交通公司职工自行设计制造白煤炉公共汽车（简称“白煤车”），并迅速投入批量生产。至1950年10月，公交车辆全部用白煤车代替使用汽油的公共汽车。相关工厂企业也按照有中国货一定要用中国货、有代用品就用代用品的原则，积极研究改用国内的原料和燃料。上钢一厂、三厂的4座烧油平炉改烧煤气，并顺利出钢。中纺公司各厂工人调整设备，停止生产用进口棉花作原料的细支纱，增加用国内棉花生产的中支纱、龙头细布等，进而上海的棉纺、毛纺、铅笔、化工、胶木、电气等工业，也都逐步以国产原料代替进口原料。

根据反封锁六项任务要求，部分工商业企业积极改变生产方向，调整工业产品种类，使之更适合于普通民众需要，解决工商业运转维艰的局面。原来以生产电扇、电炉和小电珠等外销商品为主的电器行业，陆续转向主要生产电压表、工矿器材、交通用具、农具等国内急需产品；百货公司也改售必需品或代销土产。调整工业分布，把部分过度集中的企业就原料产地和市场销地向广大内地疏散。截至1950年6月，先后有荣丰寰球内衣厂、联合药厂、中央化学玻璃厂、大成电机厂、中国铅笔厂、

① 《克服财政经济的严重困难》（1949年8月8日），《陈云文选》第2卷，人民出版社1995年版，第4—5页。

上海铅笔厂等20多家中小工厂部分或全部内迁，涉及卷烟、火柴、铅笔、纺织、化工、机器等行业。中共上海市委、市人民政府还积极贯彻公私兼顾、劳资两利政策，采取收购、加工、订货、贷款等多种方式，扶助有利于国计民生的资本主义工商业发展。截至1949年底，占全市1/3以上的纺织印染厂、1/3以上的绸厂、2/3以上的面粉厂以及部分造纸、水泥、橡胶、肥皂、火柴、毛纺、内衣织造等轻纺工厂都受到国家收购产品、加工订货、配售原料等不同方式的扶持。

国民党当局不仅对上海实施封锁，还经常出动飞机对上海进行骚扰破坏。从1949年6月至1950年5月，对本市民用设施和普通民众进行狂轰滥炸和低空扫射共计71次，投弹593枚，伤亡4500余人。特别是1950年2月6日，17架美制国民党飞机分4批侵入上海市区进行轮番轰炸，嵩山、卢湾、闸北、杨浦等区和吴淞镇有1000余间民房被炸，市民死伤1100余人，灾民5万余人。上海电力公司杨树浦电厂、闸北水电公司、华商电气公司和法商电车电灯公司的电厂被炸。其中，作为上海主力电厂的杨树浦电厂三分之二发电设备被损坏，全厂无法发电，市区供电因此大部分停止，工厂大都被迫停产，市民生活受到很大影响。

二六轰炸后，市人民政府、公安局、警备司令部于当天下午召开紧急会议，一面组织未遭受严重破坏的电厂和拥有自备发电设备的单位尽量发电，以维持路灯照明、自来水供应，以及电台、医院、重要党政机关等机构的用电，并出动军警组成巡逻队，组织工厂、学校、里弄居民组成自卫队、纠察队，以维护社会治安；同时组织受损电厂全力抢修。在中共上海市委和市总工会的直接组织和全市人民的支持下，经过电力工人、技术人员和解放军的日夜抢修，仅用42个小时，上海全市于2月8日恢复部分发电，至15日已修复8.1万瓦的发电量，恢复原有发电量的65%，2月底已恢复原有发电量的80%以上，市民生活及工业生产得以照常维持。

但要从根本上解决国民党飞机对上海的空中威胁，关键是加强上海的防空实力。1950年1月至3月，中共上海市委、市人民政府连续五次电请中央军委加强上海的防空力量，为此，中央军委抽调两个高炮团南下，增援上海的防空力量。上海遭受二六轰炸的情况也得到中共中央的高度关注，正在苏联进行访问的毛泽东向斯大林提出由苏联提供空军保护的要求，得到斯大林的同意。2月17日，毛泽东在给国内的电报中指出：“积极防空保卫上海，已筹有妥善可靠办法，不日即可实施。上海工厂不要勉强疏散，尽可能维持下去。”[①]3月，苏联派遣巴基斯基中将率领一个混合空军防空集团来上海协助解放军进行空中设防，成功拦击来犯的国民党空军，取得三战三捷、连续击落五架敌机的战绩，同时帮助培训新组建的中国人民解放军空军的飞行员。随着5月舟山群岛全部解放，消除了国民党当局利用舟山为基地对上海实行封锁、轰炸的威胁。从1950年10月开始，苏联混合防空集团部队分批返回，人民解放军空军正式担负起保卫上海防空作战任务。

除了遭受国民党当局的封锁轰炸，新生的人民政权还面临着严重自然灾害的考验。1949年7月24日夜至25日凌晨，1915年以来34年未遇的特大台风袭击上海，直接导致全市成为一片汪洋泽国，大街小巷水深1—6尺，南京路永安公司附近水深及腰，灾情最重的苏州河以北的闸北、虹口、杨树浦一带水深3尺左右。二分之一以上的棚户屋顶均被台风揭翻。上海市郊和苏南地区的南汇、川沙、宝山、奉贤、松江等县的江堤海塘受损，冲毁塘身达12公里，冲开大小决口20多处；海潮倒灌成灾，淹没田地逾7.86万亩，冲毁房屋6900多间，受灾人口达7.5万人左右。灾害发生后，市长陈毅于25日召开紧急会议，决定立即展开抢险救灾工作。在财政相当困难的情况下，市人民政府拨出20万元，发动10.7万名群众用以工代赈方式抢修海塘，并调派解放军部队协助。陈毅还亲赴海塘修筑现场视察指导。从7月31日起，仅用7天便完成除炮台浜大决口外其余决口的抢堵工作，至10月中旬，抢修工作全部完成。

三、打赢“银元之战”和“米棉之战”

解放之初的上海与许多新解放的城市同样承受着旧秩序被破坏、新秩序尚未建立起来的经济震荡。国民党统治时期恶性通货膨胀的影响

① 中共中央党史和文献研究院编：《毛泽东年谱》第4卷，中央文献出版社2023年版，第95页。

仍在延续,一大批不法投机商趁机兴风作浪,致使黄金、银元、外币充斥市场,物价猛烈上涨,经济秩序极其混乱。共产党领导的政府能够制止恶性的通货膨胀和物价上涨,把经济形势稳定下来,把生产恢复起来,使新生的人民政权在经济上取得发展,从而在政治上站稳脚跟,这是广大人民群众,尤其是爱国民主人士、民族资本家十分关注和期待的。

上海解放第二天,市军管会即发布《关于使用人民币及禁用伪金圆券的布告》,确立人民币为唯一合法货币,并收兑伪金圆券。至6月4日,在7天限期内共收入伪金圆券35.9万亿,占伪金圆券发行额的53%,兑出人民币3.5亿元,人民币开始进入市场。但收兑伪金圆券并没有真正解决人民币的正常流通问题,当时上海市场通货仍以银元为主。加之国民党统治时期长期的恶性通货膨胀,造成市面上投机成风,投机者以早已停止交易的上海证券交易所大楼为大本营,公然抗拒政府法令,炒作银元、黄金、美钞的价格,带动物价上涨,直接影响广大市民的生活。在上海解放后短短13天中,每枚银元价格上涨2倍,带动物价总指数上涨2.7倍,其中米上涨2.2倍,纱上涨1.5倍。同时,也严重妨碍人民币在上海市场上建立信用。一些普通百姓对人民币能否在市场上立足心存疑虑,工资一到手就立刻买米、煤、布等日常生活必需品,或调换成银元,以至于有时人民币早晨从人民银行发出,当天晚上就基本上如数回到人民银行。部分商店以银元标价或拒收人民币,一些人甚至公开叫嚣:“解放军可以打进上海,人民币则进不了上海。”

面对日益猖獗的银元投机活动,6月5日,《解放日报》发表《扰乱金融操纵银元的投机者赶快觉悟》的社论,警告少数奸商和投机分子及早停止犯罪活动,但银元投机商并未听从劝告。次日,中共上海市委采取抛出银元打击银元的政策,由人民银行抛出1万枚银元,因杯水车薪,仍没有奏效。7日晚,中共中央华东局和上海市委主要领导决定立即命令有关军政机关务必对这一货币投机场所加以歼灭性打击,一网打尽,严加惩处,并将这一决定上报中央。12小时后,毛泽东亲自复电,同意采取一次果断行动。6月10日,在各方配合下,市军管会经过周密部署,突击查封上海证券交易所大楼,拘捕238名扰乱金融的投机首要分子,沉重打击了上海的投机活动,4万多名银元贩子销声匿迹,银元价格由二千一二百元猛跌至一千二三百元，物价指数亦随之回降10%左右。华东军区司令部还颁布《华东区金银管理暂行办法》，严禁金银外币流通与私相买卖，结束商品价格与黄金、银元和美元挂钩的情况，使人民币在上海真正站稳脚跟。

通过打击金融投机活动，人民币的地位得到巩固，但上海乃至全国的物价并没有停止上涨势头。在"银元之战"中受到打击的上海投机资本把目标转向与人民生活和生产恢复休戚相关的大米、纱布和煤炭，俗称"两白一黑"。1949年7月，投机商人利用战争期间交通阻断以及国民党当局对上海口岸实施封锁禁运、上海物资供应紧张的机会，大举囤积，掀起以粮食、纱布、煤球为主的"七月涨风"。从6月23日至7月30日，全市物价上涨1倍。为控制物价涨势，打击投机活动，市人民政府采取配售平价米、抛售物资和加强市场管理等措施，限制投机活动，自7月下旬起物价转向平稳。

但从1949年10月开始，投机商又以花纱布为突破，掀起"十月涨风"。从10月上旬到11月下旬，上海的物价指数上涨4倍，创解放后上海物价上涨幅度的最高纪录，其中棉纱价格上涨3.8倍、棉布价格上涨3.5倍、大米上涨3.3倍。与前一次物价上涨风波相比，这次物价上涨风波持续时间更长，整个上涨风长达50天之久；波及范围更广，物价上涨风以上海、天津为先导，在短时间内迅速波及全国各地；局面更为紧张，虽然国营公司自10月10日起"每日皆有一二十亿至三四十亿之纱布粮食抛出，……但涨风仍旧"①。

根据当时货币发行情况和市场动向，中财委于11月中旬两次向各地发出电报，对控制市场物价问题作出部署，指示各地在收缩银根和控制支出的同时，暂时停止主要物资的大量抛售，以便在适当时机组织反击。根据这一部署，上海自11月14日起不再以平价抛售来拖住物价涨势，而是主动后退。同时，中央抓紧时间从各地调拨大批纱布、粮食、煤炭等必需物资至上海，准备进行全国性的反击。11月25日，全国各大

① 《华东局关于上海金融物价问题向中央的报告》（1949年11月8日），中共上海市委党史研究室、上海市档案馆编：《接管上海》（上卷），中国广播电视出版社1993年版，第355页。

城市统一行动,集中敞开抛售。上海花纱布公司大量抛售纱布,一连抛售 10 天,并且每过一个小时降一次价。在粮食、煤炭等主要商品市场,国营贸易公司也与投机商进行物资吞吐的斗争,并结合金融、税收、市场管理等手段多管齐下,包括提高贷款利息、对商品批发市场实行统一交易时间、推行成交登记和当日交割制度等,使得投机商资金周转失灵、囤积物资贬值,两头失踏,遭到沉重打击。

从 1950 年 1 月开始,投机商人利用农历新年红盘必涨的惯例,以及上海遭受二六轰炸,一般照明商品紧俏的局面,趁机抢购囤积,哄抬洋火(火柴)、洋烛、洋油、洋皂、洋烟"五洋"杂货和纱布、猪肉、卷烟等与春节消费有关商品的价格,企图重新掀起物价涨风。上海 2 月的批发物价指数比 1 月上升了 46.2%。对此,中共上海市委、市人民政府组织国营贸易公司在粮食、纱布、食油等市场上,除棉布因价格偏低略有调高,所有商品一律敞开供应。春节后一周内,国营贸易公司在市场上抛售货物的数量在市场总成交量中占压倒优势:大米占 97%,面粉达 100%,棉布为 96%,食油占 60.5%,使投机商人利用"红盘"推动物价上涨的图谋没能实现。国营贸易公司利用价格下跌及时购进大批物资,为进一步平抑物价、稳定市场做好准备。

"银元之战"和"米棉之战"是党和政府在利用私人资本主义积极作用的同时,限制其不利于国计民生的消极作用而取得的第一个回合的胜利,得到了广大人民群众的广泛支持,对私营工商业者也是一次守法经营的教育。刚刚建立的国营经济通过这两场斗争也增强了实力,开始掌握稳定市场的主动权。毛泽东高度评价这两场斗争的胜利,认为它们的意义不下于淮海战役[①]。从中也初步显示了中国共产党管理经济能力的不断增强,一位工商界人士表示,"六月银元风潮,中共是用政治力量压下去的,此次则仅用经济力量就能稳住,是上海工商界所料不到的"[②]。

---

① 中共中央文献研究室编:《毛泽东传(1949—1976)》(上),中央文献出版社 2003 年版,第 62—63 页。

② 《上海工商界情况》(1950 年 1 月 1 日),《陈云文选》第 2 卷,人民出版社 1995 年版,第 52 页。

四、救济失业工人

受到封锁轰炸的影响，正在改造和恢复过程中的上海工商业面临严重困难，企业纷纷停工停业，社会失业人数激增，据1950年4月统计，全市失业工人达15万余人，连同其家属在内约有50万人。其中尤以烟厂、码头、建筑、针织等产业的失业情况最为严重。建筑工人的失业率高达95%以上；72家烟厂中正常开工的仅有两三家，4万工人中失业半失业的达3万人以上；3.2万名码头工人中，失业者达1万人，其余每月也不过做到几天工，可以说全部处在失业状态中。

针对日趋严重的失业问题，市委、市政府拨款10万元作为救济金并向上海市粮食公司预借粮食，从4月中旬开始通过工会组织对生活陷于严重困难的失业工人及其家属进行紧急救济。对于新生、崇信、鸿章、恒通等纱厂，以厂为单位实行全面紧急救济；对分散流动的码头、建筑、搬运等业的失业工人，也采取开大锅饭等方式实施救济。在上海市总工会的号召下，全市工人积极参与捐献一日工资运动，有的工人还捐出七八天的工资，只用近两个月的时间就完成89万元的捐款。此外，市工商联发动全市工商企业捐献等于其所付全部职工的一日工资；驻沪部队节省伙食，从军属粮中拿出部分粮食救济失业工人；青年学生、艺术工作者、体育界等也以捐款、义演、义赛等各种方式，掀起救济失业工人的热潮。全国范围内，各地工人阶级也在全国总工会的号召下，广泛展开捐献一日工资运动来援助上海及其他地区的失业工人。特别是东北的工人阶级不仅捐献83万元以援助上海的失业工人，而且派遣慰问团到上海，鼓舞失业工人树立克服困难争取经济好转的信心。

1950年6月，根据劳动部救济会议精神，上海市失业工人临时救济委员会成立。该委员会一面根据实际情况扩大对失业工人的救济范围，一面召开各产业工会的失业救济工作会议，帮助各单位建立救济机构，并着手开展失业工人登记申请工作，上海的失业工人救济工作从临时性的急救工作开始转入普遍救济阶段。在失业工人临时救济委员会的基础上，中共上海市委、市人民政府于7月正式成立上海市失业工人救济委员会，由陈毅兼任主任，失业救济工作逐步走上正轨。

根据政务院批准的《救济失业工人暂行办法》，上海的失业工人安置救济工作按照保护和培养劳动力，为生产服务的方针，采取以工代赈、生产自救、转业训练、帮助回乡生产及发放救济金等方式进行。

以工代赈与生产自救是安置救济失业工人的主要方式。通过动员和组织失业工人从事市政工程建设，举办手工业工厂、作坊等方式，扩大工人就业和复业人数。截至 1951 年 5 月，共动员 182 万个人工参与苏州河和虹口港疏浚、蕰藻浜海塘修筑、苏州河光复西路驳岸修建、延安西路水泥路面铺设、安远路和光复路沟管埋设，以及工人住宅区环境卫生建设等市政建设工程，最多时每天有 1.3 万余人参与以工代赈工作；共组织军鞋、皮鞋、橡胶、缝纫、玻璃、木器、火柴、机器模型等 25 家生产自救工厂，其中大部分是由上海市失业工人救济委员会与产业工会救济机构共同组织的，也有一部分是由失业工人自己组织的，最多时吸收 9100 余名失业工人参加工作。

为提高失业工人的就业能力，中共上海市委、市人民政府依靠工会组织及有关部门，针对大部分失业工人缺乏专门技术、文化水平不高、多为文盲和初小的特点，通过由上海市失业工人救济委员会自己举办训练班、与各公营工厂共同举办转训学校，以及动员失业工人下厂实习、师傅带徒弟等三种方式，对其开展有计划的文化政治教育和以机械技术为主要内容的技术业务培训。同时根据相关部门需要举办专门培训班，包括受人民银行等单位委托的会计人员培训班、受华东土地改革委员会委托的土地改革干部训练班等。上海市失业工人救济委员会还专门组织包括 800 名失业工人的干部学习班，培养从事救济工作的干部。至 1952 年底，共有约 3 万名失业工人通过参加技术业务培训实现转业与就业。对于一些由农村来到上海不久或在农村有亲属可以回乡的失业工人，根据自愿原则动员其回乡，仅 1950 年就动员失业工人 2600 余人及家属 2200 余人回乡生产。

截至 1952 年，上海共吸收 23 万人就业，并对失业工人及其他失业人员发放救济米 6800 余万斤。通过开展失业工人救济工作，减轻失业工人生活困难，稳定失业工人情绪，对维系社会秩序和恢复发展起到了积极作用。

第二节　建立新的经济秩序

制止持续多年的通货膨胀，稳定物价，进而实现整个社会经济的稳定，是新中国成立初期经济工作面临的最紧迫问题，而其根本解决之道在于建立新民主主义经济思想指导下的新的经济秩序。陈云曾说，“统一和调整，‘只此两事，天下大定’”①。上海市委、市政府积极贯彻中央统一财经各项举措，逐渐形成以集中统一为基础的财经管理体制；同时通过调整工商业，重点扶植为人民生活和国家建设所急需的行业企业。通过建立新的经济秩序，国营经济的领导地位和国家调节国民经济的力量进一步加强，也将部分私营工商业的生产经营活动间接地纳入国家计划的轨道。

一、召开上海财经会议和统一财经

新中国成立初期，国家财政经济仍然面临较大困难，国家财政收入严重不足，军费开支的持续增加，785 万军政公教人员的供给，迅速恢复生产和交通运输的所需支出，使得财政收支严重不平衡。同时，全国的财政工作仍处于分散状态，各地区各管收支、分散管理，老解放区征收的公粮和各种税款主要用于当地的支出，对上缴任务尚无明确的规定和办法，新解放地区大都还没有建立正规的税收制度，这种财政上的不统一和收支机关之间的脱节现象使得国家无法统一调动现金和物资，只能依靠额外增加通货的发行弥补财政亏空，由此造成通货膨胀，引发金融物价大幅波动，进而影响人民的经济生活和国家政治局面的安定。

面对这一复杂而严重的情况，各地财经工作人员要求迅速采取有效措施。7 月初，华中局电告中共中央，提议召开华东、华北、华中三大区的金融贸易会议，这一提议得到中财委的支持。要治理几亿人口大国

---

① 《统一财政经济工作》（1950 年 3 月 3 日），《陈云文选》第 2 卷，人民出版社 1995 年版，第 63 页。

的经济，过去建设根据地的经验和方法已不够用了，需要重新试点，探索路子，先搞好典型。中财委主任陈云提议在上海召开，请东北、西北也派人参加。之所以选择在上海召开，因为上海是中国最大的城市和经济中心，上海站不住，全国经济稳不住；调查全国性的财政经济情况，提出解决的办法，不在上海，看不到全面，看不到全国财政经济的困难[①]。

1949 年 7 月 27 日至 8 月 15 日，经中共中央同意，陈云在上海主持召开由华东、华北、华中、东北、西北五大解放区财经负责人参加的财经工作会议，即上海财经会议。会议主要讨论如何稳定物价、稳定市场，以及如何为统一全国财政经济做好准备、制定方案这两大摆在中财委面前十分紧迫的问题。

这次会议研究了财经工作面临的全国性问题，强调无论财经工作有多大困难，仍然要把支持解放战争放在第一位，在这一前提下尽力谋求解决财经困难的办法；要从全国范围来考虑财经问题的解决，把眼光放在发展经济上，要注意节省开支，但更要注意发展经济、增加收入。对于接收旧政权人员问题，针对一些同志认为在旧政权下工作过的人员政治上不可靠、如果接收这部分人员财政上负担太重的想法，会议提出要三个人的饭五个人匀着吃，全部接收在旧政权下工作过的人员虽然财政上负担很大，但政治影响好。因此，"一定要采取慎重的政策。对旧人员要训练、改造和使用，这个包袱不能不背，不能光从财政着想"[②]。

会议还特别强调，解决全国的困难，必须从上海突破，集中优势力量先解决上海问题，重点是解决两方面突出问题：一是粮食、棉花、煤炭的供应问题。陈云在会上提出"全国支援上海，上海支援全国"的口号，得到各大区财经负责人的赞同。二是工厂企业的搬家问题。针对部分同志提出的上海部分工厂内迁、减小国民党当局实施封锁轰炸影响的意见，陈云认为应将解决目前困难与全国长期建设分开来处理，不能因为目前有困难，就把许多工厂搬迁了事。工厂的搬迁，不仅要有原料产地，有适当的厂房，还需要有电力、机械等有关辅助企业与之相配合，一旦搬

① 中共中央文献研究室编：《陈云传》第 2 卷，中央文献出版社 2015 年版，第 624 页。

② 《目前财经工作中应注意的问题》（1949 年 8 月 15 日），《陈云文选》第 2 卷，人民出版社 1995 年版，第 15 页。

迁,上海的工人失业,那里也半年开不了工。因此,会议决定把推动生产事业得到恢复和稳步发展作为改造旧上海的关键,上海工厂不搬迁,全力维持生产,力争使纺织、印染、纸烟等主要行业的开工率维持到三分之二。这一决定对上海的稳定和发展起到了重要作用。

上海财经会议的另一项任务是为统一全国财政经济做好准备、制定方案,这是关系新生的人民民主政权能不能巩固和发展的重大问题。会议指出,财经必须统一,而统一要从金融、财政、物资三个方面同时进行,由中央统一调控,各地相互配合,统一行动。在金融方面,主要是规定人民币为全国通用货币,货币发行权在中央,发行数目、发行时机由中央掌握。会议特别强调要严格掌握货币发行,通过发行公债帮助推行人民币。在财政方面,主要是规定全国财政统收统支,各种收入上缴国库,各种支出由中央审批;各大区编制年度预算、决算,也由中央审批。在物资方面,主要是规定全国重要物资统一收购,统一调拨和储存。组织统一的花纱布公司,由中财委直接领导,重要土产的出口也由中财委组织统一的土产公司管起来;同时建立粮食储备制度,初步要求中央储存半年用粮,积谷防荒。上海财经会议确定中财委此后的工作纲领,也为全面开展全国财经统一工作奠定基础。

1950 年 2 月,中财委召开新中国成立后的第一次全国财经会议。会议详细分析全国财政收支、贸易、粮食、金融等各方面的基本情况,作出节约支出、整顿收入、统一全国财政经济工作,以实现国家财政收支平衡、物资供求平衡和金融物价稳定的决定。3 月,政务院作出《关于统一国家财政经济工作的决定》,把统一财经作为争取实现财政经济状况根本好转、使国家经济生活逐步走上正轨的一项重要举措。统一财经主要包括:统一全国财政收入,使国家收入的主要部分集中到中央,统一用于国家的主要开支,以期逐步达到财政收支平衡;统一全国物资调度,使国家掌握的重要物资从分散状态集中起来,合理使用,以调剂余缺;统一全国现金管理,指定中国人民银行为国家现金调度机构,一切军政机关和公营企业的现金,除用于近期使用外,一律存入人民银行,资金的往来使用转账支票经人民银行结算。

根据中央统一财经的决定,中共上海市委、市人民政府统一财政收支，增加国家财政收入。市党政机关编制财政概算，实施整编方案，精简机构，开展节约运动以节约开支。健全税收机构，把几个分散的税务局合并，统一成立上海市税务局，增加税收工作人员。根据《全国税政实施要则》的规定，确定全市税负的原则和税种、税目类别，开展全市范围的存货补税，对公营企业按规定纳税；对地产税、房捐等容易控制的定额税提高税率，并改为按折实单位计征；对营业税加强查账，之后又把自报实缴及查账的办法改为民主评议。对于财政管理体制也作出相应调整。1950 年以后，原先半数归中央，半数归地方的营业税，以及原先归地方的地价税、房捐等市政捐税全部划归国库，上海的各项行政经费开支相应地全部改为国库开支，由市人民政府按月造预算向华东军政委员会具领。通过这些工作，1950 年上海完成的税收占全国税收的 22.2%，上缴国家的财政收入占全市财政收入的 85.2%。

同时，动员全市各界人民完成人民胜利折实公债认购任务。1950 年 1 月，全国开始发行人民胜利折实公债，这是新中国成立后首次发行国家公债，目的在于抑制通胀，回笼货币，稳定物价。其中上海承担 3000 万份的推销重任，占华东的 2/3、全国的约 1/3。中共上海市委、市人民政府把完成公债发行列为全市当年六大任务之一，成立人民胜利折实公债上海市推销委员会，其下按各界各区分别成立各界分会和地区分会，宣传动员工商界、机关、团体和职工踊跃认购。截至 3 月底，全市认购总额已达 3068 万份，超额完成首期国债发行任务。

统一物资调度，加强国营商业机构。为制止投机资本囤积居奇、扰乱市场，全市对仓库物资进行清理，对查出的存货经过核实、估价，上缴中央统一调度。加强国营商业机构，根据政务院《关于统一全国国营贸易实施办法的决定》，对企业机构进行改组，把地方分散经营的贸易公司改组为统一在全国性总公司系统内的专业公司，全市各国营商业的专业公司，如粮食、纺织、土产、油脂、盐业、煤、化工、百货等，设立 82 个门市部和营业所，并委托 176 家私营商店为特约经销店。国营商业还控制若干商品的零售市场，遏制投机资本通过零售市场影响物价。

统一现金管理，建立贸易金库，大量吸收存款，回笼货币。根据国家统一财经的决定，上海陆续建立贸易、铁道、电信、燃料等金库，规定各公营单位将当天全部销售所得现金解缴入库。中国人民银行上海分行同时设立第一营业部、公库部和合作储蓄部，分别对全市国营企业、国家机关和合作企业实施现金管理和转账制度。通过这些方式，上海的国家银行在 4 月吸收的通货比 2 月猛增 6 倍多，使原来存放在不同单位的巨额资金和正在流通中的大批通货，快速集中到国家银行。

中共上海市委、市人民政府在统一财经工作中，把整理税收、推销公债、加强物资调度和银行控制投放等结合起来进行，进一步加强了国营经济在金融市场和商品市场上的领导地位，市场货币流通量大为缩减，市场上物价剧烈波动的现象从根本上得到扭转。从 1950 年 3 月开始，上海市场物价稳中有降，4 月的物价指数比 3 月下降 16.6%，5 月又比 4 月下降 3.4%。

二、调整工商业

统一财经以后，上海的市场状况发生很大变化，由于猖獗的投机活动得到遏制，长期存在的通货膨胀得到稳定，社会虚假购买力骤然消失，导致市面清淡，商品滞销，私营工商业普遍遭遇困难，工厂停工、商店歇业现象大增。据上海市工商局统计，1950 年 1 月至 5 月间，全市 1.2 万余家工厂中，停工歇业的达 1454 家，占 10% 以上；10 余万家商店中，歇业的达 6000 多家，占 6% 左右。从当时的困难程度分析，上海先于全国，重于其他城市，工业重于商业，工厂越大困难越重；从行业来说，以粮食、布匹等批发业及高级消费品行业最重。面对市场的不景气，部分资本家失去生产经营的信心，抽逃资金，关厂关店，或者置工厂、商店于不顾，致使失业工人骤增，劳资关系再度紧张，仅 3、4 两个月上海就新增失业职工 5 万人，约占全国新增失业人口的半数，这也被称为“四月危机”。

鉴于上海私营工商业遭遇的严重困难，在 1950 年 4 月举行的第一届第三次各界人民代表会议上，中共上海市委、市人民政府组织各界代表认真分析上海工商业的具体困难情况及产生原因，对如何恢复和发展生产作详细的研究，对失业工人如何救济、有利于国计民生的企业如何维持提出解决办法，并号召全市人民齐心协力渡过难关，争取财经状况好转。

为争取中央的支持，陈毅从 3 月 12 日至 5 月 10 日连续向中共中央、毛泽东发出六份电报，实事求是地反映上海所遇到的困难，并提出解决公债和税收问题的方针和办法，如改善劳资关系，适当减少税收，以及救济失业工人，纠正工作中的缺点等。毛泽东先后三次复电陈毅，肯定上海“所取方针和中央的方针是一致的，望妥慎去做”，“我们是支持你们的”[①]，并强调上海应当花大力气来做调整公私关系、劳资关系、维持生产与救济失业的艰巨工作，“目前处在转变的紧张时期，力争使此种转变进行得好一些，不应当破坏的事物，力争不要破坏，或破坏得少一些，你们把握了这一点，就可以减少阻力，就有了主动权”[②]。

私营工商业困难局面不仅发生在上海、天津等大城市，而且波及全国许多中小城市。如何在可能和必要的范围内帮助私营企业克服困难，成为一个亟待解决的普遍性问题。为此，中财委于1950年5月在北京召开上海、天津、广州、武汉、重庆、西安、北京七大城市为主的工商局局长会议，通报物价稳定后各地工商业情况，提出了扩大加工订货，重点维持生产；用扩大农产品收购、增加农民购买力、组织工业品出口的办法，开导工业品的销路；联合公私力量，组织资金周转；帮助私营工厂改善经营管理，减少盲目性等政策。

在同年6月召开的中共七届三中全会上，毛泽东在题为《为争取国家财政经济状况的基本好转而斗争》的书面报告中，指出要获得财政经济情况的根本好转，需要用三年左右的时间，创造三个条件，即土地改革的完成、现有工商业的合理调整、国家机构所需经费的大量节减。其中，合理调整工商业，就是在统筹兼顾的方针下，逐步消灭经济中的盲目性和无政府状态，切实妥善地改善公私关系和劳资关系，使各种社会经济成分在具有社会主义性质的国营经济领导之下，分工合作，各得其所，以促进整个社会经济的恢复和发展。陈云也在会上就财经问题作报告，对合理调整工商业作出具体部署。

中共七届三中全会以后，调整工商业工作在全国范围内展开。上海

---

① 中共中央党史和文献研究院编:《毛泽东年谱》第4卷，中央文献出版社2023年版，第110页。

② 中共中央党史和文献研究院编:《毛泽东年谱》第4卷，中央文献出版社2023年版，第117—118页。

调整工商业主要是调整公私关系、劳资关系和产销关系。

调整公私关系是调整工商业的中心环节。为扶持私营工业发展，中共上海市委、市人民政府主要通过扩大对其加工订货和产品收购，确保私营工业的原料供应和产品销售。从1950年下半年开始，加工订货的范围、品种、数量迅速扩大。与1949年同期相比，私营棉纺、织染工业为国营花纱布公司代纺棉纱数量增加17倍多，代织棉布数量增加8倍多；私营机电工业承接国家电器、机械订货金额增加近3倍；国营贸易信托公司收购私营工业企业产品金额增加近5倍，国营百货公司收购私营工业企业产品金额增加40倍以上。在扶持私营商业方面，主要是通过调整批零差价和经营范围，使其获得合理的利润。调整之前，上海粮食、纱布、油、盐等商品，批发价与零售价之间只有2.5%的差额，加以种种开支与营业税，其利润难以应付支出。通过调整，这些商品批发价与零售价之间的差额提高到6%—20%，零售商得到2%—10%的利润。同时，通过减少零售处、限制零销物品种类等方式，调整国营商业的零售范围。国营零售只经营粮、煤、布、食油、食盐、石油等6种人民生活必需品。市土产公司自1950年8月起撤销49家特约经销处，把土产零售业务全部让给私商经营。同时，调整税收，酌情减轻私营工商业企业税负。按照工业轻于商业、日用品轻于奢侈品的原则，对市场急需的387种产品实行全部或部分免征货物税；根据简化税制和有利于生产向专业化发展的要求，对部分工业品的货物税实行合并征税；为鼓励出口、增加外汇收入，对部分外销产品实行退税；对工商业所得税在维持原税率的条件下，适当提高起征点和最高累进点，增加累进级数，缩小累进幅度。

调整劳资关系也是调整工业的一项重要内容。针对工商业困难引发的劳资关系较为紧张的情况，根据中央劳动部于1950年4月公布的《关于在私营企业中设立劳资协商会议的指示》要求，上海市劳动局在推行签订集体合同和集体协议的基础上，在全市开始试行建立统一的劳资协商会议。上海市军管会亦于4月公布《上海市私营企业劳资协商会议组织通则》，对劳资协商会议的组成、协商的具体内容等作出规定：由劳资双方各推出同等数量的代表（5—7人）组成劳资协商委员会，按照民主、平等、自愿、两利的基本精神，围绕有关互相协助克服生产和经营上的困难和有关同业性质的劳资争议等内容开诚布公、相互协商。截至1950年底，建立劳资协商会议的单位已从5月时的93个增至703个，建立范围从组织同业机构扩展到厂店单位，协商内容也从劳资争议延伸到生产问题。劳资协商会议对于协商解决劳资纠纷，促进劳资关系正常化，恢复和发展生产，改进经营管理起到了重要作用。

调整产销关系，以限制私营企业生产经营活动的盲目性，使其根据市场实际需要，步入产销平衡正轨。中共上海市委、市人民政府一方面通过召开专业会议，根据以销定产方针，由各行业会员民主协商分配生产任务，平衡产销。自1950年6月起，华东和上海市先后召开有国营和私营企业代表参加的火柴、橡胶、毛纺、麻纺、印染、卷烟工业和粮食加工、百货产销、煤炭产销等行业的产、供、销专业会议。通过这些会议，沟通产需情况，具体制定在国营经济领导下实行公私分工的原则，统一部署有关行业的加工订货工作，这部分资本主义工业生产间接纳入国家计划轨道。另一方面是采取直接管制的方式。如自9月开始，棉纺复制工业用转业、扩增机台及创设分厂等方式变相扩大生产，致使原料与成品的供求失去平衡。对此，市工商局配合花纱布公司关于限制扩大自织的要求，会同劳动局、纺织工会组织染织业复工审核小组，对要求复工的厂家，经了解确实具备生产条件的酌情予以批准，其余均加以制止不予登记，以调整纱、布产销关系。

通过调整公私关系、劳资关系和产销关系，上海私营工商业生产经营情况渐趋好转。开业复业户数不断增加，申请开业复工的工厂从5月的仅9家增至9月的286家，申请开业复业的商店从5月时的105家增至10月的1211家。截至1950年12月，棉纺业、染织业、钢铁业、机器业等部门几乎已全部开工。主要工业品的产量也逐步增加，以1950年12月的产量与同年1月相比：棉纱增产76%，水泥增产313%，普通纸增产714%。1951年，由于抗美援朝军需物资需求增加，各地基本建设开始和土地改革后农村购买力提高，形成上海市场的三大购买力，推动上海私营工商业呈现“淡季不淡、旺季更旺”的繁荣景象。私营工业总产值比1950年增长52.9%，盈余总额增长219.3%；私营商业零售总额增长43.87%，盈余总额增长85.4%。这一年也被私营工商业者们称为“难忘的 1951 年”。更为重要的是，通过工商业全面调整，进一步巩固了国营经济的领导地位，逐步地消灭私营经济活动中的盲目性和无政府状态，使其在国营经济领导下发挥积极作用，实际上已开始变成受国家扶持、控制并能够决定其发展方向的国家资本主义经济。

三、扩大城乡交流

随着工商业从维持走向恢复和发展，产品产量增加与流通环节梗阻的矛盾日渐突出。城市中工业品滞销，农副产品供应不足；农村中则农副产品积压，工业品缺乏。为此，中央强调要重视扩大城乡交流工作，面对以美国为首的西方国家对我国实行的经济封锁和禁运，通过拉动国内需求来促进工农业生产发展，并将此作为关系全国人民经济生活的一件大事。中共上海市委、市人民政府也提出，上海的工商业只有以广大农村作为商品销售对象，才有光明的前途。

为活跃城乡交流，上海在成立土特产贸易公司、发展供销合作社、发挥国营商业领导作用的同时，针对土产数量众多、种类复杂、地区辽阔、生产分散的特点，充分调动私营商业的积极性。1950 年 9 月，市工商局主持召开土产收购动员大会，包括水果地货、海味、火腿腌腊、瓷器、化学原料等 13 个主要土产经营行业 400 余位代表参加。会议提出面向农村的口号，鼓励私营商业以联合购销的方式积极参与土产收购工作。会后各土产经营行业在同业公会的领导下成立土产收购委员会，制订收购计划，组织下乡收购联购。水果地货业有 26 家同业参加联购，组织黄岩橘子收购组，采购运沪数量达 1 万箱；火腿腌腊业由 9 家同业组成收购组，前往浙江兰溪展开收购；等等。

此后，根据中财委在 1951 年财经工作要点中把扩大城乡交流摆在第一位的要求，中共上海市委、市人民政府把扩大城乡互助、发展土产交流作为当年贸易工作的中心环节之一。3 月，上海市土产会议召开，会议参与面更为广泛，涵盖公营与私营、零售与批发，以及贸易行政部门、合作社、银行、税务、运输、客庄等行业。会议从税收、信贷、工商管理等方面，推动各部门采取一系列鼓励物资交流的政策措施。税务局对于城乡交流运销土产的纳税手续予以简化，税率酌情予以降低；工商局在发放采购证、批准兼营土产业务方面给予便利；铁路运输部门对土特产品优先承运，并降低囤存费和运输费；人民银行上海分行制定公布联营贷款暂行办法。

作为推进土产交流的一项重要举措，上海于 1951 年 6 月举行具有全国性规模的土产展览交流大会。这次大会历时 2 个月，东北辽宁、西北新疆、西南云贵、中南两广等地均组织参观团来沪参加业务交流，展品 17260 种，包括全国各省市县的土特产品、手工业品、日用工业品、农具、图书及模型等，总成交额 6600 余万元。同时，上海还组织参观团、代表团，参加中南、华北、华东、华南等地的土产交流活动。

1952 年以后，上海的城乡交流进入工业品推销与土特产品收购并重阶段。城乡交流规模进一步扩大，与 1951 年相比，1952 年的土产展览交流大会外埠前来人员增加六成，成交金额增加 2.6 倍；成交商品种类也从 1951 年以土特产品为主，调整为土特产品 594 种、占商品成交总量的 64.12%，工业品 70 余种、占商品成交总量的 35.88%。

通过举办和参与物资交流活动，恢复和拓展上海与华东乃至全国各地之间的商业购销渠道，城乡之间、地区之间的经济往来和物资交流在购销地区、经营品种、交换规模以及经营方式上都有很大发展。通过交流，为各地土产打开销路，上海工业所短缺的原料也在全国各地找到新的来源。这推动上海工业企业努力增加生产，向农村提供更多的工业品；本市商业企业也迅速好转，开业增加，歇业减少，出现淡季不淡、旺季更旺的景象。

第三节 “三反”“五反”运动

正当全国人民开展增产节约运动、努力恢复和发展经济之际，各地陆续暴露出党政机关内部贪污、浪费和官僚主义的问题。根据中央部署，上海市委、市政府先后开展以党政机关工作人员为主要对象的反对贪污、反对浪费、反对官僚主义的运动和以资本家为主要对象的反对行贿、偷税漏税、盗骗国家财产、偷工减料和盗窃国家经济情报的“五反”运动。“三反”“五反”运动的开展，惩治党政机关工作人员的腐败行为，在党政机关树立廉洁朴素、为人民服务的工作作风；在工商业者中倡导守法经营的良好风气，推动整个经济环境的不断净化。

一、反贪污、反浪费、反官僚主义的斗争

为了从财力物力上继续支援抗美援朝战争，保证国民经济恢复发展的顺利进行，从1951年10月开始，增产节约运动在全国范围内蓬勃开展。但在开展增产节约运动过程中，在全国各地相继发现一些党政机关和国营企业内存在贪污、浪费现象和官僚主义问题。上海自解放以来，也发生大小贪污案件3000余件，且呈逐年上升趋势。这一情况引起中共中央的高度重视。1951年12月，中共中央发出《关于实行精兵简政、增产节约、反对贪污、反对浪费和反对官僚主义的决定》，指出一切从事国家工作、党务工作和人民团体工作的党员，利用职权实行贪污和实行浪费，都是严重的犯罪行为；要求在党的领导下，由首长负责，亲自动手，采取自上而下和自下而上相结合的方法，检查贪污浪费现象，并成立增产节约检查委员会。

根据中央的决定，1951年12月召开的上海市第二届第三次各界人民代表会议通过《关于严惩贪污、反对浪费的决议》。12月19日，中共上海市委发出《关于开展精简节约、反贪污、反浪费、反官僚主义斗争的指示》，“三反”运动由此在上海全面展开。27日，市人民政府与市协商委员会召开联席会议，决定反贪污反浪费的步骤与办法；并成立包括人民政府、各民主党派、各人民团体参加的上海市增产节约委员会及其领导下的节约检查委员会，统一领导全市“三反”工作。同时，市军管会和市政府专设4002信箱，接受人民群众的检举揭发。这一时期上海“三反”运动以学习布置、一般发动为主。

随着1951年12月至1952年1月间中共中央接连下发文件，要求各地把“三反”运动作为一项普遍的政治运动来发动，限期展开斗争，上海的“三反”运动首先进入以市级机关为重点，通过领导带头、层层检讨，发动群众普遍检查贪污、浪费与官僚主义现象阶段。通过召开高级

干部整风会议，由市委领导带头检查自身存在的问题，带动市政府各部、局、处以及各区干部作自我检讨，成为这一阶段中共上海市委领导全市“三反”运动的主要形式。在1月5日召开的全市整风会议上，市委第三书记刘长胜、副市长潘汉年等市领导带头作自我检讨，一些部门负责人也相继作检查，这一形式被推广到各个系统。市委、市政府和工、青、妇机关均放弃周日休息，于次日召开党员干部会议，由主要领导作自我检查。按照市委关于市级先行、区级跟上的要求和从7日起十天内在全市展开“三反”运动的部署，从1月7日起全市转入以各部、局、处为单位的整风会议，各级干部以身作则，就本单位存在的问题作自我批评，检查官僚主义和铺张浪费的错误。1月8日，中共上海市委召开第二次高级干部会议，并吸收30位区委书记和有关干部参加，汇报市委各单位情况，部分干部在会上作坦白检讨。

从1952年2月开始，上海的“三反”运动进入坦白检举和开展“打虎”战役阶段。2月1日，市政府召开2000余人参加的坦白检举大会，市区各机关工作人员也同时收听大会转播，直接、间接参加大会者达万余人。这次会议标志着机关“三反”斗争进入坦白检举的高潮。随着坦白检举的深入，中共上海市委根据中共中央华东局提出的“打虎”任务，于11日组成由刘长胜、潘汉年任总指挥的“打虎”队，下设财经、市政等11个系统的“打虎”大队，各区委亦组织“打虎”中队，设立“打虎”指挥部，开展肃贪“打虎”。从2月9日至3月15日，全市先后组织以反贪污为中心的五次“打虎”战役。在此过程中，针对部分单位出现打击面过大、方法简单粗糙的偏差，中共上海市委及时发现问题，多次召集“打虎”队长会议，重申“打虎”标准和各项政策，纠正急躁简单化的工作方法，既保护群众的积极性，又保证运动的稳妥开展。

上海“三反”运动的开展，自始至终得到中共中央的高度重视和华东局的直接领导。在运动开展的步骤上，中共中央明确指示上海先集中力量搞好“三反”运动，把“五反”运动推迟至3月下旬开始。为加强对上海“三反”运动的领导，中共中央指派陈毅、谭震林在2月下旬亲自召开上海市干部会议，派中央人民政府节约检查委员会主任薄一波到上海帮助指导工作。中共中央华东局还从苏南、山东、安徽、浙江、福建等地抽调一批领导干部充实上海党、政、群等有关方面的领导力量,包括陈丕显由苏南区党委书记调任上海市委第四书记等。1952 年 3 月,中共中央批复同意上海市委员会由 17 名委员组成,其中常委 7 人,陈丕显为市委第四书记(代理第一书记职务)。同年 12 月,增补潘汉年为市委第一副书记、谷牧为市委第二副书记。

在全市党政机关“三反”斗争不断深入的推动下,国营和公营工厂企业、高等院校、文艺界等领域的“三反”运动也逐步发动起来。1952 年 2 月,中共上海市委根据中央相关指示发出《关于在国营、公营及公私合营工厂中开展“三反”运动的指示》,结合全市部分国营、公营及公私合营工厂已基本完成民主改革任务的情况,把开展“三反”运动作为工厂中一切工作的中心关键,明确由市委工业生产委员会领导全市国营、公营工厂开展“三反”运动。截至 1952 年 5 月底,全市 158 家国营、公营、公私合营工厂开展“三反”运动,参加职工 13.5 万余人,占全部国营、公营、公私合营工厂职工总数的 90%。通过“三反”运动,整顿企业领导干部和职工存在的官僚主义、铺张浪费、贪污腐败等问题,改善企业的生产管理,提高职工群众的思想觉悟。

上海的文艺界和高等院校也积极投入“三反”运动。1951 年 12 月,市文联召开扩大理事会,要求广大文艺界人士积极参加“三反”运动,深入开展民主检查,文艺界的“三反”运动由此拉开序幕。文艺界“三反”运动主要是与文艺整风、思想改造运动相结合,着重于文艺界人士思想认识的提高。上海高等院校的“三反”运动也是与思想改造运动紧密结合,在中共中央华东局直接掌握下,按照先公后私、重点掌握与分批前进的原则逐步推进,即先公立学校,后私立学校;先高等学校,后中等学校;先重点学校,后一般学校。上海高等院校的“三反”运动从反贪污、反浪费入手,以职员为主,对教员实行迂回,并在此基础上转入以教师为主的思想改造,在部分条件比较成熟的高等院校结合院系调整进行组织清理,为高等教育的进一步改革奠定基础。

经过坦白检举和清查“老虎”,上海的“三反”运动于 3 月下旬开始转入检查定案处理阶段。4 月,市人民政府建立由人民法院、人民检察署、人民监察委员会和市公安局等组成的专门委员会，主要负责巡查“三反”运动中各种案件的处理和结束工作，确保落实中共中央关于审理贪污案件要贯彻改造与惩治相结合的方针。随着定案处理工作逐步完成，“三反”运动进入加强建设阶段，主要是采取措施进行思想建设与组织建设。在思想建设方面，重点是划清工人阶级与资产阶级的思想界限，按照各部门的不同特点批判错误思想；在组织建设方面，重点是选拔经过运动锻炼的优秀分子充实到干部队伍和各级领导岗位上，加强各项制度建设，杜绝贪污、浪费和官僚主义等腐败现象的再度滋长。

“三反”运动是党在全国执政以后保持党政机关的廉洁，反对贪污腐败的初战。“三反”运动采取群众运动的方式，决定于当时的历史条件和历史经验。对于在“打老虎”阶段，由于推广作出具体计划，定出必成数、期成数并根据情况发展追加“打虎”数字的经验，以及要求对有贪污嫌疑的人“大胆怀疑，搜集材料，试行探查”，导致运动产生偏差，市委根据中央要求及时做出纠正。通过“三反”运动，全市对清理出的一批腐败分子进行严惩，教育了干部的大多数，增强了党组织的纯洁性和战斗力。据统计，“三反”运动最终定案落实的贪污分子 7019 人，其中贪污 100 元至 1000 元的有 5971 人，1000 元以上 1 万元以下的有 1012 人，1 万元以上的有 36 人，贪污金额共 1023 万元。通过“三反”运动，也更广泛深入地发动了群众，提高了党员干部和人民群众的思想觉悟。工作作风明显改善，在国家工作人员中普遍树立起廉洁奉公、艰苦朴素、为人民服务的作风；社会风气得到净化，厉行节约、艰苦奋斗、爱护国家财产等新风气在社会居于主导地位。

二、打击资本家不法行为的“五反”运动

随着“三反”斗争的深入，在揭发和清查贪污分子的过程中，揭露出许多贪污分子的违法行为和社会上不法资本家的违法活动有着密切的关系。1952 年 1 月，中共中央发出《关于首先在大中城市开展“五反”斗争的指示》，要求在全国一切城市，首先在大城市和中等城市中，向着违法的资产阶级开展一个大规模的坚决的彻底的反对行贿、反对偷

税漏税、反对盗骗国家财产、反对偷工减料和反对盗窃国家经济情报的斗争。

上海是我国民族资产阶级和私营工商业企业最集中的城市。在工商业者中，偷工减料、偷税漏税、盗骗国家财产、盗窃国家经济情报的现象较为突出。一些不法资本家为攫取非法利润，在承制抗美援朝军用物资的过程中，用变质的肉制罐头，用发霉的面粉制饼干，甚至用坏药、假药充当好药；在承接白棕绳军用订货中，以烂麻外包白棕交货，导致在解放舟山的战斗中因棕绳崩断，造成 11 只船沉没，80 多人牺牲。工商业户偷税漏税违法行为也较为普遍，1951 年春季上海市税务局对 9100 多户工商业户展开调查，其中有偷漏税行为的占 81.6%。一些工商业户偷漏税的手法名目繁多，据当时调查有六七十种之多。还有一些不法工商业户为盗骗国家财产、盗窃国家经济情报，采取种种手段行贿收买、拉拢腐蚀国家工作人员。上海大康药房不法商人王康年不仅卖过期药品给志愿军，而且先后向 25 个单位的 65 名工作人员行贿，明目张胆地称大康是国家干部"思想改造所"。他在大康设立"外勤部"，专对国家干部"投其所好、送其所要"，用这一手段骗取国家订货款。

因此，上海的"五反"斗争开展得如何，直接关系着这一运动乃至全国经济工作的全局。中共中央和毛泽东对上海"五反"运动的开展高度重视。毛泽东提出，上海迟一点发动"五反"运动对整个经济有利[①]，决定将上海的"五反"运动推迟至 3 月全面开始，从而可以充分吸取北京、天津、杭州等地的"五反"经验。他还专门派遣中央人民政府节约检查委员会主任委员薄一波到上海指导和掌握这场运动。据薄一波回忆，"上海的'五反'运动，毛主席自始至终直接过问。我每次呈送中央的报告，他都及时阅批"[②]。

在"五反"运动正式开始之前，为响应"三反"运动，上海工商界人士已自发开展了由市工商联领导、以"反行贿、反欺诈、反暴利、反偷漏

① 《中央转发北京市委关于处理不法工商户报告的批语》（1952 年 2 月 22 日），中共中央党史和文献研究院编：《建国以来毛泽东文稿》第 6 册，中央文献出版社 2023 年版，第 246 页。

② 薄一波：《若干重大决策与事件的回顾》（上卷），中共中央党校出版社 1991 年版，第 174 页。

税”为主要内容的“四反”运动。随着“五反”运动在全国范围内推开，出现有的工商业者有二三十个单位来找，有的外省市单位擅自来沪，不与上海市公安局联系而径自捕人的现象，使得上海的工商业者感到压力沉重，十分恐慌。为此，经请示毛泽东并中共中央同意，对于上海“五反”运动的开展，一是必须明确“五反”的内容和政策界限；二是按照与国家经济部门来往的多少和金额的大小、对国计民生利害关系的大小以及在资产阶级中间影响的好坏这三项标准，对全市的工商业户加以排队；三是实行对包括市政府委员、市协商会委员、区协商会副主席以上人员、民主党派主要负责人、市工商联执监委员和同业公会主任委员等在政治上、经济上具有代表性的工商业者进行保护的政策方针；四是要求对“五反”运动进行充分的准备，实现统一领导。

3月25日，陈毅在市、区增产节约委员会扩大会议上作“五反”动员报告，宣布上海的“五反”运动正式开始。上海市增产节约委员会也宣布开展“五反”运动的八项纪律，以保证运动的健康进行。上海的“五反”运动分四期开展：

第一期的中心任务是通过重点试验，取得经验，为大规模的“五反”运动准备条件。3月21日，中共上海市委派遣74个“五反”工作检查队分赴全市36个行业74家私营工商企业，通过算账排队与内部突破相结合、群众运动的强烈声势和家庭亲友的感化规劝相结合等策略，动员工人和店员检举资本家的不法行为。至31日基本查清90%被检查户的违法事实，共查出盗窃国家资财3100万元。从中还总结出做好准备工作；坚持“五反”与生产相结合；明确交代政策，消除思想顾虑；积极争取高级职员；对资本家充分利用矛盾，加以分化；运用党在资本家中的影响和力量，利用其眷属中积极的政治影响力，帮助转变；充分发动群众与严密控制相结合，注意把握运动的节奏、政策和方法等十项经验，为以后大规模开展运动创造条件。

从4月1日起进入运动第二期，为期12天。这一阶段的特点是普遍发动群众与重点检查相结合，主要是对303户具有代表性的工商界上层资本家进行“五反”，同时在2000个重点户和各区负责的1万个中小户中有区别地开展“五反”斗争。由于303户具有代表性的上层工商业者主要是工商界的人民代表、政协委员、市工商联执监委员、各行业同业公会的主任委员、民主党派负责人及其他社会知名人士，有一定的社会地位，对国民经济影响较大，且在历次运动中表现较好，有的还参加过解放前的民主革命运动，因此经中共上海市委报中共中央批准，明确对他们采取严肃教育，团结生产，保护过关的政策。通过采取“互助互评”“背靠背”[①]等方式，并通过团市委、市妇联等组织发动其家属子女配合工作，帮助他们端正态度，主动坦白过关。最后经互评定案，列为守法户和基本守法户的有 164 户，95 户为半守法半违法户，仅有 2 户为严重违法户，另有 42 人因病因事离沪和无产无业。荣氏家族当时是上海最大的民族工商业户，在“五反”运动中也发现一些问题，但经上报毛泽东后，毛泽东提出，何必那么小气！再大方一点，划成完全守法户。这在上海乃至全国各大城市产生很大影响，一些资本家表示，不幸生而为资产阶级，又幸而生为上海资产阶级。

在重点抓好 303 户上层资本家的同时，市增产节约委员会组织 1000 个检查队，对近 2000 户有较严重违法行为的工商业户进行重点检查，使其中大多数工商业户纷纷自动坦白。对于 1 万户中小工商业户，鉴于其规模和经营范围较小，基本上是家庭商业和独立手工业户，资金也较少，又主要是实行定额定期交税的办法，一般情况下不大可能有严重的违法行为，因此对他们主要采取一般号召、交代政策、登记审查的方法，发给守法户或基本守法户，使其尽快安定下来，守法经营。

第三期从 4 月下旬至 5 月上旬，是上海“五反”运动的高潮阶段。通过采取“三管齐下”的方式，即大规模地发动工人、店员开展广泛深入的检举揭发，进一步扩展运动的广度；大规模地在工商业户中推行“互助互评”；大规模地发动工商业者家属进行规劝，召开家属会议，建立家属立功小组，继续解决剩下的 1 万户大工商业户和 5 万多户中小工商业户，并做好前三期坦白悔过的工商业户的处理工作。

第四期工作从 5 月上旬开始，主要任务是继续查清与核实定案，在继续解决剩下的约 6 万户工商业户的同时，着重做好前三期坦白悔过

① 指企业内工人开斗争会时，资方本人不在场，安排在其他地方听会场广播。

的工商业户的处理工作。根据政务院的命令,上海市和各区先后成立人民法庭,按照中共中央确定的“过去从宽,今后从严;多数从宽、少数从严;坦白从宽,抗拒从严;工业从宽,商业从严;普通商业从宽,投机商业从严”和“斗争从严,处理从宽”的原则,开展核实定案工作。经过定案处理后,“五反”的主要任务至6月底基本完成,运动基本上告一段落。

7月19日,在市政府和市政协联席会上,正式作出关于结束上海“三反”“五反”的决议。据统计,全市除未进行“五反”的外商、报馆、戏院、医院、诊所及少数因问题复杂、尚未定案的工商业户外,经“五反”定案处理的有153030户,占工商业户总数的92.8%。其中定为守法户的59711户,占39.01%;基本守法户69730户,占45.57%;半守法半违法户18362户,占12%;严重违法户4512户,占2.95%;完全违法户715户,占0.47%。经过核实具结,资本家违法所得共7.49亿元。

“五反”运动作为一次对资产阶级的限制与反限制的斗争,既广泛深入地发动了群众,培养和锻炼一大批工人干部和群众骨干,工人阶级主人翁的思想明显增强;也在工商业者中进行一次守法经营的教育,使得工商业者的思想认识和经营作风有了新的转变。在“五反”运动的推动下,工商业者进一步接受共产党、人民政府、国营经济和工人阶级的领导,国营经济的主导地位进一步加强,为国家继续对资本主义工商业实行利用、限制、改造政策创造了条件。

在“五反”运动初期,由于部分加工订货未能及时布置,又逢工厂自销处于市场淡季,军需订货大幅度减少,上海私营工业遇到一定困难。截至1952年4月底,全市中小工厂中出现停工、停伙、停薪的共2800家,新增加失业工人达8万多人。在商业领域,全市市场物价下降,成交量萎缩,如市百货公司每日营业额由往常50万元降为10万元左右,上海最大的私营百货公司永安公司2月的日营业额较1月减少66.7%,且呈现递减之势。

为此,在“五反”运动开展过程中,中共上海市委、市人民政府对工商业进行第二次调整。此次调整工商业的中心环节是调整公私关系,其主要措施:一是扩大对私营工业的加工订货,扶持私营工业维持和发展生产。通过国家扩大加工订货，以及大厂带动小厂、行业带动行业，至 1952 年底，全市私营工业加工订货产值占其总产值的 58.8%，全年生产总值比 1949 年增长 57.8%。二是调整公私之间的经营范围，国营零售店让出部分阵地给私商经营。在市财政经济委员会的领导下，市工商局削减部分国营零售点，零售公司原有 112 处，裁减 11 处；百货公司原有门市部 9 处，裁减 2 处，1 处改为只批发不零售；同时根据私营企业不同的经营能力，由国营公司让出全部或部分的批发和零售业务，百货公司的纸烟、肥皂、火柴等让出零售，只做批发。三是调整地区差价、批零差价，使私营零售商得到合理的利润。至 4 月底，有 5700 多种商品按新差率扩大批零差价，百货批零差调整为 10%—18%，土产调整为 15%—20%。为了降低厂商成本，激发厂商经营的积极性，中国人民银行上海分行遵照总行及区行的指示，对公营和私营企业的存放款利率均加以降低。

调整劳资关系，各级工会组织在“五反”运动结束后，通过在私营企业中举行劳资协商会议，动员工人和店员继续团结、协助、督促资方搞好生产经营；签订劳资合同，用契约形式确定一定时期的生产目标和劳资双方的权利和义务等形式，建立新的劳资关系，进一步搞好生产和经营。从 4 月下旬至 5 月底，仅新成、嵩山、卢湾、黄浦、老闸等 5 个区，就有 1000 多家私营商店工会组织根据平等、民主的原则与资方举行劳资协商会议。

调整产销关系，通过召开物资交流大会，进一步活跃市场交易，为一些滞销产品打开销路，从而调动工商业户进行生产经营的积极性。1952 年 5 月至 6 月，上海市工商局会同华东贸易部召开华东区物资交流大会，成交金额 17431 万元，上海方面在会上销出工业品 5544 万元，其中私营厂商占 46%。通过物资交流大会，扩大城乡物资交流，为城市积压的季节性商品打开销路，克服了工业淡季生产的困难，提高了一般中小工商业的经营和生产的积极性。

通过调整工商业，一方面依靠国家力量紧急投放，增加加工订货，另一方面依靠上海工人阶级团结工商业户搞好生产，做到了“五反”运动和生产两不误。上海工业品的产量有所增加，市场交易也日趋活跃。以

1952年上半年与1951年同期比较，棉纱增加32%、面粉增加67%、造纸增加13%、金笔增加86%、电解铜增加216%，各种纸、棉纱、棉布、汽车外胎等产量甚至打破历史最高纪录。市场商品成交量也大幅增加，以6月与2月相比较，棉纱增加200%、面粉增加53%、棉布增加337%，糖、油等增加30%—40%，化工原料成交量增长最多，增加2—10倍。

在原有经济基础较为薄弱、国际环境和对外贸易条件不利的极端困难情况下，上海人民仅用3年时间，就实现国民经济的迅速恢复和经济新秩序的建立，从而为上海开展有计划的经济建设打下良好基础，也为上海进行生产资料私有制的社会主义改造创造有利条件。

第三章
巩固新政权的社会基础

巩固新生人民政权的斗争,重要的一项任务就是建立和稳定社会秩序,为恢复和发展生产事业提供安定的社会环境。面对紧张的外部局势和旧政权遗留的反革命势力,中共上海市委、市人民政府根据中共中央的部署,一方面全面整治社会秩序,净化城市社会环境,同时开展轰轰烈烈的抗美援朝运动和镇压反革命运动;另一方面领导全市人民在市郊农村和城市厂矿企业中分别开展土地改革和民主改革,社会风气为之一新,人民生活得到明显改善。上海人民逐步增强了对新政权的信心,树立起主人翁精神和爱国主义情怀,显示出空前的战斗力和凝聚力。

第一节　整治社会秩序

近代上海是西方列强侵略中国的桥头堡,是帝国主义、封建主义和官僚资本主义势力统治中国的重要基地,各种矛盾汇集,呈现出非比寻常的复杂性。这座饱经风霜的城市迎来新生后,各类不法分子趁新政权立足未稳之际肆意破坏捣乱,严重影响着新生政权的巩固和社会秩序的安定。为此,中共上海市委、市人民政府从肃清特务盗匪、清除淫赌毒行为、收容安置游民等方面入手,对社会秩序开展全面整治。

一、肃特缉盗

作为帝国主义和国民党反动派从事间谍特务活动的重要据点，解放前的上海，不仅有包括国防部保密局上海站（对外称“市政府调查处”）、内政部调查局上海办事处、国防部二厅等庞大的特务机关和间谍机构，有蒋经国、陆京士、毛森直接控制的特务组织，还有美、英、法等国在上海设立的几十个间谍特务机构，以及近百个外围组织。这些公开的和秘密的组织、职业的和外围的特务纵横交错，形成庞大的特务网络，分布在上海的各个角落。

随着人民解放战争的节节胜利，国民党特务机关将上海作为多层多线应变的重点地区，采取“零星天下，力求立足”“广种薄收”“疥疮政策”等手段，进行潜伏布置。与此同时，一些活跃在舟山等沿海岛屿的国民党武装特务结伙抢劫、绑架暗杀，一些从台湾、香港等地派遣来沪的特务在市中心和闹市地区制造阴谋恐怖事件，少数隐藏在外国留沪侨民或宗教帮会中的帝国主义间谍始终没有停止活动，上海的肃特斗争复杂而又艰巨。

早在上海解放之前，中共中央华东局就指示，肃清反革命及其破坏活动是进城后的一项重要任务。上海解放后，中共中央华东局、上海市委从上海的实际出发，采取先打击有现行活动的特务，再清理历史反革命的斗争策略和步骤，依靠人民群众，开展肃特、剿匪、缉盗的斗争。1949 年 6 月，上海市公安局成立，其主要任务是肃清残余敌人，建立革命秩序，保护人民民主自由，恢复生产。随后，市军管会发布关于解散、封闭反动党团组织，解散、查封特务组织和收缴非法武器电台办法三份布告，宣布解散中国国民党、三民主义青年团、中国青年党、社会民主党等非法反动组织，解散国民政府内政部调查局、国防部保密局、国防部二厅等特务组织，收缴非法武器、电台，严令一切反动组织停止一切活动、一律解散。

与此同时，根据中共上海市委、市人民政府关于对特务人员斗争“一要打击面小、二要打得准、三要打得狠”的指示精神，上海市公安机关坚持“公开斗争与秘密工作相结合”“专门工作与群众工作相结合”的方针，对特务人员“首恶者必办，胁从者不问，立功者受奖”的区别对待政策，充分运用各种公开的和秘密的工作关系，积极开展侦查，集中力量坚决打击敢于对抗军管会命令，进行破坏活动的敌特分子。

从 1949 年 6 月起，根据敌情资料和国民党起义投诚人员所提供的情报，经过周密侦察，上海公安机关一举破获保密局精心布置在上海的 9 个代号为“沪特小组”的单线联络潜伏组台，捕获各组组长、电台台长及组员 23 名，缴获收发报机 9 部、密码 6 套。这是解放后肃特斗争取得的首场胜利。随后，公安机关继续扩大线索，顺藤摸瓜，跟踪追击，逐步肃清保密局和其他特务机关设在上海的一批潜伏台。

“江苏省人民反共救国军第三纵队指挥部”（“江苏三纵”）是当时令老百姓谈虎色变、深恶痛绝的一支国民党武装特务。从 1949 年 9 月到 1950 年 4 月半年多时间里，他们先后派遣 48 股 540 人次在江浙沪沿海进行骚扰，或劫持商船、客轮，抢劫财物，或暗杀绑架、掳人掠财，或造谣惑众、散发反动传单。为彻底消灭敌人，华东局制定了“军事清剿、政治攻势、发动群众三者结合，军政并进、剿匪并施”的剿匪方针和政策，在市委统一领导下，上海市公安机关会同苏南、浙江等公安部门，组成一支强有力的专门队伍，采取打进去、拉出来的办法，果断出击，于 1950 年 4 月将这伙特务一网打尽。此外，上海市公安局还成功破获著名的谋刺陈毅市长未遂的刘全德案、提供敌机轰炸目标造成二六空袭惨案的罗炳乾案等。

从上海解放到 1950 年底，上海共侦破各类间谍特务案件 1082 件，逮捕 1499 人，缴获电台 109 部、各种枪支 734 支及大量弹药。至 1952 年底，落入法网的间谍特务达 13689 人，有力打击了特务的破坏活动。

盗匪横行的状况也逐步得到消灭。旧上海盗匪丛生，曾发生无数绑票案件，有“盗匪之都”之称。上海解放后第一个月，全市发生盗匪持枪抢劫案 190 起，最多一天竟发生 16 起，全月盗匪案发生数比国民党统治时期盗匪案发生最多的一个月还要多 40 起。

造成盗匪更为猖獗的原因，除解放之初社会秩序尚未恢复正常外，主要是国民党当局在上海解放前夕将 3700 多名在押盗匪释放出狱，其中相当一部分是职业盗匪头子，这些人出狱后重操旧业，危害极大。还有国民党军队未及逃跑的散兵游勇和潜伏特务，从苏浙皖鲁等地逃亡来沪的地主、恶霸和兵痞,以及上海本地的地痞流氓。这使得盗匪活动猖獗,严重破坏上海的社会治安,威胁人民的生命财产安全,损害新政权的声誉。

为此,从1949年6月起,上海公安机关遵照中共中央华东局和上海市委“坚持打击盗匪的猖獗活动,保障人民生命财产安全”的指示,把打击盗匪作为一项重要政治任务。1949年9月,华东军区颁布惩治土匪暂行条例,规定“凡以武装反抗人民政府,危害人民利益,扰乱社会治安者,概以匪论”。上海公安机关协同警备部队大力围剿武装股匪,坚持专门工作与发动群众相结合,抓紧侦破现行案件。针对盗匪经常团伙作案、连续作案的特点,采取“以盗反盗”“以盗制盗”的策略,有计划地把从盗匪中分化出来的分子作为内线,深入盗匪组织内部。破案后,“以案制案”,追尽审透,扩大线索,做到破一案,抓一帮,清一片。1949年6月至年底,全市共破获重大抢劫案665起,破案率达90%。12月,盗匪抢劫案降为56起。1950年全市共发生盗匪案728起,1951年只有62起。1952年后,上海盗匪案数量逐年下降,特别是经过镇压反革命运动后,1955年全市仅发生盗匪案15起,1956年只发生了3起,上海终于结束了盗匪横行的历史。

二、净化城市社会环境

旧上海被称为“十里洋场”,淫乐、毒品、赌博等业畸形发展。上海解放之后,中共上海市委、市人民政府积极开展社会改造工作,仅用短短几年时间就基本扫除这些丑恶现象,改变了社会风尚。

作为全国最大的城市,上海曾经也是妓女及妓院数字最为庞大的都市。据解放前夕的材料,上海有公开妓院800多家,妓女5000人,另外还有大量私娼。早在1949年5月,中共中央华东局在研究制定上海解放后的接管改造工作时,陈毅就指出:“妓女是生活在旧社会最低层的受苦人,新中国决不允许卖淫现象继续存在,我们不管有多大困难,也要解放妓女。”[①] 就如何对待妓女的问题,上海解放后还不能立即将其取缔。

---

① 邱译:《上海解放初期的禁娼运动》,中共上海市委党史研究室、上海市档案馆编:《上海解放初期的社会改造》,中共党史出版社1999年版,第171页。

因为刚解放在医疗和就业安置经费都很有限的条件下，取缔的结果只能是把她们从妓院推到社会上去，使她们流离失所，暗中卖淫，会造成比公开挂牌更惨的悲剧。因此，中共上海市委明确，私娼问题是个复杂的社会问题，必须有计划、有步骤、有重点地而又有分别地进行。

首先是加强对妓院、妓女的限制和管理。1949 年 6 月，上海市人民政府开始实施对妓院、妓女的登记工作。7 月，市公安局发布《管理妓女暂行规则》，限制妓院和妓女的发展，废除一切非法契约，规定妓女如愿从良或回乡者，院方得允许其自由。再是支持妓院自动停业，支持妓女自行跳出"火坑"。在报上发表相关法律问答，明确若妓女脱离卖淫生涯的要求被阻，可诉请法院依法处理。并组织已停业和希望转业的妓女参加学习，接受生产劳动和技能训练。通过这些工作，至 1951 年 11 月，全市妓院只剩下 72 家，妓女 181 人。此外，尚有在街头马路、游艺场所拉客的私娼、游妓约 1336 名，妓主 581 名。

经过两年多的准备，上海禁娼的条件已经成熟。1951 年 11 月，上海市各界人民代表会议协商委员会第七次会议作出取缔残存妓院、废除妓女制度的决议。中共上海市委发出《关于本市处置娼妓的计划》明确指示，目前禁娼一般限于公开的娼妓，处理方针是采取行政力量与有领导地发动群众相结合，打击罪恶妓主与教育改造一般妓女相结合。在步骤上首先宣布妓院非法，责令停业，然后封闭妓院，收容妓女，逮捕法办妓主、龟鸨，并对妓女进行教育、改造和安置。同月，市公安局召集 72 家妓院主训话，通知他们立即停业，并于 25 日晚 8 时，与民政局、妇联等部门采取联合行动，派出 200 多名干部，突击封闭全市残存的 72 家妓院；收审妓院主、老鸨 334 名，由公安局审查处理；收容妓女 501 名，由妇女教养所教养。

第一次大收容后，公开宿娼虽被禁止，暗中卖淫却未绝迹。鉴于这种情况，以后又进行了几次收容。至 1957 年底，全市共封闭妓院 627 家，收审妓院老板、老鸨 920 名，收容妓女 7513 名，从而结束了旧社会遗留下的罪恶娼妓制度。

中共上海市委、市人民政府在废除娼妓制度过程中，还从四个方面对妓女进行教育改造。

对妓女进行吐苦水、挖苦根为中心的政治思想教育，帮助她们提高思想认识。妓女中多数人受苦很深，但普遍没有认识到自己遭受痛苦的根源，要么怨天尤人，要么麻木不仁。工作人员调查后发现，旧上海妇女沦为娼妓的首要原因是生活所迫，其次是婚姻不幸，自甘堕落者甚少。因此从思想教育入手，一方面清算妓院老板的罪行，一方面耐心启发引导，逐步使她们认识到自己的遭遇是旧社会制度和妓院老板残酷压迫的结果。

配备医务人员，为妓女医治性病。妓女普遍患有性病，在第一批收容的500多名妓女中，患性病的人数占到88.3%。市卫生局从全市各大医院抽调了数十名性病专家和皮肤科、妇科医生，在妇女教养所建立了临时医院和简易病床。为给妓女们治病，市长陈毅果断决定把库存很少的专供朝鲜战场用的盘尼西林（青霉素）集中起来，先供妇女教养所使用，志愿军另想办法，使所有性病患者都得到了及时治疗。

帮助妓女学习文化和生产技能，培养劳动习惯。妓女们由于长期过惯了寄生生活，好逸恶劳，对正常人的生活反而不习惯。教养所在对她们进行教育的同时，还开设了毛巾、织袜、缝纫、药棉等工厂，根据妓女本人的健康状况、劳动能力、年龄大小，分别组织她们参加适当的劳动，学习一技之长。

各方关心、安置就业。自1951年到1957年先后收容的7500余名妓女，至1958年全部得到妥善安置。有的返回原籍，有的到国营农场，有的安排到工厂企业，也有的参加边疆建设，对年老体弱者政府也给予了救济和安置。她们大多数都组建了家庭，有了自己的子女，不少人还当上了生产能手、劳动积极分子。

妓女改造的过程中，上海妇女劳动教养所成了各国来宾了解上海社会改造工作的一个窗口，曾先后接待过几十个国家的几百名外宾。这些外宾在参观完之后深感上海改造妓女的办法对他们所在的国家有重要的借鉴作用，对中国新社会的优越和中国共产党的执政能力有了更进一步的认同。

在开展禁娼工作的同时，中共上海市委、市人民政府依靠有关部门和广大群众的密切配合，采取坚决彻底而又慎重稳妥的处理办法，在禁毒、禁赌工作中也均取得明显成果。

旧上海烟毒泛滥。解放前夕，全市有毒品工厂20余家，吸毒者10万余人，街头巷尾“烟馆多于米店”。为消除烟毒的祸害，华东军政委员会和中共上海市委、市人民政府根据政务院1950年2月发布的《关于严禁鸦片烟毒的通令》，相继发布《关于查获毒品之处理办法的通令》《上海市禁烟禁毒暂行办法》《关于重申毒品买卖禁令的决定》等，组织公安、司法等部门选派精干力量，抓紧侦破制毒、贩毒的大案要案，以断绝烟毒的流通；同时深入发动群众，进行广泛的禁烟禁毒宣传。从1950年5月至1951年底，全市共破获烟毒案6800余起，捕获人犯1.2万余名，收缴鸦片37万两及大量制吸毒器具。

鸦片遗毒深重，为了从根本上解决毒品问题，1952年4月，中共中央作出《关于肃清毒品流行的指示》，指出“为了根除这种旧社会的恶劣遗毒，在全国范围内有重点地大张旗鼓地发动一次群众性的运动，来一次集中的彻底的扫除，是十分需要的”①。

作为肃毒的重点城市，中共上海市委根据中央的部署，于6月28日发布《关于开展肃清毒品运动的准备工作的指示》，明确禁毒运动采取严厉惩办与改造教育相结合的方针，对大量制毒贩毒、一贯以制毒贩毒为业的集体制毒贩毒犯，以及解放至今仍继续从事制毒贩毒的现行犯应严厉打击惩办；对个别、少量贩卖，次要的，偶一为之的，过去犯过现在已洗手不干了的从宽处理；对罪恶重大，不愿悔改，拒不坦白的从严惩办；对彻底坦白，真诚悔改，检举立功的从轻处分。7月，中共上海市委成立由公安局、检察署、法院等12个部门组成的专门禁毒机构——上海市肃清毒品委员会，通过内查外调和广泛发动群众，为全市开展禁毒工作作了充分准备。

1952年8月，全市近万名公安干警统一行动，先后两次集中搜捕烟毒犯。同时，一方面通过召开公审毒犯大会和巡回审判的形式，体现政策、震慑毒犯、教育群众。在9、10两月，召开2万人的市级公审大会1

---

① 《中共中央关于肃清毒品流行的指示》（1952年4月15日），中央档案馆、中共中央文献研究室编：《中共中央文件选集》第8册，人民出版社2013年版，第245页。

次，各区联合公审大会7次，分区巡回审讯500余次，250多万人受到教育。另一方面广泛开展肃毒的宣传活动，组织了3万多人的宣传队伍，深入各区、街道、里弄进行宣讲，或分头召开群众大会、座谈会，宣传禁毒的意义和政策。广大群众纷纷称赞禁毒是人民政府的又一英明措施，使家庭免遭毒品的祸害，并积极投入禁毒的各项工作。在人民群众的配合下，从1952年8月至12月底，全市共破获制、贩、运毒专案159件，清查出毒犯和犯罪分子13685名。

为了使吸毒者戒除烟毒走向新生，人民政府还对全市吸毒者采取限期戒毒措施，送受毒较深者到医院就医，帮助他们戒除毒瘾走向新生。在市委、市政府的领导和人民群众的积极配合下，烟毒的祸害终于在上海被彻底铲除。

赌博是滋生在旧上海的又一丑恶现象。赌场多由外国殖民者设立，如远近闻名的三大赌窟跑马厅、跑狗场和回力球场，也有一部分由流氓、大亨开设，以此聚赌敛财。仅跑马厅的门票收入，每年就有10万银元。

上海解放后，中共上海市委、市人民政府本着教育和惩办相结合的指导思想，先是封闭公开的赌场，收回跑马厅，收购逸园跑狗场，并将跑马厅改建为人民公园和人民广场，将跑狗场改建为文化广场，将回力球场改建为上海市体育馆。积极整治散布在街头巷尾的赌摊和赌窝，改建上海市工人文化宫，修建区级工人俱乐部，改造解放前以藏污纳垢闻名的娱乐场所“大世界”，使工人群众获得正当的文娱活动和休闲场所。接着在全市范围内采取行动取缔赌博活动，收容聚赌人员，仅1953年5月至7月，全市取缔马路赌摊400多次。开展宣传教育工作，组织举办各种群众座谈会，发动群众监督，发动家属劝赌，对顽固不化的赌徒采取打击措施，使赌博之风得到了基本制止。

中共上海市委、市人民政府通过采取坚决彻底而慎重稳妥的处理办法，基本上扫除了嫖娼、吸毒、赌博这旧社会遗留下来的污泥浊水，上海的社会面貌、社会风尚发生极大变化，赢得了世人的赞誉。

三、收容安置游民

新中国成立初期的游民安置工作，也是恢复正常的社会秩序、巩固新生政权的一项重要内容。旧上海特殊的社会环境决定了上海游民不仅数量庞大,达10万人,且游民籍贯遍及全国各地,还有少量外籍游民。上海解放前后,又有国民党的大量散兵游勇和许多逃亡地主恶霸混迹其中,情况比较复杂。有公开活动的职业乞丐,强讨恶要,拦路抢夺;也有暗中活动的吸毒贩毒、扒窃、售卖淫秽书画者;等等。许多游民受地痞流氓控制,设有大小头目,是个堕落的“地下王国”[①]。如何妥善解决游民问题,成为上海市委、市政府的一项重要工作。

上海解放后,中共中央华东局、上海市委首先开展收容散兵游勇工作。当时留在上海的国民党散兵游勇大约有4万人。为清除战争留下的这一祸患,上海解放后第三天,中国人民解放军淞沪警备司令部就颁布《收容蒋军溃散官兵》的决定,责令限期登记,到指定地点集中,拒不登记和报名者,将予以收容。6月11日,中共中央华东局、上海市委决定在市军管会领导下,成立由淞沪警备司令部、市公安局和市民政局等单位联合组成的治安委员会和军警民联合办事处,各区也建立相应机构,统一领导和指挥收容散兵游勇的工作。到7月底,共收容散兵游勇22063人,内有军官2739人。

对于已收容集中的散兵游勇,首先组织他们开展学习,帮助他们提高对中国共产党和人民政府的认识。然后根据情况区别处理,有的遣送回乡参加生产,有的介绍去工厂就业,一部分国民党高级军官还被送到被俘军官学习团,进行学习改造后再作安置。对国民党军散兵游勇的收容、安置,有效地维护了上海解放之初社会秩序的安定。

在集中收容散兵游勇的基础上,中共上海市委、市人民政府根据游民活动的特点,决定采取收容与改造相结合的方针和以突击收容为主,零星经常收容为辅的方法,以达到摧毁其组织,孤立其头目,从根本上改造游民的目的。

1949年6月初,上海市军管会民政处通过接管、清理、整顿、改造,建立了上海市劳动生产教养所、上海市儿童生产教养所、上海市妇女教

① 《当代中国》丛书编辑部:《当代中国的上海》(上),当代中国出版社1993年版,第159页。

养所和上海市残废人生产教养所，为收容游民、开展教育改造工作创造了条件。

1949年12月召开的上海市第一届第二次各界人民代表会议通过上海市民政局《关于疏散难民回乡生产与冬令救济问题的报告》，提出要以动员与强制相结合的方式，大量收容长期以乞食偷盗为生的乞丐与扒手，严格管制，组织生产，将其改造成为劳动人民。从当月起至1952年9月，上海市人民政府根据当时党的工作任务繁重，游民活动嚣张等特点，由市民政局、公安局等先后进行了三次全市突击大收容，共收容游民约1.5万人，同时结合抗美援朝、镇反等政治运动和各项社会改造，基本上消灭了有组织的游民活动，为上海建立良好的社会治安秩序和市容环境创造了前提条件。

在对游民进行收容后，市民政局根据中央人民政府内务部和上海市人民政府的指示，采取强制与说服教育相结合、劳动生产与政治思想教育相结合、改造与安置相结合的改造方针，对游民进行教育、改造和安置。由于不同时期的游民状况和安置条件不同，因此改造的侧重也有所不同。

在解放初期，侧重于对游民的政治思想教育和劳动改造，在劳动改造中予以安置。通过上大课和小组讨论，并辅以广播、黑板报、图片展览、戏剧电影等形式，结合采取群众性的定期“评进步”、打“亲情牌”等方法，对游民进行政策纪律、爱国守法、劳动前途等政治思想教育和阶级教育，同时开展时事教育，使其消除顾虑，稳定情绪，提高觉悟，认识到旧的社会制度和剥削阶级思想是造成游民的根源，只要热爱祖国，遵纪守法，积极从事建设祖国的劳动，就有光明的前途。

针对游民轻视劳动、游惰成性的特点，在进行政治思想教育的同时组织他们参加劳动锻炼。按照中央指示，组织游民劳动一般是以适宜改造游民的“粗工易学，工具简单，投资少，容人多”的建筑工程、农业生产、手工业等领域的生产为主。从1950年开始，上海先后组织起缝纫、制鞋、装订、麻袋加工、理发等30多个项目的生产。同时考虑到部分游民已拥有一定的机械工业劳动技能，结合上海条件，也组织部分游民参加机器工业劳动，被收容的游民除失去劳动能力的老弱病残外，一般都参加一定的生产。

1950年二六轰炸以后，为疏散人口，上海市人民政府经与苏北行署接洽，开始将收容的游民送到苏北垦区实行集体劳动。1950年，先后分批遣送游民12043人，这些游民在开垦生产的基础上成为国营农场的成员，实现安家立业。治淮工程开始后，市第一劳教所又于1952年12月遣送757名游民赴皖北治淮劳改指挥部参加移地教养。1953年7月中旬，市第三教养所先后向市劳动局送去改造期满的995名游民，到建筑工地当杂物工。

1955年以后，侧重于对游民的安置，在安置中进行劳动改造和思想教育。上海开始和新疆、甘肃、青海等地联系，先后安置游民3295名。在安徽南部兴建了大规模的国营农场——皖南白茅岭农场，作为外移安置游民的一个主要基地。随着社会主义建设高潮的到来，劳动力需求量增大，就业门路增多，形成安置游民的有利条件，本市的机关、工厂、企业内部吸收了数千名游民就业。此外，还有数千名遣送回乡参加农业合作化生产，逾万人经过历年改造后自行设法或通过政府帮助解决生产和出路。被安置的游民，一般都改变了过去的游惰习气，成为自食其力的劳动者。大批游民的收容、改造和安置，也使上海的社会环境得到明显改善。

第二节　支援抗美援朝战争和镇压反革命

在上海解放初期，与全国其他地区一样，中共上海市委、市人民政府坚决贯彻中共中央的决策，广泛动员全市人民支援抗美援朝战争，同时，大张旗鼓地开展了镇压反革命运动，基本肃清反革命残余，巩固新生的人民民主政权，对全市各项工作也产生了强大的推动力。

一、开展抗美援朝运动

正当全市人民集中力量恢复经济、发展生产的时候，1950年6月25日，朝鲜内战爆发。10月初，美军不顾中国政府一再警告，悍然越过三八线，把战火烧到中朝边境，直接威胁新中国的国家安全。应朝鲜党和政府请求，中国共产党和中央人民政府以非凡气魄和胆略于 1950 年 10 月作出抗美援朝、保家卫国的历史性决策，组建中国人民志愿军，出兵援朝。

为支援抗美援朝战争，上海和全国其他地区一样，迅速掀起轰轰烈烈的抗美援朝运动。

针对社会上有些人存在的亲美、恐美、崇美心理，上海抗美援朝运动从时事宣传教育开始。根据中共中央关于时事宣传的指示要求，1950 年 11 月，中共上海市委宣传部发出《关于开展时事宣传的指示》，要求主要采取座谈讨论的办法，使全市人民正确认识面临的形势，坚定信心。随后，各区各系统在全市范围内组织各类宣传团，结合全市各个社会阶层的不同特点、不同要求，抓住人民群众最为关注、与人民切身利益相关的问题，开展大规模的时事学习和深入的宣传活动。仅教育工会就组织百余人的演讲团，半个月内 2000 人以上的集会演讲就达 120 余次，全市 96% 以上的小学教师共 1 万多人组成 600 余个小队，深入到工厂、里弄、戏院、茶馆宣讲。各种形式贴近生活实际的时事宣传教育，使广大群众进一步肃清亲美、恐美、崇美思想，明确“唇亡则齿寒，户破则堂危”的道理，认识到中国人民支援朝鲜人民的抗美战争不只是道义上的责任，而且和我国全体人民的切身利益有着密切的关联。

当月，在上海市委、市政府的领导下，各民主党派的上海地方组织及上海各人民团体改组成立中国人民保卫世界和平反对美国侵略委员会上海分会（简称“上海抗美援朝分会”），统一领导全市的抗美援朝运动，大规模的抗美援朝运动在全市范围内展开。12 月，全市各界人民举行抗美援朝代表会议。10 余万名学生、3000 多名大专教师、12.3 万余名工商业者、4000 余名救济福利团体群众和 2 万多名医务工作者先后举行集会和抗美援朝示威游行，40 多个教会学校代表举行爱国集会并成立教会学校反美爱国运动联合会，各区也相继召开各界抗美援朝代表会议并分别成立上海抗美援朝分会的各区支会。

全市人民也在各群众团体的组织下，踊跃参与集会活动和示威游行等爱国运动。如在斯德哥尔摩禁止原子弹的宣言上，全市签名的人数达到446.9万人,占全市总人口的89%;响应世界和平理事会号召、签名拥护缔结五大国和平公约和投票反对美国重新武装日本的人数约409万人,占全市人数的81%以上。这些爱国行动,彰显上海各界人民抗美援朝的意志和力量,也把全市人民团结在爱国主义的旗帜下,民族自尊心、自信心大大增强,团结进步的社会风气空前高涨,为抗美援朝运动营造了良好氛围。著名工商业者、67岁的蒉延芳在参加游行之后感慨地说:"我从事工商业50多年了,但从来没有像今天这样兴奋,今天我真正感到了中国民众的力量。"①

随着大规模时事宣传的开展,大批工人、农民、学生等踊跃报名参军参干上前线。1950年12月,中央人民政府革命军事委员会、政务院发出招收青年学生、工人参加各种军事干校的联合决定,最先在上海的学生中得到广泛响应。在全市357所大、中学校中,参加这一运动的学校占88%。尤其是公立大、中学校,在党、团组织的动员下,大批学生积极报名参加,交通大学、复旦大学,上海中学等学校,参加军事干校学员占到学校总人数的29.8%—48.4%。

这一运动不仅成为学生群众运动,而且成为广泛的社会性运动。在短短一个月内,全市就有2万余名学生、9000多名青年工人(女工占17%)报名参加军事干校,占全国报名总数的1/8左右。1951年夏再次招收时,全市又有11500余名报名合格者参加军事干校。在抗美援朝运动期间,全市共有16658名学生、青年工人响应号召参加军事干校;先后组织医疗队5批、大队14个,还组织了国际医防服务队、护士教学队、专家组、内地巡回医疗队、医疗顾问团等医务组织,总人数为800余人次,在朝鲜前线、东北边境医院以及国内各省的康复医院为志愿军伤病员服务,其中云集了许多著名医疗专家和医学院教授;4366名铁路员工、1007名汽车司机分批奔赴朝鲜前线参加战地服务,保证援朝物资源源不断被运送到前线。上海著名越剧演员徐玉兰、王文娟等也带领玉兰剧团集体参军,赴朝鲜前线演出。他们在前线始终发扬祖国和人民利益高

① 中共上海市委党史研究室编:《历史巨变1949—1956》第1册,世纪出版集团、上海书店出版社2001年版,第128页。

于一切、为了祖国和民族的尊严而奋不顾身的爱国主义精神,英勇顽强、舍生忘死的英雄主义精神,不畏艰难困苦、始终保持高昂士气的革命乐观主义精神,为完成祖国和人民赋予的使命慷慨奉献自己一切的革命忠诚精神,为人类和平与正义事业而奋斗的国际主义精神。30% 的支前司机在前线立功受奖,上海组织的医疗队中也有 287 人立功,有 1683 名上海优秀儿女在朝鲜前线献出了宝贵的生命。

中共上海市委、市人民政府还组织开展大规模的优抚运动,以更好地支援志愿军在前线作战。各区、街道里弄和人民团体普遍建立起优抚组织,除进行慰问之外,着重解决烈军属的就业、子女入学等实际问题。至 1951 年 9 月底,共帮助 6710 名烈军属实现就业,10473 名烈军属子女解决小学入学问题。

为把抗美援朝运动进一步引向深入,上海市委、市政府根据中共中央的号召广泛开展订立爱国公约运动。这是人民群众在抗美援朝运动中的创造,它用公约的形式把人民群众的爱国行动予以强化和巩固,使群众的爱国热情以爱国公约的形式持久和经常地贯彻到日常的工作、生产和学习中。1951 年 2 月 27 日,上海市各界人民反对美国重新武装日本的代表会议召开。会上一致通过《上海市各界人民共同爱国公约》,号召全市人民积极参与订立爱国公约运动,以公约作为抗美援朝的具体行动纲领,将高涨的爱国热情与具体工作的开展结合起来。在全国抗美援朝总会发出《关于推行爱国公约、捐献飞机大炮和优待烈军属的号召》(即“六一号召”)之后,全市的抗美援朝运动围绕开展爱国公约运动、捐献武器支援前线和做好优抚工作者三大工作中心,重新修订《上海市各界人民共同爱国公约》,公约由 12 条增加到 14 条,增加贯彻抗美援朝三大号召,普遍订立与检查爱国公约,开展增产节约运动,保证完成捐献飞机大炮的计划,切实做好优待烈军属及残废军人工作的内容。全市各界各行业均分别订立各自的爱国公约,计有工厂、学校、机关、商店等 7 万多个基层单位。截至 1951 年 12 月,全市有 80% 的产业工人、90% 的店员、80% 的农民、95% 的学生订立了爱国公约,工商界、文化教育新闻出版与科学技术界以及里弄中妇女和居民订立爱国公约的比例也都在 70% 以上。

在订立爱国公约过程中，上海市委、市政府引导群众结合各自实际情况分别制订爱国公约，使其能真正体现不同社会阶层的目标要求，推动当时正在进行的各项工作。上海的工人订立的爱国公约以发动爱国主义生产竞赛、建设国防为主；文教界以扩大与深入宣传教育、创作反美爱国的文艺作品为主，还深入工厂、农村、部队和治淮建设工地体验生活，以文艺作品为工农兵服务。工商界开展不欠税、不漏税、不逃税的爱国运动，在抗美援朝运动开始的头四个月里，主动缴清500多万元欠税和207万份尾欠公债，据10个区的材料统计，工商界中已缴清欠税的占到64%—97%不等。宗教界开展自治、自传、自养的"三自"革新反帝爱国运动，割断与帝国主义的联系。

在爱国公约的推动下，全市各界群众积极响应全国抗美援朝总会发出的捐献飞机大炮的号召，广泛开展捐献活动和慰问活动，支援前线作战。上海的产业工人带头以主人翁姿态积极投入，采取工资捐献、奖金捐献、加班加点捐献、增产节约捐献等形式，捐献款项大大冲破原计划50架飞机的目标，超额140%。其中，江南造船厂、上海钢铁公司、申新九厂等大企业职工提出承捐整架战斗机的目标，取名"江南号""上钢号""申九号"等。上海码头业的第一个捐献合同来自中华码头公司，码头工人以多装快卸、增加生产进行捐献。上海纺织业因美蒋封锁缺乏原材料而工厂停工，但是纺织工人们仍然千方百计制订捐献计划。工商界人士在中共上海市委的支持下，采取劳资协商的办法，订立超额利润的分配合同，将超额部分扣除工人福利与奖金、资方再生产基金、抚恤烈士家属基金外，其余60%—70%劳资各半，作为增产节约捐献飞机大炮。文艺界人士不仅赴前线慰问，而且多方组织义演义卖等筹款活动。上海京剧界发起购买"京剧号"战斗机的义演活动；书画界举行艺术品义卖，集资捐献，原计划捐献"鲁迅号"战斗机2架，最后实际完成4架。截至1952年5月底，全市捐献金额达8491多万元，折合战斗机566架，超过原计划70%，占全国总捐献3700架飞机的15.3%。

上海各界人民还组织慰问团带着各种慰问品、慰问信赴朝慰问志愿军指战员。至1953年，上海共组织三批各界代表团，随全国慰问总团赴朝，仅文艺界就有200多名文艺工作者在前线参加各种形式的慰问和演出。在朝鲜参加慰问的作家、文艺工作者以他们的所见所闻，记述志愿军可歌可泣的英雄事迹，他们还在上海市委、市政府的组织下，和志愿军归国代表一起向市民作报告，让全市人民了解前线情况，增强人民群众对抗美援朝的必胜信心和责任意识。

抗美援朝运动开始后，中共中央为了加速国民经济的恢复和发展，从财力和物力上支持抗美援朝战争，采取边抗、边稳、边建的方针。上海市委、市政府积极贯彻这一方针，进一步清除美国在华的经济文化势力。1950 年 12 月 16 日，美国政府宣布管制中国在美国的公私财产，并禁止一切在美国注册的船只开往中国。12 月 28 日，政务院发布《关于管制美国在华财产冻结美国在华存款的命令》。按照这一命令，上海市军管会对美国在沪的 126 个单位实行军事管制并冻结其财产。根据政务院颁布的《关于处理接受美国津贴的文化教育救济机关及宗教团体的方针的决定》和《接受外国津贴及外资经营之文化教育救济机关及宗教团体登记条例》，对包括大、中、小学校在内的 665 个单位办理登记[①]。

为保证朝鲜前线的物资供应，上海工人阶级积极响应“后方多流汗，前方少流血”的口号，在各条战线上开展爱国增产节约运动和劳动竞赛，提出大量增产节约和生产合理化建议，创造出许多生产的新纪录，也涌现出一批生产能手和劳动模范。东北“马恒昌小组”向全国工人提出挑战竞赛后，上海国营第二纺织机械厂“陆阿狗小组”率先响应，并迅速扩展到各个产业，如纺织系统普遍开展学习“郝建秀工作法”和“1951 织布法”。在爱国增产竞赛中，许多工厂建立技术研究会，改进工具和工艺，研制军需新产品，提高产品质量和劳动生产率，完成和超额完成国家订货任务。上海医疗器械厂为前线生产的甲种手术包，要求体积小、存储容量大，经过工人和技术人员的合理安排，生产出的一个 20 公斤装的手术包中能容纳数百件医疗器械，可装备一个小型野战医院，保证了战地抢救伤员的需要。益丰搪瓷厂在接到生产慰问志愿军的口杯的紧急订货任务后，通过全厂动员、统一组织调度，只用了 18 天便完成

① 《当代中国》丛书编辑部:《当代中国的上海》(上),当代中国出版社 1993 年版,第 146 页。

了常规生产需要130天的生产任务。

在“边抗、边稳、边建”方针的指导下，国家在上海的军需加工订货额迅速增长，不仅促进了私营工商业的发展，而且也推动上海经济的恢复和发展，工业生产年均增长24.7%，至1952年底，全市工农业总产值达71.49亿元，比1949年增长91.51%，其中工业产值68.06亿元，比1949年增长92.58%，国民收入32.64亿元，财政收入19.30亿元，主要工业产品和农业产量都达到历史最好水平。

在历时近三年的抗美援朝运动中，上海人民认真贯彻执行支援前线、保家卫国、发展经济、巩固国家的方针，不但从精神上和物质上有力地支援了抗美援朝前线，而且普遍受到了爱国主义和国际主义教育，提高了政治思想觉悟，激发出旺盛的生产热情，有力地推动了社会各项事业的发展。

二、镇压反革命运动

旧上海是“冒险家的乐园”，是国民党特务机关的重要活动基地，盗贼土匪、把头恶霸、地痞流氓、封建会道门头子、外地逃入的恶霸地主聚集，情况极为复杂。上海解放伊始的肃特反盗斗争，虽然对特务盗匪的破坏活动进行了严厉打击，至1950年10月初，捕获反革命分子1.2万余人，但同时在打击的深度和处理上还存在镇压不足与过于宽大的偏向，主要是打击了一些浮在面上的敌人，对隐蔽较深的反革命分子还未深入挖掘和打击，存在着重罪轻判、该捕未捕、该管未管、该处决又未及时处决等失之过宽的现象，有一些经宽大释放后继续作恶。尤其是在1950年二六轰炸前后以及朝鲜战争爆发之后，反革命破坏活动更为猖獗。1951年春节期间，一些暗藏的反革命分子公然在大世界等闹市区散发反动传单，狂妄宣称要与人民政权为敌。面对反革命分子的嚣张气焰，广大群众迫切要求对其进行严厉镇压。

1950年10月，中共中央发出《关于镇压反革命活动的指示》，要求各级党委坚决纠正在前一段时间和一些地区曾经存在的，对反革命分子“宽大无边”的偏向，全面执行“镇压与宽大相结合”的政策，即“首恶者必办，胁从者不问，立功者受奖”，对罪大恶极、怙恶不悛的反革命分子实行坚决镇压。11月,华东局和上海市委分别发出《关于镇压反革命活动的指示》和《关于执行加强镇压反革命活动的指示》,联系华东地区和上海之前在剿匪、反霸、肃特等方面的工作实际,明确要坚决执行中共中央指示,采取公安机关与广大群众相结合的方针——不冤枉一个好人,不放过一个反革命——重点打击土匪、恶霸、特务、反动党团骨干、反动会道门头子等五个方面的反革命分子。

党中央和毛泽东主席对上海镇压反革命运动的开展高度重视。中共中央在给各大城市市委的指示中指出:上海是反革命组织的主要巢穴之一,必须有计划地侦察和逮捕,在几个月内,大杀几起罪大有据的反革命分子。中共上海市委在严格执行中央指示的同时,十分重视团结和依靠群众,始终坚持专门机关与群众相结合,镇压与宽大相结合的方针,力求做到不枉不纵。在审查案件中,重证据不轻信口供,依法判决,对反革命分子除不杀不足以平民愤的极少数人外,大都实行劳动改造,给他们以重新做人的机会。同时还特别规定,对民主党派中的重要人士,如发现问题一定要经过市委审查,从而保证了镇压反革命运动的健康发展。

为加强对镇压反革命运动的组织领导,中共上海市委调整保卫委员会,建立市、区两级保卫委员会,成立由市公安局、检察署、法院组成的案件处理裁判委员会。市军管会成立了上海市人民冬防委员会,要求各街道里弄建立冬防服务队,把防特防匪作为重要任务。为加强开展镇压反革命运动的工作力量,中共上海市委又从党校、团校、工农速成中学及市级各机关抽调千余名干部投入此项工作。

上海的镇压反革命运动首先启动对反动党团骨干和特务人员的登记工作,摸清反革命分子的情况。中共上海市委和市军管会先后发布工作指示和登记办法,对迅速登记、真诚坦白、愿意悔过自新者予以宽大处理,对抗拒登记或逾期不登记者予以严惩,并在全市公安部门设立登记处。截至1951年8月此项工作基本结束时,全市登记的反动党团特务人员总数为26896名。

1951年2月,中央人民政府颁布《中华人民共和国惩治反革命条例》,为开展镇压反革命斗争提供了法律武器和统一的量刑标准。据此,中共上海市委于3月发出《关于执行镇压反革命计划的指示》,将坚决镇压反革命作为上海市4月、5月压倒一切的中心任务,全市以市委为中心,区以区委为中心,基层以党的支部为中心,动员全党和群众完成这一任务。4月召开的上海市第二届第二次各界人民代表会议以镇压反革命为中心议题,通过了《关于严厉镇压反革命的决议》,并成立上海市镇压反革命行动总指挥部。

随后,在全市范围内大张旗鼓地开展群众性的镇压反革命运动。4月27日深夜12时,在上海市镇压反革命行动总指挥部统一指挥下,全市3.5万余名军警和干部,组成4445个行动小组,集中逮捕了历史上罪大恶极、解放后又继续进行破坏活动、抗拒登记及从外地逃来的反革命分子8359名。4月29日,中共上海市委在逸园(今文化广场)召开上海市各界人民代表扩大会议,报告27日晚大搜捕情况,控诉和公审民愤极大的封企曾、陆杏生、陈小毛等9名反革命分子,把镇压反革命运动推向高潮。到会的各界代表逾万人,有282万上海群众及苏南80万人通过广播收听了实况转播。

此后,又继续开展第二期、第三期镇压反革命工作。第二期镇反从1951年11月至1952年11月,公安机关主要是深入打击隐蔽较深、善于伪装的漏网反革命分子,其间抓获并镇压了杀害中共中央早期领导李大钊的主要凶手雷恒成和出卖党组织的叛徒张连航等罪大恶极分子。

从1952年12月至1953年底为镇压反革命运动的第三阶段,主要任务是取缔反动会道门,深入开展水上镇反,继续结合民主改革,进一步深挖隐蔽的反革命分子。反动会道门是以封建迷信为掩护,从事反革命活动的反动组织。解放前夕,上海各种反动会道门组织有五六十种。上海解放之后,大批反动会道门头子及骨干分子采取化整为零、伪装分散和由明转暗等伎俩,继续进行阴谋破坏活动。有的还在国民党特务的指使下,或组织反动武装,策划暴乱;或造谣惑众,破坏人民政府的各项政策法令,阴谋推翻新生的人民政权。为此,市公安机关开展打击反动会道门的活动,相继破获了“农众自卫军”“顺政国皇帝”等反动案件,并抓获一批道首和骨干分子。

随后根据全国第五次公安会议精神,上海从1952年12月开始全面取缔反动会道门的群众运动。1953 年 5 月 26 日,公安机关在全市采取统一行动,集中搜捕以办道起家、罪证确凿、民愤极大,并有现行破坏活动的反动会道门骨干,逮捕道首和骨干分子 614 名。市军管会还于 5 月 30 日发布《取缔“一贯道”等反动会道门》的布告,宣布“一贯道”等 9 个会道门为反动组织,即日解散。随后在全市 7 个军事法庭,对反动道首和骨干分子进行宣判。至 1953 年底,取缔反动会道门的斗争基本结束,共摧毁各种反动会道门坛堂 768 个,逮捕反动道首 3947 名,惩处 1901 名,处决 65 名。取缔反动会道门运动形成了第三期镇反运动的高潮。

上海的镇压反革命运动于 1953 年底胜利结束,累计逮捕各类反革命分子 54678 人,被处决的首恶分子 3000 多人。历时三年的镇压反革命运动,给反革命分子以沉重打击,彻底肃清了旧上海遗留的反动势力残余,使上海的社会秩序出现前所未有的安定局面。同时,镇压反革命运动也是对社会生产力的一次大解放,广大群众扬眉吐气,心情舒畅,生产积极性进一步焕发。镇压反革命运动还促进了保卫治安制度的建立健全,密切党与政府同人民群众的联系,对新生政权的巩固起到重要作用。

第三节　完成市郊土地改革和其他民主改革

在支援抗美援朝战争的同时,从 1950 年冬到 1951 年 11 月,中共上海市委、市人民政府领导市郊农村进行了废除封建土地制度的改革,同时,领导其他各项民主改革在全市范围内深入展开。通过土地改革和在国营、私营工厂企业以及搬运、建筑、码头等八个方面的行业中有步骤地开展民主改革,改革旧的婚姻制度,整个社会面貌都发生了深刻变化,人民群众的主人翁意识和生产热情空前高涨,为恢复和发展国民经济创造了良好的群众基础和社会环境。

一、完成市郊土地改革

推行土地改革,把封建剥削的土地所有制改变为农民的土地所有制,从而解放农村的生产力,为国家工业化开辟道路,是新民主主义革命的历史任务和基本纲领之一。但在新中国成立时,全国约2/3的地区,尤其是华东、中南、西南、西北等新解放区和待解放区,封建土地所有制仍然严重地束缚着社会生产力的发展。为此,首先在新解放地区开展清匪反霸、减租退押,从斗争中建立农村基层政权和民兵组织,培养一批农民积极分子,为新区土地改革准备了条件。

1950年6月,中央人民政府委员会通过《中华人民共和国土地改革法(草案)》,作为指导新区土地改革的基本法律依据。随后,政务院相继制定和公布实施《农民协会组织通则》《人民法庭组织通则》《关于划分农村阶级成分的决定》等与之相配套的法规、政策。

按照《中华人民共和国土地改革法》等文件精神,中共上海市委于1950年12月制订《关于郊区土地改革的计划》,市人民政府亦于12月23日公布郊区实施土地改革的命令,成立郊区土地改革委员会,并结合上海郊区实际情况,有领导有步骤地推动市郊土地改革运动的开展。

在开展土地改革之前,上海市郊共有吴淞、江湾、新市、大场、真如、新泾、龙华、杨思、洋泾、高桥10个区,54个乡、7个镇、803个行政村、149个自然村,总人口82余万,其中纯农业人口12余万,约占14.6%;土地总面积76万余亩,其中农作面积49万余亩,约占64.5%[①]。虽然上海市郊人口不多、面积较小,但情况较为复杂,有三种不同性质的地区:其一为城市地区,如浦东东昌路。其二为远郊地区,面积占整个郊区的1/2,人口占1/2不到。其与苏南各县毗邻,土地关系与江南一般农村大致相同。其三为近郊地区,与上海市区密切相连,特点是地少人多,每个农业人口平均1亩土地;占有状况分散,除地主、富农和农民占有土地外,尚有银行、地产公司、土地经纪人、工厂企业、教堂、别墅、公所以及外国人占用的土地;土地关系和阶级关系复杂,地主兼营工商业和工商业者兼出租土地的情况较多,而一般农户的社会职业又多样化;农作物的商品率较高,但中间剥削严重,农民收入很低;土地投机现象普遍存在。

为取得经验以指导面上土地改革工作,中共上海市郊工委开始在远

① 《市委关于上海市郊区土地改革计划》,上海市档案馆藏档A71—1—35。

郊地区的新泾区诸翟乡和龙华区梅陇乡，近郊地区的江湾区江湾镇和吴淞区淞北乡开展试点。土地改革试点至1951年3月完成，为此后土地改革运动的全面展开检验了政策，积累了经验。

从1951年3月起，上海市人民政府先后颁布《上海市郊区土地改革实施办法》《上海市郊区土地改革中地主多余房屋处理办法》，市郊土地改革运动根据《中华人民共和国土地改革法》确定的“依靠贫农、雇农，团结中农，中立富农，有步骤有分别地消灭封建剥削制度，发展农业生产”的新解放区土地改革总路线要求，在市郊全面开展起来。

市郊土地改革共经过发动群众、划分阶级、没收和分配土地、复查总结等阶段。第一阶段是以召开农民代表会议、举办农民积极分子短训班等方式培养土改积极分子，通过他们发动群众，组织乡农民协会；并实地核实调研情况，挨家挨户登记土地、人口和财产等资料。第二阶段在群众基本发动起来以后，市郊各区根据《城市郊区土地改革工作条例》等规定，以人们对生产资料的占有和使用状况为依据，对农村人员划分阶级成分。为防止漏划、错划，划分过程严格掌握政策标准，先经村民小组会评议，然后通过农民协会召开村民大会，先民主评定地主、富农成分，再评定农民内部，自报公议，举手表决，逐个评定。最后张榜公布，做到三榜定案，民主公正。新泾区、龙华区土地占有者情况复杂，除雇农、贫农、中农、富农和地主外，还划分为地主兼自由职业者、工商业者兼地主、小土地出租者等其他成分。第三阶段是在乡农民协会的统一领导下，组织农民群众有秩序地没收地主的土地、耕畜、农具、多余的粮食，及其在农村中的多余房屋等五大财产，征收富农超出规定范围以上的出租土地，按照有关政策规定和分田标准，采取自报公议的办法，确定各户分田的亩数、地段及耕畜、农具等。第四阶段是在完成土地财产的分配工作之后，组织农民销毁封建性的旧地契，召开农民大会，颁发土地所有证，房屋所有证，宣布土地改革胜利结束。为使土地改革能够实事求是、准确无误，还对完成土改的地区及时进行复查。

在土地改革过程中，上海市委、市政府结合郊区土地关系和阶级关系比一般农村更为复杂的特点，在执行土改政策时特别注意严格区分地主、工商业者、富农、小土地出租者的界限；对近郊杂居的村镇的劳动人民阶级成分的划分，力求切实简便，以利基本群众内部的团结。在土地改革过程中，还建立广泛的城乡人民反封建的统一战线，市、区两级土地改革委员会中都有民主党派、各界人民代表参加，并先后组织大中学校教师、文艺工作者、各民主党派人士等1000多人分批参加土改工作队。

至1951年11月底，市郊土地改革工作基本完成。通过土地改革，废除了地主阶级封建剥削的土地所有制，共没收、征收土地18.41万余亩，其中农业土地17.39万亩；没收征收房屋8161间，还没收了地主的耕畜、农具和多余粮食等财产，分给无地、少地和缺乏生产资料的农民。受益的农民达25.5万人，占市郊农业人口的60%以上。

市郊土地改革解放了农村劳动生产力，农民的生产积极性和爱国热情明显提高。1952年的粮、棉产量都超过了抗战前的水平，水稻平均每亩单产225.2公斤，超过战前28.3%；棉花平均每亩单产48.58公斤，超过战前20%。同时也提高了农民的生产积极性和组织程度，从根本上改变农民在农村中的地位。农民积极响应政府号召，踊跃参加夜校、冬季教育识字班等，学文化、学政治，开展宣传及文化娱乐活动。

通过开展市郊土地改革，土地所有权归国家所有，也为上海的城市建设、工商业发展创造了条件。如在本市郊区土地改革中，据不完全统计，由于城市建设与工商业发展的需要而批准保留土地使用权的有105个单位（内包括工商业18户）计3300多亩，这对上海此后的经济建设和城市建设用地产生有利影响。

二、实行城市民主改革

以开展市郊农村土地改革运动为中心，中共中央还领导了一系列民主改革，首先是国营工矿企业的民主改革。

国营工厂的前身大多为官僚资本企业，在不少产业、行业内形成一套以由封建把头把持生产和管理的腐朽制度，许多工厂里的封建把头专事欺压工人，对工人实行各种盘剥。在接收这些官僚资本企业的过程中，这些企业的所有制性质发生根本变化，并通过派遣领导人员，改革领导机构，废除旧企业遗留下来的包工制、抄身制等，初步开展了民主改革。但以“拿摩温”制度[①]为代表的这些封建把头势力还来不及彻底清除，仍在施加影响，压制工人的政治热情和生产积极性，使工人当家作主的地位得不到充分体现，有些企业内部隐藏较深的反革命分子也没有得到彻底揭露。为了更好地发挥国营企业在经济建设中的领导作用，纯洁工人阶级队伍，加强工人的内部团结，必须对这些企业进行系统的清理和改革。

根据中共中央的部署，民主改革划分为民主斗争、民主团结和民主建设三个阶段。但由于上海的国营工厂已经过镇压反革命运动，初步清理了工厂中的封建恶霸和反革命分子，因此上海国营工厂的民主改革在报经中央批准后直接进入民主团结这一步。在中共中央华东局和上海市委的领导下，上海国营工厂企业的民主改革采取典型示范、分批推进的办法，于 1951 年 5 月开始在国营上海第一棉纺织厂和上海电机厂进行典型试验。9 月，指导全市国营企业民主改革的中共上海市工业委员会成立。中共上海市委作出《关于国营工厂中加强民主团结运动的指示》，在全市国营工厂中分批推开民主改革。

首先抓住废除“拿摩温”制度来开展阶级教育，进行思想政治动员，提高工人阶级主人翁意识。中共上海市委强调，民主团结运动是广大工人群众的政治自觉运动，因此必须采取耐心教育的方法去启发职工与工人的自觉，促进工人的团结。对于广大工人群众，主要是发动他们吐苦水、挖苦根，揭露和控诉旧社会欺压工人的罪行，关键是引导工人认清新社会与旧社会、人民企业与官僚资本主义企业、主人与奴隶、革命与反革命的界限，分析本厂所存在的问题，并从制度上提出解决与克服的办法。

其次是开展忠诚老实教育。由于在开展民主改革之前，全市的国营工厂企业已开展了镇压反革命运动，因此中共上海市委在政策上尤其注意分清矛盾性质，区别对待，有理有节。镇压反革命运动与民主团结运动虽然同是工厂中实行民主改革所不可缺少的步骤，但二者的性质是不

---

① “拿摩温”是英语 NO.1 的谐音，是管理工人的工头、领班的别称。始于外商企业，后在纺织以及某些轻工行业中普遍存在。他们不参加劳动，专门监视工人干活，并可以开除、处罚工人，因此滥用权力之事时有发生，甚至随意打骂、凌辱工人。夏衍的《包身工》里“拿摩温”多次出现，好似“野兽一般的铁的暴君”。

同的。前者是为了对付敌人，纯洁工人的队伍；而后者是为了调整内部关系，加强工人的团结。因此，对于有政治历史问题的人员，本着提高思想、忠诚坦白、弄清是非、加强团结的方针，采取大会示范，小会坦白的办法，启发他们放下思想包袱，自觉交代政治历史问题。对少数确是隐藏下来的敌人坚决加以清洗法办，但防止出现乱斗乱控诉的情况；对"拿摩温""领班"等则通过批评与自我批评启发其提高认识，严禁对其逼供信，防止牵涉个人生活细节和卷入无原则纠纷。

为正确开展民主团结运动，中共上海市委还明确规定，必须在每个工厂中建立一个以3—5人为核心的党委会，集中掌握对生产计划与民主团结运动的思想政策领导。一方面做到生产运动两不误，另一方面通过运动发现组织管理工作的问题，为进一步改革和建章立制做准备。运动中注意对大多数技术工人、技术人员、职员和专家的保护，帮助工人们认识到他们的技术和专长是企业发展的需要，他们的问题属于工人阶级的内部矛盾，在帮助他们提高觉悟后，这些技术人员、专家和工人团结起来，就成为促进企业生产发展不可缺少的中坚力量。

最后，在工人群众已基本发动起来、群众觉悟普遍提高的基础上，进行组织建设和制度改革，着手建立适应生产力发展需要的企业管理制度。主要是召开职工代表会议，建立或改选有工人代表参加的工厂管理委员会、治安保卫委员会等，并通过工会委员会、职工代表会议联系工人群众，发动和组织工人参加企业管理，使工厂真正成为工人阶级当家作主的新型企业。建立按劳取酬的新的工资制度，废除技师带班制度、"拿摩温"制度，建立生产小组长制度，形成厂长、副厂长、车间主任（技术员）、生产小组的组织体制。尤其是生产小组长由工人民主选举产生，对于推动工人形成主动关心生产业绩、自觉遵守劳动纪律的新气象产生了积极作用。如上棉一厂在建立生产小组制度后，工人们从过去半个月看一次生产图表，转变为天天去看；从过去一下班不少人急着脱去工作服，赶着洗澡、回家，转变为总要把布机上综头拉平，梭库加满才走。

上海国营工厂企业的民主改革分4批进行，共260家工厂、17.16万人参加，至1952年上半年结束。它的胜利完成，也为私营工厂企业的民主改革提供了宝贵经验。

上海的私营工厂企业的民主改革曾经同期进行过研究部署,1951年底计划在全市挑选74家工厂先行试点,后因为“五反”运动而被暂停。在“五反”运动胜利完成的基础上,中共上海市委决定在全市私营工厂企业、主要是职工30人以上的私营工厂企业中开展一次民主改革的补课。

经过新中国成立初期的各种运动,广大工人群众已经受到教育,各方面工作已有一定基础。但由于没有经过“三反”运动和系统的清理工作,私营工厂企业中的情况仍然较为复杂。一些隐藏在私营工厂企业中的反动党团骨干、逃亡地主、土匪、恶霸、特务以及反动会道门头子还未得到清理。据后来参加第一批民主改革的典型调查,有各类政治历史问题的占到职工总数的1/5。职工之间,尤其是工人与职员之间的长期隔阂尚未从根本上得到消除。工厂中某些不合理的制度尚未得到改革,许多私营工厂企业尚保留着“拿摩温”制度,严重束缚工人的生产积极性。私营工厂企业中党的工作基础也较为薄弱,全市30人以上的私营工厂企业共计2684家,其中有党、团组织的只占11.79%,无党有团组织的占31.27%,没有党、团组织而只有工会组织的占56.94%。这对于在私营工厂企业中充分发挥工人阶级的领导作用,搞好企业生产,实施对企业的监督构成了障碍。

上海私营工厂企业的民改补课于1952年7月正式开始。中共上海市委从市、区机关和基层工会抽调3000余名有群众工作经验的干部、公安干警和基层工会的积极分子组成工作队,一面开展轮训,一面整理和收集材料,同时在群众中进行政策宣传教育。7月底,中共上海市委专门成立私营工厂民主改革运动办公室,负责领导全市私营企业的民主改革。8月初,32个工作队进入第一批74家私营工厂企业进行民主改革补课的试点。

私营工厂企业民主改革补课的步骤与国营工厂大致相同,也经过发动准备、全面交代和民主建设三个阶段,但具体内容、方法和重点又各不相同。在发动准备阶段,先做好干部、积极分子的培训,同时召开职工代表会议和资本家会议,报告私营工厂民主改革补课的方针政策,向群众进行宣传教育。消除部分干部和群众关于民主改革就是“改工资”“改工时”“改‘拿摩温’”“斗职员”的错误认识；同时也打消资本家担心开展民主改革补课影响生产的顾虑。在全面交代阶段，先充分发动群众，通过回忆、对比、诉苦、控诉，进行自我教育，逐步提高工人的觉悟，从思想上划清主人与奴隶的界限、新社会与旧社会的界限、革命与反革命的界限。并明确了“忠诚老实、自觉交代、互相了解、加强团结”的原则和除经中共上海市委批准逮捕的现行犯外，一般都应坚持“不捕、不降职、不开除出厂”的政策。在民主建设阶段中，主要是以建党为中心，改革不合理的制度。通过劳资协商，取得资方同意后，宣布废除“拿摩温”制度；由群众提名，工会推荐，资方同意，选举生产组长；召开工人代表会议，改选工会基层委员会；选举劳资协商会议代表，加强劳资协商。

在私营工厂企业的民主改革补课中，一个显著特点是执行“反封建、不反资本”的方针，团结资方一起搞好民主改革。根据中共上海市委于 1952 年 10 月发布《关于加强私营工厂进行民主改革补课中统一战线工作的指示》，在工作队正式进厂开展运动前，一般都是经过协商并征得资方的同意。在民改过程中，也始终强调统战工作的重要性，强调争取资本家（或代理人）参加运动。在全市 2000 多家私营工厂企业中，有 1325 名资本家（或代理人）担任了工厂企业民主改革委员会的委员，包括永大染织厂经理、大隆机器厂厂长、绿宝金笔厂经理等。凡涉及企业民主改革的重要问题，都和他们共同讨论；涉及资方人事、财务、经营管理的“三权”问题，都经协商征得他们的同意后再实施。

首批 74 家私营工厂企业的民主改革历时一个半月，于 9 月中旬基本结束。此后，第二批私营工厂企业的民主改革扩大至 332 个单位，年内又分两批在 1800 余家私营工厂开展。至 1953 年 2 月，私营企业民主改革补课结束，共有 6200 多个私营工厂、33.3 万人参加，清理出反革命分子 1125 人。通过民主改革补课，职工的阶级觉悟和生产积极性明显提高。第一批参加民改补课的工厂企业，生产不仅未受影响，8 月平均产量比 7 月增加 5%—10%。用当时市工商联副主任刘靖基的话来说，“民主改革真是私营工厂的救星”。通过民主改革补课，还加强了私营工厂企业中党的力量。第一批开展民主改革补课典型试验的 74 家私营工厂将开展建党工作作为民主改革补课运动中最后也是最重要的一项任务，针对不同情况，提出不同要求，有计划地推动私营企业党组织发展。参加第一批试点的74家工厂企业原先有党组织或党员的仅51家，党员仅占职工总数的1.45%。经过民主改革补课，至1952年11月时，74家工厂企业已发展新党员767名，党员人数占职工总数的3.58%。还发展1044名团员，改选53个基层工会，进一步增强了这些私营企业中党、团组织和工人阶级的力量。

除国营、私营工厂企业的民主改革外，中共上海市委还在30人以下的小厂、商店、手工业、码头、建筑、民船、搬运及失业工人等八个方面继续进行民主改革。这八个方面从业人数众多，总人数约有100万；人员流动分散、政治情况复杂，其中绝大多数是劳动人民，但仍然混杂着为数不少的逃亡地主、土匪恶霸、散兵游勇及逃跑叛乱分子。许多行业特别是搬运、码头、建筑行业一中还保持着封建把头制度，这些封建把头平时滥用职权，为非作歹，扰乱正常工作和运动的开展，必须通过民主改革彻底改造，解决党的领导权问题。

八个方面民主改革的重点是搬运、码头、民船、建筑等行业。为此，中共上海市委于1953年4月对民主改革运动办公室作出调整，成立市委民主改革办公室，规定搬运、码头、民船、建筑等方面的民主改革，由市委分别成立民主改革委员会和办公室负责领导，另成立失业工人民主改革办公室。失业工人和搬运工人中三轮车、人力车、塌车、拖车、马车等工人的民主改革工作，则划交各区委负责领导。

为搞好八个方面的民主改革，从1953年5月开始，中共上海市委从公安机关和其他部门抽调了近万名干部组成民改工作队，首先在失业工人、民船和三轮车工人中进行试点，按照深入发动、忆苦控诉、民主建设三个阶段进行，取得经验后再在其他方面渐次展开。6月7日，中共上海市委发布《关于继续贯彻民主改革的指示》，对八个方面的民主改革提出具体指导。

八个方面民主改革工作的关键是自觉交代阶段能否交代“透”。因此，运动中坚持执行中共中央、华东局既定的民主改革方针政策，交代范围严格限于五个方面的反革命残余分子。按照中共上海市委在私营工厂民主改革中划分的四种类型，本着实事求是的精神和宽严相结合的政策，根据罪恶轻重、民愤大小、成分好坏、悔改表现等4个条件分别对待。交代一批，解放一批，争取多数，孤立、暴露隐藏的敌人，清理残余的反革命分子和封建把头。

至1953年11月，八个方面的民主改革运动基本结束。约有60万人参加，加上1954年以地区为主继续进行的民主改革运动，参加的职工总人数达92万。八个方面在运动中清查出的反革命分子占职工人数的比例是国营、私营企业的近3倍。

通过开展民主改革，基本搞清职工队伍的政治情况，纯洁职工队伍，一批在生产上有经验、在群众中有威信的工人和职员提拔到生产和行政岗位上来，使工人阶级队伍更加团结；废除企业中各种压迫工人的旧制度，建立起适合生产需要的民主管理制度，在企业中体现社会主义的新型生产关系，工人阶级主人翁意识和生产积极性进一步提高。这为此后加强党对工厂企业的领导和进行大规模经济建设打下了基础，也对维护上海社会秩序的安定，加强人民民主专政起到极为重要的作用。

三、改革旧的婚姻制度

在推进工厂企业民主改革的同时，改革封建婚姻制度，也是中国共产党推进民主改革和社会改造的又一个重要方面。为了废除封建的婚姻制度，1950年4月13日，中央人民政府委员会第七次会议审议通过《中华人民共和国婚姻法（草案）》。4月30日，毛泽东签发命令公布《中华人民共和国婚姻法》（下称《婚姻法》），自5月1日起施行。作为新中国成立后制定的第一部基本法律，《婚姻法》规定："废除包办强迫、男尊女卑、漠视子女利益的封建主义婚姻制度。实行男女婚姻自由、一夫一妻、男女权利平等、保护妇女和子女合法权益的新民主主义婚姻制度。"《婚姻法》的颁布实施，是在土地改革基础上进一步肃清封建残余和建立新的社会生活的一项重大社会改革，并为广大妇女摆脱封建婚姻制度压迫、投入革命和生产建设事业提供了法律上的保障。

中共中央高度重视《婚姻法》的贯彻执行，自《婚姻法》公布当日起，先后发出《关于保证执行婚姻法给全党的通知》《关于执行中华人民共和国婚姻法的通知》,要求各级党委和全体党员把保证《婚姻法》正确执行的宣传工作和组织工作,当作当前的和经常的重要工作任务之一。中央人民政府法制委员会随后作出《就有关婚姻法施行的若干问题的解答》,政务院和内务部、司法部也先后发出关于检查婚姻法执行情况的指示。

华东军政委员会、上海市人民政府于1950年5月19日发布关于开始执行《婚姻法》的政令。政令指出,《婚姻法》是普遍性仅次于宪法的国家根本大法之一,其涉及的人口比土地改革涉及的人口更广,《婚姻法》的贯彻对于新民主主义建设具有重大意义。上海作为中西文明的交汇地,尽管从20世纪20年代便开始在法律上确立婚姻自决权、寡妇再嫁权,但在婚姻观念上表现出多元化样态,如在上海的纺织工人中,从最封建的“指腹为婚”一直到最进步的“自主婚姻”都有。封建思想还占据统治地位,女性的地位没有得到足够的重视,女性的权益也没有得到足够的保护。为此,中共上海市委、市人民政府从宣传《婚姻法》、建立婚姻制度和解决婚姻问题三方面入手,积极开展宣传贯彻《婚姻法》运动。

在《婚姻法》颁布后,市民政局即成立婚姻登记小组,并拟定婚姻登记暂行办法初次草案,后根据中央指示,于1952年12月22日开始实行婚姻登记工作,登记机关由各区民政局负责,1955年为方便群众,婚姻登记下放到各街道办事处。婚姻登记制度的建立,使法律婚姻代替了事实婚姻,扭转了重传统礼仪轻法律程序的婚姻观念,也有利于保障婚姻当事人的合法权益。

从1950年5月下旬开始,上海市人民政府动员全市各机关、团体、学校,特别是上海市民主妇联、民政局、法院等各部门进行有计划的学习,以使一般干部能初步领会《婚姻法》的精神。市民主妇联在不到一年的时间内,通过召开各种妇女代表会议、定期讲座或训练班等形式展开宣传,听过《婚姻法》报告的里弄妇女有10万多人,全市有4万多妇女代表进行了系统学习。为进一步广泛宣传,1951年10月至12月,市民主妇联举办《婚姻法》宣传展览室,展出根据上海各市区真人真事编绘而成的连环画,并配有文字说明,描述妇女过去如何受压迫和虐待,

《婚姻法》颁布后如何得到翻身和自由的故事。为期两个月的展览颇受欢迎,平均每天观众达万人以上,总人数约66万之多。通过学习《婚姻法》,深受旧婚姻制度迫害的妇女们纷纷到市民主妇联、人民法院、人民政府要求保障自己在婚姻家庭中的合法权利。

由于经济社会发展不平衡,各地区贯彻实施《婚姻法》的情况也不平衡。针对这种情况,1952年11月和1953年2月,中共中央、中央人民政府政务院先后发出指示,要求各地在土地改革、镇压反革命等政治运动之后,开展一次贯彻《婚姻法》的运动。

根据中共中央的指示,上海市委、市政府以1953年3月为贯彻《婚姻法》运动月,并成立上海市贯彻《婚姻法》运动委员会。这次宣传从训练干部到摸底调查,再到重点试验、各级动员发动,在广度和深度上都有全面拓展。对《婚姻法》的宣传采用开会作报告、漫谈讨论的方式,先从领导机关干部和基层干部做起,进而发动群众,最后有重点地召开一些民主团结家庭会议,订立公约,树立榜样。上海市文化局、文联、影片公司以及群众团体采用电影、沪剧、话剧、评剧、历史剧等群众喜闻乐见的形式,如大型歌剧《为了幸福》、沪剧《罗汉钱》、评剧《小女婿》、历史剧《梁山伯与祝英台》等,积极配合《婚姻法》的宣传。全市各电影院先后上映有关影片,观众达41万余人次,流动电影放映队的观众有14.3万余人次。同时,报纸、《婚姻法》读物、广播等形式也得到积极利用,如《新闻日报》《文汇报》《家庭妇联》等以真人真事、法律解读、连环画、读者信箱等形式图文并茂地宣传《婚姻法》,从而使《婚姻法》真正家喻户晓、深入人心。

在宣传贯彻《婚姻法》过程中,上海市委、市政府把法律的宣传和婚姻问题的解决联系在一起,在日常的《婚姻法》宣传中,通过座谈会、报告会、家庭访问、诉苦会以及修订爱国公约等方式了解和处理群众的婚姻家庭问题。市民主妇联专门成立调解家庭纠纷的服务部,并同市人民法院、市民政局等共同配合,主持婚姻调解纠纷,同一些维护包办婚姻的顽固习惯势力和漠视妇女权利的错误行为作斗争。人民法院在处理较为复杂、严重且涉及妇女的案件时,一般都会邀请妇联派代表或由妇联主动争取参与陪审。对于重婚及一切野蛮虐待妇女的行为,则采取主动深入群众的办法，依照《婚姻法》区别犯罪时间和犯罪情况予以惩处，并对部分重点婚姻案件实行巡回调解。

通过宣传贯彻《婚姻法》，改革旧的婚姻制度，从根本上动摇了封建婚姻制度和旧有家庭关系的根基，也从根本上触动了旧的传统思想观念和伦理道德，在全社会逐步建立起新型婚姻家庭关系。人们的婚姻观念发生很大变化，自由恋爱、自主婚姻、新事新办的良好社会风气开始形成，一夫一妻、男女平等的原则得到越来越多人的拥护，尤其是广大妇女从封建落后的思想意识和陈规陋习的束缚中解放出来，真正获得了解放并提高了社会地位。

第四节　贯彻城市建设“两为”方针

上海解放后，中共上海市委、市人民政府在实现国民经济全面恢复和新生人民政权巩固的同时，也高度重视城市建设工作。1951 年 2 月，中共中央政治局扩大会议明确指出，“在城市建设计划中，应贯彻为生产、为工人服务的观点”①。4 月，市第二届第二次各界人民代表会议通过决议，正式将“为生产服务，为劳动人民服务，并且是首先是为工人服务”② 确立为市政建设的方针（简称“两为”方针）。在“两为”方针指导下，城市面貌和人民生活环境得到很大改善，广大市民对城市建设的热情空前高涨。

一、改造城市基础设施

旧上海的城市建设分割凌乱，畸形发展。主要市政设施随同华界、公共租界和法租界的划分，各自为政，而且水、电等公用事业大部分掌

① 《中共中央政治局扩大会议决议要点》（1951 年 2 月 18 日），中共中央文献研究室编：《毛泽东文集》第 6 卷，人民出版社 1999 年版，第 145 页。

② 《1951 年上海市工作任务》（1951 年 4 月 11 日），《解放日报》1951 年 4 月 19 日，第 1 版。

握在美、英、法等外商手中，布局上主要集中在商业繁华地带及高等住宅区，主要为少数人服务。劳动人民聚居区则普遍道路泥泞，缺水少电。由于年久失修和战争破坏，防汛、排水等设施残破，每逢雨后及潮汛，市区道路积水严重。

上海解放后，为恢复生产、支援前线和改善人民生活，市委、市政府一方面迅速组织力量扫除战争痕迹，恢复龙华、虹桥和大场等机场使用，拆除沙包、碉堡等防御工事，抢修桥梁、驳岸和重要道路。另一方面，全力做好市民吃水、用电、用气等基础服务保障工作。没收公用事业中的官僚资本为国营经济，加强对外商和民族资本企业的监督管理，防止怠工和破坏。通过贷款等方式帮助企业克服困难，恢复生产，增加供应。在沪东、闸北、南市和沪西的劳动人民聚居区加装公用给水站，改善几十上百户人家合用一个水龙头，甚至还饮河浜水的状况。

在财政资金极为有限情况下，市政府按照一般养护、重点改善原则，结合救济失业工人的工赈工程，积极推进市政建设。仅 1950 年就整修道路 247 万余平方米，疏通雨水沟管 63.2 万余米，疏浚大沟浜 16 条，新建和改建沟渠 2.3 万米①。解放前被称为“天宝河”的虹镇天宝路，经疏通沟渠，清捞窨井，整修路面，不仅克服了水患，便利了交通，还改进了卫生，受市民交口称赞。在水利方面，基本完成了浦东海塘永久性护岸工程，在吴淞海塘也择要修建了块石挡土墙或浆砌块石护坡，保障了浦东、吴淞等处的农田。在电力方面，受二六轰炸影响而下降的发电量逐步恢复并超过原有水平。

在增加生产的基础上逐步改善工人生活，是中共中央从七届二中全会开始就已基本明确的城市建设方针。1951 年初，中共中央多次发出通知，要求各地加强城市工作。根据中央要求，1951 年 4 月召开的市第二届第二次各界人民代表会议，正式将“为生产服务，为劳动人民服务，并且是首先是为工人服务”确立为市政建设方针。会议期间，60 余名代

① 《二届二次人代会议明确指出市政建设首先面向工人》，《文汇报》1951 年 5 月 1 日，第 15 版。

表为了解工人生活情况，组团调研了杨树浦的小木桥、东王家宅和普陀区的药水弄等工人集中居住区[①]。会议通过的决议要求有重点地修理和建设工人住宅，修建工厂区域的道路桥梁，改善下水道、饮水供给及环境卫生，改进工厂及工人居住区面貌。

到1951年9月，市第二届第二次各界人民代表会议已收到有关市政建设提案218件，占提案总数的28.8%[②]。为全面贯彻"两为"方针，市委、市政府于9月成立市政建设委员会[③]，归口管理工务局、公用局、地政局、市公共房屋管理处，代管上海港务局等部门，主要负责市政建设方针政策的拟定和建设计划的审核，以加强对市政建设的领导。根据财力、物力，当年选择以工人集中的普陀区为重点，开始修筑道路沟渠，增装公用设备，扩充文教卫生事业，整治城市面貌。

这一时期，改善城市劳动人民居住环境已成为城市建设中最迫切的问题。针对劳动人民聚居区缺乏市政公用设施的状况，通过改善饮水供给、埋管铺路、架设路灯、增设垃圾箱和公厕等，到1953年已基本实现全市劳动人民集中居住的棚户区环境的初步改善。"一五"计划时期，又将治理肇嘉浜污水沟作为城市建设方面重点解决的问题之一，从而拉开上海大规模填浜筑路的序幕。1954年10月，肇嘉浜改造工程正式启动，通过搬迁棚户、埋管填浜和筑路绿化，历时三年，将终年腥臭污秽的"上海龙须沟"肇嘉浜建成了兼具交通、排水、绿化等功能于一体的林荫大道。

同时，为绿化城市和满足广大人民生活需要，通过不断挖潜改造，因地制宜地建立和开放公园、广场、展馆、苗圃等。1951年8月，市军管会宣布收回跑马厅，之后将南部辟为人民广场，作为重大节日举行游行集会的场所，北部辟为人民公园，供市民休憩之用。1954年5月开建的中苏友好大厦（现上海展览中心），长时期内是上海政治、经济、文化活动中心和对外交流的窗口之一。这期间，还先后开放和辟建了复兴岛、华

① 《关于参观工人居住区的报告》，《文汇报》1951年4月17日，第2版。

② 《上海市政建设情况与今后努力的方向》，《解放日报》1951年9月20日，第2版。

③ 1955年撤销后，又先后成立市政建设办公室、市建设委员会、市基本建设委员会等承接有关职能。

山、海宁、莘庄、西郊、鲁迅、杨浦等公园，建设了龙华（现上海植物园）、共青（现共青森林公园）等苗圃。

为改变城市道路布局的不合理，特别沪西与沪东工业区、市郊与市中心之间缺少交通干道的状况，有计划、有重点地进行道路改辟建和桥梁建设。1951 年 7 月开建的蕰藻浜大桥，加强了市区和吴淞地区的交通。分别于 1951 年 5 月和 1954 年 8 月开建的长寿桥和武宁路桥，加上拓宽改建的平凉路、大连路、海宁路、天目路等，不仅改善了普陀区南北交通，而且形成经由普陀区穿越闸北区而至杨浦区的新干道系统，贯通沪东、沪西工业区，使车辆不再绕道市中心，减轻市中心交通负荷。建成宽敞平坦的人民大道，使其成为市中心东西向交通干道之一。打通西藏北路，使其成为自火车站通向市中的南北交通干道。建设跨越铁路线的共和新路旱桥①，方便人、车通行。通过裁弯取直建成穿越旧上海县城的河南南路，改善老城区交通路况。环绕市区的江湾、大场、真如、七宝、龙华等也都有向心式路线通向市内各中心区。

在公用事业方面，彻底摆脱对外商的依赖，通过征用外商经营的公用企业，对民族资本的公用企业实行公私合营，先后成立市级的自来水、煤气、公共汽车、出租汽车等专业公司，并不断优化管网路线、简化手续和改进服务以便利使用。如通过中山路环流工程，到 1955 年底，基本实现市区自来水主要环流管网的连通，同年 7 月 1 日起，由市自来水公司统一经营全市自来水业务，不仅实现市区自来水 24 小时统一调度，而且水质得到较好的保证。

二、建设工人新村

解放前的上海，虽在原租界地区建有不少高级公寓、花园住宅和新式里弄，但在沪东、闸北、南市和沪西地区还有大量旧式里弄、简屋、棚户和破烂不堪的“滚地龙”②。全市约有 100 万劳动人民居住环境脏乱，缺少基本的上下水、供电等设施。就全国而言，上海并不是唯一面对这

---

① 1995 年，建设南北高架路时拆除。

② 用毛竹、木片、芦苇、草席等搭建的草棚、简屋。

一问题的城市。有鉴于此，中共中央要求各地着手解决城市住房问题。1951 年 2 月，毛泽东就北京住房问题作出专门批示，并要求大城市“有计划地建筑新房，修理旧房，满足人民的需要”[①]。

上海市委、市政府把解决人民群众的住房问题作为一件大事来抓。1949 年下半年至 1950 年上半年，根据市委、市政府指示，市总工会、市公共房屋管理处、市劳动局和工务局等单位开始对市民居住情况展开全面调查。在此基础上，一方面尽可能投入部分建设资金，通过专业力量与群众自己动手相结合方式，改善棚户简屋区的居住条件，仅 1949 年到 1952 年就对 100 万平方米的危旧房进行了修缮[②]。另一方面，市工务局、公共房屋管理处等职能部门也提议开展新建住宅项目，并提出这些住宅建在距离工厂区不太远、又以近郊为宜的地方。

1950 年 10 月召开的市第二届第一次各界人民代表会议指出“目前情况已开始好转，必须照顾工人的待遇与福利”[③]，当年便有少数工厂、企业开始建造新住宅。1951 年 4 月市第二届第二次各界人民代表会议后，有重点地修理和建设工人住宅成为贯彻市政建设“两为”方针的重要内容之一。在资金、材料和施工力量还相对不足情况下，市委、市政府选定在工人集中、居住环境亟待改善的普陀区建设第一个工人新村——曹杨新村[④]。

曹杨新村工程于 1951 年 9 月正式启动，次年 5 月全面竣工，共建成二层楼房 48 幢，建筑面积超过 3 万平方米，可容纳 1002 户居民。在设计时吸收了英国、苏联等国的设计理念，作出具有一定开创性的设计，使房屋整体美观大方、经济实用。在分配过程中，充分体现为工人阶级服务、为劳动人民服务的原则。房屋被优先分配给先进工作者、老工人和

---

① 《大城市必须有计划的修建居民住房》(1951 年 2 月 18 日)，中共中央文献研究室编:《毛泽东文集》第 6 卷，人民出版社 1999 年版，第 148 页。

② 《当代中国》丛书编辑部:《当代中国的城市建设》，当代中国出版社 2020 年版，第 21 页。

③ 《第二届第一次各界人民代表会议开幕词》(1950 年 10 月 16 日)，《解放日报》1950 年 10 月 17 日，第 1 版。

④ 后更名为曹杨一村。

住房特别困难职工。经市政府同意，由市总工会牵头，会同市房屋管理处、市市政建设委员会、市劳动局以及华东纺织管理局、华东工业部等部门加上各个产业工会，共同组成曹杨新村房屋调配委员会。充分考虑公私企业、产业比例、通勤等因素后，最终来自普陀、江宁（后并入静安）、长宁三个区的千余名工人及其家属入住，其中劳动模范和先进工作者比例达总户数的34%，包括陆阿狗、杨富珍、裔式娟等。

以建设曹杨新村为开端，在北京、天津、武汉、沈阳等相继启动工人住宅建设项目背景下，市委、市政府酝酿继续扩大工人新村建设规模。1952年4月，市政府召开办公会议，正式提出兴建“二万户”工人住宅计划。随后成立由华东军政委员会和上海市组成的上海市工人住宅建筑委员会，协调市总工会、市财政经济委员会、市市政建设委员会以及华东纺织管理局、华东工业部等部门，共同推进建设工作。

“二万户”工人住宅工程的选址扩大到全市的九个基地，经四个月的筹备，于1952年8月全面动工。到1953年9月，“二万户”工人住宅工程全部竣工，共建成二层楼房1052幢，建筑面积超过55万平方米。“二万户”工人住宅总体分配原则与曹杨新村相同，分配对象仍以工人为主体①。

在兴建工人新村时，市委、市政府十分重视配套设施的同步规划和建设，不断完善新村周边的交通、绿化、供水供电等基础设施，以及学校、托儿所、医院、文化馆、影剧院、商店、菜场、邮局、银行等布局。通过一系列措施，不仅缓解了劳动人民的住房紧张问题，还提高了生活质量。由于配套健全，具备了一般城市的特征，曹杨新村被赞誉为新中国第一座工人住宅城市②。

曹杨新村和“二万户”是上海首批工人住宅项目。之后，市委、市

---

① “二万户”工人住宅后被划分为17个工人新村：一号基地为长白一村、二村；二号基地为控江一村、二村；三号基地为凤城新村（后更名为凤城一村）；四号基地为鞍山一村、二村；五号基地为甘泉一村、二村、三村；六号、七号基地为曹杨二村、三村、四村、五村、六村；八号基地为天山新村（后更名为天山一村）；九号基地为日晖新村（后更名日晖一村）。

② 《曹杨新村已成为新中国第一座工人住宅城市》，《文汇报》1953年4月11日，第1版。

政府继续推进大规模的住宅建设，不断对首批工人新村形成的住宅基地进行扩建，同时在全市新辟一批住宅基地。部分工厂、企业也开始自筹经费建造同类型的住宅，解决职工住房紧张问题，数量巨大。据统计，从1949年到1957年上海新建住宅建筑面积达330万平方米，初步解决了五六十万人的居住问题[①]。

建设工人新村等住宅项目，是市委、市政府改善民生的重要举措。在与过去的新旧对比中，广大市民特别是工人阶级有了强烈的翻身感和对人民政权的高度认同感，从而以主人翁的姿态，更大的工作热情投入人民城市的生产建设中去。

① 《日新月异的上海》,《文汇报》1957年8月8日,第1版。

第四章

思想文化和社会事业发展

上海解放后，为巩固新生政权，在中央和华东局领导下，成立专门机构领导文化建设，健全党自身的宣传体系，通过广泛建立对人民群众的宣传网等方式，结合党的中心工作，加强党的宣传思想工作。在新民主主义建设时期，宣传工作的任务和方针是运用马克思列宁主义、毛泽东思想来宣传教育群众，进行知识分子改造运动，开展改人改戏改制工作，初步展开各项文化事业的建设。根据中央的统一部署，上海按照关于发展民族的科学的大众的文化教育要求，开展教育科学文化卫生事业的改革，以满足人民群众文化卫生等方面的需要。

第一节　党的思想文化工作

中国人民革命的胜利，是马克思列宁主义在中国的胜利，是毛泽东思想的胜利。上海解放后，健全党自身的宣传体系，同时建立对人民群众的宣传网，结合党的中心工作，用宣传马克思列宁主义、毛泽东思想的任务和方针，来宣传教育群众，加强党的宣传思想工作。上海还在中央统一部署下，进行知识分子改造运动，开展改人改戏改制的戏曲改革运动，加强文化基础设施建设，各项文化事业初步展开。

一、宣传思想工作的开展

为了在执政条件下有系统地建立和加强党的宣传教育工作，加强党对宣传思想工作的统一领导，党中央要求迅速健全各级党的宣传机构，通过报纸、出版、广播、电影、学校及其他各种文化教育工具，经常地向各界人民宣传马克思列宁主义、毛泽东思想和党的各种主张，并规定了党的宣传部门在新闻出版、广播、文化艺术以及群众宣传、理论教育、学校教育等方面的领导责任。同时，在各级党组织发展不充分的情况下，探索对人民群众进行经常性宣传的工作机制。

上海解放后，市委宣传部与华东局宣传部合一办公，机构名称为中共中央华东局暨上海市委宣传部，成为华东地区和上海市宣传思想的统一领导机构。1949 年 8 月，华东宣传教育工作会议召开。会议总结了华东城市接管工作和群众宣传教育工作的情况与经验，并统一了华东宣传教育工作的方针和步骤，要求全面展开反帝反封建宣传，宣传教育工作要配合华东局提出的任务及建设新上海这一中心任务等。1950 年 3 月，中共中央华东局与上海市委机构分开，市委单独成立宣传部。市委宣传部根据中央、华东局与市委的指示，围绕党的中心任务，有计划地宣传马列主义理论与毛泽东思想，宣传国内外时事、党的政策、党员和人民群众的任务，指导文化艺术工作和学校教育工作，实现中央关于党内教育、时事政策、任务的宣传和一般思想、文化、教育工作的决定和指示，进一步加强对上海地区宣传思想工作的领导，根据形势和任务的变化开展宣传教育工作。4 月，华东第二次宣传教育会议举行，要求党委宣传部门适应新情况，迅速转到系统地进行党内外的思想斗争与教育工作的深入阶段，为即将到来的土地改革和将来的文化建设准备可能的条件和思想基础。

为了加强党的宣传思想工作，一个重要步骤是迅速控制掌握新闻出版、报纸广播等舆论工具。上海解放后，市委、市军管会在接管电台、新闻报纸、通讯社等机构的基础上，迅速成立上海人民广播电台，创办中共中央华东局和上海市委机关报《解放日报》、华东团工委和上海团工委机关报《青年报》、上海总工会（筹）机关报《劳动报》等，推动进步报纸《新民报》（晚刊）、《文汇报》《大公报》等先后复刊。这些报刊和电台围绕党的中心工作,向包括上海在内的华东地区积极宣传党和政府的方针、政策和主张,报道新中国的建设成就。为使中央决策准确下达,8月,华东局决定成立《解放日报》社论委员会,翌年10月又成立党报委员会,加强对新闻宣传的统一管理。

在加强党的宣传机构和宣传阵地建设的同时,市委开始建立面向人民群众的宣传网制度。根据中共中央于1951年1月1日发布的《关于在全党建立对人民群众的宣传网的决定》,市委制订《关于执行中央〈关于在全党建立对人民群众的宣传网的决定〉的计划》,把建立和发展对人民群众的经常性的宣传网作为这一时期党的宣传工作的主要任务,并制定把党的群众宣传工作经常化的具体措施,在党的各个支部设立宣传员,在党的各级领导机关设立报告员,并使之制度化。从3月起,全市各级党委结合抗美援朝、镇压反革命、土地改革等运动及各项中心工作,在党的基层组织、青年团的基层组织,在工厂、机关、企业和学校党支部,逐渐开始建立宣传网的工作。至1952年底,在全市范围内基本建成一支规模较大,覆盖机关、学校、工厂、街道、里弄等社会各个方面的宣传网。

宣传网在密切配合党的中心任务与经常工作的推进,开展群众宣传工作中发挥了积极的推动作用。宣传员在支部委员会的直接领导下,不仅积极宣传党的各项政策和措施,而且发挥党与人民群众的桥梁作用,宣传员通过会议、汇报、学习制度,经常将自己周围人民群众中的要求和意见反映给党的组织,使党的组织及时地掌握人民群众的思想反映,对于提高群众的政治觉悟、改善干部作风、加强党与人民群众的联系,都起到积极的推动作用。但随着党的基层组织不断健全和党自身宣传工作的逐步增强,市委于1956年底作出取消宣传网的决定,对人民群众的宣传机制由党自身的宣传体系所取代。

1951年5月,中国共产党第一次全国宣传工作会议召开。会议确定了党在这一时期思想宣传工作的方针和任务,推动了各级党的领导机关把向党内外进行马列主义、毛泽东思想的宣传教育当作一项重要任务,并和党的中心工作结合起来进行。根据会议部署,市委有组织、有计划地开展对马列主义、毛泽东思想的宣传。各级党委宣传部门都建立了理论教育处(科),配备专职理论干部;《解放日报》《文汇报》成立理论部，辟“理论专栏”，结合上海的政治形势和党的中心工作，定期刊载宣传、学习马克思主义理论的文章和报道。

中共中央华东局于10月初发出关于《毛泽东选集》出版的宣传办法，指示各级党委认真组织干部开展学习，在报纸上发表有关文章，并组织专门委员会有组织、有计划地领导这一工作。市委亦于10月6日召开常委会，对《毛泽东选集》的出版宣传工作作出具体部署。解放日报社同日即邀请上海文化、教育、学术界以及上海各大报刊负责人举行座谈会。会上一致认为，要将《毛泽东选集》的出版作为中国人民政治生活的一件大事，认真组织宣传和学习。1951年10月12日，《毛泽东选集》第一卷正式出版，成为当时社会政治生活中引人瞩目的一件大事，在干部群众中形成了学习毛泽东著作的热潮。当日，《解放日报》刊发《认真学习毛主席的著作》的社论，指出《毛泽东选集》的出版，对于指导我国人民民主革命继续巩固与发展，胜利实现社会主义与共产主义的伟大前途，有着极其重要的政治意义，并发出认真学习的号召，《文汇报》《新民晚报》及上海人民广播电台等媒体也积极开展宣传。由此，在干部和共产党员中，在青年、知识分子和各界人民群众中，形成学习毛泽东著作的高潮，发行首日全市售出和已预约购买《毛泽东选集》的就达3万册。12月初，中共中央华东局组织华东学习委员会领导学习《毛泽东选集》，在上海进一步掀起学习高潮。同时，上海电影制片厂通过影片的形式进行宣传，摄制《翠岗红旗》《上饶集中营》《南征北战》等优秀影片，纪念中国共产党成立30周年，宣传中国共产党的伟大历史。

在思想教育工作中，党要求结合抗美援朝、土地改革等实际斗争，帮助知识分子在政治上明辨是非、分清敌我，学会用科学的观点解释历史、政治、经济、文化及国际事务。由于这项工作内容关系到旧社会过来的人们特别是知识分子思想观念的转变问题，带有一定的复杂性，对党来说是一个新的课题，这在1951年对新上映电影《武训传》的讨论和批判中表现出来。

《武训传》是上海私营昆仑影业公司于1950年摄制完成的故事片，歌颂以“行乞兴学”著称并受到封建统治者表彰的“千古奇丐”武训。影片公映后，在报纸上出现了赞扬和批评两种意见。1951年5月

20 日，《人民日报》发表社论《应当重视电影〈武训传〉的讨论》，从如何评价武训这个历史人物，引申到如何看待中国近代历史和中国革命道路等带根本性问题。毛泽东在审阅和修改这篇社论时，特别批评一些共产党员号称学得了马克思主义，但是一遇到具体的历史事件、具体的历史人物（如像武训），具体的反历史的思想（如像电影《武训传》及其他关于武训的著作），“就丧失了批判的能力，有些人则竟至向这种反动思想投降”。社论被全国主要报刊转载，由此展开了对该电影及武训其人的批判。为此，中共中央华东局宣传部召集华东及上海宣教、影剧、新闻出版单位负责同志，决定在华东局宣传部和市委宣传领导下成立专门小组负责领导。5 月 22 日，市委发出指示，要求全体党员特别是党的宣传文教干部进行学习，并加强党委对文教思想工作的领导。关于《武训传》的讨论随即在全市展开，文教机关、团体进行学习讨论，并在报刊上发表文章，对该电影和武训其人开展批判。

把武训这样的具体历史人物摆在近代中国的历史条件下重新考察，帮助人们从中分清什么是人民民主革命、什么是资产阶级改良主义，以提高人们的认识是有必要的，周恩来也曾表示，讨论对事不对人，这是一个思想问题不是政治问题，主要目的是新解放区的知识分子认真学习、提高思想水平。但由于把问题提到政治上尖锐的程度，以致批判中出现过于片面、武断的情况。

党在过渡时期总路线确定后，党的宣传和思想教育方面的工作任务随之发生改变，转向用党在过渡时期的总路线和社会主义的思想来宣传教育全国人民。1954 年 5 月召开的中国共产党第二次全国宣传工作会议提出，当前的主要任务是进一步以马克思列宁主义的社会主义思想来教育全党和人民群众，动员全党和全国人民为实现党的过渡时期总路线，完成国家建设的第一个五年计划而斗争。

根据过渡时期党在思想路线上的任务，1954 年至 1955 年，党在思想文化领域领导组织了对资产阶级唯心主义思想的批判。这个批判最初由俞平伯在《红楼梦》研究中的观点引出，进而引申到同胡适派资产阶级唯心论的斗争。当时对上海乃至全国思想理论界产生重大影响的，还有对胡风文艺思想的批判。胡风是长期参加中国共产党领导的左翼文化运动的进步文艺理论家、诗人。对其文艺思想,进步文艺界中历来就有不同意见和批评。到 1955 年,针对胡风提出的改进文艺领导工作的意见书,批判运动猛烈展开,并且迅速发展为对“胡风反革命集团”的斗争,上海的一批文艺工作者(其中有中共党员和党外进步作家)遭受不公正的处理,造成错案①。思想文化领域,以马克思主义为指导清理和批判唯心主义等非马克思主义观点,是有必要的。这有助于党的各级干部和广大知识分子并经过他们使广大人民群众得到历史唯物主义的教育,学会在实际生活中去辨别和消除资产阶级思想的影响,更好地进行社会主义的各项工作。然而这种把文艺思想争论当作政治斗争来进行,特别是并没有经过核实证据就把胡风和同他有联系的文艺工作者当作“反革命集团”来斗争的做法,完全混淆了敌我、敌友的界限。这个历史教训值得深刻汲取。

二、知识分子思想改造运动

中国共产党历来重视发挥知识分子在革命中的作用。新中国成立后,进一步强调要改变中国经济文化的落后面貌,必须把知识分子团结在党和人民政府周围,充分利用他们的科学文化知识为新中国建设事业服务。中国知识分子的基本队伍是爱国的,其中一部分积极参加民主革命,大部分是同情革命、拥护人民政权的。

为此,市委、市人民政府在解放之初就对从旧社会过来的知识分子采取全部“包下来”的政策,使他们绝大多数继续从事教育、文化、科学、技术等工作,以用其长;对知识分子的代表人物给以适当的社会政治地位,通过他们联系和团结各行各业的知识分子,共同建设新国家。市委还根据中央的部署,积极争取留居国外的学者和留学生回国,帮助他们实现为国效力的夙愿。1949 年 12 月 6 日,政务院文化教育委员会成立办理留学生回国事务委员会,统一办理留学生及学者回国事宜。根据政

---

① 1980 年 9 月 29 日,中共中央批转公安部、最高人民检察院、最高人民法院党组《关于“胡风反革命集团”案件的复查报告》,指出:“胡风反革命集团”案件是一件错案,是在当时历史条件下,混淆了两类不同性质的矛盾,决定凡是定为“胡风反革命集团分子”的,一律改正,恢复名誉。

务院指示，上海于1950年6月和1956年3月分别成立市人民政府文化教育委员会办理留学生回国事务委员会上海分会和争取还在资本主义国家留学生回国工作联合小组，作为上海市开展争取留学生回国工作的专门机构。经过党有组织的全面动员和宣传，迅速形成了海外学子回国参加社会主义建设的回归潮。截至1957年7月，约有301名海外留学人员毅然放弃在国外的优裕条件，分别从美国、英国、法国、日本等资本主义国家回到上海参加建设。这集中体现了广大知识分子的爱国热忱。

但在新中国成立初期，许多人对新的社会事物不了解、不熟悉，为了让更多的人深入地了解革命，了解共产党，了解新社会，有必要进行思想改造以适应形势的巨大发展和变化。

1951年9月，应北京大学校长马寅初的邀请，周恩来向参加京津两市高校教师学习会的3000余名教师作《关于知识分子的改造问题》的报告，推动了北京、天津知识分子学习和思想改造的进程。10月，毛泽东在全国政协一届三次会议上指出："思想改造，首先是各种知识分子的思想改造，是我国在各方面彻底实现民主改革和逐步实现民主改革和逐步实现工业化的重要条件之一。"随即将知识分子的思想改造运动推广到社会各界。

1951年11月，华东军政委员会第四次全体会议通过《关于华东地区广泛地开展思想改造运动》的决议，包括上海在内的华东地区的知识分子思想改造运动由此揭开序幕。12月，为了更好地领导思想改造运动，华东文化教育委员会成立华东学习委员会，下设全区性的高教界分会，文艺、中小社教、新闻出版、医药卫生等，则以省市为范围，设立地方性的学习机构。同月，上海市第二届第三次各界人民代表会议提出，在1952年要系统地以马克思列宁主义及其与中国革命实践相结合的毛泽东思想教育全市人民，并且要首先在各知识分子和工商界人士中有计划有领导地开展广泛的深入的思想改造运动。上海市不设地方性的总的学习机构，高教界和中科院系统的思想改造运动由华东学习委员会、华东局宣传部和中共上海市高等学校工作委员会共同领导。上海的中小学、文艺、新闻出版、医药卫生等系统的思想改造运动则由市委宣传部和华东学习委员会上海中等教育等各分会领导。

华东学习委员会成立后，决定首先在各界高级知识分子中开展思想改造运动，在高级知识分子中又以高等学校的教职员为重点，其次是文艺工作者，高中以上学生也参加运动。1952 年 1 月，上海市高等学校干部、教师大会上对开展知识分子思想改造问题的进行动员，还邀请马寅初介绍了北京大学开展“三反”和思想改造运动的经验。随后，上海的知识分子思想改造运动分期分批正式开始。

上海教育界的思想改造运动率先启动。为加强对学校思想改造运动的领导，华东学习委员会强调了运动的重点、原则和方法等。思想改造首先是一次学习运动，通过学习有关文件，了解国内外形势和党的各项政策，组织参观展览会或工厂、农村等方式，帮助知识分子提高政治觉悟，站稳革命立场，划清革命与反革命的界限，提高爱国主义思想；批判资产阶级和小资产阶级思想，划清工人阶级与资产阶级思想的界限，初步树立工人阶级思想的领导地位。思想改造运动还要与“三反”运动密切配合，从“三反”运动入手，而又以思想改造为主；有领导地充分发扬民主，放手发动群众，展开群众性的批评与自我批评，每个人进行严肃的、全面的、系统的检讨；以马列主义、毛泽东思想为标准，对有代表性的错误思想集中进行严格的批判；坚持“团结、争取、教育、改造”的方针政策，贯彻治病救人、与人为善的基本精神，动员知识分子结合个人经历，忠诚老实，自觉交代，主动讲清政治历史问题。

考虑到华东地区学校数量较多，华东学习委员会决定按照先高等学校，后中学、小学；先公立学校，后私立学校；先重点学校，后一般学校的步骤，点面结合，分批推进，逐步开展。华东学习委员会还抽调大批干部，经过训练，派赴各高等学校推动学习，其中上海成为华东学习委员会的工作重点，仅上海就派出干部 355 人。从 2 月底 3 月初至暑假结束，上海先后有交大、复旦、同济、华东师大、上海医学院等 26 所高校分三批开展思想改造运动。通过运动的开展，使师生员工深刻地认识到祖国与个人前途的无限光明以及党与政府对知识分子的关怀、爱护和温暖，把做一个工人阶级知识分子作为自己努力奋斗的目标。通过这一运动，不仅保证了高校各项工作的顺利完成，为此后教学改革、祖国建设和国家工业化准备了必要的条件；也促进了高校党、团组织的发展，据运动结束后不久的统计，26 所高校申请入团者 4547 人，发展团员 3046 人；第一批开展思想改造运动的交大、复旦等 5 所高校申请入党者 417 人，发展党员 56 人。

由于上海中等学校尚未开展系统的教育，部分学校教职工队伍鱼龙混杂，思想较为复杂，党、团组织力量薄弱。为了更好地推进中等学校的思想改造运动，于 1952 年 6 月 15 日至 7 月 15 日举办一期骨干培训班，以取得经验、培养骨干。从 7 月下旬开始，第一批 232 所中学进行思想改造。经过 50 多天的集中学习，广大教职工深刻认识到中国共产党的伟大以及光明的前景。其余学校分两批进行，至 1953 年 3 月，全市 314 所中等学校教职员工的思想改造运动全部结束。

在教育界开展思想改造运动的带动下，科研界、文艺界和新闻出版界的思想改造学习陆续展开。从 1952 年 4 月 28 日开始，中国科学院在上海各科研单位的 247 名科技人员开展思想改造学习。通过批判过去科学研究工作脱离国家建设需要的学院式研究、盲目崇拜帝国主义国家的先进科学技术以及科研人员之间的宗派主义思想和作风，使科技人员认识到新中国的科学研究工作应该为国家经济建设服务，为工农兵服务，对帝国主义国家先进科学技术要虚心学习，但不能盲目崇拜，而要批判地吸收；科技人员之间团结协作的精神和积极工作的风气也得到加强。

文艺界整风运动从 1952 年 5 月正式开始。早在 1951 年 11 月北京大学文艺整风开始后，上海文艺界党员负责干部已先后在党内检查自己的文艺思想，基本取得一致意见，为文艺整风做准备。5 月 22 日，华东暨上海文艺界学习动员大会召开。会议号召文艺工作者要认识改造思想的重要性，发扬上海革命文艺队伍的光荣传统，把文艺工作大大向前推进，以适应上海解放以来突飞猛进的新形势。次日，上海文艺界 100 余人举行座谈会，纪念毛泽东《在延安文艺座谈会上的讲话》发表 10 周年。陈毅在会上号召全市文艺工作者投入火热的斗争，清算一切非工人阶级思想，改造自己，在整风运动中本着自觉自愿的原则认真检查自己的思想和工作，肝胆相照，互助互勉，使文艺整风运动后整个华东和上海文艺界面貌焕然一新，产生更多更好的作品。上海文艺界整风运动至7月16日结束，全市（包括华东机关及所属在上海单位）共有1372人参加整风学习。经过文艺整风，在广大文艺工作者中确立以工人阶级思想为唯一领导思想、以工农兵为主要服务对象的观念。一些文艺工作者还通过下乡下厂，体验生活，为创作出更多优秀作品准备了条件，上海的文艺界面貌焕然一新。

上海新闻界的思想改造运动从1952年8月21日开始，至10月21日基本结束，历时2个月。经过这次运动，在办报思想上的形式主义、营业第一、广告第一等，在个人思想作风上的个人主义、自由主义、名利思想等缺点错误，都受到严肃批判。长期存在而没有解决的报纸性质、为谁服务、经营方针等问题，通过学习基本上得到解决。根据原定计划，运动后《大公报》迁往天津，与《进步日报》合并；《亦报》11月底停刊；英文报《上海新闻》也于年底停刊。11月10日，市委统战部邀请上海私营及公私合营各报的14位负责人举行座谈，听取大家对新闻界思想改造学习的意见，大家普遍对这次思想改造运动给予了肯定。为了巩固成绩，1953年1月10日，市委发出《关于上海新闻界思想改造运动后加强领导问题的通知》，决定成立新闻协会党组，加强对报纸的领导。

上海医药卫生人员、小学教师等的思想改造运动没有采取像高校、中学等集中时间搞运动的办法进行，而以团结为主，以正面教育为主，通过组织人员积极参加业务实践，并辅以法规、制度的引导、制约，在工作中进行教育、改造。

上海的知识分子思想改造运动至1952年底基本结束，共有超34万名高等学校教职员工、大学生及中等学校教职员工以及文艺界、科技界、新闻出版界人士参加了运动。这次运动贯彻了中央关于“思想改造运动必须是一个严肃的、自觉的、批评与自我批评的、群众性的思想改造运动”的方针和争取团结、教育、改造知识分子的政策，以及思想批判从严、组织处理从宽的原则。由于对如何正确解决人们思想观念转变中的问题缺乏经验，知识分子思想改造工作中存在着思想批评中有些问题是非界限不清，有些地方做法上比较简单、粗糙，有的单位采取群众斗争的方法解决思想问题，伤害了一部分愿意为人民服务的知识分子的感情等缺点。但总体来说，在新旧社会转换时期，这项工作适应了知识分子，也符合国家建设需要大量知识分子贡献力量的要求,对知识分子自我教育和自我改造的效果是积极的,帮助大多数从旧社会过来的知识分子清除思想上残存的帝国主义、封建买办阶级的影响,掌握马克思主义基础知识,由民族的、爱国的立场前进到人民的立场,跟上时代的要求,为发展新中国的教育、科学、文化事业贡献自己的知识和才智,更有效地为国家建设服务。

三、改人改戏改制

解放前的上海戏曲剧场、剧种、演出团体和从业人员都具有相当大的规模,全市共有 118 家剧场游艺场和书场,京剧、越剧、沪剧等 22 个剧种、约 7000 名戏曲工作者活跃其间,在全国也有相当大的影响力。但同时在队伍、制度、剧目、作风等方面,也沾染许多旧意识和不良习气。为使传统的戏曲能够适应解放后建设社会主义新文化和人民群众精神生活的新要求,必须对其全面改革。早在 1948 年 11 月 23 日,华北解放区《人民日报》就发表《有计划有步骤地进行旧剧改革工作》的社论,提出如何正确对待和改革旧剧的问题,1949 年 7 月召开的全国第一次文代会明确提出"改造旧剧"的任务。

为顺利推动戏曲改革,市军管会于上海解放当日就在文化教育委员会文艺处设立执行戏曲改革的机构——剧艺室,遵循有计划有步骤地改革戏曲,使之"推陈出新"的方针政策,开展上海的戏曲改革。1950 年 3 月,上海市人民政府文化局成立。5 月,华东军政委员会文化部成立,设戏曲改进处。8 月,华东戏曲改革工作干部会议召开,确定以上海为重点,推动整个华东的戏改工作。9 月,上海市人民政府文化局将原文艺处戏曲改进室改为戏曲改进处。1951 年 3 月,在全国戏曲工作会议"继承戏曲遗产,革新戏曲艺术"精神的指导下,华东戏曲研究院成立,专门从事对华东戏曲的调查、研究、改进以及培养下一代的工作。由此,组建起从中央到华东军政委员会文化部,再到市文化局等较为完善的组织领导机构,确保了上海戏曲改革工作的组织落实,使党的戏曲方针政策能迅速贯彻到基层工作中。

1951 年 4 月 3 日,毛泽东题赠新成立的中国戏曲研究院"百花齐放，推陈出新”八个字，成为发展戏曲艺术的总方针。5 月 5 日，中央人民政府政务院发布《关于戏曲改革工作的指示》，即“五五指示”。该指示将“百花齐放，推陈出新”方针具体化，提出改戏、改人、改制的目标，成为相当一个历史时期国家戏曲改革的指导文件。遵循“五五指示”以及“稳步前进、量力而行”“推陈出新”“团结艺人、依靠艺人”等方针，以改人、改戏、改制为主要内容的上海戏曲改革全面展开。

改人是戏曲改革的基础，是改戏和改制的前提和准备，因此上海戏曲改革首先从改人开始。上海一方面开设班级，组织戏曲从业人员集中学习政治或业务，或在剧团内组织各种学习小组，进行政治启蒙教育；另一方面将艺人们组织起来，使其参加各种政治运动，从实践中去体验和感悟，不断提高思想觉悟，提升艺术水平，成长为社会主义新戏曲人才。1949 年至 1951 年，上海市军管会连续举办三届戏曲研究班及专门的戏曲编导学习班，使各剧种的主要演员和编导解决“过去为谁演戏，今后为谁演戏，怎样演戏”的问题，初步建立为人民群众，首先为工农兵服务的人生观和艺术观。除短期的集中学习之外，还运用政治课、识字班、座谈会，在每个剧团设立学习小组、大组等方式，组织艺人开展经常性的学习，既学文化又学政治。此外，市文化局先后举办戏曲院业前台负责人、街头艺人和游乐场艺人等学习班，进行政治思想教育和培养。至此，上海绝大部分戏曲从业人员都经过了专门的政治学习和业务学习。

为了将艺人们有效组织起来，参加学习和政治运动，上海于 1950 年筹建戏曲界的统一组织——戏曲改进协会，其统一领导的 16 个剧种的改进协会将极大部分的艺人组织进来，同时推动各剧种艺人参加文艺工会。组织起来的广大艺人在接受教育的同时，积极投身抗美援朝运动、镇压反革命运动、土地改革、治理淮河和工厂民主改革等实践活动，推动思想认识转变，逐步树立为人民服务的价值观，并以满腔的热忱投入戏曲改革事业中去。

改戏是上海戏曲改革的中心，主要是清除戏曲剧本和戏曲舞台上的不良因素，对传统剧目存其精华、弃其糟粕，同时新编反映现实题材的剧目。在开展改戏工作中，上海对旧戏从澄清舞台形象入手，致力于舞台演出的"净化"工作。但同部分地区通过行政权力大规模禁戏不同,上海并未采取一刀切式禁演的方式,而是围绕革除庸俗落后的表演方法,取消丑恶、野蛮、恐怖的舞台形象,改革旧戏曲舞台陋习三方面进行改革,净化舞台环境。

此外,采取边演边整理的方式,发掘整理传统剧目,鼓励创作新编剧目。1951年上海市文化局戏改处专门设立创作研究室,进一步提高戏曲改革的质量,派干部到各个剧场中帮助编导、艺人改编或创作新的戏曲作品。当年还组建戏曲评论工作者联谊会,将散漫的戏评工作者组织起来,予以政治思想和方针政策的具体领导。1953年召开三次创作演出会议,此后每年都举行此类会议,还成立传统剧目整理委员会,发掘整理传统剧目。

上海的改戏取得丰硕成果。在1952年全国第一届戏曲观摩演出和1954年华东戏曲观摩演出中,上海的越剧《梁山伯与祝英台》《西厢记》《春香传》、沪剧《罗汉钱》、京剧《黑旋风李逵》《秦香莲》、淮剧《王贵与李香香》等获得剧本奖。越剧《梁祝》还被拍摄成中国第一部彩色戏曲艺术片,受到国际关注。

改制作为实现改人和改戏的保证,主要针对上海戏曲界遗留的旧社会的制度、习气、工作方法等全面展开。重点就是进行国营剧团的组建。1950年至1953年,上海根据"五五指示"精神先后在越剧、京剧、杂技、评弹、沪剧、淮剧等剧种中组建国营剧团,发挥其在创作新戏和改革旧剧中的领导和示范作用。在参加全国戏曲观摩演出和华东观摩演出等活动时,国营院团的剧目不论从数量和质量上都占有绝对的优势。部分剧目成为中国戏曲历史上的经典,传承演出至今。

在上海戏曲改革中,对于民间职业剧团的规范和管理是其中较为复杂的一项工作。民间职业剧团在上海戏曲舞台起着重要作用,但其发展缺乏规范管理,为此上海市文化局于1951年8月出台《上海市人民政府管理私营戏曲职业社团的临时登记办法》,对民间职业剧团进行临时登记工作。随后,根据中央文化部关于在各地进行民间职业剧团登记工作的指示要求,上海于1955年制定《上海民间职业剧团管理办法》和《上海市文化局民间职业剧团登记工作计划》,开始全面的民间职业剧团的登记工作。这项工作于 1956 年 1 月 7 日基本结束,前后共批准国营剧团 85 个、民办公助剧团 26 个。这些剧团有一定艺术素养的艺人,保留有极丰富的优秀传统剧目,是上海戏剧界一支强大的队伍,是上海人民生活中不可缺少的力量。

戏曲改革还包括在剧团内部进行分配制度的改革。解放以后许多艺人仍受到老板的剥削,分配制度无法和政治上翻身相匹配。1952 年,国家对工作人员的工资报酬制度进行改革,统一以工资分作为原供给制和薪金制的工资标准,上海市文化局所属的国家经营的文艺、图书、博物等单位均列入改革范围,剧团分配制度改革进一步科学化。1956 年 7 月,国务院对国家工资制度实行根本的改革,上海市全民所有制文化单位均属改革范围。经过分配制度的改革,全市大多数剧团都建立了公积金、公益金、公蓄金、奖励金“四金”制度。这一改革有效调动了绝大部分艺人特别是国营剧团艺人的工作积极性,对于上海戏曲改革的进行和戏曲事业的繁荣起到了重要作用。

此外,还开展影院、剧场、书场、游乐场和剧团的民主改革。通过开展正面教育、新旧社会对比教育、忠诚老实教育、民主团结教育和进行组织建设,废除了旧社会遗留下来的封建剥削制度的残余,提高文艺队伍的思想觉悟,增强艺人们的团结和工作积极性。

通过改人、改戏、改制,广大艺人得到政治上的教育,政治热情被激发,积极投入到创作新的戏剧艺术的热潮中;传统剧目得以整理和传承,新的优秀剧目不断涌现;国营剧团的组建和民间职业剧团的规范管理,为提高演出质量、创作艺术精品提供了保证。上海舞台的面貌发生很大变化,焕然一新的舞台形象得到广大观众的认可,这不仅丰富了人们的精神生活,更推动了戏曲艺术自身的发展。

四、文化建设事业的初步展开

上海解放后,上海市军管会对电台、出版业、通讯社、报纸、电影等文化系统进行系统的接管和改造,初步构建起党领导下发展社会主义文化事业的组织构架,为接管后发展社会主义文化事业奠定了重要基础。依据中央的文化艺术政策,贯彻文化艺术为生产服务、为工人阶级服务的方针，上海的文化建设事业初步展开。

艺术事业方面，大力发展工人文艺。上海解放后，各种解放区的文艺节目和文艺样式传入上海，令人耳目一新，为上海工人文娱活动从内容到样式都注入新的元素。1949 年 7 月起，市军管会文艺处先后派遣上总文工团、音协上海分会、美协上海分会等专业文艺团体和组织下厂，帮助工厂建立起各类文艺组织，辅导工人开展各类文艺活动。由此，上海许多工厂企业开始建立起自己的文工团、剧团、腰鼓队和乐队等文娱活动组织，在配合政治宣传与生产等方面起了相当大的作用。1950 年 7 月上海市第一次文代会后，上海成立工人文艺工作委员会，举办全市性的群众歌咏比赛、工人戏剧观摩演出、工人红五月美术展览、中等以上学校学生文艺会演等；开办各种文艺讲座和训练班，激励工人创作，培养出一批工人文艺的爱好者和积极分子；在美术创作领域，广受群众喜爱的连环画、年画和漫画等也得到推进。

电影事业方面，上海市军管会在上海解放后立即接管中央电影企业公司及其所属电影制片厂，并从全国调集大批技术、艺术人才和设备，于 1949 年 11 月成立国营上海电影制片厂。同时对集中在上海的私营电影公司进行指导和帮助，1951 年 9 月，昆仑影业公司与长江电影制片厂合并，成立公私合营长江昆仑联合电影制片厂。上海市人民政府还批准成立电影文学研究所，约请作家编写电影剧本，解决剧本短缺问题，并通过提供剧本，对私营和公私合营的电影企业起导向和支持作用。根据 1951 年 12 月市二届三次各界人代会议上所提出的“加强电影事业的领导，对电影从业人员进行有计划的培养与改造”的要求，1952 年 1 月，以公私合营长江昆仑联合电影制片厂为基础，并吸收八家私营电影企业，成立国营上海联合电影制片厂。次年 2 月，上海电影制片厂与上海联合电影制片厂合并为新的上海电影制片厂。由此，上海电影率先在全国完成全行业国有化的进程。与此同时，随着上海科学教育电影制片厂、上海美术电影制片厂和上海电影译制厂的相继成立，上海电影从解放前的单一故事片，发展成故事片、科教片、美术片和译制片俱全的综合性电影生产基地，承担起新中国电影“半壁江山”的重任。

出版事业方面，为加强对出版事业的领导和管理，国营的上海人民出版社、上海人民美术出版社、劳动出版社、华东青年出版社，公私合营的上海联合出版社、新文艺出版社、少年儿童出版社、新知识出版社陆续成立。针对解放初期全市出版行业混乱无序的局面，从 1950 年开始，上海市人民政府根据政务院《关于改进和发展全国出版事业的指示》《管理书刊出版业、印刷业、发行业暂行条例》，按照“出版分工，发行统一”的原则，逐步推进对私营出版、印刷、发行企业的合理分工和全面整顿工作。安排私营大出版社确定专业出版方向，安排私营小出版社在自愿原则下合作经营，在全市迅速完成国营新华书店各级分支店的统一经营，同时对私营企业进行核准登记，实施许可证制度，推动出版事业朝着有利于社会主义的方向健康发展。

在文化设施和艺术培养事业方面，上海市文化主管部门按系统、按地区筹组上海市工人文化宫、青年宫、少年宫、群众艺术馆和各区、县群众文艺活动中心；并对原有文化娱乐场所和部分建筑进行改造、利用，在原逸园跑狗场旧址上扩建大型文化活动场所——文化广场，将原跑马总会办公楼改作上海图书馆，将仙乐舞厅改建为仙乐书场（1963 年再改建为木偶剧场），原棉布交易所改建为上海自然博物馆；已停业的康乐酒家改建为上海美术展览馆，南京大戏院改建为上海音乐厅，至 1956 年全市演出场所达 317 处。为培养艺术人才和提高群众艺术水平，文化部门与教育部门相配合，在院系调整中筹建上海戏剧学院、上海音乐学院，创办上海市戏曲学校等艺术院校，各区、县文化部门和各文艺单位还开设各类学馆、训练班及业余艺术教育组织，提高群众的业余艺术水平。由此，上海市构建起整体布局比较合理的文化艺术事业框架，适应了社会主义的经济发展和人民的文化生活需要。

总的来说，这一时期上海的文化事业在“为工农兵服务、为社会主义服务”的方向指引下，努力贯彻“百花齐放，推陈出新”“古为今用，洋为中用”的方针，在实现革命化、大众化、民族化和保持、发扬区域特色等方面取得了显著成绩，丰富人民群众的文化生活。上海文化事业还开展广泛的地区或者跨国艺术交流，促进了与各地区、各国人民之间的友谊，也使上海文艺工作者开阔眼界，汲取养料，提高了艺术素养和鉴赏水平。

第二节　教育科技卫生事业的起步

解放后,上海的教育和科技事业获得了新生。接管官办教育和科研机构,作为新中国教育科技事业的基础,经过高等院校院系调整及科研机构的调整和扩充,上海的科技事业开始新的起步。通过对医疗卫生机构的调整,深入开展以除害灭病为中心的爱国卫生运动等,城乡卫生面貌得到极大的改观。

一、高等院校院系调整

随着人民民主制度的建立及由此带来的社会变革,愚昧的落后的观念、文化受到扫除,科学的进步的世界观、历史观、人生观在广大人民中间逐渐被接受。按照《共同纲领》关于发展民族的科学的大众的文化教育的要求,党和政府有步骤地对旧有教育文化事业进行改革,争取和鼓励知识分子为人民服务,使学校教育制度与思想文化建设适应新旧社会的转换,有利于推进生产事业的恢复和发展。对旧有教育制度的改革,主要从两个方面进行:一是使教育事业从过去掌握在少数人的手里,转向为广大劳动人民服务;二是使教育事业从过去脱离实际,脱离生产,转向为恢复和发展国家的生产事业服务。党强调对旧有教育事业,不能采取像摧毁反动政权机构那样的做法,而应采取先妥善接收,再逐步改革的谨慎政策。

按照党和国家对旧有教育制度改革的要求,上海市军管会对原国民党政府办的国立和市立学校、研究院等,一律实行接管,各学校的教职员,除极为反动的个别分子听候处理之外,按照原职原薪继续工作;对私立学校,一律维持原状,学校工作照常进行。这样,既维护了学校的教学秩序和一大批知识分子的思想稳定,又尊重了教育的传承性。这个政策受到学校教职员和社会各界的拥护和支持。在接收学校后,废除原有法西斯式的训导制度、特务统治和反动的政治教育,建立革命的政治的教育,增设政治经济学、新民主主义论、社会发展史等课程,使马克思列宁主义、毛泽东思想的教育进入学校。通过将原有教育事业完整地回到人民手中,为建设新中国的教育事业创造了基础条件。1949 年暑期,全市共有 47 所高校,其中原公立 14 所,私立 27 所,教会 6 所。在 1950 年 3 月华东军政委员会教育部正式成立后,上海高校均移归该部管理。

1949 年 12 月 23 日至 31 日,教育部召开第一次全国教育工作会议,确定了逐步改革旧教育的方针、步骤和发展新教育的方向。会议强调,教育必须为国家建设服务;教育应着重为工农服务;普及与提高正确结合,在相当长的时期内以普及为主。全国开始有步骤地、谨慎地对旧有教育制度进行改革。

解放初,上海群众很多属于文盲、半文盲,其中职工中的文盲、半文盲率约为 75%,总人数超过 70 万人。党和政府非常重视民众和职工教育,各级工会和教育行政组织举办大量的工人夜校和识字班,开展了轰轰烈烈的扫盲识字活动。到 1950 年底,全市共有 500 个识字班,7 万多人参加知识学习。随着生产建设的日益发展和广大劳动者对文化的需要,上海持续开展大规模扫盲活动,从解放到 1958 年底,上海共扫除文盲 109.7 万人,其中职工 53.4 万人。

在扫盲基础上进一步进行教育改革,改革的一个重要方面,是改变旧社会劳动人民没有受教育机会的状况,解决教育为工农大众开门的问题。为此,市人民政府在经济十分困难的情况下,拨出资金发展中小学教育,尤其是在工人居住集中的榆林、杨浦和普陀等区新建、扩建一批学校,扩大招收工人子弟。至 1954 年,共兴办 19 所中学、35 所小学。为提高工人子弟入学率,市政府决定,在招收工农子女时,适当放宽入学年龄,降低录取分数标准。至 1952 年初,上海工农子女入学人数占总入学人数的比例,小学达 45.2%,中学达 26.4%,中师达 17.5%,技校达 39.1%。

采取短期速成的方法,兴办多种多样的工农速成中学、工农干部文化补习学校(班)和技术专修班。1949 年 6 月至 12 月,市政府有关部门在敬业、格致等 7 所学校举办夜中学,招收产业工人、店员、手工业者及贫苦失学青年 2000 余人;创办工人夜校及工农学校 112 所,招收 3 万余人入学。此后又在复旦、交大、同济、华东师大开办工农速成中学,在交通大学设立工农预备班，举办工人中等技术学校，招收工农干部和工人骨干入学，并选派大批通过短期训练或补习的工农青年和工农干部升入大学或高等专科学校深造。

在高等教育方面，市政府开始对高等院校进行局部的调整。由于旧上海高等教育体系庞杂，不必要的院系重叠设置，教育水平参差不齐，接管后高教处根据中央的指示开始进行高校院系的调整。对部分不具备办学条件的学校，经市军管会批准予以停办，撤销建制，其学生经甄别考试合格者转入其他学校学习。对部分高等学校或所属部分院系实行合并，如将暨南大学的文、法、商学院并入复旦，理学院并入交大，人类学系并入浙大；私立中法大学药学专修科并入上海医学院，等等。将部分高等学校迁往外地，支援内地建设。1949 年底，东南医学院响应政府号召，主动迁至安徽怀远。1950 年 9 月，同济大学医学院根据政务院决定迁往武汉，与武汉大学医学院合并成立中南同济医学院。同时，创办新校或者按照专业相近原则合并创办新校。1950 年，中国纺织工学院、私立纺织专科学校等合并成立华东纺织工学院。1951 年 10 月，在大夏大学、光华大学、东亚体育专科学校等三校合并基础上创建华东师范大学，并从复旦大学、同济大学、沪江大学等调入教育、动物等系。合并新建的调整反映了将同一专业下原先分散的院校整合起来，建立新的专门学院的趋势。有的高校迁往外地，这些调整已经显示出加强高校专门化倾向，但是，这些调整只是局部的进行和尝试，并且基本上没有改变学校的所有制。

新中国成立初期，上海仍保留部分接受外国津贴的教会学校。抗美援朝战争爆发后，根据中央人民政府政务院于 1950 年 12 月作出的《关于处理接受美国津贴的文化教育救济机关及宗教团体的方针的决定》及教育部于 1951 年 1 月发出的《关于处理接受美国津贴的教会学校及其他教育机关的指示》要求，上海市人民政府对接受美国津贴的圣约翰大学、沪江大学、震旦大学、东吴大学等四所学校，结合各自具体情况分别采取接管后改为公立，或完全改为由中国人自办的私立学校，由政府给予补助的方式。由此，这些学校性质发生重大改变。1951 年初，还对私立高校开展整顿，部分条件较差的私校被兼并或者降级。

三年恢复时期的接管、整顿和局部调整，对改变上海高等教育原有面貌起到积极作用，也为此后进行大规模的院系调整打下基础。

为适应新中国建设的需要，中央教育部从1951年底拟定了全国工学院的调整发展方案。下半年，按照“以培养工业建设人才和师资为重点，发展专门学院和专科学校，整顿和加强综合性大学”的方针，全国各地高校分期分批进行院系调整和专业设置的工作。

此次院系调整的基本原则是：基本取消原有系科庞杂、不能适应培养国家建设干部需要的旧制大学，把它们改造成培养目标明确的新制大学；集中建设国家迫切需要的系科专业，或独立建立新的专门学院，使之在师资、设备上更好地发挥潜力，在培养干部的质量上更符合国家建设需要；将原来设置过多、过散的摊子适当集中，以利整顿；条件太差，一时难以加强，不宜继续办下去的学校，予以撤销或归并。其主要目的是：打破原有高等学校的内部结构，进行全国性的区域性的重组和新建，拆散大量综合性大学，组建和新建许多单科性学院，以培养经济建设急需的各种专门人才，适应尽快振兴国家经济的需要；打破原有高校的区域分布，加强华北、西北和华中地区的高教力量，使学校分布配合工业基地的区域格局，引导高教重心随经济向北偏移以便更好地为经济建设服务；对各类学校实行明确分工，避免同一地区重复办学，使有限的师资和教育设备能得到最大限度的利用。

根据中央教育部的部署，为更好领导华东地区院系调整工作，经华东教育部转经上级批准，华东区高等学校院系调整委员会于8月2日正式成立，作为华东地区高等学校院系调整的最高决策机构。同月，华东地区召开高等学校院系调整会议，公布华东地区院系调整的最终方案，决定将华东地区的高等学校由59所调整为53所，其中上海市的高等学校为17所。

在华东区高等学校院系调整委员会领导下，上海的高等学校院系调整工作正式开始。除召开一系列调整及筹备新建校会议之外，着重开展四项工作：一是拟定人事调配方案，做好理科教师在全国范围内的调配，同时从上海抽调一批教师支援外省市高校；二是拟定物资调配方案，清点和做好图书、仪器、家具等物资器材的调配；三是协助各校进行调整时的搬迁工作；四是成立1952年停办高等学校联合办事处，负责处理院系调整中的校舍调整、财产物资管理以及人事安排，对院系调整以后各校能够顺利招生上课、教学改革等起了积极作用。

在院系调整过程中，由于缺乏经验也出现一些缺点，如照搬苏联的教育模式，未能充分吸收中国教育遗产中的优良部分；对一些著名大学多年形成的学科特长未能给予应有的照顾；在学科结构上出现“理工分割、文理分家”的现象，调整中对文、法、财经院系撤并过多等。但是，经过院系调整，上海高校形成一所以文理科为主的综合性大学、一所多科性工科大学、若干单科性工科大学和师范、医药、农林、外语、政法、财经、文艺、体育等专门学院组成的学科、专业设置比较齐全的高等学校体系。这改变了原有高等教育布局混乱、办学体制庞杂、系科设置重复、教学内容陈旧、办学条件参差不齐等局面，高校的办学条件大为改善，师资力量和教学水平也明显增强，为上海高等教育事业的健康发展奠定了基础。从1952年至1956年，全市高校在校学生人数从2.2万增至3.9万，增幅为78.72%，为培养国家急需的建设人才作出重要贡献。

二、科研机构的调整与扩充

上海在解放时虽然是全国的科学技术中心之一，但从总体上看科技工作处于分散的、缺乏统一计划和统一管理的状态，研究力量也比较薄弱，只有18个自然科学研究机构，其中大部分是原国民党中央政府和上海地方政府所办，科研人员283名。

解放后，市委、市军管会和市人民政府在接管原上海科技系统的过程中，特别重视做好团结科技人员的工作。6月12日，陈毅市长出席中国科学工作者协会上海分会会员大会，鼓励科学工作者继续努力，建设新中国。科技人员也积极支持新生人民政权。各科学社团自发成立统一组织——上海科学技术团体联合会，并代表上海科技界接受市军管会的委托，协助对上海科技团体进行登记和审查，配合接管工作。

从1949年6月开始，上海市军管会开始对18家研究机构开展接管，其中原中央研究院的驻沪办事处、医学研究所筹备处、动物研究所、植物研究所等9家机构以及佘山、徐家汇天文台，划归中国科学院，由中科院上海办事处管理。其他研究机构由相关部门接管并进行了调整。这一时期，对上述研究机构进行调整和扩充的同时，国务院各部门和上海各系统陆续新建包括工厂中心试验室在内的一些研究机构。

在接管完成后，市委、市人民政府进一步增配科技人员，加强科技队伍建设。部分归国留学人员充实到上海各个科研机构和高等学校中，并成为上海科学研究的骨干力量和学科带头人。1953 年 9 月高等教育部提出高等学校也是一个科学研究机构以后，全市各高等学校发挥知识分子作用开展科研工作，增设新学科、新专业，大幅度增加招生名额，还吸收一部分优秀工人进行培养。此外，还派遣留学生赴苏联学习，拓展科研人员得到培养途径。通过多种方式培养，1956 年时全市科研人员已增至 2600 余人。

随着科学技术人员队伍的不断壮大，科学家的组织和联合也得以实现。上海市科学技术普及协会和中华全国自然科学专门学会联合会上海分会等科技社团组织先后成立，基本形成了一个学科门类齐全的科技社团体系，上海科技界实现了大团结。上海市科学技术普及协会成立后，积极配合技术革新运动，组织工程师和科研人员在工厂进行科学技术普及工作，深受工人群众欢迎。科技社团体系的成立也有利于加强党对科技界的领导，通过成立上海市科学技术联合会并成立党组，统一领导中央研究院及所属单位和上海市科学技术群众团体党的工作。

在加强科技队伍建设的同时，逐步充实健全科研机构。“一五”期间，“156 项工程”虽未落户上海，但是上海承担了国家重点建设的科研任务，并派出 2 万科技人员支援内地建设，将中央水产研究所、物理化学研究所、水生生物研究所等迁往外地。同时，根据支援内地建设和发展生产的需要，扩充改建一批科研单位，把筑路材料试验室扩建为上海市政工程研究所，原度量衡检定所扩充为上海市计量技术研究所，上海材料供应事务所材料试验室改建为上海材料研究所，上海工务局筑路材料试验室改建为上海筑路材料研究所，中央工业试验所上海总办事处与雷士德医学研究院合并为华东工业部上海工业试验所。上海工业试验所还划出一部分专业，分别建设上海热工仪表、食品、硅酸盐 3 个研究所。此外，新建一批科研机构，如上海化工研究院、上海生物制品研究所、上海纺织科学研究院等，并在一些工厂逐步建立实验室。至1956年，上海科研机构由最初的18所增至29所。

调整和扩充科研机构的同时，国家增加对上海科技事业的投入，较大幅度地改善上海科研条件，总计达2000万元。1956年，中科院在上海的研究机构的经费已是1950年的12.5倍，达836万余元。这些经费用于购置仪器设备、图书资料以及修建实验室等，科研条件的改善为研究工作的恢复和展开奠定了基础。中科院在上海的各研究所在进行基础理论研究的同时，还结合当时的经济建设进行有关应用技术的研究，在短短的几年中，在生物学、有机化学、药物学等领域里取得了在国内具有开创性的成果。

经过加强科技队伍建设、调整扩充科研机构，上海科技事业取得初步发展，已经从思想上、组织上、物质上为科技事业的迅速发展奠定了坚实基础。

三、城乡卫生面貌的改变

解放前的上海城乡卫生面貌较差，医疗资源匮乏且分布不平衡，医疗机构大多汇集在市中心区，劳动人民聚居区为数甚少，郊区农村缺医少药的情况尤为严重。传染病流行情况非常严重，天花、白喉、麻疹等急性传染病年年流行不息，甚至有人认为霍乱在上海“每两年一次小流行，三年一次大流行，是不可逆转的客观流行规律”。

为此，市军管会卫生处和市卫生局在上海解放后随即开始接管国民党市政府卫生局、区卫生事务所和各市立公立医院，接办、征用社团、外资津贴医院。1950年以后，市委、市人民政府贯彻全国卫生工作会议精神，积极实施面向工农兵、预防为主、团结中西医、卫生工作和群众运动相结合的工作方针，开展群众卫生运动，初步建立起城乡医疗卫生网。

加强专业卫生机构的建设。针对全市医疗力量薄弱分散，医疗设备和技术条件比较差的情况，组织开业医务人员和社会闲散医务人员以自愿合作、民主管理、集体经营、政府领导为原则，组织联合医疗机构，为人民健康服务。1957年，全市共有联合诊所216所，工厂联合保健站100所，联合妇幼保健站101所，市区基层医疗机构网络初步形成。同时，按照“积极领导，加强团结，提高技术，逐步改造，以发挥私立医院在城市医疗预防工作中的积极作用”的方针，以及需要与自愿原则，逐步推进私立医院改公立的工作，对私立医院的业务、财务、人事等制度作出统一规定，将私人开业医院逐步吸收参加国家医疗事业。至1956年2月，全市私立医院全部改为公立。市人民政府根据中共中央“团结中西医”的重要方针，建立第一家国家办的中医医院——上海第十一人民医院，筹备成立上海中医学院，积极发挥中医力量。由此，全市医疗机构基本均匀分布，特别是聚居区和郊区医疗机构得到加强。

市人民政府在加强专业卫生机构建设的同时，积极开展群众卫生运动，重点是清洁卫生和防治疫病。1949年12月，市人民政府将冬季清洁卫生运动列为当时的七项中心工作之一。从1950年1月8日开始，开展为期一个月的大规模清洁卫生运动，在市、区各级清洁卫生委员会的组织下，约18万人次市民参与到打扫工厂、商店、里弄等公共场所，清除垃圾、渣土污泥，整治路面和沟渠的行动中，以控制传染病的流行。朝鲜战争爆发后，为粉碎敌人的细菌战争，政务院于1952年3月决定成立中央防疫委员会，担当领导反细菌战、开展爱国卫生运动的任务。根据中央部署，市人民政府成立春季防疫委员会，后改称爱国卫生运动委员会。1952年，在全市开展以反细菌战为中心的灭虫消毒防疫运动，其间全市连续举行三次大规模的广播动员大会，向全市人民广泛宣传细菌战的危害和反细菌战的对策，参加收听的群众达百万人以上，使广大群众受到一次深刻的爱国主义教育，也提高了对卫生重要性的认识。此后，通过坚持突击与经常相结合、治标与治本相结合、专业队伍与群众运动相结合、卫生工作与生产建设相结合的方针，深入开展以除害灭病为中心的爱国卫生运动，上海的卫生面貌和个人卫生状况大为改观。

市人民政府和市卫生部门还对有重大危害的急性传染病进行研究和防治，开展针对霍乱、白喉、天花、麻疹等传染病的预防接种，努力使疫病得到控制和杜绝。从1949年下半年起，本市就没有发生过霍乱。至1951年7月，在全市范围内消灭了天花。此外，还建立由专家和医务人员组成的血防大队去市郊和江、浙毗邻地区为当地防治血吸虫病，揭开大规模血防工作的序幕。

此外,上海的医疗保障制度也在不断完善。根据政务院于1951年2月26日颁布的《中华人民共和国劳动保险条例》,上海市交通运输、邮电、财贸商业和工厂企业单位随即全部实施职工劳动保险医疗制度。从1952年7月23日起,又根据政务院的决定,对全市各级人民政府、党派、团体及所属事业单位工作人员、私立中小学校教职员工、乡干部和大专院校在校学生等实行公费医疗。

通过对医疗卫生机构的调整,深入开展以除害灭病为中心的爱国卫生运动,大力发展卫生防疫队伍,实施劳动保险医疗和公费医疗制度等,上海的城乡卫生面貌得到极大的改观,也为改善人民健康水平提供了条件。

上海解放后,通过广泛地建立对人民群众的宣传网等方式,结合党的中心工作,加强了党的宣传思想工作。运用马克思列宁主义、毛泽东思想来宣传教育群众,知识分子思想改造运动顺利完成,改人改戏改制取得了成效,各项文化事业的建设初步展开。按照关于发展民族的科学的大众的文化教育要求,教育科学文化卫生事业开展了各种改革,满足了人民群众的文化卫生等方面的需要。

第五章

完善党组织和政治建设

新中国成立后，随着中国共产党所处地位和环境、所肩负使命任务的转变，从过去领导武装斗争掌握局部政权到在执掌全国政权的条件下领导人民建设新国家、新社会，不仅对党的自身建设提出了更高要求，而且要求党通过推进民主建政，团结一切可以团结的力量，调动一切可以调动的积极因素。为此，中共上海市委根据中共中央、华东局的部署，紧紧围绕人民民主专政的巩固、国民经济的恢复发展和过渡时期总路线的贯彻执行，加强党组织自身的思想建设、组织建设和作风建设，提高党员质量和党组织的战斗力，建立和完善党领导下的地方各级政权组织和最广泛的统一战线，从而保证新中国成立初期上海各项任务的胜利完成。

第一节　整顿和发展党的各级组织

新中国成立初期，结合开展经济建设和实行城市管理对党组织提出的更高要求，中共上海市委把加强党的各级组织建设、发挥党的组织优势放在突出位置，从整理和公开党的组织入手，通过开展整党建党，在纯洁党的组织的基础上不断壮大党员干部队伍，扩大基层党组织覆盖面，提高党员干部整体素质，为上海的经济社会发展培育一支具有一定规模、能体现先锋模范作用的核心力量。

一、公开党的组织

1949年5月上海解放后，为集中力量完成接管任务和建立公开的群众团体，中共上海市委决定把区委、分区委和支部等各级党组织暂归各接管系统与各群众团体中党的领导机构领导。但随着接管工作告一段落和群众组织的建立，中共上海市委认识到，如果不及时改变这种暂时的组织形式，将会削弱党的作用。

为了初步整理党的组织，首先对全市党员情况展开梳理。针对解放前上海党组织为适应开展秘密斗争的需要，所有党员均无档案或登记表格的情况，中共上海市委组织部于1949年6月下发关于对原上海地方党员开展登记工作的通知，对原上海地方全部党员进行一次普遍登记。随后，对全市各级党组织的设置加以规范统一。8月，中共上海市委作出《关于调整党的组织建立区委的决定》，要求立即把党的组织系统与行政系统及群众组织系统分开来，按地区建立党的独立的组织系统，并把党的组织基础建立在生产单位中。按照各区的特点，在市区20个区共建立沪中、沪东、沪西、徐汇、虹口、沪北、嵩山、沪南、静安9个区委，每个区委领导2—3个行政区党的工作，主要是贯彻执行市委的既定方针、政策和任务，加强党对工厂、企业和学校中支部的领导，使支部成为各工厂、学校党的统一的核心组织等；同时在公用事业、铁道、航运、邮电等带有全市性的以及因生产关系拥有垂直系统的产业部门成立党委，领导该系统党的工作，从而改变一个单位中的党员分属于不同组织系统的状况，保证党的统一领导。

同时，中共上海市委还结合基层党组织数量众多、类型复杂，且各个专业条线所属基层党组织工作特色鲜明，仅仅依靠区委难以实现有效管理的情况，探索建立并不断完善大口党委体制。将大口党委作为市委派出机构，主要承担抓方针政策、政治方向和重大原则问题、干部管理等职责，以加强党对专业条线部门的纵向管理。1949年6月，首个大口党委——市委近郊工作部建立，代表市委领导市郊10个区委以及郊区其他方面的工作，8月改为市委郊区工作委员会。此后，市委逐步加大大口党委的设置力度，在交通、财贸、教育卫生、政法等各个专业条线建立大口党委；同时对大口党委的职能做出调整，实行党政分开、对应设置,把属于政府工作性质的事项划归政府部门管理,突出党的政治领导作用。

通过全面梳理全市党员情况、统一党的组织设置和确立基层党组织领导体制,为上海党组织的进一步发展打好基础。为了更好发挥党组织在各项建设事业中的领导作用、密切党与群众的联系,1949 年 10 月,中共上海市委提出把发展党的准备工作作为主要任务之一,同时作出“先公开党后发展党”的部署。12 月,中共上海市委正式发布关于公开党的指示,要求贯彻中央相关指示精神,迅速将工厂、学校、机关以及其他一切支部有准备有领导地公开起来,以便使党进一步密切联系群众,为群众所监督与拥护;以便使党在公开的过程中,进一步地巩固与发展,克服面临的各种困难,推动各项建设事业的开展。

为保证公开党工作的顺利开展,中共上海市委于 1950 年 1 月选取同济、复旦、交通、格致 4 所公立大中学校,震旦、美专 2 所私立大专学校,中华铁工厂、永安三厂两家私营工厂,私营新新百货和沪东小教支部共 10 个支部开展典型试验,一个月后对各试点支部的初步经验进行总结,然后逐步公开。5 月组织工作会议后,决定在全市范围全面开展公开党的工作。

公开党的整个过程以召开党员大会为主要环节。在公开之前,通过党员夜校和党的支部大会,进行公开党的教育,介绍典型的公开经验,使党员了解公开党是与改善自己工作密切联系的,只有在党与群众公开联系中才更能加强党的工作。随后,开展支部工作总结,各个支部通过总结自己解放以来的工作情况和制订此后的工作计划,检查党群关系和工作作风,展开批评与自我批评。同时通过工会、农会、青年团、学生会的群众或积极分子座谈会,以及墙报、广播、学习班等形式,对党外群众进行公开党的酝酿与党纲党章以及党群关系等宣传教育,提高群众对党的认识。

在此基础上,由支委召开支部党员大会并广泛邀请党外群众参加。会议的内容紧密结合各支部的中心工作,国营工厂企业支部以搞好生产,爱护国家财产,改善工厂管理为中心;私营工厂企业支部以劳资协商,克服困难,救济失业,维持与恢复生产为中心;学校支部以解决工作与学习矛盾,加强师生员工团结,自力更生,共同克服困难继续求学为中心；机关支部则以配合整编，加强学习，提高工作，密切党群联系为中心。会上，由支委公布党员名单及工作岗位，向大会报告工作总结，对支部与党员的工作、党群关系等内容开展讨论和检讨，以取得群众的监督支持。

公开党的工作至1950年冬结束，全市共有基层党支部1002个，其中分布在工厂281个、企业176个、机关313个、学校149个、农村17个、街道5个、连队57个、其他4个。通过公开党，实现上海党组织从秘密活动状态走向公开活动状态。党员通过向人民群众公开自己的政治身份，公开地领导广大群众为建设新上海而奋斗，使得党群关系进一步密切；同时，党组织也将党的活动通过各种途径为广大群众所了解，增加活动的透明度，把党放在群众的切实监督之下。

二、开展整党运动

公开党之后，上海党组织得到一定程度的发展，但由于公开建党的经验不足，对已有党员队伍的思想教育开展不够，一些党员阶级立场和组织观念淡化，有的甚至认为中国革命胜利就是中国革命业已完成，以后的事情就是如何去发展他们的私人事业，享受革命胜利的成果，甚至出现一些腐化堕落、违法乱纪的行为。在1950年开展整风运动、初步解决工作作风方面问题之后，1951年2月，中共中央在《中共中央政治局扩大会议决议要点》中提出，以三年的时间进行一次整党的任务，重点解决党内思想不纯和组织不纯等问题。

1951年3月28日至4月9日，中国共产党第一次全国组织工作会议召开。会议通过《关于整顿党的基层组织的决议》和《关于发展新党员的决议》，强调认真地、谨慎地对于我们党的组织有计划、有准备、有领导地进行一次普遍的整理，是党在领导全国政权新的历史条件下，为坚持更高的共产党员条件所作的新努力，并对整党建党工作作出具体部署。

根据中共中央批准的全国组织工作会议所作各项决议，整党运动在全党有步骤地展开。中共上海市委于1951年10月制订整党建党计划，强调上海作为一个工人阶级集中的生产城市，整党工作必须与加强党对生产、对工人群众的领导相结合，与在工人阶级中积极建党密切联系起来；必须与当前各项工作的开展相结合，以整党为中心，推动其他各项工作的完成；必须加强对整党运动的领导，市委着重掌握全局及对重点的领导，同时加强区委的作用，有步骤地分批进行；必须针对党员所处环境和教育锻炼程度的不同，采取更谨慎、更耐心、更客观的态度和不同的方式来进行整理。

上海的整党运动按照中央部署，分为准备和组织整顿两个阶段。准备阶段为期一年，主要是做好有关整党的各项准备工作，包括：在复旦大学、先施公司和英商电车公司三个支部开展整党典型试验；在市委党校举办两期整党训练班，培训整党骨干，其中重点是开展党员标准八项条件的教育。

在整党进行过程中，结合“三反”运动的全面开展，中共中央于1952年2月和5月先后下发《关于“三反”运动和整党运动结合进行的指示》《关于在“三反”运动的基础上进行整党建党工作的指示》，指出“三反”运动是一次更加现实与深刻有力的整党运动，既是对共产党员的一次严格考验，也是对党的组织的一次有效清理，所以必须把两者结合起来。同时强调，“三反”运动使党员的觉悟水平得到提高、积极分子得到锻炼，为建党创造了有利条件，为此在整党建党的步骤与方法上，必须适应新的情况加以改变。

根据中央要求，中共上海市委于同年8月制订在“三反”运动的基础上进行整党建党工作的计划，决定在全市范围内进一步开展反对官僚主义、反对无组织无纪律现象的斗争，并以此作为整党的内容和步骤之一。结合“三反”运动的开展，确定不同部门支部整顿的重点：机关整党结合批判资产阶级思想、“革命到头”的思想，反对贪污、浪费、腐化堕落和官僚主义作风等进行。工厂企业党组织的整顿，结合“三反”“五反”运动和民主改革、生产改革进行，着重批判资本主义唯利是图、损人利己、压迫工人的经营管理方法，端正全心全意依靠工人阶级的思想，克服雇用观点，树立共产主义劳动态度。学校党组织的整顿，结合思想改造和清理干部队伍等工作进行。通过把整党工作与“三反”运动相结合，揭露出一批党员和干部的贪污、浪费和官僚主义现象以及少数腐化变质分子，有力地促进了整党运动的深入发展。

在反对官僚主义、反对无组织无纪律的斗争告一段落之后，从 1952 年 10 月起对全市党员普遍进行党员标准八项条件的学习。在学习中，由市委总夜党校统一对科长以上党员干部讲课，区委、产业党委夜党校结合本系统实际分头向党员传达讲课，基层党组织负责组织党员学习讨论。通过开展整党教育，每位党员都明确了关于共产党员标准的八项条件：一、中国共产党是中国工人阶级的政党，是中国工人阶级的先进的有组织的部队；二、党的最终目的，是要在中国实现共产主义制度，它现在为巩固新民主主义制度而斗争，将来要为转变到社会主义制度而斗争，最后要为实现共产主义制度而斗争；三、共产党员必须下定决心，终身英勇地坚持革命斗争；四、党员的斗争和工作必须在党的统一领导下进行；五、党员必须把人民群众的公共利益，即党的利益，摆在自己私人的利益之上；六、党员应经常地利用批评和自我批评的方法，检讨自己工作中的错误和缺点，并及时地加以纠正；七、党员必须全心全意地为人民服务；八、党员必须努力学习马克思列宁主义、毛泽东思想。在学习的基础上，每位党员联系实际对照检查，作出个人思想小结，开展批评与自我批评，解决党员个人与党的关系问题，就是要把实现个人利益与服从党的利益、把现实岗位的具体工作和伟大的共产主义事业联系起来，这为此后进行的整党和建党工作做好了思想准备。

组织整顿阶段，主要是逐步完成党的基层组织的整理工作。从 1952 年 11 月上旬开始，开展党员填表登记工作。要求每名党员在规定时间内，对照党员标准八项条件，考虑是否愿意按党员标准继续做一名共产党员，主动进行党员登记；逾期不登记的，即作自愿退党。对于登记的党员，先由党员个人根据党员标准，联系自己，从阶级立场、思想意识、组织观念、工作态度、工作作风、学习等方面进行重点检查，明确个人优缺点和努力方向；再由党组织对其历史和优缺点进行认真负责的审查和鉴定，作出实事求是的结论。对于混入党内的阶级异己分子、叛变分子、投机分子、蜕化变质分子，直接清理出去；对于不够党员条件的消极落后分子，以及不完全具备党员条件、必须加以改正提高的党员，通过加强教育使他们努力符合党员条件。对于拒绝接受教育或经教育改造无效的消极分子，采取妥善方法劝其退党，或撤销他们的党籍，以提高党的纯洁性和战斗力。

截至1953年9月30日，全市共有1408个支部、23174名党员参加整党。经过整党，开除党籍126人、劝告退党42人、自动退党59人、取消候补党员资格198人，共计425人，占党员总数的1.83%；给予各种党纪处分的149人，占0.64%；延长候补期或继续审查考察的316人，占1.36%；不予处分的1694人，占7.31%。尚未结束处理的845人，需要整党补课的1147人。

上海的整党运动至1954年秋基本结束。通过整党，党的组织更加纯洁，党员的质量和党组织的战斗力得到提高，干部作风有所改进，党和人民群众的联系更加密切，巩固了党在全市经济社会建设中的领导核心作用。

三、发展壮大党员队伍

新中国成立初期，虽然中共上海市委在1950年10月召开的发展党的工作会议上已明确提出，要把发展党的工作作为每一支部、各级党委的经常工作，并强调要以产业工人，特别是老工人和技术工人为主要发展对象。但由于这一时期市委将整顿党的基层组织作为加强党自身建设的重点，因而在发展党员的工作上采取严格审查、稳步前进的方针，党员人数增长不快，新党员中有不少是解放前就靠拢党组织的积极分子。党的基层组织和党员队伍无论在数量上还是质量上，同繁重的城市工作、同党的执政地位均存在较大差距：一是党员在全市人口中所占比重较低。解放两年来，上海共发展新党员6700余人，截至1951年底，党员人数仅为24293人，占全市人口的0.44%。二是党员队伍构成不尽合理，工人成分党员较少，工厂中基层党组织力量相当薄弱。1951年时，工人成分的党员只占上海党员总数的27.5%，在全市1500人以上的工厂中，党员平均仅占职工数的2%；在2300余家25人至500人的工厂中，87%为没有党员的空白单位。

整党运动尚在进行中，中共上海市委便制订在“三反”运动的基础上进行整党建党工作的计划，其中把在“三反”运动基础上有领导、有计划、有步骤地接收新党员作为一项刻不容缓的政治任务和组织任务。发展党员的重点放在产业工人中，要求在全市职工数30人以上工厂的

46.6万产业工人中,发展4.6万人入党,争取没有党员的空白工厂都能建立党的组织。

从1952年下半年起,上海密切结合生产建设和各项运动的开展,将从中涌现出来的工人积极分子吸收为新党员。5月至12月,上海市委党校和上海工人政治学校连续举办5期训练班,从341家国营、地方国营和公私合营工厂抽调5130名经过民主改革和"三反"运动的工人积极分子、劳动模范、先进工作者以及部分党员骨干参加学习,在此基础上进行发展党的工作。在参加上海工人政治学校第一期学习的各国营、公营工厂的优秀工人中,有385人通过接受关于工人阶级、共产主义与共产党的教育,思想认识有了明显提高,在结业时光荣地加入中国共产党,其中有全国著名的先进工作者陆阿狗、裔式娟等。五期学习班总计有1965人在结业时被批准加入中国共产党,占非党学员的44.66%,为上海发展党员工作起到了示范作用。全市各级党组织也结合本系统、本单位具体情况制订发展新党员的计划,并将符合党员条件的先进分子逐个吸收入党。1952年下半年,上海工厂企业的党员人数快速增长。以纺织系统为例,在半年中共接收新党员1984人,连同原有的党员,党员人数已达到职工总数的5.13%。

随着整党运动的逐步深入,党的组织和党员队伍得到整顿,同时大批积极分子在各项运动中得到培养锻炼,扩展党的基层组织和发展一批新党员的条件已经成熟。1953年12月,中共上海市委召开组织工作会议,对发展党员工作作出全面规划。在发展目标上,要求坚持积极、慎重的方针,继续发展新党员,扩大党的组织,全年力争发展4万名以上新党员。在发展重点上,明确以产业工人为主要发展对象,尤其是以生产上重要部门、重要车间以及先进工作者和技术工人、技术人员为重点,从而更好地为生产服务和保证生产任务的完成。至1954年底,国营、地方国营、公私合营工厂企业中党员人数占职工总数的13%左右,基础好的单位要达到15%,并全部建立起党的基层组织;在有职工31人以上的私营工厂中,平均达到7%—8%,在有职工31人以上无动力设备、16人以上有动力设备的私营工厂中普遍建立党的组织。在发展方式上,强调发展新党员必须经过系统的共产主义与共产党的教育和严格的审查,并定期对发展党员工作进行检查督促,以保证质量。

根据中共上海市委的部署,上海的国营工业企业根据党员标准八项条件,积极推动党员发展工作。为保证工作规范、有序地进行,上海各工厂企业的基层党组织明确专人负责,并配备一定数量的专职干部从事发展党员的工作。如电机厂、国机二厂均以党委副书记为主,配备两名组织干事建立小组,对积极分子进行研究分析和排队工作,根据积极分子在生产运动和历次运动中的表现、觉悟程度及其他各项条件,确定分批发展对象,并由党员联系人对入党申请人加以考察教育,有计划地进行发展党员工作。

私营企业也积极贯彻中共上海市委关于私营工厂民主改革补课建设阶段以建党为中心工作的指示,围绕改革压迫工人、束缚生产的不合理管理制度,协助资方制订民主改革期间的生产计划,开展民主团结等工作,依据工厂规模的大小、基础的强弱、群众发动的程度等不同情况,建立党的组织和吸收新党员,以确保国营经济对私营工厂生产的领导,加强党在私营工厂中的力量。一部分原来党、工会和青年团基础较好、群众发动充分、积极分子涌现较多、入党对象条件已经成熟的私营工厂,在由民主改革转入民主建设阶段时,首先开展建党工作。一些原来没有党、团组织,并且政治情况复杂的私营工厂,特别是小厂,则暂缓建党,着重整顿和健全基层群众性组织,为发展党员打下基础。

1954 年上海共接收 46996 名党员,其中工人成分占 80.2%,仅在大型私营工厂中就消灭了 1855 个空白单位,新建 817 个党的基层组织,工厂企业中党的力量得到加强,其他方面的党员队伍也得到一定程度的发展。1955 年受到肃反运动的影响,党员发展有所控制。1956 年在开展对农业、手工业和资本主义工商业社会主义改造过程中,积极分子大量涌现,共发展新党员 61297 人。截至 1956 年底,全市党员人数从 1949 年 7 月时的 1.8 万名增至 19.35 万名,增长 10.75 倍;支部数从 1949 年 7 月时的 717 个增至 9044 个,增长 12.61 倍。

四、审查干部和内部肃反

上海解放后,南方大部地区尚待解放,为了满足解放和接管这些地区的需要,在市委的号召下,广大青年学生、职工等积极报名参军南下,其中参加西南服务团的有 4800 多名,参加南下服务团的 2400 名。由于支援南下和新建机构的需要,全市面临着很大的干部缺额,尤其是基层干部严重缺乏。为此,中共中央和华东局在从上海抽调大批干部支援新解放区和全国各地的同时,也根据上海的需求,不断调配干部充实到全市各级干部队伍中。1951 年底至 1952 年,中共中央华东局除抽调多位高级干部充实到上海的党政领导队伍中,还先后从苏北、苏南、皖南、山东和浙江等地抽调 386 名区级以上干部配备到上海钢铁、机器、化工、国棉等行业的国营及大型公私合营工厂中。

“三反”运动结束后,中共上海市委按照“宁弱勿缺”和“宁缺毋滥”相结合的原则,大力培养和提拔干部,特别是在国营工厂中集中选拔一批工作积极负责、拥有丰富生产经验、同群众联系密切并为群众所拥护的工人积极分子担任领导职务。仅在 1952 年,上海共提拔科以上各级领导干部 1248 人,科以下各级干部 973 人。这不仅解决工业生产部门干部缺乏的困难,改善干部成分,提高干部政治质量,而且加强了领导干部与群众之间的关系,有利于发挥干部与群众的积极性和创造性。

但随着干部队伍的发展壮大,全国各地都不同程度地存在领导机关来不及对干部进行全面审查,尤其是对相当数量的新干部,未能切实掌握他们全面真实的情况,其中夹杂一些历史不清、来历不明的人,甚至还有极少数隐藏很深的反革命分子。在老干部中也有少数未经过审查,或者虽经审查仍存在某些未弄清楚的问题。为此,中共中央认为有必要在两三年内对全国干部进行一次细致的审查,以便进一步了解干部,保证国家各项建设任务的顺利进行。1953 年 11 月,中共中央作出《关于审查干部的决定》,指出这次审干的目的是从政治上弄清每个干部的面目,清除混入党政机关的一切反革命分子、阶级异己分子、蜕化堕落分子,以保持干部队伍的纯洁和便于正确地使用干部。中共中央在《决定》中还着重指出,由于国家发展国民经济的第一个五年计划已经开始实施,各方面的建设任务极为繁重,因此审干工作必须密切结合当前各项工作,有步骤有重点地进行,既不妨碍各项建设工作,也不因各项工作任务繁重而放松审干工作。

按照中共中央的统一部署,审干工作从 1954 年下半年起陆续在各级党政机关、人民团体及财经、文教部门中展开。中共上海市委于9月下达执行计划，10月成立审干委员会和审干办公室，抽调政治上完全可靠、作风正派的干部对第一批审查对象进行调查研究。为了正确划分审查与不审查的界限，做到不偏不漏，针对审干开始阶段扩大审干面的倾向及“宁多毋漏”等思想，市委组织部下发《关于排队分类、划分审查界限的参考意见》，要求各级领导机关必须从政治上着眼，做到具体问题具体分析，按照不同情况分别掌握。据此，上海各级党委在审干工作中对政治问题与思想问题、历史问题与现实问题、家庭问题与个人问题等严格加以区别，力求做出正确结论；在审干后期进行复查，对结论中证据不足、用词不当、处理偏重等问题予以纠正。对个人全部历史已审查清楚的干部，各级党委即作出肯定的结论；对有个别问题一时难以找到证明，无法查清者，先就其肯定的部分作出结论，只保留个别问题继续审查；对有政治问题的干部，按照中央有关规定分别处理；对审查中发现的有重大政治嫌疑问题者，调离重要工作岗位，并由公安机关进行侦查；对于发现的反革命分子，经有关党委讨论决定并报上级党委批准，由公安机关专案处理。

正当审干工作有序开展时，党和国家政治生活中出现一些复杂情况。1953年，当党中央、毛泽东正在考虑中国怎样顺利地过渡到社会主义去的问题时，中央人民政府副主席兼国家计划委员会主席高岗利用中央对财经工作的批评，把工作中的缺点错误上纲为“两条路线的斗争”，其矛头暗指刘少奇、周恩来。在高岗进行反对刘少奇、周恩来的活动期间，饶漱石在同年九十月间中央召开的第二次全国组织工作会议上，夸大中央组织部工作中的缺点，意在攻击中央政治局分管组织工作的刘少奇。高、饶的阴谋活动，其实质是利用党内某些本属正常的不同意见或看法，挑拨中央领导成员之间的关系，并故意将某些个别的、局部的、暂时的、比较不重要的缺点或错误夸大为系统的、严重的缺点或错误，从而造成党的分裂。1954年2月，党召开七届四中全会，针对高岗、饶漱石问题，通过《关于增强党的团结的决议》。1955年3月，党的全国代表会议通过决议，开除高岗、饶漱石的党籍，撤销他们担任的一切职务。这被称为“高饶事件”。

中共七届四中全会以后，在对饶漱石主持中共中央华东局和上海市委工作中的问题作进一步审查时，认为他在主持华东局工作期间，在镇压反革命问题上不依靠和发动群众，片面地依靠公安机关以所谓“以特（务）制特（务）”的办法办案，犯有右倾错误。时任上海市公安局局长扬帆因此受到牵连。当时认为扬帆包庇纵容了一大批敌特反革命分子，政治上是值得引起极大怀疑的。中共上海市公安局党组向公安部建议对其进行审查。1954 年 12 月，扬帆被关押，1955 年 4 月被正式逮捕，后被判刑。对饶漱石、扬帆的审查，又牵连到时任中共上海市委第三书记、上海市副市长潘汉年。潘汉年在革命战争年代长期从事党在隐蔽战线的斗争。1955 年 4 月初，他在北京参加党的全国代表会议期间，向党组织交代了自己在抗日战争时期敌占区特殊的工作环境下，曾被挟持到南京与汪精卫见面的情况，并向党解释说，当他回到华中局和后来到延安时，正值党内进行整风审干，担心此事会被严重怀疑而无法弄清真相，因而没有向党报告。向党长期隐瞒这段重要历史情节，确是一种严重错误行为，但在当时党内审干和处理饶漱石、扬帆问题的特定背景下，潘汉年当即被认定为“内奸”，被逮捕审查，后被判刑。这就是被称为“潘（汉年）扬（帆）反革命集团”的错案。受此影响，在潘汉年、扬帆长期工作过的上海，一批干部群众受到株连，又形成一连串冤假错案。1977 年 4 月，潘汉年含冤去世①。

受当时党内、国内接连发生高饶事件、潘扬事件、胡风事件等影响，中共中央作出“随着我国社会主义事业的进展，阶级斗争必然日益尖锐化和复杂化”的判断，并于 1955 年 7 月发出《关于展开斗争肃清暗藏的反革命分子的指示》，决定在全国范围内开展肃反运动。根据中央指示精神，中共上海市委成立肃反专门委员会领导这一运动，并部署各单位按照准备、坦白检举、深入斗争和甄别定案四个阶段，在一年半内分批基本完成肃反任务。但由于当时对阶级斗争尖锐程度估计得过于严重，

① 1982 年 8 月，中共中央根据对潘案的复查结果，正式发出《关于为潘汉年同志平反昭雪、恢复名誉的通知》，为潘汉年平反昭雪，恢复党籍，恢复名誉。1983 年，中央对扬帆彻底平反，恢复名誉，消除影响。

有些问题政策界限不清，导致一度发生斗争面过宽、处理过重等偏差。8月以后，按照中央规定，在运动最后增加一个复查阶段，认真开展复查工作，对错斗、错捕、错关、错判的人做好甄别平反工作。上海的肃反运动共分五批进行，到1957年7月基本结束。对于人的定案处理，经过逐件甄别定案与复查验收，多数比较实事求是。但对胡风事件、潘扬事件两个错案中被株连的人员，直至党的十一届三中全会以后才得到平反纠正。

为避免把肃反运动与当时正在开展的审干工作混淆起来，中共中央于1955年10月发出《关于审干工作同肃反斗争结合进行的指示》，指出审干工作同肃反斗争有联系性和一致性，应把两者密切结合进行。但两项工作的任务、性质和工作方法是有区别的，肃反斗争是要肃清暗藏的反革命分子和其他坏分子，而审干则是审查属于好人一类干部的政治、历史问题。11月，中共上海市委作出《关于审干工作的补充指示》，要求抓紧对中央和市委主管的党员干部的审查。12月，市委组织部发出《关于加强和健全审干组织的通知》，要求市委各部、各区委、党委分别成立审干和肃反组织，两种组织的成员可互相交叉，但均需有专人负责。由于审干工作与肃反斗争这两件虽有联系但性质不同的事情交叉进行，因此直到1958年初，上海第一批市、区机关和部分工厂、企业单位约25万名干部的审干工作才基本完成。

审干工作使各级领导机关更全面地了解干部情况，为有计划地培养干部、正确地使用干部创造了必要条件。

第二节　加强党的思想作风建设

注重从思想上建党，是中国共产党加强自身建设的重要经验。新中国成立前夕，毛泽东在中共七届二中全会上深刻分析进城后党面临的形势和考验时指出："中国的革命是伟大的，但革命以后的路程更长，工作更伟大，更艰苦。这一点现在就必须向党内讲明白，务必使同志们继续地保持谦虚、谨慎、不骄、不躁的作风，务必使同志们继续地保持艰苦奋斗的作风。”[①]按照“两个务必”的要求，中共上海市委坚持思想建党原则，通过开展整风运动，加强党员干部的思想教育，以克服官僚主义、居功自傲情绪和“革命到头”思想，努力适应执政地位对党自身建设提出的更高要求。

一、实施干部轮训

为建设一支能适应改造旧上海、建设新上海需要的干部队伍，在丹阳部署解放和接管上海工作期间，中共中央华东局与上海市委就作出在上海解放后立即建立党校，进行党员、干部轮训的决定，并确定由中共上海市委副书记刘晓兼任党校校长。

1949年6月，中共上海市委党校成立。7月19日，中共上海市委在关于党校工作的决定中提出，为提高党的质量，改变党员骨干的工作作风，加强党的战斗力，要求各级党委选拔政治上有发展前途、支部书记至少是相当于支部书记或准备培养为支部书记的干部来党校学习。两天后，中共上海市委党校第一期训练班开学。截至1950年7月，共在市委党校举办三期训练班，先后训练党员、干部2033人。前两期训练班学员除个别为解放区来的干部外，主要是原上海党组织的骨干和负责人，第一期训练班中78.9%的学员担任党支部委员以上职务，第二期训练班学员中担任党支部委员以上的干部占46.6%。第三期训练班学员为各区委、党委在新中国成立初期接管上海工作中有一定实际经验的党员干部，解放区来的干部比重有所增加。学习班着重开展方针政策、群众工作和党的建设三方面内容的教育，其中政策教育主要是了解如何运用政策，群众工作教育着重于工会工作和青年工作，党的建设教育包括党性锻炼与支部工作。饶漱石、陈毅、刘晓、刘长胜等市委领导亲自为学员作学习动员或专题报告。这些党员受训后，大部分被分配到市、区党政机关工作。

从1949年10月底开始，各市区区委也根据市委组织部关于举办党员夜校，利用夜晚工作之余轮流进行集体学习的要求，举办夜党校，对工

---

① 毛泽东:《在中国共产党第七届中央委员会第二次全体会议上的报告》(1949年3月5日)，《毛泽东选集》第4卷，人民出版社1991年版，第1438—1439页。

厂、企业、学校和机关支部的党员展开轮训。

这次党员、干部轮训学习，时间较为集中，前后为期一年；受训面广泛，8000余名原上海地方党员中，先后有约7000人参加市委党校和各区党员夜校的学习，约占原上海地方党员总数的85%，占当时上海党员总数的三分之一。这次全市性轮训对于协调解放区来的干部与上海党组织的干部力量，提高党员、干部的思想觉悟和理论政策水平，防止和克服因胜利而产生的骄傲情绪、以功臣自居的情绪、停顿起来不求进步的情绪、贪图享受不愿再过艰苦生活的情绪，警惕糖衣炮弹的攻击，保证党在接收、管理、改造城市工作中各项政策和任务的正确贯彻执行发挥了重要作用。

二、开展整风运动

新中国成立后，部分党员、干部由于对党的政策不够理解，习惯于用过去的方法对待新情况新问题，产生了脱离群众的官僚主义作风和单纯的任务观点，往往采取简单的行政方式和强迫命令包办代替的方式进行工作，不善于团结广大群众和党外人士；部分党员干部经不起胜利的考验和城市物质生活的诱惑，产生以功臣自居、骄傲自满的情绪，引起人民的不满。军管会公安部派往榆林区协助接收工作的欧震，利用军管会接收人员身份对逃亡人员家属进行敲诈勒索、调戏诱迫，严重违反接管纪律。1949年8月，经陈毅市长批示同意，淞沪警备司令部对其实行枪决，打响上海解放后惩治腐败的第一枪。1950年11月，中共上海市委纪律检查委员会成立，受理党员违犯纪律的案件，开展对违纪行为的检查，着重检查党员和党组织有无违犯党章及党的决议的行为，有无违反国家法律法令及政策的行为，有无损害群众利益及脱离群众的官僚主义行为等。当年全市各级党组织和纪律检查机关受理党员违纪案件共314件，给予党纪处理的共272人。不仅是在上海，违纪问题已经成为一个全国性的问题。

针对这种情况，中共中央于1950年5月发出《关于在全党全军开展整风运动的指示》，要求通过一次整风运动，严格地整顿全党作风，首先是整顿干部作风。6月，中共七届三中全会对整风工作作出具体部署，要求坚决执行中央关于巩固和发展党的组织，加强党和人民群众的联系，开展批评和自我批评等一系列指示，在密切结合各项工作任务的条件下，进行一次大规模的整风运动。

根据中共中央和华东局的指示，上海市委于同年8月制订《中共上海市委整风计划》，要求紧密结合中心工作，运用阅读指定文件、总结工作、分析情况、开展批评和自我批评等方式，提高干部和一般党员的思想水平和政治水平，尤其要加强群众观念、组织观念、政策教育，纠正狭隘宗派思想，克服相当严重存在的命令主义作风与领导上的官僚主义的作风。整风的重点是科处长以上干部、领导一个企业或部门的军事代表、经理、主任、区委委员、机关总支书、各系统的区的负责人员以上的干部以及军队团以上的干部，然后经过他们再去推动一般党员干部的整风。为了加强对整风运动的领导，中共上海市委在运动开始后即成立以市委常委为中心的市整风学习委员会，其下分别组织了市政府、工会、青年、妇女、各区委、郊区及市委机关等整风分会，主要负责领导科以上负责干部整风，开好整风会议；一般党员的整风则由所属各党委及支部领导。

上海开展整风运动的基本方法是举办整风轮训班，以及召开在职干部的整风会议。举办整风轮训班的目的是培养整风骨干，为开好整风会议、全面开展整风运动做好准备。8月11日至9月8日，中共上海市委举办整风轮训班，抽调以市政府、公安局科以上，工会的产业工会主任以上的干部为主的各系统负责干部367人参加，占全市科以上干部的35%。这些干部按照业务性质分别编队，每队又划分若干小组。在轮训期间，经过学习文件酝酿检讨、找出问题分析检查和总结等步骤，使参加整风轮训班的干部树立正确的整风态度，掌握整风的基本精神和方法，消除“整上不整下”“没什么可整”“等着被整”等思想顾虑。更重要的是，通过召开各组联席会议，由轮训班每位干部作工作与思想作风的检查，初步掌握了存在于各单位工作中的主要问题和干部中各种不良的思想作风。整风轮训班的举行对全市整风起到了试点作用。

召开整风会议是开展整风运动的中心环节。9月7日，在整风轮训班即将结束时，中共上海市委整风委员会下发通知，要求立即自上而下逐级召开整风会议。从11日起，中共上海市委连续一周召开整风会议，由市政府、市委各部，工、青、妇、市郊等市一级单位主要负责同志就各系统一年来工作和思想作风方面的主要问题，以及此后改进工作的办法，逐一在整风会议上作报告并进行讨论。最后，由市委第一书记陈毅作一年来上海工作主要问题的初步报告。这些报告经整风会议讨论通过后，即作为各系统负责同志在各自整风会议上的整风报告。

市委整风会议后，市政府于 9 月 18 日率先召开整风会议。市政府党组书记、副市长潘汉年在会上作整风报告，总结市政府一年来所取得的基本成绩，着重检查工作中的失误和缺点。在市政府整风会议的示范推动下，组织工作整风会议、宣传文教系统整风会议、工会工作整风会议等市一级各单位整风会议相继召开。

9 月 25 日，中共上海市委召开扩大会议。市委第一书记陈毅代表市委作整风报告，进一步明确上海整风运动的开展必须坚持与工作紧密结合的精神，以改进工作作风和改进工作为目的。同时对上海党组织开展整风运动提出五点要求：一要正确执行建设新上海的方针，把上海工作从逐步结束接管状态转入深入管理改造阶段；二要正确了解政策与任务的一致性，纠正把政策与任务对立起来的错误观察方法；三要停止在组织关系上和各部工作关系上的混乱状态，服从中央对上海采取的一系列集中的措施；四要改善领导作风，反对官僚主义、命令主义、形式主义，克服以功臣自居骄傲自满的情绪；五要以正确的态度，掌握党内的批评与自我批评，达到正确分析情况，正确总结工作，正确确定对工作的新的改进办法。

市委整风结束后，各单位随即开始整风。在学好文件、端正态度、找出本单位主要问题的基础上，召开整风会议。由单位主要负责干部根据市委整风报告精神，结合各自具体情况作整风报告，总结检讨本单位本部门的工作和自己的思想作风，征求下级和有关方面的意见，然后深入开展批评与自我批评，使总结检讨贴近实际，改进方向明确。

在整风运动的推动下，为了搞好上海的城市工作，特别是经济工作，加强对基层工作的调查研究，中共上海市委成立基层工作研究委员会，分两批对上海电力公司、法商电车电灯公司、上海第十棉纺织厂、江南造船所、上海第一棉纺织厂、上海电机厂等重要工厂企业和普陀等区开展典型调查研究，总结经验，推动工作，为民主改革、生产改革奠定基础。

上海的整风运动至 1950 年底基本结束。由于采取正确的方法，重点解决的问题比较明确，使广大干部的思想政策水平显著提高，骄傲自满、官僚主义、命令主义、事务主义作风有较大改进，密切了与人民群众的关系以及同党外人士的合作，同时还检查处理一批贪污腐化、违法渎职案件。这对于保证上海顺利转入深入的管理和改造，争取财政经济状况的基本好转，起到重要的促进作用。

在整风运动结束后，中共上海市委继续紧抓党员干部队伍的作风建设。在 1953 年 1 月 28 日至 2 月 7 日举行中共上海市第一次代表会议上，中共上海市委根据中共中央《关于反对官僚主义、反对命令主义、反对违法乱纪的指示》（以下简称“新三反”）的指示，决定在全市党政机关开展“新三反”运动。

“新三反”运动的重点是反对各级领导机关和领导干部中存在的官僚主义作风。为了推动这一斗争的顺利发展，中共上海市委组织了 4 个专门委员会，抽调了 800 余名干部，深入研究公私关系、劳资关系、税收、基本建设、手工业等 10 个主要问题，从已经暴露的典型事件、检查和处理人民来信等方面入手，揭发批判不关心群众疾苦、漠视人民利益和对人民来信及接见群众的工作采取官僚主义态度的情况。4 月 3 日，中共上海市委还发布《关于加强处理人民来信工作的暂行规定》。通过开展“新三反”运动，广大干部在工作制度和工作作风上有了明显改进，提高了工作效率和党组织的战斗力，从思想上和组织上为以后的大规模经济建设准备了条件。

三、加强党员思想教育

在加强党的作风建设的同时，根据中共中央关于加强理论教育的指示精神，中共上海市委结合中心工作继续抓好党员思想教育工作。1951 年 3 月，中共上海市委宣传部制订《关于整理与加强党员干部教育的计划》，强调必须以爱国主义的思想教育为中心，以时事政策学习为主，以提高党员干部的政治思想水平。《计划》还对党员干部教育和一般支部教育分别提出要求：对于党员干部，在继续加强时事政策学习的同时，开展以政治常识、社会发展史、中国革命问题等为主要内容的理论教育；一般支部的教育以抓紧新党员教育为主，在教育方法上可视情况举办夜党校和支部课等。

根据这一计划，在全市党员干部中结合中心工作和政治运动有针对性地开展理论和政策学习。1951年4月至5月，结合镇压反革命运动开展政策学习，使党员干部克服麻痹思想，正确掌握政策。7月至9月，在庆祝党的30周年群众性活动的基础上，组织党员干部学习中共党史。市委宣传部举办党史报告会，由部分单位领导同志亲自讲课，使广大党员干部深入理解中国革命的艰苦性与复杂性，以及毛泽东思想领导中国革命胜利的意义。中共上海市委还组织高级干部①以自修方式开展实践论矛盾论等理论学习，至1952年12月，有391名高级干部参加理论学习。

市区各区委基本上恢复以夜党校形式对一般的支部党员开展教育的工作，有些区还初步建立起支部课制度。杨树浦、江宁、静安、常熟、北站、提篮桥、虹口、邑庙等八个区为新党员及候补党员开设党员夜校，通过上大课、小组讨论的形式，进行党的基础知识教育。徐汇、北站、闸北、北四川路等四个区考虑到区内工厂规模小而分散，工人运动和党的基础较弱，主要通过举办夜校和短期脱产的干部学习班，开展一般的政治常识教育；并运用典型报告、形象教育、诉苦教育、参观对比等方式，提高新党员特别是党外积极分子的阶级觉悟与政治水平，协助支部发展和巩固党的基层组织。老闸、江宁、新成三个区由于支部骨干较弱，因而采用以全区党员为对象的党课制度，教育内容以当前的中心工作为主，辅以时事政策问题。部分区委还举办培养支部委员的业务学习班，包括杨树浦区委举办的支部教员学习班、榆林区委的支委学习班、普陀区委的支部组织委员学习班以及黄浦区委的宣传员学习班等，以提高支部骨干的业务水平，健全支部组织。

随着1953年党在过渡时期总路线的正式提出，中共上海市委围绕把我国建设成为一个伟大的社会主义国家而奋斗这一目标，组织全市各级党组织掀起新的学习热潮。党员干部通过参加学习班的方式，重点学习马列主义基本理论和经济建设方面的知识。按照市委的规定，全市各

---

① 高级干部包括市委委员及市委指定的干部。

级干部每周固定两个半天作为理论学习日，按照党员干部理论基础和文化水平的高低，划分高中低三级有针对性地开展学习培训。高中级班由具有一定政治理论基础的干部参加，主要学习《联共（布）党史简明教程》第九章至第十二章和列宁、斯大林论社会主义建设的部分著作；初级班的干部，主要学习《经济建设常识读本》。1955 年 8 月，市委组织部根据中共中央《关于轮训全党高、中级干部和调整党校的计划》和《关于党的高级干部自修马克思列宁主义办法的规定》，陆续分期开办局级以上干部自修班，安排这些干部轮流离开工作岗位两至三个月，集中起来自修马列主义理论。在职自修的高级干部学习中央高级党校规定的中共党史、苏共党史、辩证唯物论和历史唯物论、政治经济学和经济问题、党的建设五门课程。

中共七届四中全会后，中共上海市委还以党员领导干部为重点开展党的团结统一和民主集中制的教育。根据 1954 年 6 月 2 日至 24 日召开的中共上海市第二次代表会议关于进一步揭露高岗、饶漱石分裂党的活动，统一和提高全党同志对于增强党的团结的认识这一部署，在全市党员干部中有步骤、分层次地组织学习党的七届四中全会决议。通过正面教育、讲清道理的方式，使党员干部在思想上明确认识高、饶分裂党的活动的严重性质及其危害性；认识过渡时期同资产阶级思想斗争的尖锐性、复杂性，提高革命警惕；认识党的团结是实现社会主义的根本保证，加强党的团结具有极端重要意义。党的团结和集体领导制度的实行得到明显加强。

对普通党员的教育主要根据市委组织部、宣传部制订的“一九五四年工厂、企业支部教育计划”，在教育方式上，依托上海工人政治学校、上海市总工会干校、团校及产业党委举办的不定期训练班，推动各区委、产业党委以及 1000 人以上（重工业 500 人以上）的国营、公私合营及私营工厂开办夜党校和工厂党课，结合支部日常教育，扩大党员教育覆盖面。在教育内容上，重点对党员开展党在过渡时期总路线教育。同时结合全市新党员发展数量较多，新党员入党后大部分尚未及时进行党的教育的情况，对新党员和候补党员系统开展党的基础知识和群众路线的教育，特别是关于党员条件八项标准的教育。

第三节　推进民主政治建设

在加强党的自身建设的同时，中共上海市委根据《中国人民政治协商会议共同纲领》精神，把开展民主建政、建立健全党和政府联系群众以及人民参与管理国家政权的组织形式作为党执政的一项重要任务。从创造和运用各界人民代表会议这一组织形式开始，逐步在普选基础上建立人民代表大会制度，不断完善中国共产党领导的多党合作和政治协商制度，密切党和政府同人民群众的血肉联系，切实加强民主监督，为巩固人民民主专政提供根本保证。

一、召开各界人民代表会议

在中国共产党对新中国民主建政的制度设计中，人民代表大会制度是我国的根本政治制度。中国人民政治协商会议通过的《共同纲领》规定，中华人民共和国的国家政权属于人民。人民行使国家政权的机关为各级人民代表大会和各级人民政府。但鉴于新中国成立不久，在接管的城市中尚未建立与广大人民群众的紧密联系，召开普选的人民代表大会条件还不具备，因此先由地方各界人民代表会议逐步代行人民代表大会的职权。1949 年 7 月，中共中央作出指示："凡三万人口以上的城市，在解放两个月至迟三个月后，即应召开各界代表会议"①。通过邀请一些具有团体代表性的人士，成立各界人民代表会议，把一切施政方针中的重大问题和人民群众所关心的问题向各界人民代表会议报告，并交付讨论，广泛征求代表们的意见，再作出最后决定，付诸实施，以此密切党、政府与人民群众的联系，协助政府进行各项建设工作。

根据中央的指示，中共上海市委、市军管会和市政府经过认真筹备，于 1949 年 8 月 3 日至 5 日召开上海市第一届第一次各界代表会议。会

① 《中央关于迅速召开各界代表会议和人民代表会议给各中央局、分局的指示》（1949 年 7 月 31 日），中央档案馆编：《中共中央文件选集》第 18 册，中共中央党校出版社 1992 年版，第 395 页。

议代表656人,均为经中共上海市委、市军管会和市政府同各民主党派和人民团体协商后,由市政府邀请参加的。上海市副市长潘汉年在会议开幕词中对召开各界代表会议的目的和作用加以阐述,指出人民政府为加强政府与人民的联系,愿意有一个和各界代表协商的机会,这就是现在进行各界代表会议的目的,虽然它还不能成为上海市人民最高权力机关,但实际上是起了人民代表大会作用。会上由中共上海市委书记饶漱石作关于《粉碎敌人封锁,为建设新上海而斗争》的报告,市军管会主任、市长陈毅作《上海市军管会和人民政府六七两月的工作报告》,简要报告解放上海的经过和接管工作的情况,并郑重宣布上海已经初步完成接管任务,工作的重心将转入管理和局部改造的阶段。会议还通过组织劳资关系委员会、生产委员会、难民回乡生产委员会,筹组工商团体,筹备成立中苏友好协会上海分会委员会等五项决议案。把全市性的重要工作提交市各界人民代表会议讨论,听取代表们的意见;部分重要任务一旦经市各界人民代表会议作出决议后,即在全市贯彻执行,也自此成为惯例,这体现了各界人民代表会议作为中共上海市委、市军管会和市政府经常传达政策、联系群众的协议机关的作用。

针对当时全国范围内仅有石家庄、上海、北平等少数城市已经召开各界人民代表会议的情况,中共中央和毛泽东在8月接连作出指示,强调全党必须高度重视,把组织召开各界人民代表会议“当作一件大事去办”①,不仅三万以上人口的城市均须召开各界代表会议,“各县也应开县各界代表会议,由农会,工会,学生会,文化教育界,工商业界及党政军选派代表,可以选择若干开明绅士参加,讨论全县工作”②。同时对会期、议题等作出具体规定,要求中小城市至少每月召开一次各界人民代表会议,每次一天,至多两天;大城市每月或每两月一次,每次一两天,至多三天。每次会议解决问题不要多,应集中在一两个问题。

9月30日至10月4日,松江县第一届第一次各界人民代表会议在

① 《中央关于转发察哈尔省各界代表会议的报告的指示》(1949年9月4日),中央档案馆编:《中共中央文件选集》(第十八册),中共中央党校出版社1992年版,第441页。

② 《中央关于各县均应开县各界代表会议的指示》(1949年8月25日),中央档案馆编:《中共中央文件选集》(第十八册),中共中央党校出版社1992年版,第430页。

中共中央华东局的直接指导下举行，来自职工、农民、青年界、教育界、自由职业界、妇女界、工商界、开明士绅和党政军领导机关的286名代表出席会议。会议讨论决定了松江县工作的方针和任务，以及关系人民切身利益的税收办法和减租减息办法。

毛泽东对松江县召开各界人民代表会议的经验非常重视，立即于10月13日致电各中央局，要求“请即通令所属一律仿照办理”，指出“这是一件大事。如果一千几百个县都能开起全县代表大会来，并能开得好，那就会对于我党联系数万万人民的工作，对于使党内外广大干部获得教育，都是极重要的”①。毛泽东对松江县召开各界人民代表会议经验的肯定，进一步推动各界人民代表会议的普遍召开和逐步完善。12月2日，中央人民政府委员会第四次会议分别通过省、市、县各界人民代表会议组织通则，对省、市、县各界人民代表会议的产生与组成、任期、职权、活动规则与工作程序等作出明确规定。

根据中央制定的《市各界人民代表会议组织通则》的要求，以及毛泽东关于“上海第二届各界代表会应选出四十人左右的协商委员会。其职权为在各界代表会闭会期间向市政府提出建议案，并为下届各界代表会准备议程及议案”②的指示，上海于12月5日至11日召开第一届第二次各界人民代表会议，决定成立上海市各界人民代表会议协商委员会（简称“市协商委员会”），作为市各界人民代表会议休会期间的常设机构。市协商委员会的主要任务为：协助政府实行市各界人民代表会议的决议，协商并提出对市人民政府的建议，协助政府动员人民支援前线、建立革命秩序、镇压反革命、参加建设工作，负责下届各界人民代表会议的准备工作，负责进行本市民主统一战线工作，因此也是人民民主统一战线的组织形式。这次会议的代表也不再采用由市委、市军管会和市政府商定邀请的方式，而以协商为主的办法产生，部分团体代表由团体成员选举产生。自第一届第三次各界人民代表会议起，除特邀代表外，各界

① 毛泽东：《开好县的各界人民代表会议是一件大事》（1949年10月13日），《毛泽东文集》第6卷，人民出版社1999年版，第4页。

② 中共中央党史和文献研究院编：《毛泽东年谱》第4卷，中央文献出版社2023年版，第47页。

别的代表大都由各界别成员选举产生，少数代表由单位指派。

1950年10月16日至24日，上海市第二届第一次各界人民代表会议召开。出席这次会议的823名代表多数是在协商基础上选举产生的，只有少数为特邀的代表，因而较前几次会议更具代表性。会议由市委第一书记、市长陈毅致开幕词，审议并通过工商行政、失业救济、劳资关系、文教工作四个专题报告。从这次会议开始，经中央人民政府和华东军政委员会①批准，各界人民代表会议代行上海市人民代表大会的职权。即在普选的人民代表大会召开之前，市各界人民代表会议是上海市的最高权力机关，有权决定上海的施政方针和措施，有权审查和批准市人民政府的财政预决算，听取和审查市人民政府的工作报告，以及选举市长、副市长、市人民政府委员组成上海市人民政府委员会。会议还行使地方立法权，制定了《上海市第二届各界人民代表会议组织条例》《上海市第二届各界人民代表会议议事规则》《上海市人民政府委员会选举办法》，通过了《上海市人民政府暂行组织条例》，使各界人民代表会议和市人民政府的工作开始制度化规范化。由各界人民代表会议代行人民代表大会职权，其常设机构——协商委员会代行中国人民政治协商会议地方委员会职权，这种把权力机关和协商机构结合在一起的做法，是适应当时政治经济形势的需要，在特定条件下采取的地方政权组织形式，带有过渡性质。

从1949年8月至1954年8月上海市第一届人民代表大会第一次会议召开前，市各界人民代表会议共历三届，举行过九次会议。同时在中共上海市委、市军管会和市政府的领导下，1950年12月至1951年3月，全市30个区也全部召开第一次各界人民代表会议，至1953年3月均先后召开四次各界人民代表会议，加强了区一级政权的民主建设。

各界人民代表会议作为当时党和政府联系和团结各界人民的极为重要的组织形式，从开始时咨询、协商、参政议政，发展到代行市人民代表大会职权，讨论决定全市性的方针任务，选举政府领导人员，协助政府完成各项重大任务，为过渡到普选的人民代表大会制奠定良好的基础。

---

① 华东军政委员会成立于1949年12月，1952年11月改称华东行政委员会。

二、确立人民代表大会制度

在推进民主建政的过程中，人民群众自身的组织程度和觉悟水平逐步增强，管理国家事务的积极性明显提高，也具备了行使民主权利的经验，在普选的基础上召开人民代表大会的条件已经成熟。1953 年 1 月，中央人民政府委员会第二十次会议通过《关于召开全国人民代表大会及地方各级人民代表大会的决议》，决定召开由人民用普选方式产生的乡、县、省（市）各级人民代表大会，并在此基础上召开全国人民代表大会。

召开人民代表大会的重要前提是开展普选。1953 年 3 月，中央人民政府宣布实施《中华人民共和国全国人民代表大会及地方各级人民代表大会选举法》（以下简称《选举法》），依法在全国范围内开展首次普选运动，民主选举各级人民代表大会代表。根据《选举法》的规定，上海于同年 4 月成立市选举委员会，下设办事机构，区、乡、镇也都成立选举委员会及其办事机构。在市选举委员会的统一领导下，开展普选宣传、训练工作队伍、组织典型试点等各项准备工作陆续启动。

为提高广大群众参加普选的自觉性和积极性，上海结合当时正在广泛进行的过渡时期总路线宣传活动，按照普选工作每一阶段要求，组织市、区两级报告员 3000 多人和经过训练的宣传员 5 万多人，深入到工厂、街道、学校、农村开展普选宣传，重点是普选意义与选举法内容的宣传，使普通民众认识到开展选举关系自身的切身利益，了解哪些人有选举权和被选举权，以及什么人可以当选代表。经过全面宣传，普选深入人心。

为保证普选工作顺利开展，上海针对参加普选的干部来自各个系统和部门，开展选举工作经验不足的具体情况，展开两轮培训。第一批是从 4 月 25 日至 5 月 6 日，抽调参加选举委员会办公机构的科长以下工作人员和参加试点工作的干部，开展集中训练。从 8 月起，又由市、区选举委员会分别对参加普选的干部进行为期五天的训练，市级层面主要是各工作队队长、区选举委员会办公室正副主任及各科正副科长等共约 2000 人，区级层面的训练对象为参加人口登记的全体干部。通过集中收听报告、分组讨论等形式，使其着重了解本市选举工作的布置，熟悉试点工作的方法步骤及有关选举工作的政策要求，明确参加选举工作的工作纪律和作风。这些干部经过培训后，组成600多个普选工作队，分赴各个选区，指导和推动基层普选工作。

为了给全面开展普选积累经验，上海于6月首先选择商业较为集中的黄浦区、工厂较为集中的普陀区、棚户区比较集中的闸北区、一般住户较多的徐汇区以及市郊高桥区的高桥镇、高南乡作为基层选举的试点地区。9月起又在市区43个选区，郊区12个乡、2个镇和7个直属选区和水上1个选区先行一步，开展民主选举。据市区43个先行点统计，有40余万人参加，共选举产生区人大代表240人。

一切准备工作就绪后，上海的普选工作于同年11月正式开始。11月19日，市政府和市选举委员会召开上海市选举运动广播大会，陈毅作题为《积极参加选举，巩固人民民主政权，推进国家的建设事业》的广播讲话，阐明民主选举各级人民代表大会的重要意义，要求公民重视自己的选举权利，尽到国家主人翁的责任，踊跃参加选举。他特别强调要贯彻《选举法》所规定的普遍平等的原则，号召全市人民共同努力，实现中国历史上从来没有过的人民代表大会制度，为国家的社会主义工业化奋斗。

次日，市政府发布命令，宣布自11月23日起，在全市设立4517个登记站，统一进行人口调查登记，并结合进行选民登记。经调查登记和选民资格审查，全市总人口数为6177162人，选民总数为3820553人。随后，全市的选举工作普遍展开，有96%以上的选民参加选举。广大选民怀着强烈的翻身感，兴高采烈地行使自己的选举权利。全市20个市区、10个郊区以及1个水上区共选举产生区第一届人大代表4613人，其中市区代表3612人，郊区代表896人，水上区代表105人。

1954年7月，全市31个区分别召开区第一届人民代表大会第一次会议，经过充分酝酿讨论和无记名投票，选举产生上海市第一届人大代表790名，解放军驻沪部队代表10人。代表以一定人口的比例为基础，又涵盖工人、农民、机关干部、知识分子、军人、工商业者、少数民族、宗教界、归侨等各界人士，反映了人大代表来源的广泛性和平等性，力求最大程度地代表全市人民的利益。在代表中，中共党员占48.25%，工人代表占 30.75%，体现了以工人阶级为领导、以工农联盟为基础的人民民主政权的性质。

在此期间，市协商委员会还组织各界人士学习和讨论中华人民共和国第一部宪法初稿和草案。参加讨论的有中共中央华东局和上海市人民政府机关以及各民主党派和人民团体的负责人 600 多人。在讨论过程中，陈毅对宪法草案的基本精神、主要内容和讨论的要求作动员报告。中共中央华东局和上海市政府的负责人谭震林、潘汉年等分别就统一战线、人民民主专政、经济、文化、教育等问题作了 17 次辅导报告。中共中央华东局统战部部长吴克坚就讨论中提出的一些问题作出说明。讨论中，各界人士对宪法初稿和草案提出修改和补充意见 1487 条，供中央宪法草案委员会参考。讨论的听讲者达 5500 多人，这也为普及宪法知识起到很好的宣传教育作用。

8 月 16 日至 21 日，上海市第一届人民代表大会第一次会议召开。会议听取、讨论市宪法草案讨论委员会主任、市长陈毅所作《关于宪法草案讨论情况的报告》，报告阐述宪法草案的基本精神，并对上海人民在讨论中对宪法草案提出的若干问题作了说明；审议通过市财政经济委员会副主任宋季文所作《关于上海市一九五三年决算和一九五四年预算草案的报告》，认为财政预决算贯彻为生产服务、为劳动人民服务的方针，财政支出大都用于经济建设和文化教育事业，保证上海生产的不断提高和广大劳动人民文化物质生活的改善；听取、讨论市财政经济委员会秘书长孙更舵《关于实行粮食定点供应问题的报告》。会议还采用无记名投票方式，选举宋庆龄、沈钧儒、陈云、陈毅等 63 人为第一届全国人大代表。

至此，上海市、区、乡（镇）三级人民代表大会通过民主选举正式建立，标志着人民代表大会制度作为党领导下的一项根本制度在上海得到确立。根据《中华人民共和国宪法》和《中华人民共和国地方各级人民代表大会和地方各级人民委员会组织法》的规定，1955 年 2 月召开的市第一届人民代表大会第二次会议将上海市人民政府改为上海市人民委员会（简称“市人委”），市人民法院和市人民检察院与行政机关分开，单独设立。到 1966 年“文化大革命”开始前，市人民代表大会共历 5 届，举行过14次会议。

三、开展统一战线工作

上海是中国民主党派的发祥地和活动中心之一,我国现有的八个民主党派在上海都有地方组织,其中中国民主促进会、中国农工民主党等是在上海成立的,中国民主建国会、台湾民主自治同盟等曾在上海设立总部。上海也是民族资产阶级上层人士、无党派代表性人士以及中国文化、教育、医卫、科技界知名人士的荟萃之地,他们中许多人在民主革命时期就与中国共产党有着不同程度的交往与合作。这使得上海成为中国共产党开展爱国统一战线和人民政协工作的重要基地。上海解放后,中共中央华东局即于6月1日在上海成立统一战线工作部,兼管上海市的统战工作,由市长陈毅兼任部长,副市长潘汉年任副部长。1950年3月,中共上海市委统战部建立,潘汉年任部长。

为了充分调动各民主党派参与新中国建设事业的积极性,团结一切爱国民主力量,巩固人民民主政权,上海市委把有计划、有步骤地帮助民主党派发展作为一项基础工作。根据中共中央第一次全国统战工作会议确定的帮助各民主党派团结、进步和发展,在日常政治生活和祖国建设事业中同他们真诚合作,帮助各民主党派,充分发挥他们的积极作用这一总方针,市委及相关部门积极帮助各民主党派进行组织整顿和发展工作。

首先对这一时期在沪的中国国民党革命委员会、中国民主同盟、中国民主建国会、中国民主促进会、中国农工民主党、上海人民团体联合会等各党派与团体的现状、组织、领导成员、政治倾向和活动状况开展调查分析,并及时向中央汇报。在此基础上,从1949年9月至1950年5月,中共中央华东局统战部、上海市委统战部连续召开数次各民主党派座谈会,既向各民主党派人士报告当前形势和党的方针政策,征求大家意见,同时也就各民主党派的建设和发展交换意见。在5月30日的座谈会上,潘汉年根据中共中央与各党派中央协商规定的各党派分工原则,提出上海各民主党派组织内部整顿完毕的可以发展组织,同时建议注意质量,不要单纯追求数量,要以严肃慎重的态度来发展组织。对于党内一些同志存在不重视民主党派和民主人士,认为民主党派总共没有多少人，是否有必要建立一个组织的错误思想，有针对性地开展思想工作，强调党不是孤立的，要团结最大多数的人民一同前进，对民主党派的作用要有足够的估计。中共上海市委还挑选一批优秀党团员进入民主党派，帮助他们做好组织发展工作。至1953年6月，全市民主党派成员发展到3032人，比解放初期增加了1.5倍，使各民主党派在思想基础和组织基础上进一步得到巩固和发展。

在中共中央、华东局的领导和推动下，市委不仅通过会晤各界代表人士、召开座谈会等方式广泛听取他们对改造和建设新上海的意见，还把安排民主党派成员担任政府领导职务，作为推动上海统一战线工作的一项重要内容。上海解放后，各民主党派有不少领导人参加华东军政委员会和上海市人民政府工作，担任领导职务。1949年6月25日，中共中央电华东局，聘请民主党派人士黄炎培、盛丕华、包达三、张絅伯、王却尘、吴羹梅、胡子婴、俞寰澄、施复亮为上海市人民政府顾问。12月，工商界人士盛丕华被任命为上海市副市长。华东军政委员会成立后，上海各民主党派领导人中有20人担任华东军政委员会委员，有10人兼任华东军政委员会所属部、委、局的领导职务，盛丕华还于1953年1月担任华东行政委员会副主席。截至1966年“文化大革命”爆发前，还有赵祖康、荣毅仁、胡厥文先后担任过上海市副市长，沙千里担任市人民政府副秘书长，有32人先后担任市人民政府所属委、办、局正副主任、局长。

通过不断完善中国共产党领导的多党合作和政治协商制度，推动各民主党派积极参与地方大政方针和重要领导人选的协商，实行民主监督，是上海做好统一战线工作的主要方面。1949年2月市协商委员会成立后，既作为上海市各界人民代表会议休会期间的常设机构，又是代行中国人民政治协商会议上海市地方委员会职权的人民民主统一战线组织，对于协调统一战线内部的各种关系，推动各民主党派地方组织开展工作发挥重要作用。其委员来自工人、农民、青年、妇女、文教、工商、宗教、民主党派、中共上海市委、市政府和市军管会等12个方面的各界代表，是在上海和全国有声望、有影响、有代表性的人士。陈毅连任三届市协商委员会主席。

市协商委员会设置专门小组作为开展各项活动的工作机构，吸收各界人民代表会议的代表参与其中。1950 年 5 月，市协商委员会常委会成立工商、劳资、税务、文教及一般问题等 5 个组。同年 11 月，将原来的专门小组改为专门委员会，成立税务委员会、财政委员会、文化委员会、教育委员会、市政建设委员会、劳资关系委员会、会务委员会等 7 个专门委员会。其主要任务是研究协商委员会全体委员会议及常委会交议的事件，提出意见，以便全委会或常委会讨论；更广泛地收集各方面的意见，更深入地传达政府的政策，并就各方面的意见发掘问题，向常委会提供建议，使政府、协商会和本市各方面间的联系更臻紧密，更好地发挥协商委员会的职能。市协商委员会还组织各界人士在自愿原则下进行各种内容和形式的学习。从 1950 年起，市协商委员会结合国内外形势和重大政治运动，组织各界人士学习《中国人民政治协商会议共同纲领》、中共中央关于党在过渡时期总路线和《中华人民共和国宪法》等重要政策文件，提高他们的理论水平和履职能力。

在经普选的上海市第一届人民代表大会第一次会议召开以后，市协商委员会不再代行人民代表大会的职能，但其机构暂时保留，继续进行统一战线工作。直至 1955 年 5 月，根据《中国人民政治协商会议章程》的规定，成立中国人民政治协商会议上海市委员会。第一届委员会由 27 个界别的 275 名委员组成，委员经由广泛而充分的协商产生。市政协一届一次全体会议选出主席、副主席、秘书长和常务委员共 80 人，组成常务委员会。这样的组织形式为历届市政协所沿用，但界别数和委员人数逐届有所调整。市政协从 1955 年 5 月成立到“文化大革命”开始后被迫中止工作，其间共历四届。作为中国人民政治协商会议的上海市地方组织、上海人民的爱国统一战线组织和中共上海市委领导的多党合作和政治协商的重要机构，对国家大政方针、地方重要事务和群众生活中的重要问题履行政治协商、民主监督、参政议政的职能，为建设中国共产党领导的多党合作和政治协商这个基本政治制度发挥了重要作用。

在新中国成立初期，中共上海市委从加强党的自身建设和开展民主建政两方面入手，为在执政条件和城市环境下如何建设党的问题积累了一定经验，也为党和人民政府进一步加强民主政治建设打下制度框架。

第六章

有计划经济建设的开端

在胜利完成恢复国民经济任务的基础上，中共中央于1953年提出党在过渡时期总路线，要求逐步实现国家的社会主义工业化，逐步实现国家对农业、手工业和资本主义工商业的社会主义改造，我国开始进入有计划的经济建设和全面实行社会主义改造的时期。上海市委、市政府在团结带领全市人民为实现党在过渡时期总路线而奋斗的过程中，服务于我国开展大规模经济建设的需要，积极实施工业结构调整，集中力量发展重工业，使自身的经济社会面貌发生深刻变化；同时从资金、设备、技术、人才等各方面为全国重点项目建设和新兴城市发展提供支持，对国家建立社会主义工业化的初步基础作出重要贡献。

第一节　贯彻国家工业化建设方针

党在过渡时期总路线是这一时期党和国家一切工作的指针，总路线的主体是实现社会主义工业化，这是国家独立、富强的当然要求和必要条件。围绕实现工业化这一目标，中共上海市委、市人民政府开展大规模的过渡时期总路线学习宣传活动，使全市人民的思想基本统一到总路线上来；实行粮棉油等主要农产品的统购统销，为工业化建设提供稳定的物资供应；根据国家第一个五年计划规定的各项任务及对上海的要求,结合自身的具体情况,制订本市第一个五年计划,为上海开展经济建设明确具体方案。

一、学习宣传过渡时期总路线

在中国建立社会主义制度,是中国共产党自创建时就已经确立的奋斗目标。由于中国经济十分落后,党在全国解放前夕设想,可能要到15年之后才能考虑向社会主义转变的问题。但在新中国成立后,我国仅用短短三年时间就胜利完成了恢复国民经济的任务,进行有计划经济建设的条件已经成熟。按照"三年准备、十年计划经济建设"的构想,党中央提出了党在过渡时期总路线,即:"从中华人民共和国成立,到社会主义改造基本完成,这是一个过渡时期。党在这个过渡时期的总路线和总任务,是要在一个相当长的时期内,逐步实现国家的社会主义工业化,并逐步实现国家对农业、对手工业和对资本主义工商业的社会主义改造。"① 党在过渡时期总路线是一条建设与改造同时并举的路线,其核心内容是"一化三改","一化"即逐步实现社会主义工业化是其主体任务,"三改"即对个体农业、手工业的社会主义改造和对资本主义工商业的社会主义改造为其两翼。在1954年9月召开的第一届全国人民代表大会第一次会议上,过渡时期总路线的内容被载入第一部《中华人民共和国宪法》,成为整个国家的统一意志。

党在过渡时期总路线提出以后,按照中共中央关于向全党和全国人民开展广泛深入的宣传和教育工作的指示精神,在中共中央华东局和上海市委的领导下,全市迅速掀起学习和宣传总路线的热潮。根据学习对象、学习重点的不同,全市关于党在过渡时期总路线的宣传教育分两个阶段进行。

1953年11月底之前为第一阶段的宣传教育,主要是以报告会和群众座谈会的形式,在广大群众中开展大张旗鼓的普遍宣传,基本上做到

---

① 《为动员一切力量把我国建设成为一个伟大的社会主义国家而奋斗》(1953年12月),中共中央文献研究室编:《建国以来重要文献选编》第4册,中央文献出版社1993年版,第700—701页。

家喻户晓。10月6日至12日,中共中央华东局统战部与上海市委统战部邀请工商界与民主党派人士举行座谈会,由出席全国政协会议的盛丕华、胡厥文、荣毅仁、郭棣活传达毛泽东、周恩来和陈云的报告和总路线精神。随后,中共中央华东局和上海市委共组织19次报告大会,由陈毅、华东局第三书记谭震林及华东局、市委其他负责同志分别向机关、部队、工厂、学校、里弄、文教界、科学界等各方面的干部群众作报告,共有约27万人直接收听报告。同时,组织各级报告员和普选工作队员,深入工厂、商店、里弄向广大群众作报告,直接收听报告的近200万人。各区委、党委还根据中共上海市委宣传部印发的《关于党在过渡时期的总路线和总任务的宣传提纲》,在全市街头、车站、码头广设宣传站,开展形式丰富的宣传活动,使全市群众对党的过渡时期总路线形成了统一认识。

第二阶段的宣传教育从1953年12月开始。主要特点是在继续大张旗鼓广泛宣传的基础上,按照宣传贯彻党的总路线和总任务的原则与各阶层群众的思想情况结合起来,对不同阶层和不同工作单位明确不同宣传重点的要求,强调有针对性地开展宣传工作。对国营企业职工着重宣传社会主义工业化以及贯彻增产节约运动的意义,对资产阶级着重宣传党对私营工商业的社会主义改造政策,对知识分子着重宣传工业化建设的光明前景和培养建设人才的重要性,对里弄居民着重提高实行国家的社会主义工业化是全国人民的长远利益和最高利益的认识,对郊区农民着重宣传只有通过农业互助合作才能使农民生活逐步改善,以动员全体干部和广大群众在各项任务中贯彻总路线的积极性和创造性,使总路线的宣传教育真正成为推进各项工作的动力。

深入贯彻总路线的宣传教育,加强对干部的教育是关键。根据中共中央华东局和上海市委的部署,全市各级干部用两个月的时间集中精力学习党在过渡时期总路线。首先是弄通思想、弄通政策、弄通总路线和各方面工作的密切联系,结合工作实际深入领会文件的精神实质;随后根据过渡时期总路线精神检查工作,逐步提高干部的政策思想水平。

在普通群众中宣传党在过渡时期总路线,则以工人群众为主要对象。教育分两步进行,第一步是通过开展正面教育,宣传新中国成立以来取得的建设成果,鼓舞工人群众建设社会主义的信心。第二步是以工厂为单位召开工人代表会议,在总结党在过渡时期总路线学习经验的基础上,引导工人群众正确认识增产节约、分息分红、工资调整等问题,不断提高其阶级觉悟。同时,也重点抓好对私营工商业者开展党在过渡时期总路线宣传教育,特别是对他们进行社会主义前途教育、社会主义改造的教育和爱国守法教育。自 1953 年 11 月至 1954 年初,上海私营工商业者举行总路线报告会达 90 次,参加者 8 万余人,有些还组织座谈讨论。在中共上海市委统战部及工商联党组等领导下,上海还在协商委员会学习委员会之下,组织工商界、民主党派等学习总分会及以政府委员、协商委员、工商界上层代表人物等组成直属小组,进行较为系统的学习。通过学习和讨论,他们开始认识到在中国走社会主义道路是大势所趋,因而积极靠拢中国共产党和人民政府,愿意接受社会主义改造。在经济方面接受社会主义改造的同时,部分私营工商业者还认识到要加强自身的思想改造,以便逐步把自己改造成自食其力的劳动者。还有些资本家当即表示要申请公私合营。

学习和宣传党在过渡时期总路线,是新中国成立后在全市党员干部和普通群众中普及社会主义观念的一次空前规模的学习活动。通过广泛而深入的宣传教育,迅速统一广大干部群众对党在过渡时期总路线的认识,增强了为实现国家社会主义工业化和社会主义改造而奋斗的信心和决心。

二、实行粮棉油统购统销

早在新中国成立前夕,《中国人民政治协商会议共同纲领》中就已经提出,凡属有关国家经济命脉和足以操纵国民生计的事业,均应由国家统一经营。在 1953 年正式提出的党在过渡时期总路线中,中共中央把对粮食等重要农产品的购销问题与实现工业化联系起来,进一步强调在实现国家的社会主义工业化和对农业的社会主义改造中,实现国家对粮食和其他重要农产品的计划收购和计划供应具有重大的意义。但如何实行统购统销,中共中央仍持相当慎重的态度。而 1953 年全国粮食严重紧缺则使得这一原本谨慎、稳步前进的过程明显加速。

大规模经济建设开始后，我国的经济规模迅速扩大，带动城市人口和就业人数大幅度增加，1953 年全国城镇人口达到 7826 万，比 1952 年增长 9.3%，居民消费水平比 1952 年提高 15%。为工业所需的经济作物种植面积不断扩大，粮食的种植面积相应缩小。加之，公私多种经营主体和自由市场的存在，部分私商利用这种紧张局面大肆抢购，囤积居奇，使得国家难以有效掌控粮食等农产品市场供应和价格。受这些因素的影响，尽管国营公司粮食收购量在增加，但销售量增加得更多，粮食供应出现紧张局面。1952 年 7 月至 1953 年 6 月的粮食年度内，国家共收入粮食 547 亿斤，比上年度增长 8.9%；支出 587 亿斤，比上年增加 31.6%；库存由 145 亿斤降至 105 亿斤，其中上海由 3.9 亿斤减为 2.9 亿斤。1953 年 7 月以后，这一趋势仍未见好转。

从根本上找出办法解决以粮食为代表的重要农产品全面紧缺状况，成为一项刻不容缓的任务。1953 年 9 月，陈云召集中财委有关负责人，经过逐个比较多种解决粮食问题的方案，反复权衡利弊，最终向中央提出在农村实行粮食征购、在城市实行粮食配售的建议方案。10 月，中共中央作出《关于实行粮食的计划收购与计划供应的决议》，指出为了把粮食供应放在长期稳固的基础之上，必须在农村向余粮户实行粮食计划收购（简称“统购”）；对城市人民和农村缺粮人民实行粮食计划供应（简称“统销”）；实行由国家严格控制粮食市场，严禁私商自由经营粮食的政策；所有方针政策的确定，所有收购量和供应量，收购标准和供应标准，收购价格和供应价格等，都必须由中央统一规定或经中央批准。这四项政策相互关联，缺一不可。此后，中共中央根据有计划经济建设的需要，进一步扩大统购统销的范围，先后实行油料的统购和食油的统销、棉花的统购和棉布的统购统销。

上海城市人口规模大、工厂企业众多，是各类农产品的重点供应对象。更重要的是，上海的经济影响力在国内首屈一指，上海的市场供应一旦出现波动必然会影响全国。因此，中央对上海建立统购统销制度态度较为谨慎。陈云在 1953 年 10 月召开的全国粮食会议上，要求全国迅速实行粮食定量配给时就指出：“像上海这样的城市，情况很复杂，准备工作要较长的时间,那只能迟一点。”[①] 同时考虑到当时上海粮棉油供应的实际情况和居民的生活需求,根据中央指示,上海实施统购统销政策首先从食油、面粉开始。1953 年 10 月,上海市军管会和市人民政府先后联合发布《关于加强对食油供应管理的命令》和《关于加强对面粉供应管理的命令》,要求私营油商和面粉商须按照牌价将食油和面粉充分供应门市,不得有囤积、拒售、抬价、短秤、掺杂、外运等行为;私商必须将进货销售情况和存量数字按期向所在地政府工商科呈报;私营面粉厂一律生产标准粉,其产品应全部售给上海市粮食公司,不得在市场上擅自销售。

从 12 月起,上海开始实行粮食的统购统销。在市郊农村继续实行公粮征收,对余粮户手中除留作自用之外的粮食展开统购的同时,把在全市范围内实行粮食统销作为建立统购统销制度的重点。根据中央关于在开始实行计划供应时,可先规定一些简便易行的办法,再逐步研究改造,使之趋于完善的要求,上海市人民政府发布《关于上海市加强粮食市场管理和实行私营米店代销办法的暂行规定》,强调所有私营粮商一律不准私自经营粮食,由市粮食公司统一经营,并开始改造粮食供应网。至 1953 年 12 月,全市 1781 家私营粮店中有 1498 家改为市粮食公司的代销店,占 84%;另有 283 家歇业或转业,占 16%。改为国营代销店后,除按国营牌价代销粮食外,还按期报送进、销货计划和进、销、存报表,由国营粮食公司随时检查其履行代销合约情况,由此将其经营活动直接纳入国家计划轨道,奠定了粮食计划供应的基础。

解决上海的粮食供应问题,仅仅依靠改造供应网显然是不够的,必须把粮食的供应与消费结合起来考虑。1954 年 8 月,上海市第一届人民代表大会第一次会议通过上海市实行粮食定点供应暂行办法等规定,在全市正式实行粮食主要是大米的划片定点凭证供应。此后,又进一步把用粮计划从以户定量改为以人定量,按照分类分等分级的原则,根据劳动者的工种和年龄的不同,划分为工人,机关团体工作人员、公司企

---

① 陈云:《实行粮食统购统销》,中共中央文献研究室编:《建国以来重要文献选编》第 4 册,中央文献出版社 1993 年版,第 458 页。

业职员、店员及其他脑力劳动者,大中学生,一般居民等类别,规定适当的定量标准,对于工人中的特重体力劳动者和大中学校的学生,都作了必要的照顾。定量供应办法的实施,标志着粮食计划供应制度的最终确立,推动了统购统销的进一步制度化。

1954 年 9 月,根据中央人民政府政务院发布的《关于实行棉布计划收购和计划供应的命令》《关于实行棉花计划收购的命令》,上海从当月 15 日起对棉花实行统购,对工业品棉布实行统购统销。各种棉布统一由中国花纱布公司上海采购供应站及中国花纱布公司上海市公司经营,不得由私人自由经营;全市居民一律按照定量发给布券,凭券购布或购买列入计划供应范围的布制品。

在当时经济发展水平比较低,基本商品供应缺乏的条件下,统购统销制度通过对食油、粮食、棉布、食糖四种主要农产品实行计划收购和计划供应,将其大部纳入国家计划管理的轨道。这对于保障全市人民基本生活需要和稳定物价,保障国家经济建设的物质供应,以及贯彻党在过渡时期总路线,促进上海对个体农业、手工业和资本主义工商业的社会主义改造具有重要意义,是我国工业化初创阶段必须采取的一项重大决策。统购统销的实行与计划经济体制和城乡二元结构的形成关系密切,被称为继稳定物价、统一全国财经工作之后,"新中国财经战线上第二次大战役"①。但统购统销制度在客观上割断了农民与市场的联系,在当时的历史条件下限制了商品生产的发展。

三、编制上海第一个五年计划

为实现党在过渡时期总路线规定的完成国家社会主义工业化主体任务,保证大规模经济建设有计划、按比例地进行,避免盲目性、分散性,分别轻重缓急和缓解发展中的不平衡问题,我国借鉴苏联的建设经验,结合中国的实际情况,把制订一部切实可行的发展国民经济的中期计划作为一项重要步骤。第一个五年计划从 1951 年春即着手试编纂,但由于缺乏对全国经济状况的基本统计资料,难以全面掌握企业的生产能

① 薄一波:《若干重大决策与事件的回顾》(上卷),中共中央党校出版社 1991 年版,第 255 页。

力，加之从中央到地方各级部门普遍缺乏编制和实施经济建设计划的经验，只能采取一边初步编制和开始执行，一边继续不断讨论修改的方式，先后历时四年，五易其稿，到 1954 年 9 月基本定案。

在中央集中精力编制全国五年计划的同时，各个地区和部门也开始各自五年计划的编制工作。上海第一个五年计划是在国家计划指导下制订的，采取自上而下下达计划控制数、自下而上逐级编制并呈报计划草案、自上而下逐级批准计划的办法，经历一个上下反复的过程。

1952 年底，在中财委和上海市委的领导下，上海正式开始编制第一个五年计划（简称“一五”计划）。因此时上海市计划委员会尚在筹建，“一五”计划的编制工作由上海市财政经济委员会负责进行，1953 年下半年按照国家计委统一部署编制建议数字。1954 年 10 月，国家计委下达上海市“一五”计划的控制数，内容包括工业生产、农业生产、林业、交通运输、国内贸易、基本建设、城市公用事业和文化教育卫生事业等 8 个方面。根据国家计委下达的指标和中共上海市委的意见，上海市财政经济委员会编制《上海市发展国民经济第一个五年计划纲要草案》，于 12 月上报国家计委。计划草案对国家计划下达的内容有所增减，其中增加干部培养、劳动工资和地方财政三项，减少林业一项。1954 年 12 月上海市计划委员会（简称“市计委”）成立后，即改由市计委负责上海市“一五”计划的编制工作。

在编制“一五”计划过程中，由于从 1954 年下半年起上海工业生产在产供销方面遇到一些困难，加之台海危机爆发，国防前线局势一度紧张。从战争爆发的可能性考虑，中共上海市委于 1955 年 2 月召开扩大会议，主要研究了上海建设和改造的方针、国防、上海的基本建设和改造计划、疏散与内迁、增产节约等 10 个问题，强调本市地方基本建设一般不作新建扩建，以发挥原有设备潜力为主，在城市公用事业上亦以维持为主的原则。按照中共中央指示，会议提出了“紧缩人口与加强战备”的方针，要求动员大批市区人口回乡生产和支援内地建设，同时压缩基本建设投资。这次会议对工业生产积极发展打算比较少，维持方面考虑比较多。会后立即成立了市委紧缩问题调查研究委员会，重点就人口、工业、商业、文教、交通等 5 个方面提出紧缩改造意见，全市各系统也制定行业的改造与紧缩方案。

1955 年 3 月，市计委根据国家计委正式下达的上海“一五”计划核定数，以及中共上海市委、市人民政府的意见，编制《上海市发展国民经济第一个五年计划纲要草案（初稿）》上报国家计委，将组织部分工厂学校内迁，有步骤地动员过多的人口疏散等“紧缩”“内迁”任务也列入全市五年发展计划之中。同年 11 月，国务院正式下达《上海市发展国民经济的第一个五年计划》，明确了上海在“一五”时期的方针任务，并就工业生产、农业生产、交通运输、商业发展、基本建设、文教事业、劳动工资和财政八个方面的发展指标分别作出详细规定。

上海在制订“一五”计划过程中，把服从国家建设要求和反映自身经济具体情况相结合，提出上海的建设和改造，必须坚决贯彻党在过渡时期的总路线、总任务，坚决服从国家关于巩固国防、工业合理布局的要求，采取“维持利用、调整改造”的基本方针。这一方针体现了国家第一个五年计划对上海的发展要求。上海地处国防前线，考虑到爆发战争的可能性，以及出于改变我国历史上形成的工业布局不合理状况的目的，“一五”时期国家并未在上海安排大型建设项目，对现有企业一般不作新建和扩建，并要求有步骤地组织部分工厂、学校内迁，动员过多的人口进行疏散，以支援全国重点项目建设和新兴城市发展。同时，这一方针也充分考虑了上海自身发展的具体情况。上海的工业生产能力较强，技术协作条件较好，但有些工业部门过于集中，发展带有一定的盲目性，细小分散的小型工业和个体手工业户数比重很大，需要对生产设备和技术设备作适当的调整和必要的裁并组合，对城市畸形臃肿的不合理状态逐步加以紧缩。在上海的各种经济成分中，资本主义成分比重很大，需要积极而逐步地进行社会主义改造。

按照“维持利用、调整改造”方针，确定上海在“一五”时期的基本任务：一是集中力量有步骤地积极地进行对私营工商业的社会主义改造，完成大部分私营大型工厂的公私合营，把私营工厂基本上纳入各种形式的国家资本主义轨道，基本上排除私营批发商，扩大对私营零售商的经销、代销、批购，全面安排与控制零售市场，并完成大部分农业的合作化，建立手工业合作化的初步基础。二是在全国供产销平衡的基础上，继续发挥原有工业基地的作用，并有步骤地调整上海工商业，有计划地稳步地减少城市中过剩的消费性行业，有重点地结合社会主义改造对主要行业进行生产组织、技术设备和经营管理等方面的改革，为把上海改造成为适合国家建设需要的生产城市建立初步基础。三是贯彻国防观点，在发挥原有企业潜力的基础上发展生产，一般不作新建和扩建，并防止私营工商业盲目发展；采取各种措施制止外地人口流入，同时根据需要与可能，组织40万至50万人口疏散和适合内地建设需要的企业内迁。

《计划》同时还明确上海“一五”期间的主要发展指标为：1957年工业总产值达到106.4亿元（按1952年不变价格计算，“一五”计划中工业总产值计划口径不含手工业产值），比1952年增长68.4%，平均每年递增11%。其中，国营、地方国营、合作社营、公私合营工业企业产值占全市工业总产值的比重从1952年的33.3%上升为85.01%，私营工业产值则相应从66.7%下降为14.97%。农业生产方面，蔬菜播种面积扩大至36万亩，总产量1080万担，比1952年增加143.27%。为此，要求相应压缩粮食和棉花播种面积，提高亩产产量。地方基本建设投资五年累计达到3.04亿元，其中城市公用事业与文教卫生事业分别占42.66%和28.38%。社会商品零售总额达到22.88亿元，比1952年增长37%，平均每年增长7%，其中国营经济由1952年时的11.86%上升至15.38%，合作社经济由6.43%上升至7.78%，经销、代销及合营由0.32%上升至34.95%，私营经济则从81.39%下降至41.89%。地方财政收入为12.43亿元，平均每年增长9.47%。这些指标以经济建设为重点，同时又涵盖文化教育卫生等诸多方面，为上海此后的发展明确了具体要求。

第二节　支援国家“一五”建设

“一五”时期，为改变我国工业地区分布不合理的状况，同时出于国防需要的考虑，中央以东北、西北、华北等地区为重点，积极进行新的工业基地建设,在西南开始部分的工业建设;同时要求合理利用东北、上海和其他城市的工业基础,发挥它们的作用。这一时期,在国家总的计划部署下,上海通过充分发挥自身在人力、物力、财力、技术上的优势,积极为重点建设项目和基础设施建设,为新兴城市的发展提供机械设备、输送各类人才和代为培训技术工人,为推动我国的社会主义工业化进程发挥特有的作用。

一、支援国家重点项目建设

1953 年,我国开始实施第一个五年计划,其基本任务之一就是集中主要力量进行以苏联帮助我国设计的 156 个单位为中心的、由限额以上的 694 个建设单位组成的工业建设,建立我国社会主义工业化的初步基础。其中,由苏联帮助设计的 156 个重点建设项目(简称“156 项”),对于“打下我国工业化基础有决定的意义,必须抓紧建设,保证完成”[①]。

“156 项”规模巨大、技术复杂,不仅需要大量资金的投入,而且需要大批具有较高技术水平的技工参与建设,据统计,“一五”计划需要技术人员 30 万、技术工人 110 万。但当时中国工业非常落后,技术人员和技术工人严重缺乏。而上海是我国发展最早的工业城市,工人数量多,工种全,制造经验丰富。为此,中共中央提出“现有大城市特别像上海、天津等城市应该抽调并培养相当技术干部支援他们,这是必须的、合理的,但抽调技术员工必须是有组织有计划地进行,而不应是零星地无计划地进行”[②]。

上海市委根据中央的指示,把输送技术人员和技术工人支援全国重点建设项目作为全市的中心工作之一,要求进一步发挥现有的潜在力量,更好地为满足国家重点建设的各项需要而努力。在中共上海市委领导下,市、区均成立临时工作组,结合中央第一、第二机械工业部,燃料工业部,重工业部,轻工业部等部门提出的需求人数,对有关各厂的技术工

① 李富春:《编制第一个五年计划应注意的问题》(1953 年 9 月 15 日),《建国以来重要文献选编》第 4 册,中央文献出版社 1993 年版,第 403 页。

② 《中央复上海关于有计划地抽调技术员工支援重点城市建设的建议》(1955 年 2 月 14 日),上海市档案馆所藏档案,A1-1-658。

人情况进行摸底，按照先党内后党外、先干部后群众的步骤，把主要力量集中在主要工厂和主要对象上的原则，开展广泛深入的动员工作。1954年6月，上海市人民政府和市总工会联合召开上海市技术工人参加国家重点建设动员大会，号召广大技术工人发扬上海工人的光荣革命传统与艰苦奋斗、服从计划的精神，到国家建设最需要的地方去。这一号召得到全市工人的踊跃支持，报名者达2万多名。对于报名参加重点建设项目的工人，为保证质量，对其政治、技术和健康条件严格审查，选择一批政治可靠、技术精湛、身体健康、有培养前途的技工输送到各地。

“一五”期间，全市共动员2.8万名工程技术人员、9.3万名熟练技工以及大批一般劳动力参与“156项”建设，其中大部分是进行厂房建设、设备安装和开展生产最需要的建筑工人、金属结构和安装工人、起重工、钳工、车工、电焊工、气焊工、冷作铆工、铣工等。这些技工具有较高的技术水平和过硬的政治素质，以1953年6月至1955年4月上海所输送的5000多名参加全国重点建设的五金技工为例，技术等级为四级工和五级工至八级工的各占一半，部分还是具有二三十年工龄的老技工；共产党员和青年团员占35%以上，很多还是劳动模范、工会干部和车间主任等生产上的骨干与积极分子。这些技术人员和技术工人在“156项”建设过程中勤奋工作，刻苦钻研技术，迅速成为骨干力量，为这些项目的顺利建成和开展生产发挥了重要作用。

在组织输送技术人员和技术工人的同时，上海还抽调一批管理干部参与国家重点项目建设。我国在开展大规模经济建设过程中，面临的一个突出问题就是干部的数量和质量难以满足繁重建设任务的需求。为此，中共中央于1953年11月作出《关于统一调配干部，团结、改造原有技术人员及大量培养训练干部的决定》，把统一调配干部，团结改造原有技术人员和大量培养训练干部，解决工业建设及其他方面迫切需要的干部问题作为党的组织工作的主要任务之一，强调其对于贯彻党在过渡时期总路线、保证“一五”计划的实现具有头等重要的意义；同时要求按照统一调整、重点配备、大胆提拔的原则，对全国地委以上党政机关和各厂矿的主要干部进行合理的调配，为新建、改建和扩建的厂矿配备足够数量和一定质量的干部。根据中共中央的统一安排，上海抽调1.37万余名具有较高政治觉悟和工作能力的管理干部参与“156项”建设，担任各级领导干部，其中包括一批熟悉相关技术、具有较高管理能力和领导水平的高级领导干部。从1953年开始建设的长春第一汽车制造厂是新中国成立后建设的第一家汽车生产厂，结束了我国汽车全部依赖进口的局面。1954年9月，根据中共中央组织部的安排，上海市委常委、组织部部长赵明新被任命为第一汽车制造厂党委书记。在“一五”期间及“二五”计划前三年，上海一些大型企业还根据国家重点项目的建设需求，有组织地培养选配从厂长到一般管理干部的一整套干部班子成套输送到各地的工厂企业。由上海柴油机厂成套输送干部到洛阳柴油机厂、西安柴油机厂；上海机床厂成套输送干部到武汉机床厂；上海江南造船厂、沪东造船厂成套输送干部到武汉造船厂、渤海造船厂；上海电机厂、上海汽轮机厂、上海锅炉厂成套输送干部到哈尔滨电机厂、汽轮机厂、锅炉厂和武汉锅炉厂等。

除提供人才支援之外，配套生产各类设备器材也是上海支援全国重点项目建设的一项重要内容。“一五”期间，上海各工厂企业充分发挥生产积极性和创新性，“空前规模地供给了国家大规模建设需要的器材和机器。从各种钢材、动力机、金属切削机、建筑机直到各种仪器和电力控制器，等等。其数量要以万吨或万件计。还有可绕地球两周的电线电缆”①；对一些重点建设必需的配套企业，上海也积极组织相关企业进行整体搬迁。其中，鞍山钢铁公司、第一汽车制造厂、玉门油矿等企业是上海开展配套设备支援的重点。上海在“一五”计划期间为一汽生产使混凝土结实的振荡器、灰浆搅拌机、自动引水离心泵、专用电炉等43种装备；有30多家工厂为鞍钢协作生产78种装备，其中有重型的矿山机械、工作母机、动力机、电动机和水泵，也有精巧细致的电器控制设备、自动记录仪器、管道闸门以及各种规格的电线、电缆。为支援新中国成立后建设的第一个石油基地——玉门油矿，上海汽轮机厂等企业生产柴油机、发动机、水泵、油泵、电信器材等各种机械配件多达400余种。

为满足“156项”建设对各类配套设备的需求，上海的工厂企业挖

① 《上海在国家五年计划的第一年》，《解放日报》1953年11月5日。

掘生产潜力,提高生产效率,提前完成生产任务。上海华通开关厂为保证鞍山钢铁公司新建的无缝钢管厂、大型轧钢厂和第七号炼铁炉等重点工程的施工进度,提出“保证不让小开关耽误大生产”的口号,展开劳动竞赛,把原供第四季度的原材料以及不急要的其他订货上的零件先借来装备,确保任务提前完成。新成电器厂、上海电线厂的工人为争取无缝钢管厂和第七号炼铁炉早日完工,在生产计划早已排满的情况下,主动放弃休息时间连续加班加点,把鞍钢任务强加进去和其他任务一起完成。

根据这些重点建设项目的特殊需求,上海相关工厂企业不断改进生产设备,开发研制新产品。在 1955 年上海市第一重工业局和第二重工业局对地方机械工业的加工订货中,有三分之一左右是新产品,其中大部分是根据国家发展冶金、采矿、电力、机械和交通运输业的需要而制造的。由上海为鞍钢生产的产品中,大部分是我国第一次按照苏联规格试制的新产品,为此,新安电机厂、新成电器厂和综合仪器厂等工厂通过技术改造,从只能制造英美规格的老产品,转变为鞍钢制造苏联规格的各种流量计、自动电气开关和高炉上使用的热工仪表等新产品,为鞍钢三大工程于 1953 年 12 月提前一年多时间建成投产作出重要贡献。

“一五”期间,上海各工厂企业充分挖掘自身潜力,积极调配各级干部、技术人员和技术工人,加紧生产各类紧缺设备,有力地支持了我国重点建设项目的顺利推进。

二、全面支援各地发展

随着以“156 项”为重点的大规模经济建设的展开,西安、兰州、包头、洛阳等原本工业基础较为薄弱的城市,因大量建设人员、管理人员、服务人员及家属的导入,城市人口迅速增长、城市规模不断扩大,逐步发展成为新兴工业城市。为此,中共中央提出,必须首先集中力量建设那些有重要工程的新工业城市,建立与现代工业相匹配的城市公用设施,这是我国全部城市建设工作的重点。这些重点建设城市既包括北京等在全国范围内具有重要影响和特殊地位的城市,也包括西安、兰州、洛阳、包头等重点工业城市。

为保证重点城市的建设，建筑工程部于1954年6月召开新中国成立后的第一次城市建设会议。会议决定发动沿海城市支援国家重点建设的城市，“全国各城市要互相援助，本钱大的任务少的城市应挺身而出，支援本钱小的工业任务大的城市”[①]，并确定包括上海在内的华东地区重点支援洛阳、西安、兰州。根据中央的部署，上海从轻纺工业到服务性行业，从市政建设到教育文化事业发展，给予新兴城市以全方面的支援。

上海支援新兴城市发展，首先体现为充分发挥上海作为我国轻纺工业中心、拥有完备生产体系和大批技术工人的优势，为新兴城市发展轻纺工业提供人员和设备支持。为满足新兴城市居民对轻纺日用品日益增长的需求，也为以“156项”为代表的重工业发展提供配套，国家在集中力量发展重工业、资金十分有限的情况下，决定在“一五”期间重点建设西安、郑州、邯郸、石家庄、北京等棉纺织业基地，同时在内地省区建设一批棉纺厂和轻工业工厂。为支持各地轻纺工业发展，尤其是棉纺织业基地的建设，中共上海市委、市人民政府从1953年起陆续组织部分轻纺工厂迁往新兴城市，抽调技术工人组成机器安装队为新建的纺织厂安装机器，抽调管理干部、技术人员及技术工人、熟练工人成套前往西北、华北、东北等地的轻纺企业，直接参与企业的生产管理，其中涉及棉纺、五金、家具、玻璃、油漆、仪表、消防器材等多个行业。据不完全统计，截至1954年，全市各纺织厂共派出近4000名干部和工人，赴北京、郑州、西安等地新建的纺织厂工作。上海的轻纺机械工业也为各地新建的纺织厂和轻工业工厂制造各种机械和工具。公私合营中国纺织机器制造厂生产数千台织布机支援新建的北京第二棉纺织厂、石家庄第二棉纺织厂等工厂；国营上海第二纺织机械厂制造的细纱机装备了全国13个地区的纺织工厂。

1955年6月，针对新兴城市迫切需要大批专业人才，而上海等沿海城市在发展中出现部分劳动力过剩的问题，中共中央作出关于调查研究

---

① 《当代中国》丛书编辑部:《当代中国的城市建设》，当代中国出版社2020年版，第40页。

上海、天津工厂及行业人员内迁问题的指示，并派遣工作组赴两座城市开展调查。经过为期一个月的调查，工作组向中央提出初步方案。方案认为，从上海有条件、小规模地内迁一部分企业是必要的，可以满足大企业与内地地方工业发展的需要，也有利于贯彻紧缩与改造的方针，减少上海部分行业的困难情况。根据外地需要上海又可以拿得出的、原料产地和产品销售市场在内地的、经济上合算的原则，方案初步确定三年内的内迁项目。在7月15日至29日召开的上海市工厂和劳动力调配座谈会上，初步确定工厂内迁方案和劳动力输送计划。次年4月，中共上海市委下发《关于正确处理上海工厂内迁问题的通知》，要求上海地方工业将上海自身的改建扩建和内地的工业建设结合起来，进一步发挥现有的潜在力量，并确定经中央核定外迁的工厂，共涉及纺织、食品、日用品等19个行业、92个项目、职工19644人，另有各省市在中央计划外向上海要求外迁的59个厂、职工2023人。

为保证工厂搬迁的顺利进行，在上海市委领导下，结合各地的自然资源条件，有针对性地选择一批企业进行外迁。各有关单位也相互协作，积极做好工人动员和设备搬迁工作，使得这些工厂在较短时间内就在当地恢复生产。迁往兰州的佛慈制药厂仅用两个多月就恢复生产，产量也有大幅提高。在按计划外迁工厂的同时，一些小型工厂还通过合并后外迁或与当地工厂合并的形式，迁往新兴工业城市。

结合上海逐步从消费性城市向生产性城市转型、部分商业服务性行业面临调整的情况，外迁部分金融业和商业服务业企业，输送大批商业服务业人员也是上海支援新兴城市发展的一项重要内容。1952年9月，根据中财委及中国人民银行总行指示，上海市委、市政府结合金融业整顿工作，组织1951名金融业职工前往西北的陕西、甘肃、青海、新疆四个省、区人民银行工作，其人数占当时全市金融业职工总数的近四分之一。

从1955年起，上海逐步加大零售、饮食等商业服务业企业的支援力度。当年2月和7月，上海市第二商业局会同市劳动局等部门组织访问工作小组，先后赴北京、哈尔滨、兰州、洛阳、西安等城市了解各地对商业服务业企业的需求情况。在深入走访的基础上，上海市委于12月就迁厂问题向中央汇报，主动提出“在迁厂的同时，希望能把服务性行业带一部分去。这在内地新建城市是非常缺乏的，最好的办法是把内地某些城市所需要的服务性行业包下来，由上海负责动员满足它们的要求”[①]。

在组织商业服务业企业外迁过程中，上海不仅分行业按需要对包括技术人员、营业人员、业务管理人员和勤杂人员等进行合理搭配，连同企业设备成套输送；还特地选择一批经营有特色、在社会上有影响、产品质量和服务质量优秀的知名商店进行整体搬迁，迁往兰州的信大祥绸布店、泰昌百货公司等就是其中的代表。1956 年，为响应繁荣首都服务行业的号召，上海组织一批服装、照相、美发、洗染、餐饮业的名店迁往北京。这些商店迁往当地后，不仅保持原有字号，而且带去很多上海独有的经营理念，对当地服务业发展起到示范推动作用。

上海支援新兴城市发展还涉及城市建设、文化教育卫生等诸多领域。新兴城市原有公用事业基础较为薄弱，在短时间内安排许多大型工业企业、导入大量人口，急需配套开展市政设施和生活服务设施建设，以更好地满足生产建设和人民物质生活的需要。对此，上海利用自身在城市建设方面起步较早、底子较好的优势，抽调技术人员组建上下水道设计院，负责洛阳、包头等城市的设计工作，加强这些城市的城市规划设计力量；动员技术人员和建筑工人前往兰州、西安、洛阳等地支援城市基础设施建设。上海还针对新兴城市交通运输量猛增，原有的车辆设施及相关人员远远不能满足需求的情况，动员大批汽车驾驶员、修理工、装卸工，连同车辆、设备等支援各新兴城市。

上海是我国文化领域的重要基地，文艺院团林立、文艺人才汇集，1956 年时仅各类剧团就有 120 家。而一些新兴城市文艺院团缺乏、文化设施不足，难以满足群众的文化需求。为此，上海制订动员上海剧团支援外地的工作计划，并先后组织新新越剧团迁往西安、春光越剧团迁往兰州等，既丰富了当地群众和建设人员的文化生活，也为其他剧团起到示范作用。

---

① 《中共上海市委关于从上海迁移一部分工厂到内地意见的建议》（1955 年 12 月 29 日），中共上海市委党史研究室编：《上海支援全国》（下卷），上海书店出版社 2011 年版，第 62 页。

为推动新兴城市教育事业的发展,上海不仅通过在教育系统内挖掘师资潜力、组织招聘知识青年等多种方式,选派教师支援内地高校教学工作和基础教育发展;而且积极组织高校内迁,其中影响最大的便是交通大学从上海迁至西安。为改变高等工业学校过分集中于沿海,与工业规划与国防要求不相适应的状况,1955 年 4 月,中共中央、国务院决定交通大学内迁西安。1956 年 7 月,交大首批教职工和家属开始西迁。此后教育部根据交通大学内部的实际情况及当时上海和西安两地的需要,决定将交大一分为二,交通大学的大部分专业及师生迁往西安,部分留在上海。1959 年 7 月,交通大学西安部分和上海部分分别独立,成立西安交通大学和上海交通大学。在迁校过程中,交通大学包括校级领导、知名教授和大批中青年教学骨干在内的万余名师生放弃上海舒适的生活和工作环境,分批迁往西安重新安家和创业,交大的大批教学仪器、机器、家具等物资也从上海运至西安,充分体现了以“胸怀大局、无私奉献、弘扬传统、艰苦创业”为主要内涵的西迁精神。交大迁校西安作为我国高等教育事业调整战略布局的成功范例,为西北地区高等教育事业的发展奠定良好基础。

在医疗卫生领域,上海自新中国成立以后陆续向全国输送医疗、教学机构及医务人员。同济医学院、东南医学院及两个助产士学校分别迁往武汉等地,建筑工程局医院整体迁至兰州,截至 1956 年 5 月,共有 4000 余名医师、技术人员被输送到各地。

按照中央关于发动沿海城市积极支援国家重点建设的城市的要求,上海以洛阳、西安、兰州等城市为重点,从轻纺工业到服务性行业,从市政建设到教育文化卫生事业,通过成建制地搬迁工商业企业、抽调技术骨干等方式,给予全方面的支援,推动了新兴城市经济社会的发展。

三、培养国家建设人才

大规模经济建设的开展,不仅要求合理地调配与使用人才,更需要积极地培养技术人才。随着“一五”时期经济建设领域技术人员和技术工人严重缺乏的问题日渐突出,中共中央多次强调,培养人才是国家建设的关键。

为了保证上海在完成支援国家建设任务的同时,自身各项生产任务的有序推进,避免产生只抽调不培养、抽调的多而培养的少,或抽调的早而培养的晚的情况,中共上海市委、市人民政府把工人培训的重点从失业工人转业训练转向后备技术工人的培养。利用自身技术发达、管理先进的有利条件,通过自办技术训练班、与生产单位合办训练班以及委托企业代训等三种方式,训练大批新的技术工人。这些新的技术工人,一方面接替已经前往参加国家重点建设的工人继续推进各项建设,另一方面也作为去各地参加建设的后备军。截至 1956 年底,全市接受培训的艺徒共有 4.2 万余人,分布在全市 1200 多个工厂中。其中各厂自训的 2.4 万余人,1.8 万余人为上海替外省市厂矿企业代为培训的。

建立技工学校和举办技工训练班是上海培养技术工人的重要方式,在整个后备技术工人培训中承担着培养中级技术工人的重任。新中国成立后,上海市劳动局贯彻失业救济以转业训练为主的方针,先后举办机电、建筑、财会、驾驶、护士等多种失业工人转业训练班。"一五"期间,上海根据国家对新型技工的迫切需求,在转业训练班的基础上建立技工训练班,从企业中抽调一部分受过正规技术教育、具有一定实际操作经验的技术人员从事教学工作。同时,把一部分办学基础较好的技工训练班改办为以招收初中毕业生为主的技工学校。至 1956 年底,全市技工学校发展到 15 所,设置工种 39 项,涉及机械制造、船舶、建筑安装、电力建设等多个领域。由于技工学校有固定的学制,有统一的教学计划、大纲和教材,有按照国家规定的人员编制配备的师资队伍,有严格的考试考核制度,使学生既能学到文化技术理论知识,又能学到生产实际操作本领,毕业后技术水平可达三级,很快就成为工厂中的技术能手和生产骨干。技工学校和技工训练班的毕业生除在上海市统一分配外,有一部分被分配到全国各地。

委托企业开展艺徒培训,即在生产现场通过师父带徒弟的方法来传授技术,是培养新技术工人的一种传统方式,也是大量培养熟练工人的主要方式。为支援洛阳第一拖拉机厂建设,上海不仅派遣五金技工前往洛阳直接参与国产拖拉机的制造工作,而且组织国营上海自行车厂、上海新中动力机厂、中国纺织机械厂、上海锅炉厂等 21 家国营和公私合营工厂为洛阳第一拖拉机厂培养技术工人。上海机床厂先后为第一汽车制造厂、洛阳滚珠轴承厂、东北三厂、西北第一机器厂、湖南机器厂、中央重工业重型一厂等10余家企业培训艺徒、技术人员和管理人员。公私合营新中动力机厂接受第一汽车制造厂的委托，代为培养40名青年艺徒，这些艺徒回到东北后，很快都成为三级至四级的技工。

为提高艺徒质量，上海在对艺徒培训工种的选择上，积极贯彻为重工业服务的原则，大力培养国家重点建设项目迫切需要的车、钳、刨、铣、电焊、冷作、电工、水管工等五金技工。为帮助其熟练掌握操作技能，各家工厂在代训艺徒时都选派经验丰富的先进工作者和老工人负责教导，有计划地安排学习和签订师徒合同，组织技术研究小组、工段小课堂等技术扶助活动，开展学习竞赛。通过老工人的耐心教授和实习操作，过去连自动机床都没有见过的学员仅用七八个月的时间就掌握自动精密机床的操作。部分区还结合区艺徒代表会议或优秀艺徒会议的召开，举办学习成绩展览会、废品展览会，交流学习经验。这些举措为我国重点建设项目的推进和新兴城市的发展培养了大批后备技术力量。

第三节　城市经济建设的初步展开

“一五”时期的上海既担负着支援全国经济建设的重任，也面临着妥善安排好城市自身建设的繁重任务。受到严峻的国际环境的影响，上海市委、市政府按照中共中央的部署，强调恢复与维持，不作大的扩建和发展。但在建设资金极为有限的条件下，上海仍围绕建设生产性城市的目标，积极进行改造和改革，以提升上海重工业生产能力为重点，调整工业的内部结构和生产方向；以满足普通民众的日常需求为目标，推动商业行业维持必需，紧缩过剩；贯彻“郊区农业为城市服务”方针，积极发展郊区农业。

一、调整工业产业结构

上海是我国近代工业的发源地之一和最大的工业城市，工业门类较为齐全,生产能力和产品产量在全国处于领先地位。1953年时全市工业企业共有2.98余万户、职工82万人,工业总产值86.2亿元,占全国工业总产值的23.48%,其中纱锭占全国三分之一以上,棉纱年产量占全国三分之一,棉布年产量占全国四分之一,金属切削机床年产量占全国五分之二,电力占全国的七分之一。上海工业部门之间协作生产的条件较好,技术人员、老工人和熟练工人较多,操作经验丰富,仿制能力强。

另一方面,上海工业在历史上形成了以纺、轻、重为顺序的产业结构并长期延续,纺织工业、轻工业与重工业之间比例失衡,轻纺工业居于绝对优势地位。1949年时,纺织工业产值占全市工业总产值的62.4%,轻工业占24%,重工业仅占13.6%。1952年时上海的工业结构虽有所改善,但纺织工业和轻工业仍分别占到全市工业总产值的49.7%和22.9%,重工业占27.4%。上海的工业生产体系也不够完备,1949年时纺织、造纸、卷烟、火柴等8个行业占据主体地位,其产值占全市工业总产值的76%。装备工业产值仅占工业总产值的8.5%,多数企业从事修配业务,规模较小,生产手段落后,没有专业方向和固定产品,设备条件较好的工厂也只能生产一些结构简单、精度较低的机械产品。

考虑到“一五”时期国家必须集中有限的力量推进以“156项”为核心的重点建设项目,1953年2月召开的华东工业会议明确,包括上海在内的华东地区在相当长时期内均不是国家建设的重点,而原有的机器工业和轻工业的基础又较好,因此在此后的工作中除了坚决保证中央所规定的重点建设与新建任务的完成外,应着重利用现有企业的基础,充分发挥其潜在力量,为国家积累资金,培养大批技术和管理人才,以支援在全国建设中具有决定意义的重工业和国防工业的建设。据此,上海市委、市政府在编制“一五”计划时确定采取利用与维持现有企业的方针,在全国供产销平衡的基础上,在一般不增加新的设备的条件下,积极进行改革改造,合理地发挥潜力,以支援国家建设和适应城乡需要。

1954年10月,中共中央进一步充实上海市委组成人员,上海市委委员调整为21名,其中常委10名,柯庆施任市委第一书记、陈丕显任市委第二书记、潘汉年任市委第三书记,谷牧、马天水任市委副书记。1955年,又先后任命魏文伯、曹荻秋为市委副书记。中共上海市委、市人民政府在贯彻“一五”计划过程中，把主要精力放在做好“维持、利用、改造”的文章上，通过“改建为主、新建为辅”的方式，对原有企业进行扩建和改建，而且投资额都在限额以下，使上海在既有生产条件上尽量发挥自己的生产能力，为全国各项建设的开展提供支持。从1953年至1957年，上海全民所有制工业企业的基本建设投资合计约5.6亿元，仅占同期全国工业基本建设投资总额的2.2%。全市2万多家工厂中，1953年至1956年间开展基建的仅为1000多家，平均每家工厂的投资都不多。

尽管财政困难、投资有限，但中共上海市委、市人民政府积极贯彻中央关于把发展重工业、建立国家工业化和国防现代化的基础作为实现国家社会主义工业化中心环节的要求，把投资重点放在重工业上，着重推动机电、钢铁和化工原料等行业的发展，实现既挖潜改造利用原有的工业基础，又加强薄弱环节调整工业结构的目的。“一五”期间，上海共投资4.17亿元用于发展原材料工业和装备工业，占全民所有制工业企业的基本建设投资总额的74.5%。

在优先发展的重工业中，为我国开展经济建设所急需的机电工业处于重要地位，约占投资半数以上。上海的机电工业虽然起步较早，但就工厂设备与规模而言，小型工厂居多、厂房狭小、设备陈旧落后。为使上海机电工业走上独立生产成套设备的道路，为国民经济各部门提供技术装备，上海在基本建设投资上对机电工业给予优先安排，中央系统开展的工业投资项目主要有上海汽轮机厂、上海电机厂、上海锅炉厂的改建扩建工程，其中单是上海汽轮机厂和上海电机厂的投资就达8294万元，地方系统开展的工业投资项目有大隆机器厂扩建铸钢车间、中华铁工厂扩建部分车间等。

钢铁、化工等原材料工业也是“一五”时期上海重点发展的工业部门。为增强上海的钢铁生产能力，先后在第一钢铁厂增建一座15吨平炉和新建一座3吨直筒型酸性转炉车间，在第三钢铁厂新建一座6吨侧吹转炉车间。为缓解市场上油料供不应求的问题，从1953年起对上海炼油厂实施扩建，投资600万元增建一套年加工原油15万吨的常压蒸馏装置和一套年热裂化6万吨油的生产装置。新建我国第一家大批量生产青霉素的工厂——上海第三制药厂，增强青霉素和各种试剂的生产能力。在电子仪表工业方面，新建上海电表厂、上海光学仪器厂等骨干企业，开始生产各种精密电工仪器和记录仪等。在机械制造方面，改造江南、沪东、求新等船厂，从制造小型船只发展到能成批生产3000—5000 吨的中型船舶。

通过改建扩建，企业的生产条件得到明显改善。上海锅炉厂通过扩建实现部分生产程序的机械化，上海汽轮机厂和上海电机厂建筑面积达20 多万平方米，而上海汽轮机厂的前身——通用机器厂在解放前的厂房建筑面积只有 9000 多平方米。企业的生产能力也得到普遍提升，一些之前只能从事修理和装配的工厂，已经能够制造大型精密机器，并开始制造成套的机器设备。上海机床厂从一家农具装配厂发展成为能制造大型精密机床和苏联规格的各种型号磨床。上海锅炉厂、上海汽轮机厂、上海电机厂从过去仅能制造小型机件到正在试制整套的 6000 瓦的透平发电机。上海电线厂之前规模很小、品种不多，逐步发展为能够制造 3000 种以上的产品，供应全国需要的各种电线。

上海重工业行业产品产量也快速增加，钢产量从 1953 年时的14.36 万吨增至 1957 年时的 50.9 万吨，年均增长 48.1%，在全国所占的比重也相应从 8.1% 上升为 10.2%；五年中青霉素产量从 5790 亿单位增至 182600 亿单位，年均增长达 232.4%。同时，上海重工业行业的产品种类日益丰富，1953 年至 1957 年全市有 16950 种工业新产品试制成功。上海重工业一局、二局所属企业生产的产品中，新中国成立后生产的新产品已占总品种数的 60%。新中国成立初期还不能生产或产量很小的重要机器设备，如矿山设备、发电设备、磨床、吉普车、电缆等也逐步发展起来。1955 年 4 月，上海电机厂、上海汽轮机厂、上海锅炉厂和华通开关厂等单位在捷克斯洛伐克专家的帮助下，试制成功我国第一台6000 千瓦汽轮火力发电机组，掀开我国自行制造成套大功率发电机组的新一页。

虽然“一五”时期我国把发展重化工业放在优先位置，但轻纺工业同样具有重要意义，其不仅与人民生活密切相关，而且部分产品是直接为重工业服务的，更是重工业积累资金的一个主要来源。我国的

“一五”计划要求随着重工业的发展，相应地建设纺织工业和其他轻工业，建设为农业服务的中小型工业企业，以便适应城乡人民对日用品和农业生产资料的日益增长的需求。

上海作为我国的轻纺工业中心，轻工业产值约占全国五分之一左右，部分轻纺产品在全国占有很大比重。但由于“一五”期间上海把投资重点放在重工业领域，对轻纺工业的投资仅为1.43亿元，占工业建设总投资的25.5%。因此，“一五”时期上海轻纺工业主要是根据全国经济建设中的需求情况和本市具体生产经营情况，对行业在利用原有基础的同时作一些必要的调整和平衡：凡是产品质量较好，原料供应及产品销路无困难的行业，考虑到其生产尚不能满足人民日益增长的需要，充分发挥其生产潜力；对于一些原料受到限制的行业，适当加以利用与维持；对于部分行业存在的过于集中、规模较小、技术落后、产品重复状况，对小型工厂进行撤并合营，或是根据自愿原则，有步骤地引导一些工厂就原料，就市场，迁往其他地区；直接削弱，甚至淘汰部分不利于国计民生或过去盲目发展的行业。

在投资不足、部分行业面临逐步调整的情况下，中共上海市委、市人民政府通过全面、深入、持久地开展社会主义劳动竞赛和增产节约运动，改进操作技术、开展技术革新和改装生产设备，挖掘设备潜力以实现产量提高。“一五”期间，全市劳动竞赛运动不仅规模更广泛，从国营、老公私合营企业发展到新公私合营企业和接受加工订货的私营企业，从大型企业发展到中小型企业；而且竞赛内容不断丰富，开展技术革新、提合理化建议及发明创造成为主要形式。

在1953年的增产节约运动中，全市涌现出朱顺余、杭佩兰、应忠发、盛利、潘阿耀、吴梅生、计浩然等251名劳动模范，陆阿狗小组、裔式娟小组等9个先进生产小组和2万多名先进工作者。通过这些先进典型的模范带头作用，推动全市各行各业工人发挥当家作主的主人翁精神，积极献计献策，提合理化建议，改进机器设备、操作方法和生产工序，改善劳动组织，提高劳动生产率。著名的陆阿狗小组开展技术革新，于1953年第四季度成功地把冲模改成半自动化，不仅使产量提高了3倍半，同时由于自动进料，也避免了工人在用手送料时可能受伤的危险。

同时，上海围绕服务普通民众生活的目标，逐步调整轻纺工业产品结构，扩大花色品种，增加价廉物美产品的生产。棉纺行业停止生产用外棉作原料的细支纱，增加用国内棉花生产的中支纱、龙头细布等。毛纺行业压缩用于制作高档服装的花呢生产，转为增加制服呢、大衣呢等大众化产品的生产。制毡行业停止呢帽坯料生产，为部队生产鞋垫毡、棉鞋用毡和垫圈毡、油封毡及民用片毡。

通过这些方式，全市轻纺工业在"一五"期间仍实现一定程度的发展。1952年至1957年，上海轻工业总产值增长105.5%，纺织工业在设备减少的情况下也增长33.4%。其中，在基本没有增加新纱锭的情况下，1957年时的棉纱产量达到26.82万吨，比1949年时增加13.36万吨，接近翻一番。产品质量也有显著提高，试制新型闹钟、高级金笔、男女平跑自行车、耐酸搪瓷制品等上千种新产品。在主要轻工业产品中，上海产量占全国总产量三分之一以上的有3种：胶鞋占51.6%、卷烟占38%、自行车占37%。上海轻工业品除少数食品以地产地销为主外，大多数产品以面向全国为主，大约有70%的产品行销全国并少量出口。

整个"一五"期间，由于坚持重工业优先发展的方针，重工业在上海工业结构中所占比重明显上升，这在很大程度上改变了上海的工业结构，也为上海此后进一步建设成为一个门类比较齐全、结构比较合理的工业基地打下了较好基础。

二、建立国营商业为主体的市场体系

上海在解放前就是我国最大的对外贸易口岸和商品流通中心。1949年时上海商业已拥有230多个行业，商业从业人员约50万人，占全市总人口的8%以上，零售商业、饮食业和服务业发达，有近10万家大小商店，连同个体商业户约有22万个零售商业网点。在这些商业企业中积累和形成了不少传统经营特色和高超服务技艺，有一批闻名遐迩的老字号和前店后工场的名店。新中国成立以后，上海继续发挥全国商品流通中心的作用，经由上海商业收购批发或者经销的日用工业品远销全国各地，由上海供应全国的百货商品在较长时期内占全国总供应量的60%左右，上海地方工业产品也绝大部分用于供给全国。

上海商业基本上实行国营经济领导下的自由市场制度。在接管国民党政府在上海的商业、贸易管理机构和官僚资本商业企业基础上建立起的国营商业,以及作为国营商业重要助手的合作社商业获得很大发展,到 1952 年国民经济恢复任务完成时,国营商业营业总额比 1951 年增加 38.93%,合作社商业增加 103.89%。其在恢复和发展生产、繁荣经济、稳定市场、保障供应方面发挥了重要作用,并逐步掌握了有关国计民生重要商品的批发阵地,1952 年时上海国营商业公司批发额所占比重由 1950 年的 34.5% 上升到 56.8%(其中合作社商业为 2.4%),私营商业批发额则由 65.5% 下降到 43.2%。然而就总体而言,这一时期上海市场上绝大多数商品是通过市场机制进行调节的,尤其是在零售商业领域,私营商业还占有较大优势,比重达 77.73%。

"一五"时期,大规模工业化建设带来的就业人数增加和社会购买力提高,导致生活消费品供不应求,稳定市场供应成为中央较为关注的一个问题。

为保障市场供应,根据党在过渡时期总路线要求,上海市委、市政府在制订本市"一五"计划时把加强国民经济计划管理和推进私营商业社会主义改造,加快形成以国营商业和合作社商业为主体的社会主义统一市场,以此促进工农业产品合理分配和保证市场供应作为上海商业的基本任务。具体而言,在批发领域,由国营商业逐步代替私营批发商,进一步巩固和加强国营商业的领导地位;在零售领域,国营商业及合作社适当减少门市零售额,扩大对私营零售商的经销、代销和批购业务,将私营零售商维持下来,进行改造。

为有步骤地发展壮大国营商业,市人民政府对国营商业机构作出调整。1953 年 1 月,上海市人民政府成立商业局,原由市工商局领导的 9 个商业公司,划归市商业局领导。原华东贸易部设在上海的各华东区商业公司,改为同全国各总供地对口的上海一级采购供应站或市级专业公司,由全国性总公司和商业局双重领导,负责收购上海地区的产品和接收进口物资,在全国范围内对各省市的二级采购供应站组织调拨供应。同时,进一步改善国营商业机构的经营管理,大力加强批发环节,统一安排市场,扩大商品流转,做好组织货源和商品供应工作,为满足工业生产和城乡居民需要而服务。

从1953年下半年起，上海不断扩大对私营工商业的加工订货、统购包销，加强对货源的控制，扩展商品购销业务。自此开始，国营商业对私营工厂的加工订货主要以限制和改造私营商业的要求为出发点，从控制核配生产原料到限制工业自销，从重点行业到一般行业，从主要商品到次要商品，并大力推广包销办法。1955年，国营商业进一步扩大加工订货，全市生产的棉纱、棉布、卷烟、火柴、肥皂等数百种主要商品已全部为国营商业所掌握。上海国营商业加工订货、统购包销的商品，在私营工业总产值中的比重也迅速提高，从1953年第一季度时的48%上升至1955年的84.8%，其中私营大型工业企业产值中加工订货所占的比重甚至高达91.9%。上海国营商业已从各方面掌握了货源，完全控制了批发领域。

但国营商业和合作社商业前进过快、比重过大，加之上海商业发展环境发生根本改变，通货膨胀得到遏制，使得社会上多年来为防范物价暴涨引起的虚假购买力消失；崇尚节俭、朴素的社会新风气的形成，使得消费对象发生变化导致购买力逐步减弱。在这一系列因素的综合影响下，上海半数以上的服务性行业都面临严重困难，营业发生困难难以维持的约有1万户，从业人员2.5万余人，占总从业人数22.8%，其中已陷于停业或半停业状态的有3500余户，从业人员1万余人。

为维持私营商业的发展，中共上海市委在不断加强国营商业与合作社商业主导作用的同时，依据各商业行业现实状况和发展前景，按照紧缩过剩、维持必需，并有计划地对外输送人员的方针实施经济改组。对于不符合上海经济社会发展需要的行业，引导其逐步调整退出。对于一些面临暂时困难但将来还有发展可能的企业，结合改善经营管理予以扶持。一是在资金、货源以及业务上给予安排，协助其扩大营业，增加收入，以维持经营。二是引导其改变经营方针，主要为普通民众服务，如引导永安、先施、新新等百货公司由经营高档商品改为经营市民需要的日用百货，引导银楼、珠宝行业转为经营日用百货或大众需要的行业，西服店和内衣厂改做人民装等。三是改变行业的经营性质，如对旅店、饮食、鞋帽、珠玉古玩等行业，组织国营企业领导，通过国家资本主义过渡到社会主义；对笔墨、服装衣着、理发、沐浴等行业组织合作社进行领导。

三、发展为城市服务的郊区农业

粮棉油是上海传统农业的主要农产品,也是关系人民日常生活的必需品,因此在新中国成立初期,上海把稳定发展粮棉油生产放在首位。1952年时,植物种植业占农业总产值的67.7%,动物饲养业占10.9%,农家副业占21.4%。从农作物播种面积来看,粮食占44%,棉花、油菜籽等经济作物占23.3%,蔬菜占15.6%,其他占17.1%。

“一五”时期,随着城市人口的大幅增加,城市居民生活的逐步改善,城市农副产品消费需求的不断上升,中共上海市委、市人民政府根据中共中央提出的在大城市、工业区特别是新兴工业城市的郊区,有计划地扩大蔬菜生产,以保证城市人民需要的方针,开始把郊区农业生产的重心转向以蔬菜为主。在“一五”计划中,中共上海市委、市人民政府提出要在积极地、稳步地开展郊区农业生产互助合作运动的基础上,适当扩大蔬菜播种面积和改进品种,提高粮食原棉的单位面积产量,发展高产量作物特别是饲料作物,以利发展养猪、牛、羊、家禽等,更好地为城市服务。1955年1月,《解放日报》发表题为《贯彻郊区农业生产为城市服务的方针》的社论,指出必须把贯彻为城市服务的方针作为指导上海郊区农业生产的最根本的思想,充分运用各方面有利条件,有计划地扩大蔬菜面积,搞好蔬菜生产,大力发展畜牧家禽事业,以最大的努力来供应全市副食品需要。

为了更好地发展郊区农业生产为城市服务,上海市郊农村从1953年开始调整种植业结构,逐步扩大蔬菜种植量,减少粮棉种植量,同时大力发展畜牧家禽和家庭副业生产。

发展郊区蔬菜生产,改善对市区的蔬菜供应是做好为城市服务的关键环节。对此,上海采取扩大蔬菜生产基地、提高复种次数、增加蔬菜品种和提高单位面积产量等四项措施。扩大蔬菜生产基地,主要是增加固定菜田,截至1956年上海郊区固定菜田面积已从1949年的7万多亩增加至21万亩,蔬菜年产量也比1949年增长了6.6倍。提高复种次数,采用育苗、间种、套种、混种和选用早熟或生产期短的蔬菜品种等办法,使市郊蔬菜地区复种次数逐年提高,1956年时已从原先的2次提高至

3.24次。积极提高种植和管理技术,提高单位面积产量,1956年全郊区蔬菜平均亩产达到3145公斤,比1952年提高33.6%。发展市郊蔬菜生产,不仅为市区居民供应足够数量的蔬菜,而且针对上海居民来自各地、口味不同、要求各异的特点,提供多样化的、优质的蔬菜品种。“一五”时期,上海大力引种北京大青棵(黄芽菜)、无锡茭白等蔬菜新品种,1956年时郊区种植的蔬菜品种已达308种,实现“一年12个月每月都有菜”的目标。通过积极贯彻郊区农业生产以菜为主的方针,截至1956年,郊菜占全市蔬菜消费总量的比重已从1949年时的43.8%增至70%以上;外地运入的客菜所占比重下降为不足30%,且所运入的品种大多是上海无法生产的竹笋、毛笋等,从而改变了上海郊区农业生产的结构。

随着蔬菜种植面积的不断扩大,粮食、棉花、油料作物的耕种面积必然相应缩减,影响了这些农产品的生产。为了在充分保证并且不断扩大蔬菜用地的同时,又能够增加粮食、棉花等作物的总产量,上海市郊积极开展生产改革,以提高单位面积产量,充分发挥增产潜力。粮食作物的生产改革主要是1956年进行的单季稻改种双季稻,改种后全郊区当年增产粮食6205吨。棉花的生产改革主要是推广棉花良种,扩大改良棉的种植面积。1949年改良棉仅占27.3%,1952年提高为67.9%,1956年达到99.9%。此外,还进行种植技术改革,全面推行育苗移植、提早棉花栽种期、适当密植等措施。

积极发展副业经营也是做好为城市服务的一个重要方面。上海市郊农民家庭副业一向较为发达,固定的副业有三四十种,包括畜牧、刺绣、编结草包草绳、养蜂、花卉种植等,副业收入一般占到农民全年总收入的20%—30%,部分棉粮地区占30%以上。其中,以生猪、奶牛饲养为主的畜牧业对于发展城市工业生产、改善城市居民日常生活消费、增加农民收入关系尤为密切。“一五”期间,上海市郊各区重点推动生猪和奶牛的饲养,改良生猪品种和调整饲料构成,不断健全牧场生产管理,加快对私营牧场的社会主义改造。1956年还在北郊区和宝山县交界处的顾村镇新建一个全市规模最大的牧场,占地360亩,饲养奶牛1800头。截至1956年底,奶牛数量已达9880头,为解放前的2.5倍,日产牛奶5.4万公斤,为解放前的3倍。养猪头数到1956年达到129.2万头,比

1952 年增长 62.1%。

为了更好地贯彻执行郊区农业生产为城市服务的方针,中共上海市委、市人民政府还不断增加对农业的投入,大力推广农业机械化,改善农业生产条件。为了促进上海郊区农业的发展,党和政府在财力和物力方面给予积极的支持。根据原先 3 个近郊区资料,“一五”期间国家共发放 2645 万元的农业贷款,其中国营农业水利贷款 753 万元,占 28.5%,农业生产贷款 1892 万元,占 71.5%。这些贷款部分被用于市郊农村的农田水利建设和农业机械化。上海市郊按行政区划每区各建 1 个拖拉机站,共 3 个拖拉机站,配备捷式拖拉机 65 台和 152 件农具。1956 年实现机耕农田 3.8 万余亩,经过机耕的土地,农民反映“耕得深、泥头烂”,农作物发育比牛耕土地好,质量上也比牛耕土地高。1956 年 7 月,由国家投资 58 万元、群众投资 50 多万元,建成西郊电力灌溉网,安装 94 台 10 马力的电动抽水机,7 台 20 马力的电动人工降雨机,保证西郊区 7 万多亩农田不再遭受旱灾的威胁,使市郊农业逐步摆脱“靠天吃饭”的低生产率水平。

此外,上海对郊区建制也作出相应调整。1949 年上海解放时,市郊共设有吴淞、江湾、新市、大场、真如、新泾、龙华、杨思、洋泾、高桥 10 个区,后于 1953 年撤销新市区。1956 年,中共上海市委、市人民政府为了适应社会主义建设的需要,把杨思、新泾、真如、大场、江湾等区邻近市区的部分地区分别划入邻近市区,同时把吴淞、江湾、大场 3 个区合并为北郊区,真如、龙华、新泾 3 个区合并为西郊区,高桥、洋泾、杨思 3 个区合并为东郊区,由此上海市郊从 9 个“小郊区”合并成为 3 个“大郊区”。

“一五”时期上海郊区农业通过积极贯彻为城市服务方针,农业结构开始从以粮棉油等农产品种植为主,向以满足城市居民生活需要为主要任务,粮棉油与林牧副渔并举的转变。

第七章

生产资料私有制的社会主义改造

为保障社会主义工业化建设的顺利开展，中共上海市委在进行有计划的经济建设的同时，根据党在过渡时期总路线的要求，采取和平手段以及从中低级形式到高级形式逐步过渡的方式，开展了对农业、手工业和资本主义工商业的社会主义改造。在党的社会主义改造方针的正确指导下，上海于 1956 年基本完成社会主义改造，建立了以生产资料公有制为主体的社会主义经济制度。这一生产关系上的深刻社会变革，标志着上海实现了从新民主主义向社会主义的过渡，社会主义制度在上海真正建立起来了。

第一节 农业的社会主义改造

在完成土地改革的基础上，中共上海市委遵循自愿互利、典型示范和国家帮助的原则，按照由小到大、由少到多、由低级到高级逐步发展的规律，经过临时互助组和常年互助组，到实行土地入股、统一经营的初级农业生产合作社，再到实行完全社会主义的集体农民公有制的高级农业生产合作社三个阶段，实现对农业的社会主义改造。通过把分散、脆弱的农业个体经济改造成为集体经济，促进了农村生产力的发展，也为大规模工业建设的起步准备了重要条件。

一、建立农业互助合作组

土地改革以后，上海市郊农民摆脱封建土地制度的束缚，成为土地的主人，贫农耕地拥有量较解放前增加 68.56%，主要农具和各种家畜的数量均有增加，发展生产的积极性空前高涨。市郊各类作物单位面积产量一般都超过解放前的水平，牲畜饲养等家庭副业得到较快发展；农民收入也普遍增加，基本实现了收支盈余，其中贫农增加 13.32%，中农增加 34.1%，富农增加 8.09%。但另一方面，土地改革并未改变中国农业分散的、个体的、落后的基本形态，靠人畜耕种，靠天吃饭，生产力水平和农产品商品率较低的情况依然广泛存在。农民为克服发展生产中的各种困难，增强抵御自然灾害的能力，逐步产生组织起来、互帮互助的要求。

为适应农民普遍存在的发展个体经济的积极性与开展劳动互助的积极性，中共中央于 1951 年 9 月召开全国第一次农业互助合作会议，作出《关于农业生产互助合作的决议（草案）》，并于 12 月下发各地试行。1953 年 2 月又把下发试行的《关于农业生产互助合作的决议（草案）》作个别修改后，作为正式决议发给各中央局、分局并转各省、市委施行。《决议（草案）》指出，全党要把农业生产互助合作“当作一件大事去做”。根据我们国家现有的经济条件，农民个体经济在一个相当长的时期内还是大量存在的，因此不能忽视与粗暴地挫伤农民发展个体经济的积极性。但为了使农民能够迅速地增加生产走上丰衣足食的道路，使国家得到更多的商品粮食、工业原料以及销售市场，就必须提倡组织起来，按照积极发展、稳步前进的方针和自愿互利的原则，发展农民劳动互助的积极性。同时对发展农业生产互助合作的基本方针、政策和指导原则作出明确规定。

根据《决议（草案）》，农业生产互助合作运动很快在全国范围开展起来。1951 年 12 月召开的上海市第二届第三次各界人民代表会议提出，郊区农村土地改革完成后的中心任务，是继续提高农民政治觉悟，大力开展爱国增产运动，领导农民按照自愿互利的原则，组织生产互助，特别要提供精耕细作，改进生产技术，以提高单位面积的产量。供销合作社也要继续发展，为农民的生产和生活需要服务。

为领导广大农民按照自愿互利的原则，发展劳动互助和生产合作，市郊各区通过普遍号召、典型推动、由点到面的方法，着重发展互助组。通过举办训练班等形式，轮训3000名左右互助组骨干，同时通过办冬学和召开互助合作代表会议等各种会议，对群众开展“两条路线，两个前途”的宣传教育，为发展互助合作打下思想基础。通过抓好典型示范，创造经验，逐步推广，使互助组在各乡，尤其是土地改革开展较为彻底、群众发动较为充分的乡，得到稳步推进。开展爱国增产竞赛运动，不仅提高农田单位面积产量，而且显示出互助合作的集体生产方式的优越性，引导还没有参加互助组的农民走上互助合作道路，进一步巩固和提高已经组织起来的互助组。

在中共上海市委的推动下，农民从个体生产走向集体化的进程不断加快。至1952年底，市郊农村共组织互助组5.49万个，入组农户37.05万户，占农户总数的51.29%。1953年春，根据中共中央提出的“稳步前进、逐步发展、宁缓勿急”的方针，上海市委对互助合作运动中出现的急躁冒进和放任自流现象进行纠正，互助组质量大为提高。

农业生产互助组分为两种形式，其一为季节性的、简单的共同劳动的临时互助组。这种互助组规模较小，一般3—5户，多的7—8户，除耕种国有土地的农户没有自己的土地以外，他们的生产资料完全是私有的，农忙时集体耕种，组织互助，农忙一过就分散劳动。互助内容以劳力、牲畜或生产工具为中心，互相协助，共同劳动，没有严格的记工制度，只是大体上的等价交换。另一种为在共同劳动基础上实行某些分工分业，又有某些少量公共财产的常年互助组。这种互助组规模稍大，实行劳力、畜力和农具的常年全面互助，互助内容不仅包括农业，还有副业互助。常年互助组有简单的生产计划，并逐步把劳动互助和提高生产技术相结合，形成某些技术上的分工。有的互助组已逐步设置了一部分公有的农具和牲畜，积累了少量的公有财产。在互助合作初期，成立的绝大多数为临时性、季节性互助组。但到1953年秋收时，大部分都成为常年互助组。

互助组作为开展农业互助合作的初级形式，虽然组织起来的农民尚不占农村中的多数，但这一形式适合农村生产力发展水平，为刚分得土地但缺少耕畜和大型农具的农民克服生产上的困难创造了条件，对农业的恢复与发展也起到一定的示范带头作用。与1949年相比，1953年时全郊区粮食总产量增加59.5%，棉花总产量增加2.4倍，油菜籽总产量增加45.5%，蔬菜上市量增加1.3倍，生猪饲养量增加77.2%。这同时也为以后进一步的集体化准备了条件。

二、发展和整顿农业社

互助合作的开展适合当时农村生产力发展水平和广大农民的愿望，因此市郊各区参加互助组的户数不断增加，互助合作质量逐步提高，同时在部分农民中还产生了办初级农业生产合作社的要求。1952年秋收后，中共上海市委郊区工作委员会在新泾区诸翟乡、洋泾区陆行乡和大场区塘南乡试办9个初级农业生产合作社，入社农户111户。试办的初级农业生产合作社迅速实现增产增收。新泾区诸翟乡南张村的水稻平均亩产比互助组时增加24.3%；14户农户平均收入比互助组时增加56%，其中最高的增加200%，最低的也在20%以上。由于已经试办的农业生产合作社明显增产增收，起到示范作用，广大农民积极要求参加农业生产合作社。

随着党在过渡时期总路线的提出和大规模工业化的开始，建立在生产资料私有制之上的小农经济，制约着农业生产力的发展，不能满足人民特别是加快工业化建设对粮食和原料作物日益增长的需要。它与国家有计划经济建设之间的矛盾，随着工业化的进展而日益显露出来，这就要求必须按照社会主义的原则来改造我国的个体农业，引导农民走社会主义集体化的道路。为此，中央农村工作部于1953年10月至11月召开全国第三次互助合作会议，讨论通过《中共中央关于发展农业生产合作社的决议》（以下简称《决议》），报中央修改后，于12月公布执行。《决议》指出，农业生产合作社在整个互助合作运动中日益显出重要地位，并日益成为党领导互助合作运动继续前进的重要环节，因此各级党委有必要更多地和更好地注意对于发展农业生产合作社的领导，在条件比较成熟的地区，有领导、有重点地发展初级农业生产合作社，以此作为引导农民过渡到更高级的完全社会主义的农业生产合作社的适当形式。

通过传达贯彻《中共中央关于发展农业生产合作社的决议》和开

展党在过渡时期总路线的宣传教育，上海市郊迅速掀起一个大办初级农业生产合作社的热潮。在推进农业合作化过程中，中共上海市委对农业合作化进行全面规划，拟定《上海市郊区农业生产合作社试行章程（草案）》，并连续举办会计训练班，以适应新建合作社财务管理的需要。按照中共中央关于“积极领导、稳步前进”的方针，上海市委采取分期分批进行的做法，建立一批，整顿一批，巩固一批，提高一批。从 1954 年 1 月起，中共上海市委郊区工作委员会按照群众有办社要求、有公道能干的领导骨干、有一定互助基础等条件，以及同时兼顾以蔬菜种植为主和以粮棉种植为主的两类地区的要求，逐步推动初级农业生产合作社组建工作。截至 1954 年底，全郊区共组建初级农业生产合作社 909 个，入社农户占总农户数的 28%，实现乡乡有社。

初级农业生产合作社按自然村组成，规模一般为 20—30 户，少数毗邻城镇的初级农业生产合作社甚至达到上百户。初级农业生产合作社以土地入股、统一经营为特点，其性质既是在私有财产的基础上，保留农民的土地私有权和其他生产手段的私有权，农民按入股的土地分配一定的收获量，并按入股的工具及牲畜取得合理的代价；同时又是在共同劳动的基础上，又具有部分社会主义因素，如实行计工取酬，按劳分红，并有某些公共的财产等。在确定劳动成果的分配方式时，上海市郊还针对种植粮棉和蔬菜地区的不同特点，对土地和劳力在分配中所占的比例分别作出规定：近郊以蔬菜种植为主的地区，考虑到资金、技术和劳力是蔬菜生产好坏的决定因素，一般是土地分三成，劳力得七成，也有少数是二八分成；以粮棉种植为主的地区一般是土地分四成，劳力得六成。初级农业生产合作社还按社章规定建立理事会，设社长、会计等管理人员，建立管理制度。根据国家对农副产品统购统销政策，制订年度生产计划和收益分配计划，当时称“一年早知道”，把农业生产纳入国家经济计划轨道；按生产季节制订小段计划，实行生产责任制，社员常年固定在生产组实行季节性包耕作，或实行基本农活定额包工制。合作社的一切重大事项分别由社员大会或理事会讨论决定，实行民主理财制度，定期公布账目，收益分配一年两次。初级农业生产合作社这种组织形式，使生产要素得到较为优化的组织，比较适应当时农村生产力的状况和农民的觉悟程度,体现了集体经济的优越性,对农业生产发挥了促进作用。近郊初级农业生产合作社绝大部分实现增产,一般高于上年的两成至五成,社员收入一般比互助组时提高三成左右,比单干时提高四成以上。

随着全国农业社发展势头越来越猛,1955 年 1 月,中共中央发出《关于整顿和巩固农业生产合作社的通知》,要求纠正当时一些地区出现的急躁冒进倾向,分别不同地区具体情况实行"停、缩、发"方针。凡是完成或是超过原定发展计划的地区停止发展,全力转向巩固;计划尚未完成的地区有准备地在巩固中继续发展;计划过高的要适当收缩,条件准备不足、仓促铺开的要进行整顿。在中央农村工作部于同年 4 月至 5 月召开的第三次全国农村工作会议上,再次强调农业社要停止发展,全力巩固,首先要搞好生产,保证增产的总方针,决定 1955 年农业社一般停止发展,立即抓生产,全力巩固,同时把互助组办好。会后,各地加紧对农业生产合作社进行整顿工作。

为此,中共上海市委郊区工作委员会集中力量对初级农业生产合作社开展积极慎重的整顿工作。削减原拟在夏季发展 341 个社的计划,郊区合作社数量保持在当年春耕时的数量,即 993 个合作社,入社农户占郊区农民总数的 30%;帮助一些合作社调整干部,健全制度,并对会计力量弱的合作社采取分乡分片建立会计小组等办法,加强财务管理。1954 年到 1955 年上半年初级农业生产合作社的较大发展及随后的整顿工作,使这一阶段农业合作化运动基本上呈现出积极、稳步和健康的发展状态,为实现农业合作化奠定了初步基础。

三、农业合作化的加速完成

经过 1955 年上半年的整顿,大多数初级农业生产合作社实现了增收,局部地区在春季出现的紧张情况也得到缓解。在这一背景下,中央领导内部对下一步农业合作化的发展速度的估计和规划产生了不同的看法。中央农村工作部力图将农业合作化运动纳入稳步前进的轨道,但毛泽东认为前一段农村关系的紧张不能归咎于合作化搞快了,只要把粮食征购指标压一些,便可缓和同农民的关系,而不必放慢农业合作化的步骤。

在同年7月31日至8月1日召开的省、市、自治区党委书记会议上，毛泽东在《关于农业合作化问题》的报告中指出，如果不基本解决农业合作化问题，就不能解决年年增长的商品粮和工业原料需要同现时主要农作物一般产量很低之间的矛盾，就会使工业化遇到绝大的困难，就不可能完成工业化。为此，报告着重批评了农业合作化中的所谓“右倾保守思想”，批评某些同志像“小脚女人”走路，有数不清的清规和戒律；并强调在全国农村中，新的社会主义群众运动的高潮即将到来，“我们应当积极地热情地有计划地去领导这个运动，而不是用各种办法去拉它向后退”①。根据毛泽东的这份报告，1955年10月4日至11日召开的党的七届六中全会（扩大）讨论通过了《关于农业合作化问题的决议》。

1956年1月，由毛泽东主持选编的《中国农村的社会主义高潮》一书出版。书中辑录上海新泾区虹南乡、诸翟乡，吴淞区泰兴乡，大场区塘南乡白遗桥蔬菜生产合作社和真如区李子园农业生产合作社五份材料。毛泽东在为这些材料所加的按语中认为全党对贫苦农民走社会主义道路的积极性估计不足，并判断“这一年过去，社会主义的胜利就有了很大的把握了”②。

这些举措对在全国迅速掀起农业合作化高潮起到直接推动作用，合作社数量迅速增加。截至1955年底，全市入社农户已占总农户的86%；合作社建立速度明显加快，从原先的30天至50天缩短为半个月，快的10天就建社就绪；合作社规模和范围不断扩大，一般凡是可以建立合作社的村都建了社，一些合作社的规模也达到100多户。但工作中也出现了某些强迫命令、违反自愿互利的做法。同时，部分社员针对初级农业生产合作社规模狭小不能适应生产力的进一步发展，土地和工具不能充分有效利用、劳动力不能充分合理调配等问题，提出取消土地报酬、举办高级农业生产合作社等要求。至1955年底，全郊区已经有368个老社要求取消土地报酬，66个新社要求直接举办完全社会主义的高级农业生产合作社。

---

① 毛泽东：《关于农业合作化问题》（1955年7月31日），中共中央文献研究室编：《建国以来重要文献选编》第7册，中央文献出版社1993年版，第58—59页。

② 《中国农村的社会主义高潮》中册，人民出版社1956年版，第730页。

根据市郊农民关于由初级农业生产合作社升级为高级农业生产合作社的要求，中共上海市委郊区工作委员会在《一九五六年——一九五八年上海市郊农业合作化的规划（草案）》中提出，在1956年秋实现入社农户占总农户的70%以上，基本上完成半社会主义合作化并建立一批高级社；在1957年秋前实现入社农户占总农户的85%—90%，再发展一大批高级社；到1958年秋前基本上完成全社会主义的合作化。

但受到北京郊区七天全部完成社会主义合作化，以及上海市私营工商业在六天内全部完成申请为公私合营的影响，市郊绝大部分初级农业生产合作社都申请要求尽快升高级社、合并大社。在1956年1月18日召开的全市农业生产合作社代表会议上，市委、市人委批准了全郊区1794个初级农业生产合作社与原14个高级社合并为348个高级社，入社农户占总农户的92.7%，基本上完成全市对农业的社会主义改造，中共上海市委郊区工作委员会原定争取在1958年基本实现社会主义合作化的目标提前两年完成。此后，全市郊区转入进一步审查办社条件，具体确定合作社的性质和规模，完成建社，大力搞好生产，以巩固和发展社会主义改造的胜利的阶段。

第二节　手工业的社会主义改造

个体手工业是新中国成立初期国民经济的重要组成部分，攸关国计民生。在国民经济恢复时期，市委便通过自上而下地发动，采用说服、示范、国家援助的方法，启发和帮助手工业劳动者按照自愿互利原则逐步组织起来走合作化道路。党在过渡时期总路线公布之后，在农业和资本主义工商业社会主义改造的影响和推动下，上海迅速完成对手工业的社会主义改造，使其最终被纳入社会主义公有制经济体系中。

一、手工业合作社的初步发展

由于我国工业基础薄弱，手工业历来在国民经济和社会生活中占有重要地位，不仅行业和品种众多，几乎囊括人民日常生活的各个方面；而且手工业技术源远流长，不少产品驰名国内，甚至在国外也很有市场，对于支援农业生产，满足城乡人民生活需要，弥补大工业产品的不足以及特种工艺品出口等方面，都具有重要作用。为此，在新中国成立后，中共中央多次强调，手工业生产在整个国民经济中仍占有很大比重和很重要的地位，是在一个很长的时期内不可缺少的一种经济形式。对手工业采取扶助、改进、推广的保护政策，高度重视对于手工业经济的维持，对于手工业者生产积极性的扶持。

根据中共中央的指示，上海市委、市政府从原料供应、产品销售入手，积极采取各项措施，扶助个体手工业户克服资金不足、原料采购困难、商品滞销、生产萎缩等困难，推动手工业的恢复和发展。根据上海市工商行政管理局 1952 年企业登记材料统计，全市共有手工业户 2.8 万户，占全市工业总户数的 65%；行业分布广，有 153 个行业，产品涵盖从大机器零件到头发夹，从冷作锅炉到小型工农工具等各类，其中以手工业棉织、制鞋、中西木器、针织等十个行业所占比重最大；覆盖区域全，遍及全市 30 个区；与工业生产和人民生活关系也极为密切。上海的手工业主要依附大工业生产，也为大工业服务，与工业生产之间存在比较密切的协作关系，如大隆机器厂有 44 家手工零件作坊为它生产零件配件，棉纱复制厂与全市 300 家手工纺线作坊有固定关系；与商业企业的关系也十分紧密，上海永安公司就有 1000 多家个体小生产者为它服务。同时个体手工业户设备简单，适应性强，经营方式灵活多样，有固定工场，前店后场，来料加工，自产自销，也有分散经营、走街串巷等，有效弥补大工业不足，满足市民生活的需要。

但是上海的手工业就其生产方式和发展状况而言，通常以一家一户为生产单位，规模较小，往往由业主以个人包办供、产、销各个环节的业务；加之个体手工业者资金缺乏，无力购买机器，只能用简单工具从事手工劳动，劳动生产率低下，生产经营也并不稳固。因此，只有逐步引导手工业劳动者在自愿基础上组织起来，通过合作化走社会主义的道路，把个体所有制改变为社会主义的集体所有制，才能不断提高生产力，更好地为社会主义建设事业服务。

从1949年7月开始，市委、市政府按照“典型试办，摸索前进”的方针，着手手工业合作社的试点工作。至1950年上半年，手工业合作社试点工作结束摸索试办转入稳步发展阶段。3月，在市合作总社和市总工会组织失业工人生产自救过程中，组织失业、生活无着的手工业工人成立上海第一家生产合作社——第一衬衫缝纫生产合作社。至1950年底，由市总工会发起，市合作总社扶助，又陆续筹组了铁床、第二服装和装订等生产合作社。生产合作社采取有组织的集中管理，每个合作社均编有社员小组和理监事会组织，小组长及理监事由民主选举产生，劳动生产率也高于一般个体手工业劳动者。在这些生产合作社的影响带动下，全市个体手工业户要求组建生产合作社的积极性明显提高，申请组织生产合作社的共有针织、服装、皮鞋、肥皂等40多个行业。

1951年6月，全国合作社联合总社召开第一次全国手工业生产合作会议。会议明确手工业在国民经济中的地位和发展手工业合作社的方针任务，有计划、有领导地对原有合作社先整顿、后发展，发展的道路是由个体到集体，由手工到半机械化进而机械化，由小生产过渡到大生产。次年8月召开的第二次全国手工业生产合作会议，开始着手研究建立手工业生产合作社联合社问题，修订《手工业生产合作社章程准则(草案)》。由此，手工业合作社逐步成为合作化运动的主流。

在这两次会议的推动下，上海市委、市政府对手工业生产合作社开展整社建社工作。首先是对已有的合作社展开整顿，主要包括在思想认识方面大胆放手发动群众，打破社员思想顾虑；在组织建设方面建立有利于生产的组织机构和人员配备，建立科学分工的负责制，消除工作无人负责现象，并通过整社自上而下民主产生合作社理监事会，以达到健全组织、充实领导和加强企业管理的目的；在制度建设方面制定产品检查及规格、财务、劳保福利、安全卫生等各项制度。在此基础上，以棉织业为重点进一步发展新社，把已具备组织生产合作社条件的手工业组织如生产自救工厂、生产小组，辅导它们向合作社方向去发展；对于分散而无组织的个体劳动生产者或手工业工人，帮助他们组织为生产小组，然后再逐步发展为生产合作社。全市手工业生产合作社组织有了较大发展，截至1952年底，全市手工业生产合作社增至35个，社员3997人，全年总产值 1477.34 亿元。

二、手工业全面合作化

随着党在过渡时期总路线的公布，对个体手工业开展社会主义改造，成为总路线的重要组成部分，手工业社会主义改造进入新的发展阶段。1953 年 11 月至 12 月，中华全国合作社联合总社召开第三次全国手工业生产合作会议。会议明确对手工业进行社会主义改造的方针和政策，在方针上，应当是积极领导，稳步前进；在组织形式上，应当是由手工业生产小组、手工业供销生产合作社到手工业生产合作社；在方法上，应当是从供销入手，实行生产改造；在步骤上，应当是由小到大，由低级到高级。

这次会议对于推动上海手工业合作化运动起到重要作用。根据会议确定的“积极领导、稳步前进”的方针，上海市委、市政府制定对手工业进行一般宣传、全面摸底，以组织现有的手工业独立劳动者为主要对象，从服务手工业生产和补助市场迫切需要且有发展前途的行业着眼，从供销着手，积极组织，有计划逐步地把手工业生产纳入国家计划的轨道的工作部署。成立上海市工业生产合作社联合社筹备委员会，在市联社内部建立手工业品供销站，各区社建立手工业品供销科（股），通过供销业务推动手工业者组织起来。

从 1954 年起，手工业生产合作社进入普遍发展阶段。结合生产发展的需要和手工业劳动者的觉悟程度，采取手工业生产小组、手工业供销生产合作社和手工业生产合作社三种组织形式，由低到高，循序渐进，实现手工业合作化。手工业生产小组是由独立手工业者、家庭手工业者通过国营经济、供销合作社和消费合作社供给原料、推销成品的加工订货方式组织起来的，是手工业劳动者最容易接受、最能够被广泛组织的一种形式，也是对手工业通过合作化实行改造的初级形式。手工业供销生产合作社由若干手工业劳动者或几个手工业生产小组组织起来，统一购买原料、推销成品，统一承揽加工订货，并以业务经营中的积累来购置公有的生产工具，进行部分的集中生产，逐渐增加社会主义因素，是对个体手工业进行改造的过渡形式。手工业生产合作社是手工业社会主义改造的高级形式。其中,部分社的主要生产资料已完全归社员集体所有,完全按劳分配,已经是完全社会主义性质的生产合作社;也有部分社的主要生产资料尚未完全成为集体所有,实行工具入股分红,统一经营,收益的一部分采取按劳分配,这是半社会主义性质的生产合作社。

在广泛发展的基础上,本市还逐步实行按行业、按地段组织合作社。1954 年 9 月,大兴街附近生产五金零件的七家手工业户由于地段相近、行业相同,组织南阳机器零件供销生产合作社,由手工操作到机械化生产,逐步发展成为一家中型的专门制造各种机械的星火机械厂。

在中共上海市委、市人民政府的积极推动下,全市的手工业合作化运动得到较快发展,1954 年全市共组织 217 个供销生产小组和 23 个供销生产合作社。由于把分散的个体劳动者组织起来进行集中生产,在生产技术和生产工序上进行合理分工,因此生产效率与个体手工业者相比有明显增长。

但在手工业合作化过程中也出现发展过快过猛,导致原料供应困难、供产销不平衡、产品不合需要等情况,1954 年 12 月至 1955 年 1 月,中央手工业管理局召开第四次全国手工业生产合作会议。会议确定 1955 年手工业社会主义改造的中心任务是:继续摸清主要行业的基本情况,整顿、巩固、提高现有合作组织,在此基础上,从供销入手适当发展新社。1955 年 5 月,中共中央在批转会议报告时指出,对手工业供产销和手工业改造,要同时考虑,要贯彻“统筹兼顾,全面安排,积极领导,稳步前进”的方针。

为此,1955 年 2 月召开的上海市第一届人民代表大会第二次会议指出,对手工业的社会主义改造,必须稳步前进,防止盲目冒进的偏向;应着重调查研究,总结已经合作化的经验,根据需要和可能,有计划、有重点地推进手工业合作化,并切实地加强对手工业的管理。

为加强对手工业的管理和改造,1955 年 2 月,上海市手工业管理局成立,与上海市手工业生产合作联社一个机构两个名义,各区也相应成立区手工业管理科和上海市手工业生产合作社联合社区办事处,调配和充实各级手工业部门的干部,以进一步加强对手工业工作的领导,开展有关政策法令教育,经常了解和研究手工业供产销情况的变化发展并及时予以工作上的指导和帮助，加强对个体手工业生产的监督检查。同年12月，市手工业管理局制定了《上海市手工业进行社会主义改造的全面规划》。

通过有计划、有重点地推进手工业合作化，至1955年底，全市共有手工业合作组织444个、社员2.8万人，其中供销生产小组234个，供销生产合作社54个，生产合作社156个，合作社全年总产值6152万元。

从1955年下半年起，受到在农业合作化问题上批判所谓“小脚女人走路”“右倾保守思想”的影响，手工业的社会主义改造不可避免地加快步伐。刚进入1956年，在农业合作化运动迅猛发展、城市工商业全行业公私合营浪潮的推动下，受到北京市在批准全市工商业实现公私合营的同时，宣布手工业也全部实现合作化的影响，上海手工业者申请入社的积极性也空前高涨。1956年1月19日，1万余名手工业者举行庆祝全市手工业合作化胜利大会，3.27万户共7.1万名个体手工业者，连同划归手工业改造的工场手工业，共有3.4万余户、8.6万人，全部经市人民委员会批准参加生产合作社，全市基本实现手工业的合作化。至此，上海市手工业除车木、沙发等一些产品独特、人数很少的手工业户仍暂保持个体经营外，基本上完成了生产资料个体私有制到集体所有制的转变。

1956年3月以后，通过直接组织手工业生产合作社的建新社方式，或将原来手工业供销生产社、生产小组并入生产合作社的并社方式，以及将供销生产社改为生产合作社的转社方式，手工业改造的步伐继续加快。至1957年底，全市共有基层手工业合作组织1632个，从业人员12万人，其中高级形式的手工业生产合作社1054个，人数10万人，占总人数的85%。当年手工业生产总产值达到4亿元，比1952年的产值提高了近一倍。基本完成手工业合作化以后，随着生产关系的改变，生产力迅速发展，社员的生活水平也得到改善，95%以上社员的工资收入比入社前的劳动收入有所增加。但由于集中过多、并社过大，有些行业失去经营特色；一些生产、修理网点撤并过多，给人民带来不便。

在开展手工业社会主义改造的同时，上海市委还对个体商贩逐步进行改造。上海的小商贩户数多，1952年时即达12万户，除固定摊贩外，多数为流动摊贩，分布在街头巷尾各个角落，经营蔬菜、小商品、饮食服务、修伞补鞋、收购废旧杂品等。他们在方便群众、满足群众日常生活需要方面发挥了积极作用，但在经营和发展上也具有一定的盲目性。上海市委、市人民政府在对小商小贩的改造中，制定“加强管理，控制其发展，逐步进行改造，使行政管理、经济措施和政治教育妥善地结合起来”的方针，根据不同情况对小商小贩逐步加以改造。在新中国成立初期主要是对小商小贩进行登记，整顿清理；还建立了基层批发机构，开展了小商小贩的批发业务，保证货源供应，降低批发起点；对市场进行整顿，加强行政管理；对无证商贩作了动员转业、回乡生产等适当安排。1954 年以后，又按地段、菜场、商场等成立了固定摊贩小组、摊贩联合会等；把流动摊贩按居住地区组成小组、大组；对小商店组织与国营或供销合作社经销、代销；对饮食服务、修理以及带技术性的还组织成立了合作小组、合作商店。在 1956 年社会主义改造高潮中，本市小商小贩中 2000 多户小业主也参加全行业的公私合营。

第三节　资本主义工商业的社会主义改造

作为我国资本主义工商业最为集中的城市，上海的资本主义工商业社会主义改造工作不仅是本市开展生产资料私有制社会主义改造的重中之重，而且对全国也具有重要影响。上海对资本主义工商业的社会主义改造，经历了从最初开展加工订货、统购包销，在流通领域实现私营企业同国营经济相互联系的中低级形式；向实行公私合营，由政府或国营企业以投资入股的方式与私营企业在内部的产权层面上进行结合的高级形式的发展过程，以渐进的有偿的和平赎买方式，把资本主义工商业逐步纳入国家计划轨道，使其逐步过渡到社会主义。

一、利用和限制私营工商业

私人资本主义经济是新中国成立初期新民主主义经济的五种成分

之一[1]，在整个国民经济中具有不可替代的地位，在为社会提供产品、实现商品流通、增加社会就业、促进国民经济尽早恢复和发展等方面发挥着重要作用。对于私人资本主义经济，毛泽东在党的七届二中全会上明确提出，在革命胜利后一个相当长的时期内，还需要尽可能地利用城乡私人资本主义的积极性，以利于国民经济的向前发展。在这个时期内，一切有利于国民经济的城乡资本主义成分，都应当容许其存在和发展。但另一方面，“中国资本主义的存在和发展，不是如同资本主义国家那样不受限制任其泛滥的。它将从几个方面被限制——在活动范围方面，在税收政策方面，在市场价格方面，在劳动条件方面。我们要从各方面，按照各地、各业和各个时期的具体情况，对于资本主义采取恰如其分的有伸缩性的限制政策”[2]的方针。

上海是我国私营工商业最为集中的地区，全市共有私营工业企业2.01万户，年工业产值占全国私营工业总产值的36%；其中棉纺工业纱锭占全国纱锭总数的50%左右，卷烟厂设备占全国的70%以上，面粉厂产量占全国的近40%。丝织、毛纺、橡胶、制药、搪瓷、铝制品等私营工业也在全国占较大比重。拥有私营商店行号9.3万户，门类比较齐全，产品远销全国甚至海外，形成先施、永安、新新、大新南京路上“四大公司”和宝大祥、协大祥、信大祥“三大祥”棉布店等一批经营有特色、在全国有较高知名度、具有较好的传统经营技术和经营方法的商店。私营轮船运输业共有船舶925艘，占全国的80%以上。私营银行钱庄共194家，其中几家较大银行在国内设有分支机构，以上海总行为中心，在资金融通、汇兑业务上构成一张全国性的金融网。解放前夕，上海口岸的进出口贸易，进口额占全国进口总值的78%，出口额占全国出口总额的71%。

上海私营工商业在全国所占有的举足轻重地位，也决定了其改造工作能否顺利开展对全国具有重要影响。在国民经济恢复时期，上海市委根据中共中央关于利用和限制私人资本主义经济的方针，在积极贯彻“公私兼顾、劳资两利”政策，在扶助其有利于国计民生的部分，使其

① 在党的七届二中全会上，毛泽东提出了新民主主义社会的五种经济成分为：国营经济、合作社经济、私人资本主义经济、个体经济、国家资本主义经济。

② 《毛泽东选集》第4卷，人民出版社1991年版，第1431页。

有一定程度的发展的同时，逐步把私营企业纳入国家资本主义的初级形式，限制其盲目生产经营和投机活动。

鉴于金融业对于调剂社会资金和扶助有益于国民生计的工商业发展的积极作用，同时其自身又具有一定的投机性，存在助长物价波动、妨碍正当工商业发展的消极方面，中共中央明确要求国家对私营金融业的管理较其他行业更为严格，社会主义改造亦在其他行业之先。为此，上海市委按照金融业先于一般工商业的步骤，首先对私营金融业开展社会主义改造。

上海解放时，除外商和官僚资本银行外，共有官商合办银行 5 家、民族资本银行 114 家、钱庄 80 家。解放以后，按照严格管理、积极疏导的方针，中共上海市委、市军管会对私营行庄展开初步的整顿和清理。通过没收官僚资本，改组为公私合营银行的方式，实现对原官商合办的新华、中国实业、中国通商和四明银行的改造；建业银行因原上海地方党组织用一部分公款参加经营，公股占 50% 以上，亦于 1950 年公私合营。对于私营行庄设立暗账、收取暗息、从事巨额拆放以及进行投机和扰乱金融等违法活动加以严肃处理。对于合法经营的私营行庄，积极给予疏导，推动组织联合银团。1949 年 12 月，上海市公私营金融业联合放款处成立，人民银行和中国、交通三家国营银行以及私营 165 家行庄参加，在业务上接受国家银行的领导，形成社会主义经济和资本主义经济在业务上的联合，把私营银行部分资金间接纳入国家计划轨道。

统一财经后，许多依赖通货膨胀和投机利润而畸形发展起来的中小行庄失去生存的基础，出现成批倒闭的现象。仅 1950 年 2 月至 6 月，全市就有 92 家私营行庄倒闭，占全部私营行庄的 57%。为了缓和金融业暂时的困难，争取社会信用，上海积极组织公私合营银行成立联合总管理处，中小行庄和钱庄私私联营。1950 年 7 月，44 家私营中小银行、钱庄先后成立 4 个联营集团。次年 5 月，人民银行总行决定上海 5 家第一批实现公私合营的银行建立统一的联合总管理处，之后随着浙江兴业、国华等 6 家银行批准加入，遂成为公私合营十一行联合总管理处。7 月，上海商业储蓄银行正式改组为公私合营性质的银行，并在北京与久安信托公司组成联合管理委员会，实行联合经营。“北五行”系统的盐业、金城、中南等银行亦于同年9月成立北五行联合总管理处,同时宣告实行公私合营。在这三个联管系统的带动下,一个月后,四个联营集团合并为两个联营总管理处,由于这些行庄合营条件尚不成熟,因此不作为公私合营,而是由人民银行委派公股董事参加领导。由此,全市62家银行和钱庄都已在不同程度上向国家资本主义的高级形式转变。

1952年"五反"运动以后,私营金融业业务急剧下滑,收不抵支,纷纷要求实行联营。根据人民银行总行关于彻底改造合营银行的决定,上海于12月正式成立公私合营银行联合总管理处,上海私营银行(不包括三家外资银行)、钱庄、信托公司与已经公私合营的银行全部合并成国家银行领导的公私合营银行。至此,私营金融业被改造成为高级形式的国家资本主义,私营金融业的社会主义改造基本完成。

在一般工商业的利用、限制和改造方面,对私营工业企业主要采取收购、加工订货、统购包销为主的国家资本主义的初级形式;对私营商业主要是加强市场管理,把以私营商业为主体的交易市场改组成由公私工商企业参加的交易市场;对私营交通运输业主要按照统筹兼顾原则合理安排任务,加强对其扶助、调整和管理。

加工订货因不涉及企业内部的所有权、经营权和人事权,而是从流通领域即以商品购销的形式和私营工业进行广泛的企业外部的联系合作,成为国营经济同私营工业进行联系合作的一种比较普遍的形式,也是党对资本主义工商业实行改造的一种有效手段。上海解放以后,加工订货作为扶植私营工业克服困难恢复生产的重要手段得到迅速发展,逐步从棉纺、染织、钢铁、橡胶、粮食等主要行业扩大到铁器工程、纺织用品、五金、制帽、制钉、文具用品等行业,承接加工订货的工厂由少数重点大厂扩展到一些中小型厂。对于部分小厂过多,难以承接批量加工订货的行业,通过组织联营的方式,使部分中小企业开始从小规模分散经营走向组织联营或联合工厂。私营工厂企业承接的国家安排的加工订货产品也开始由主要物资扩展到群众日常需要的各种工业品。至1950年底,造纸、搪瓷行业建立全行业加工订货关系;纺织工业方面基本建立加工订货关系,开工的39家工厂中有37家部分或全部承接国家加工订货任务;重工业中60%—80%的生产能力承接加工订货,使得这些私营工厂在很大程度上由国家计划决定其生产和发展方向。

在“五反”运动中,针对上海工商业出现的暂时呆滞现象,市财委组织有关加工订货单位、工业主管部门、市工商局、人民银行、市税务局、市总工会等单位组成临时性的加工订货办公室,对与国计民生关系密切、有发展前途的行业加以扶助;对设备好、工人多、产品合乎规格的全能工厂首先给予扶助。纱布、造纸、火柴、水泥、金笔、橡胶业的轮胎部分等与国民经济有关的行业被全部给予扶助;毛巾、被单、各项机器制造、电解铜行业有80%的企业受到扶助。随后,中共上海市委、市人民政府还会同华东级国营企业组织上海市加工订货委员会,统一领导上海加工订货工作,并在各区区委成立生产委员会。加工订货依靠政府的组织进一步得到扩展,至1952年底,上海加工订货产品产值占私营工业全部产值的比重已从1949年时的10%上升为58.8%。

二、有计划改造的发展

1953年党在过渡时期总路线公布,对资本主义工商业开展社会主义改造成为过渡时期总路线总体布局中的重要一翼。根据中共中央确定的方针,就是要在一定的时期内,有步骤地把一切对国计民生有利而又为国家所需要的资本主义企业,基本上改造为国家资本主义企业,并使初级形式的国家资本主义向高级形式的国家资本主义发展。然后在条件成熟时,逐步地变国家资本主义经济为社会主义经济。

为贯彻党在过渡时期总路线要求,1954年2月召开的上海市委扩大会议提出,上海资本主义工商业比重大、生产潜力大,因此必须把通过国家资本主义的各种形式,积极地、稳步地对上海资本主义工商业进行社会主义改造作为此后一段时期上海党组织的重要任务。

对私营工业企业的改造是上海开展资本主义工商业社会主义改造的重要组成部分。为保证私营工业改造的有序开展,中共上海市委提出:在目标设定上,要在国家第一个五年计划期间,在全市私营大型工厂基本上完成社会主义改造第一步的任务;在行业安排上,要根据国家的需要与各个行业的特点,首先抓紧重工业,纺织业次之,轻工业则放慢一些;在改造方式上,要从全局着眼,依据国家生产计划,将高、中、低多种形式有机地结合起来。

从 1953 年开始,以加工订货、统购包销为主的初级国家资本主义形式在私营工业得到较大发展,从大型工厂逐步扩展到中小型工厂,从重点行业扩展到一般行业,从主要产品扩展到一般产品。为此,中共上海市委、市人民政府逐步扩展公私合营,加强对中级和低级形式的国家资本主义企业的管理。同年 8 月,市人民政府发布《上海市加工订货管理暂行办法》,在照顾私营工业合理利润,改善其经营管理的同时,加强工商部门和国营经济对加工订货的统一管理,使得私营工业在国营经济领导下,调剂供、销、产之间的关系;推动私营工业的生产逐步纳入国民经济计划之中,逐步走向计划生产的道路。至当年底,20 多种主要产品都已通过加工订货、统购包销等方式纳入国家资本主义渠道。1954 年,中共上海市委、市人民政府进一步加强供产销的计划平衡工作,把加工订货计划、生产计划和原料供应计划相互衔接起来,并按照"合理经营、中等标准"的原则,合理调整国营企业给私营企业的加工费用。自 10 月起对 416 家接受加工订货的大型工厂实行派员驻厂,其中 500 人至 1000 人的重要工厂(重工业 300 人以上)派特派员,100 人以上的大厂及 100 人以下的名牌货厂派驻厂员。驻厂员代表国家行政机关和国营经济部门,对企业的生产和经营业务实行公开的监督与指导,以保证加工订货任务的完成,并为公私合营做准备。对一般中小型厂则分区分业设立辅导小组加强领导。由此,当年加工订货产品产值上升到私营工厂总产值的 81.2%。

在进一步扩展和完善加工订货的同时,中共上海市委、市人民政府也有计划、有步骤推进对私营工业企业公私合营这一国家资本主义的高级形式,实行国家同资本家在企业内部的联系和合作。在过渡时期总路线公布之前,就已经对私营金融业和 65 家私营工业企业实行公私合营。这些合营企业多数是国家没收企业中的官僚资本或敌产成为公股,而且与国计民生关系比较密切,经批准为公私合营企业;部分是因企业经营困难,难以为继,资本家要求合营,对国计民生又有需要的,由国家投资而成为合营企业;亦有个别因企业重要、国家需要发展而投资成为公私合营企业。这些公私合营企业利润采用按国家所得税、企业公积金、职工福利奖金和资方股息红利“四马分肥”的形式进行分配，是半社会主义性质的企业。

党在过渡时期总路线公布以后，根据中共中央关于“巩固阵地、重点扩展、作出榜样、加强准备”的方针，按照国家需要、企业改造可能和资本家自愿原则，在全市分期分批逐步推开公私合营工作。经中共中央批准，中共上海市委于1953年首先在新安电机厂、上海机器厂、恒大纺织厂、中南橡胶厂等14家工厂进行公私合营试点，1954年又分两批扩展了197户。公私合营的方式，对设备较完整、机构较健全和产值较大的私营厂实行单独合营，对若干中小型厂亦有按同品种，照顾协作关系采取合并合营。公私合营的步骤，首先由私营厂方提出申请，经过主管局批准后，进行合营准备工作，进行清产核资、人事安排，后正式合营；公私合营由市政府主管局与私营厂方签订协议书，对公股私股所占份额、合营企业组织形式，董事会名额组成加以明确。

1954年全市共有1000多户较大企业的资本家提出公私合营申请。其中多数为政治较为开明的资本家，认为公私合营是大势所趋、人心所向，为合营的优越性所吸引；或是因企业在原料、市场方面受到很大限制，感到经营困难，主动要求公私合营；也有资本家本人并不积极，但在职工群众和工商联推动下申请公私合营的。对此，中共上海市委坚持成熟一个，合营一个的原则，截至1954年底，全市公私合营工业企业共244家。同1952年相比较，1954年时上海公私合营工业企业户数在全市工业企业中所占比重由0.3%增至0.9%，总产值由5.6%增至20.3%。公私合营以后工人积极性普遍高涨，1954年时合营工业企业的劳动生产率比私营工业企业高82.45%。

在对私营工业改造的同时，也对本市私营商业进行改造。虽然在过渡时期总路线公布之前，国营商业就已经掌握上海市场的领导权，但私营商业仍占较大比重，1952年时私营商业批发额占全市批发总额的43.2%，私营商业零售额占零售总额的76.4%。为此，中共上海市委、市人民政府贯彻安排和改造相结合的方针，推进对私营商业的社会主义改造工作。具体而言，对私营批发行业，由国营商业和合作社根据掌握货源程度、私营批发商所起的作用、人员安排的可能等方面加以通盘考虑，以“留、转、包”三种形式逐步代替改造，“留”就是能够继续经营的可留下来继续经营或由国营商业部门委托它们代理批发业务；“转”就是辅导它们转业，有的转为零售商业，有的转到其他行业；“包”是对一些转业有困难的，批准它们歇业，帮助它们解决资金出路和人员安排等问题；对私营零售商在统筹兼顾的原则下，加强管理工作，使其维持一定的营业额，并逐步转为国营的代销店和经销店。

根据这一方针，上海结合各行业状况，继续贯彻“一面前进、一面安排”和“前进一行、安排一行”的办法改造批发商业，1954 年对棉布、土布、糖、烟叶、煤炭和华洋杂货等 6 个行业进行全行业改造。同时以批购、代销、经销等国家资本主义的初级形式，把私营零售商纳入国家计划轨道。1954 年 1 月，私营丽华百货公司因经营困难，经批准成为国营上海百货公司的专业代销店。同年在橡胶、绒线、小百货、燃料、木材、新药等 10 多个零售行业与国营公司建立全业或部分的批购关系，即以现款向国营商业批购商品，按国家零售价出售。

上海私营交通运输业的改造也有计划地推进。根据政务院关于加强统一货源、统一调度、统一运价的“三统管理”要求，中共上海市委、市人民政府在私营轮船运输业成立联合管理处，政府派员领导，统一管理；在汽车运输业建立私私联营的联营社，按经济性质、车辆性能等不同情况进行编组、编队，成立车队管理委员会，实行统一管理，各计盈亏；在上海港务管理局成立驳船管理处，派员直接监督部分私营驳船业务。同时，在一批交通运输企业实行公私合营，1953 年 11 月，中兴轮船公司和海鹰轮船公司实行合并合营，组成公私合营中兴海运公司。1954 年，又有经营长江航运业务的 33 家私营轮船公司合并组成公私合营上海轮船公司，浦东的上川、上南、浦建 3 家私营交通公司合并组成公私合营上海市浦东公共交通公司，一些私营轮渡公司也以资产入股方式并入公私合营上海市轮渡公司。交通运输业的公私合营，改变了生产关系，促进了行业和企业的改组改革。此外，中共上海市委、市人民政府还对私营进出口、房地产、营造业等也先后进行了改造。

在对外资企业的改造方面，早在朝鲜战争爆发后，许多外资企业由于以美国为首的资本主义国家对新中国实行经济封锁，加之丧失在华特权而陷入无法维持的境地，纷纷申请歇业、转让给政府抵偿债务或自行放弃经营由政府作价收购。随着党在过渡时期总路线的提出，上海市委、市政府根据1953年6月召开的全国外事工作会议要求，按照国籍、系统、行业等具体情况，根据有关国家对中国的态度、国内建设的需要与可能、外资企业本身的问题与意向，开始有计划、有步骤、有重点地清理外资企业。对工业企业加紧控制供产销，在原料中积压他们的资金，压缩生产任务，减少他们的收入。对房地产公司，让其代管代修大量危险房屋，压低租金，使其收入减少。这些手段使得外资企业资金周转困难，进而积累了巨额债务，主动向政府要求转让企业。

三、全行业公私合营的加速进行

进入1955年后，针对之前在公私合营工作中主要是以企业为对象逐个进行，参加公私合营的企业多为有关国计民生、在行业中规模较大、生产经营条件较好的企业，大量没有合营的生产分散、设备简陋、技术落后的中小工厂，生产经营发生严重困难的情况，上海市委、市政府根据第二次全国扩展公私合营工业计划会议作出的“统筹兼顾、合理安排”的方针，以及“在扩展合营的方式上，应采取个别合营与按业改造相结合的办法”要求，开始全行业公私合营工作。自5月起，在轻、纺工业8个行业中酝酿按行业实行公私合营，至10月，全市轻、纺工业有棉纺、毛纺、麻纺、造纸、卷烟等8个行业实行全行业的公私合营；重工业有船舶、轧钢、机器锻铁、铣牙、动力锅炉等13个行业按行业或按产品实行公私合营。

按行业改造，并非原封不动地全部包起来或是一下子把全业合营过来，而是对企业进行通盘规划，统一安排：可以个别合营的，就进行个别合营；需要进行联营合并的，就采取以大带小，以先进带落后的办法，进行并厂和生产改组，并把改组合并与公私合营工作结合起来；对于没有改造条件必须淘汰的企业，则有计划、有步骤地吸收其人员，淘汰其企业。在毛纺工业56户中，5户单独合营，2户并入老合营厂，其余49户裁并为14个单位；卷烟工业16户中，5户单独合营，其余裁并为3个单位。对制笔工业还采取私私合并的方式，上海的私营制笔业自解放时的92家，发展至1954年时的296家，造成严重供过于求，企业普遍发生困难。根据1955年2月国务院地方工业部召开三笔专业会议的要求，中共上海市委、市人民政府对三笔行业进行私私合并，统筹安排生产，使处于停工半停工状态的89家钢笔厂全部恢复生产。在私私合并、调整改组的基础上，上海市第一轻工业局于1955年12月批准上海制笔工业全业合营。当年，379家私营工厂经过合并改组成为149家公私合营工厂，有一部分并入老合营厂。

上海私营零售商业也在统筹安排的基础上按行业、按地区实行公私合营工作。11月，原嵩山区9家绒线店首先被批准实行合并合营，成为公私合营嵩山区绒线商店。此后，棉布、绸缎、绒线3个商业行业，亦于12月间分别实行全行业公私合营。

1955年下半年，全国范围内农业合作化步伐的加快，促进和推动了私营工商业的社会主义改造。10月27日和29日，毛泽东先后邀请前来北京参加全国工商联执行委员会会议的工商界政治代表人物、全国工商联执委会委员，在中南海怀仁堂座谈私营工商业的社会主义改造问题，其中包括荣毅仁、郭棣活、盛丕华、胡厥文、胡子婴、刘靖基等来自上海的工商界人士。他在讲话中勉励大家认清社会发展趋势，主动掌握自己的命运，站在社会主义方面，有觉悟地逐渐转变到新制度去；同时深入浅出地阐明党对民族资产阶级的政策，重申国家对接受改造的工商界人士将给予政治上和工作上的安排，继续实行逐步赎买政策[①]。11月，全国工商联第一届执行委员会第二次会议召开。会议通过的《告全国工商界书》指出："我们工商业者当前的首要的任务是应该坚守爱国守法的立场，积极接受社会主义改造。"出席全国工商联执行委员会会议的代表回沪后，向本市25万工商业者及其家属作了传达报告。他们动员工商业者认清社会发展规律，掌握自己的命运，积极地参加到改造的高潮中来。这在很大程度上减轻了工商业者对前途、命运的担忧和疑虑，促使其中绝大多数人对社会主义改造工作采取较积极配合的态度。由此形

① 中共中央党史和文献研究院编：《毛泽东年谱》第5卷，中央文献出版社2023年版，第457—460页。

成了对资本主义工商业实行全面改造的形势。

根据毛泽东的提议，中共中央政治局于 1955 年 11 月召开有各省、市、自治区党委代表参加的关于资本主义工商业社会主义改造问题的会议。会议通过由毛泽东主持制定的《中共中央关于资本主义工商业改造问题的决议（草案）》（以下简称《决议（草案）》），提出“现在已经有了充分有利的条件和完全的必要把对资本主义工商业的改造工作推进到一个新的阶段”，并系统阐明中国共产党对于资产阶级的政策：一是用赎买和国家资本主义的方法，有偿地而不是无偿地，逐步地而不是突然地改变资产阶级的所有制；二是在改造他们的同时，给予他们以必要的工作安排；三是不剥夺资产阶级的选举权，并且对他们中间积极拥护社会主义改造的代表人物给以适当的政治安排。

根据中共中央关于资本主义工商业社会主义改造问题会议的全面规划和部署，以及《决议（草案）》的基本方针和政策，很快在全国掀起公私合营的高潮。上海市委采取层层搞通、逐级贯彻的办法，在全市各级干部中组织传达和讨论，增强他们对开展资本主义工商业社会主义改造的信心。在 1955 年 12 月召开的上海市第一届人民代表大会第三次会议上，副市长许建国就上海资本主义工商业社会主义改造工作作专题报告，指出上海私营工商业的社会主义改造工作已经进入从个别企业的公私合营发展到全行业的改造和按行业实行全部或大部的公私合营的阶段，必须全面地、更加有领导地开展对私营工商业的社会主义改造工作，在两年内基本上完成私营工商业按行业实行公私合营和小商小贩实行合作化以及经销、代销任务。此后，上海市各委办局都制定了在 1957 年底以前完成各行各业社会主义改造的规划。

1956 年 1 月 10 日北京市宣布对 77 个资本主义工商业行业按行业全部实行公私合营的消息传到上海，引起强烈反响。1 月 14 日上午，中共上海市委召开常委扩大会，讨论北京的公私合营经验，决定采用北京的办法，在 10 天内完成社会主义改造。同日下午，中共上海市委召开工商界上层人士座谈会，市工商联全体执监委员、各区工商联主席、各同业工会主委、市民主建国会委员等工商界各行各业 300 多名代表出席，代表纷纷要求加快速度。次日，市工商界举行临时代表会议，作出在 1 月

20日前完成全市私营工商业公私合营申请准备工作的决议。随后，全市工人代表、工商界青年代表、工商业者家属代表分别召开会议，拥护公私合营，推动全市社会主义改造工作。1月20日，市人委召开上海市资本主义工商业公私合营大会，副市长曹获秋代表市人委批准全市205个行业、106274户资本主义工商业实行公私合营。第二天，市党政军领导和社会各界代表10万多人在人民广场集会庆祝社会主义改造完成。《人民日报》也于1月22日专门发表社论《上海私营工商业社会主义改造的伟大胜利》，指出“上海市的社会主义改造已获得了全面的胜利。人民的上海，从此进入了社会主义社会”。

由于资本主义工商业社会主义改造高潮来势迅猛，上海与北京一样，采取“先戴帽子、后穿衣裳”的办法，即先批准公私合营，然后做好清产核资、人事安排、经济改组等工作。清产核资工作按照公平合理、实事求是和“从宽处理、尽量了结”的方针，在工人监督下，由资本家自点、自估、自报，同业评议，合营工作委员会最后审批。经过清产核资，全市公私合营企业的私股资金共计11.22亿元，其中工业私股占82.4%，商业私股占12.2%。按5%付给定息，自1956年起为期7年，后又延长3年至1966年9月停发。对全市51760名私方人员的安排，按照“把原来企业中一切在职人员包下来”的方针和“量才使用、适当照顾”的原则，以企业为基地进行安排。对有实际经营管理经验，或有技术的，让其在工作岗位发挥特长；对年老体弱的适当予以照顾，妥善安置。至1956年10月，对原来在企业中担任实职的私方人员全部安排工作，其中绝大部分继续保留原来的职务。对私方人员的薪金原来高的不动，低的适当提高。对公私合营工商业企业的经济改组是在全行业公私合营中成立的专业公司的领导下，采取“先管后改”“分片管理、以点带面”的方法，以产品相同、地区相近及协作关系等原则，根据上海特点和生产需要，对企业进行裁并改合，并进行对商业网的调整。

四、社会主义基本制度的确立

经过1956年对农业、手工业和资本主义工商业三大改造的高潮，上海同全国一样基本完成生产资料私有制的社会主义改造，社会主义政治制度和经济制度已经在上海建立起来,实现从新民主主义向社会主义的伟大转变。这一转变是历史发展的必然选择。国营经济占据主导地位,并通过加工订货、经销代销、统购包销、公私合营等多种形式,从原料供应、销售等环节把私营工商业逐步纳入到国家资本主义轨道,非社会主义因素接受限制和改造成为一种必然趋势。这也是上海历史上最深刻最伟大的社会变革,为当代上海一切发展进步奠定了根本政治前提和制度基础,对此后上海的发展具有深远的历史意义。

反映在经济制度方面,随着从农民、手工业者劳动群众个体所有的私有制基本上转变成为劳动群众集体所有的公有制,从资本家所有的资本主义私有制基本上转变成为国家所有即全民所有的公有制,国营经济、公私合营经济的比重迅速提高,社会主义公有制经济在上海国民经济中占据绝对优势。1956 年,在全市工业总产值中,国营工业占 32.2%,公私合营工业占 64%,合作社工业占 3.3%,私营工业(主要是个体手工业)占 0.5%。在全市社会商品零售总额中,国营经济占 23.3%,公私合营经济占 69.7%,合作社经济占 5.1%,私营经济(主要是个体商贩)只占 1.9%。

反映在政治制度方面,伴随着以生产资料公有制占绝对优势的新的经济基础的建立,经济建设和全市各个方面工作都适应和服务于社会主义经济制度的建立而得到发展和改善。尤其是以人民民主原则为特点的《中华人民共和国宪法》的颁布实施、人民代表大会制度的正式实行和共产党领导的多党合作和政治协商制度继续发展,在上海建立起党领导下的基本政治制度体系。这一制度体系既巩固了上海市委作为领导全市人民建设社会主义的核心地位,也体现了人民当家作主的本质要求,为各界人士和广大人民群众行使自己的权力广泛参与各项政治事务提供便利,从而为全市各项事业的发展提供了政治保障。

反映在人民主体地位方面,通过对农业、手工业和资本主义工商业的社会主义改造,极大地激发了全市人民投身社会主义建设的积极性。农民和大多数其他个体劳动者成为社会主义的集体劳动者。资本家不再是原来企业的所有者,而是按照他们的能力被接受为企业的职员。原来私人企业的工人则摆脱了雇佣劳动者的地位,同国营企业的工人一样成为企业的主人,这就整合了工人阶级的队伍,提高了他们的觉悟水平和生产热情,促进社会生产力的发展。资本家也在党的思想教育下,加上党对民族工商业资本家采取的正确政策,不仅过好了社会主义的“关”,而且在党的领导下努力为社会主义贡献力量。荣毅仁在回答作为资本家为什么接受社会主义道路时谈道:“是的,我是一个资本家,但是我首先是一个中国人”。他历述其作为中国的民族资本家,如何一直梦想兴办工业,救国图强,可是在旧社会受尽帝国主义和官僚资本的压迫和勒索,解放初期由于政府贷款、委托加工和收购产品,企业才摆脱窘迫局面,盈利逐年增加。他说:“五年计划开始了,全国兴建了许多大工厂,各地进行了大规模的建设,一切实现得比梦想还要快,多么令人鼓舞!没有共产党,不走社会主义的道路,那能有今天?”[①]

在生产资料私有制社会主义改造的推动下,1956 年全市工业总产值比上年增长 34.3%,其中公私合营工业增长 42.9%,手工业增长 20.7%,社会商品零售总额增长 13.8%。特别是新公私合营企业,通过生产关系的变革,国家可以按照社会主义的原则对其进行生产管理,加上国家在计划上统筹安排,生产增长更为显著。

在充分肯定我国社会主义改造重要意义的同时,也应看到,我国是在 20 世纪 50 年代的国际环境和社会历史条件下,实现从新民主主义到社会主义转变的。基于那时中国共产党对社会主义的认识,尤其是各社会主义国家都普遍接受的苏联社会主义模式的影响,上海在开展对农业、手工业和资本主义工商业的社会主义改造后期在一定程度上存在着要求过急、步子过快、工作过粗、形式过于简单划一等缺点和偏差。

但从总体上看,在上海这样一座拥有几百万人口的大城市和几乎涉及全市每个家庭的情况下进行如此复杂、困难且深刻的社会变革,不仅没有造成社会动荡和生产停滞,而且保持国民经济基本上稳定发展,并得到人民群众基本上普遍拥护,是十分难能可贵的。特别是在改造资本

---

① 新华通讯社主办:《新华社新闻稿》,1956 年 1 月 21 日。

主义工商业中通过从低级到高级的国家资本主义形式，最后实现对资产阶级的和平赎买；以及把对所有制的改造和对人的改造结合起来，给民族资本家安排适当工作并付给工资，变剥削者为自食其力的劳动者，是一项伟大的创造。

第　二　编

在探索中全面开展社会主义建设

（1956 年 7 月—1966 年 5 月）

从1956年社会主义基本制度在上海确立到1966年“文化大革命”爆发前，在中共中央的坚强领导和全国各地的大力支持下，中共上海市委团结带领全市人民积极探索适合市情的社会主义建设道路，发扬自力更生、艰苦奋斗的精神，在顺利完成第一个五年计划的基础上，开展全面的大规模的社会主义建设。按照党的八大正确路线的指引，上海制定“充分利用、合理发展”的工业建设方针并坚持不懈贯彻到底，发挥自身优势，以“高精尖”为目标紧追国际科技发展先进潮流。人民群众在党的指引下焕发出空前的建设热情，技术革新攻坚克难，各行各业捷报频传。虽然“左”倾错误思想在政治和思想文化领域有着越演越烈的倾向，但在经济领域经过对国民经济的全面调整，纠正了“大跃进”和人民公社化运动等错误，上海初步建设成为一个生产门类比较齐全、物质技术基础逐步增强、大中小企业结合更为紧密的综合性工业基地，创作了一大批优秀文艺作品，培养了一大批政治经济文化建设等方面的骨干力量，初步满足了人民日益增长的物质文化生活需求，积累了领导社会主义建设的重要经验，为我国建立独立的、比较完整的工业体系和国民经济体系发挥了重要作用，为我国突破“两弹一星”等国防尖端科技和发展国防工业作出了应有的贡献。

第八章

探索社会主义建设道路的良好开端

在社会主义基本制度确立后,围绕全面建设社会主义的历史性课题,中共上海市委以党中央和毛泽东探索社会主义建设道路的最新成果为指导,明确上海要充分利用老工业基地的优势,在服务全国建设中发挥更大作用,制定和贯彻社会主义建设新方针,团结带领全市人民大力发展社会生产力,全面超额完成"一五"计划,使上海社会主义建设有了一个良好的开端。

第一节　明确社会主义建设的新方针

市委根据党中央和毛泽东关于发展沿海工业等一系列建设社会主义的新决策,制定了工业发展新方针,为上海开启全面建设社会主义的新征程明确了发展方向。

一、传达宣传《论十大关系》精神

20 世纪 50 年代中期,随着朝鲜战争的结束、日内瓦会议和万隆亚非会议的成功召开,世界和平与合作力量影响的逐渐增强,紧张的国际形势出现了缓和趋势。1956 年 2 月召开的苏共二十大对斯大林的全盘否定,在社会主义阵营引起极大震动和思想混乱的同时,也使社会主义阵营各国破除了对斯大林和苏联经验的迷信，解放了被教条主义束缚的思想。这为我国全面推开和加快社会主义建设提供了难得的历史机遇，也带来很大的挑战。

党中央及时把握国际形势变化的新趋势，作出了“现在，新的侵华战争和新的世界大战，估计短时期内打不起来，可能有十年或者更长一点的和平时期”① 的判断，并开始以苏为鉴，探索符合国情的社会主义建设道路。

为了准备召开党的八大和迎接大规模的经济建设，毛泽东、刘少奇等中央领导人于 1955 年底到 1956 年初对中央和国务院各部门进行了大量周密而系统的调查研究，逐渐形成了我国自己的建设社会主义的思路。1956 年 4 月 25 日，毛泽东在中央政治局扩大会议上作《论十大关系》的讲话，提出要调动一切积极因素把我国建设成为一个强大的社会主义国家的基本方针，并在总结我国经济建设问题和借鉴苏联经验的基础上，论述了政治、经济等十个问题即十大关系，强调今后要更多地注意发展农业、轻工业，更多地利用和发展沿海工作，尽量降低军政费用的比重，多搞经济建设。

在论述沿海工业和内地工业关系时，毛泽东明确指出：“沿海的工业基地必须充分利用。”“必须更多地利用和发展沿海工业，特别是轻工业。”“好好地利用和发展沿海的工业老底子，可以使我们更有力量来发展和支持内地工业。”② 这些论述清晰地表明党中央在新的形势下，更加注重充分利用和发展沿海工业。

由于上海处于沿海前线，根据当时国际形势，中共中央对上海及沿海工业采取“合理利用，以改建扩建为主”的方针，强调恢复与维持，不作大的扩建和发展。中共上海市委在贯彻执行中央指示精神的过程中，对上海工业着重在维持，在工业自身改造中也采取了以改建为主，新建为辅的方针，使得上海工业始终在紧缩内迁与维持利用之间徘徊，工业

---

① 《论十大关系》(1956 年 4 月 25 日)，中共中央党史和文献研究院编：《建国以来毛泽东文稿》第十一册，中央文献出版社 2023 年版，第 4 页。

② 《论十大关系》，(1956 年 4 月 25 日)，中共中央党史和文献研究院编：《建国以来毛泽东文稿》第十一册，中央文献出版社 2023 年版，第 3—4 页。

投资不足，企业更新改造资金极少，导致不少行业生产潜力不能充分发挥，上海工业总产值每年平均增长 14.5%，低于全国 18% 的速度；1955 年，全国工业总产值比上年增长 5.6%，上海则下降 2.8%；上海工业总产值占全国的比重从 1952 年的 19.8% 下降为 1955 年的 17.4%。从长远和全局看，必须对沿海工业发展政策作出调整，更好发挥上海等沿海工业的生产潜力，推动国家工业化的进程和内地工业基地的发展。

为了让上海的党政领导和工商界人士更清晰及时地了解党中央关于发展沿海工业的政策，国务院副总理陈云借在上海主持召开苏浙闵沪三省一市对资本主义工商业改造汇报会的机会，于 5 月 3 日与中共上海市委、市人委领导一起参加上海工商界上层人士座谈会，传达毛泽东"上海有前途，要发展"① 的重要指示，以及党中央和国务院关于必须充分利用和发展上海老工业基地的意见。这为上海市委探索适合市情的社会主义建设方针提供了强有力的政策支撑。

5 月 10 日，市委召开全市党员干部大会，传达毛泽东《论十大关系》的报告、中央关于发展沿海工业的决定以及毛泽东的口信：上海是有前途的、要发展，使全市党员干部及时了解党中央和毛泽东关于建设社会主义的指示精神。市委明确指出，要把一切积极因素都调动起来，把一切可用的力量都调动起来为社会主义建设服务，这是中共中央在提出过渡时期的总路线以后，提出的带全面性的有重大意义的指示。市委强调在十大关系中，沿海工业和内地工业的关系问题同上海有密切的关系，因为它事关上海在中国工业化建设中的地位和作用，事关上海未来的发展。市委要求调整上海工业现状，使之更为适应国家开展全面大规模地社会主义建设的新形势、新要求。

5 月 16 日，市委办公厅发出《通知》，要求在工厂、企业、机关、学校各单位党的支部委员和 20 级以上的党员干部中，传达毛泽东在中央政治局扩大会议上的讲话，在一般党员中进行有计划的、认真的教育，在支部大会、小组会上扼要传达报告的基本精神。

---

① 中共上海市委党史研究室陈云故居暨青浦革命历史纪念馆编著：《陈云在上海》，中央文献出版社 2000 年版，第 316 页。

在全面大规模社会主义建设展开之际，市委传达宣传党中央关于更多地利用和发展沿海工业的方针和对上海发展的新要求，客观上调动了全市人民建设社会主义的积极性，为制定适合市情的社会主义建设新方针统一了思想，创造了极为有利的条件。

二、召开中共上海市第一届代表大会

为制定适合市情的社会主义建设新方针，选举出席中国共产党第八次全国代表大会的代表和中国共产党上海市委员会的委员，1956 年 7 月 11 日至 26 日，中共上海市第一次代表大会（简称市一届党代会）在南京西路中苏友好大厦（今上海展览中心）友谊电影院举行。代表全市 149982 名共产党员的 775 名代表、80 名候补代表出席会议，197 人列席了会议。市委第一书记柯庆施作题为《调动一切力量，积极发挥上海工业的作用，为加速国家的社会主义建设而斗争》的报告，指出会议的首要任务是确定上海工业的方针。中共中央书记处书记、国务院总理周恩来到会作题为《专政要继续，民主要扩大》的讲话。国务院副总理、上海市市长陈毅就发扬民主、展开批评等问题发表讲话。

大会根据中共中央和毛泽东关于沿海工业和内地工业、轻工业和重工业、经济建设和国防建设关系的指示精神，分析了上海工业的具体情况，认为上海工业具有很大的潜力，主要具体表现为：工业设备利用率比较低。40 种主要工业产品中的 35 种产品的设备利用率都在 80% 以下，其中 16 种产品的设备利用率在 40% 以下。同时，技术力量潜力很大。全市拥有相当于技术员以上的技术人员 3 万多人，技术工人和熟练工人 32 万人，有一定技术水平的资本家七八千人，且全市各种工种齐全，协作生产比较方便，并可获得上海各高等学校、科学技术研究机关的帮助，还拥有设备齐全的运输、码头、仓库等。充分利用这些有利条件，上海工业就可以做到“投资少、效果大、速度快”，可以有力地支援内地工业的建设。

因此，大会提出将“充分地利用上海工业潜力，合理地发展上海工业生产”（简称：充分利用、合理发展）作为上海工业的方针。会议指出：充分利用与合理发展是密切关联的，其中心环节就是要充分利用上海近百年来形成的工业基础,利用它原有的设备和技术力量,使之更好地满足国家和人民的需要,为加速国家的社会主义建设服务。为了达到充分利用的目的,必须对上海工业进行积极的改造和合理的发展,进一步解决发展上海工业存在的矛盾,即:进一步解决生产力与生产关系的矛盾,彻底完成对资本主义工业的社会主义改造;解决落后的设备、技术与社会主义生产发展的要求的矛盾,对现有工业进行必要的经济改组和技术改造,并在利用现有设备的基础上,进行适当的必要的扩建和改建,使上海工业更好地发挥它的潜在力量。为了实现合理的发展,使上海工业生产最大限度地符合加速国家社会主义工业化的要求,必须照顾到国家和人民的需要,照顾到全国工业生产的合理布局以及供产销的平衡。同时,要克服轻视上海工业的作用和把上海工业潜力估计过低的思想,以及不从全面考虑,不从实际出发盲目扩大生产,及只追求数量、不重视质量和忽视降低成本的思想和做法。

根据“充分利用、合理发展”方针,大会综合各有关部门的初步方案后,提出了上海工业在第二、第三两个五年计划内的大体规划:上海工业总产值在第二个五年计划期末(即 1962 年),比 1957 年计划水平约增长 80%,在第三个五年计划期末(即 1967 年),工业总产值比 1962 年计划水平再增长 49%。同时,大会规划了工业各部门的具体发展方向。其中:重工业要逐步发展成为全国制造小型机械,特别是比较精密机械工业、造船工业和生产小型钢材的基地之一,纺织工业要适应内外销需要,要进一步提高质量,发展高级产品和某些特种产品,便于与内地纺织工业分工和减少发展上的矛盾等,轻工业要充分利用、扩大生产国内外需要量较大的产品,积极掌握技术,发展现有的和新的高级产品,扩大出口产品的生产,努力试制和生产新产品,与内地工业的发展形成互补。大会提出为实现这些规划,要进一步进行经济改组和技术改造;有计划地大量培养技术人才;在发展生产和提高劳动生产率的基础上,逐步改善职工的物质生活和文化生活,并在第二个五年计划期内,使有就业条件的人全部就业。

为更好贯彻“充分利用、合理发展”工业方针,上海市委提出充分发动全体职工群众、一切技术力量、资本家、各部门、各方面和广大干部的积极性和创造性等六个问题,要求上海党组织要把一切可用的力量调动起来,并且还要把无用的化为有用,把消极的变为积极。为此,市委要求改进党对工业企业的领导,从不断发扬党的群众路线的优良传统、切实改善领导方法,坚决贯彻党的集体领导和分工负责的原则、确立党组织在工业企业中的统一领导地位,加强基层组织的思想建设与组织建设、充分发挥基层党组织的战斗堡垒作用,经常地同阻碍新生事物成长、妨害生产潜力发挥的保守思想斗争,改善党对工业企业的组织领导、改进工作方法、使党的领导更适合上海工业生产的特点等五个方面着手。

会议选举产生了刘少奇等上海市出席中国共产党第八次全国代表大会的正式代表 37 人和候补代表 4 名。会议选举产生 40 名市委委员和 15 名市委候补委员组成中共上海市第一届委员会。经市委第一次全体会议选出市委常务委员会 14 人和书记处 6 人。市委第一书记柯庆施,书记处书记陈丕显、曹荻秋、魏文伯、马天水、许建国。市一届党代会是上海在社会主义基本制度确立后,开展全面大规模社会主义建设之际召开的第一次党代会,是上海探索制定适合市情的社会主义建设方针的一次重要会议。会议制定的“充分利用、合理发展”上海工业方针,为调动全市人民建设社会主义的积极性,提前、全面、超额完成“一五”计划发挥了积极的促进作用,对上海工业发展产生了重要而深远的影响。1956 年 8 月 12 日,上海市第一届人民代表大会第四次会议通过关于“充分利用、合理发展”上海工业方针的决议。

三、学习宣传党的八大会议精神

1956 年 9 月 15 日到 27 日,中国共产党第八次全国代表大会在北京召开。这是新中国成立后第一次党的全国代表大会。党的八大宣告了社会主义革命的基本完成和社会主义制度的基本确立。会议根据我国社会主义改造基本完成后的形势,提出国内主要矛盾已经不再是工人阶级和资产阶级的矛盾,而是人民对于建立先进的工业国的要求同落后的农业国的现实之间的矛盾,人民对于经济文化迅速发展的需要同当前经济文化不能满足人民需要的状况之间的矛盾,全国人民的主要任务是集中力量发展社会生产力,实现国家工业化,逐步满足人民日益增长的物质和文化需要。会议在经济、政治、文化、外交等方面作出了一系列重要决策。党的八大通过了党在全国执政后制定的第一部党章,着重提出了执政条件下党的建设的重大课题,突出地提出反对党内主观主义、宗派主义、官僚主义,批评脱离实际、脱离群众的思想作风,强调坚持民主集中制和集体领导制度,从思想上、组织上、作风上加强党的建设、巩固党的领导。

出席党的八大的上海代表团成员除中央有关部门、上海市委及各部门的领导同志外,还有一线生产部门的代表,最年轻的代表是25岁的上棉十七厂细纱挡车工、劳动模范黄宝妹。中共中央上海局书记、中共上海市委第一书记柯庆施就资本主义工商业的社会主义改造进一步对资产阶级分子进行改造作大会发言,中共上海市委书记处书记陈丕显就贯彻执行依靠工人阶级搞好生产的方针作了大会发言,市委统战部部长刘述周就发挥民主党派和民主人士的监督作用作了书面发言。

党的八大制定了正确路线,提出了许多富于创造精神的新方针和新设想,取得了探索我国建设社会主义道路的初步成果,对上海的社会主义建设事业具有重要的指导意义。

为使全市广大党员干部和群众及时了解党的八大会议精神,《解放日报》于党的八大开幕当天刊发社论《迎接党的第八次全国代表大会》,提出上海党组织和上海人民要把这次大会的精神贯彻到实际工作中去,成为指导各项工作的指针。10月22日,市委发出《关于传达和学习党的第八次全国代表大会的报告和文件的通知》,对全党和全体干部传达和学习党的八大会议精神作出部署。

根据市委的部署和要求,上海传达学习党的八大决议和文件主要分为两个阶段。第一阶段是广泛传达会议精神。市委先后召开党员负责干部会议和党员干部会议,向全市党员科长以上干部进行传达,重点介绍党的八大确定的一系列经济政策。全市各级党组织按照不同对象,分别向全体党员干部传达八大会议的决议和制定的各项方针政策,并根据市委宣传部编发的传达提纲向工厂和农村党员进行传达。截至11月上旬,全市有近20万名干部听取了传达报告。同时,各级基层党组织运用读报、出黑板报、听广播,举办故事会、座谈会、祖国成就展等形式,向普通群众介绍党的历届代表大会的简况，阐述党与工人阶级的关系，宣传党的八大会议精神，号召群众为提前和超额完成第一个五年计划而奋斗。市政协采取召开学习座谈会、报告会、经验交流座谈会，参观及放映电影等形式，组织各界民主人士学习中共八大文件。第二阶段是组织党员、干部开展深入学习。10 月中旬起市、区两级机关、团体、工厂、企业、学校的党员、干部，尤其是相当于科长一级以上的党员干部，要阅读党的八大关于政治报告的决议、中国共产党章程等文件，并围绕“目前的新形势与新任务”“社会主义改造和经济建设问题”“党的领导和党的建设问题”等专题进行深入的学习和研究。市委要求在学文件的同时，改进工作，把八大的方针、政策及时贯彻到实际工作中去。1957 年，上海集中力量在全体党员中普遍开展党的八大通过的新党章的教育。

通过近半年对党的八大会议精神的传达学习，广大党员、干部和群众及时了解国内外形势的重要变化、我国的主要矛盾和主要任务，并对党中央制定的政治、经济、科学文化建设的方针政策的基本精神，及党的建设中的主要问题有了比较完整的认识，提高了他们的思想认识和政策水平，为贯彻上海工业方针和党的八大会议精神，推动全面的大规模的社会主义建设奠定了思想基础。

第二节　初步贯彻工业方针

上海市委团结带领全市人民积极贯彻党的八大会议精神和上海“充分利用、合理发展”工业方针，整合工业企业，调动各种积极因素，大力发展生产力，推动第一个五年计划的顺利完成。

一、开展第一次工业改组

社会主义改造的顺利完成，消除了生产资料私有制对调整改组企业的障碍，为全市有计划地进行工业的改组创造了条件。当时，上海地方工业系统共有新公私合营企业 2 万多家，其工业产值占全市工业总产值的32%,职工人数占全市产业工人总数的一半,其厂房、设备和管理力量都有一定基础。然而,大多数企业规模较小,多是16人以下的工厂或是带进合营的个体手工业户,100人以上的工厂仅444户[①],且存在着生产组织分散和混乱,设备不平衡,先进与落后悬殊,劳动条件、安全防护过差等情况。为充分利用和发挥新合营企业的生产潜力,必须改变其产品重复、技术落后和管理分散等不合理状况,将其纳入国家计划经济建设的轨道。为此,1956年到1957年,上海分行业改组分散落后的企业。

针对新公私合营企业户多厂小的特点,上海首先在市人委8个工业主管部门下面,分行业成立了83个行政性专业公司,由专业公司归口领导2万多家新公私合营企业。专业公司按"产品相同,地区相近"原则,采取"分片管理,以点带面"方法,对所属企业实行定点划片、编组管理。按产品类别分编成若干个小组,每个小组选择一个规模较大、组织健全、管理能力较强的企业,或在生产技术、经营管理上比较先进的小厂作为中心厂,带管几个小厂。专业公司直接领导中心厂,通过中心厂领导带管小厂。当时在中心厂范围内建立了生产管理委员会,由公方代表、各厂的私方代表及党、团、工会组织的负责干部组成,实行统一管理、分散生产、各计盈亏的办法,加强对所属厂的领导和管理。一些生产名牌产品、特种产品和特种工艺品等的企业不参加编组,作为独立厂,独立经营,由专业公司直接领导。

在编组管理的基础上,经过调查研究,在不减少产品品种、不打乱协作关系,以及厂房许可的条件下,对企业进行裁并改合。方法主要有两种:一种是将一些生产经营长期存在困难、产品不符合市场需要、厂房危险、劳动条件过差,没有条件继续经营的小厂,以及社会主义改造高潮中带进公私合营的个体手工业户并入大厂;另一种是把几个小厂合并成一个大厂,或将部分受厂房条件所限无法集中生产的工厂,作为大厂的厂外车间,实行统一经营、分散生产,统一计算盈亏。一些过剩或不宜

① 《曹荻秋在中共上海市第一次代表大会上关于私营工商业实行公私合营后的经济改组和公私关系问题的报告(节录)》(1956年7月18日),《中国资本主义工商业的社会主义改造》上海卷(上),中共党史出版社1993年版,第776页。

继续在上海设厂生产的工厂，则迁往外地。1956年，上海共合并工业企业7992户，外迁233户，涉及57个重要行业，其中造船、电力设备等10个行业的并厂数占行业原有户数50%以上；外迁的企业涉及仪表、轻工机械、食品、印染等26个行业，相继迁至广西、甘肃、福建、湖北、河南、江西、内蒙古等省、市、自治区，支援了外省市的经济建设。

经过裁并改合，1956年全市工厂数减少了近5000家，1957年又减少2000多家。至1957年，上海共有工业企业16316家，其中大中型企业121家，初步改变了工业企业分散、落后的状况，提高了生产能力。如第一机床工业公司所属精和、文铭等5家机器厂，原来只有两家厂能制造一些老式机床，其余3家厂都以修配为主，在5家厂合并成1家厂之后，集中了设备和技术力量，改善了生产条件，生产出新型机床，产值和产量比原来5家厂的总和成倍增加。

在调整改组中，由于改组工作量大，缺乏经验，有些行业片面从便于管理出发，将工厂裁得过多，并得过大，导致部分产品减少了花色和品种，打乱了协作关系，对经济发展和人民生活带来一些不利影响。一些个体手工业户被并入公私合营企业，减少了产品的维修网点。对于这些问题，又于1957年对明显合并不当的作出调整，恢复若干生产特色商品的工厂。

为改善和加强党对工业企业的领导，特别是加强党对新公私合营企业思想政治工作与改造工作的领导，以充分发挥党组织对新合营企业生产任务的保障和监督作用，上海市委于1956年撤销第一重工业党委、第二重工业党委、第三重工业党委，第一轻工业党委、第二轻工业党委和纺织工业党委，原属上述6个产业党委领导的国营、地方国营、公私合营厂党组织，除其中20个大厂改为直属市委领导外，其余全部下放，改属所在地区的区委领导①，使区委能够加强对企业工作的具体领导，将社会工作同工业企业内部的生产经营管理工作结合起来，并按地区、按需要举办职工业余活动，或组织本区的国营、地方国营、老合营厂和新合营厂之

---

① 1964年，上海市委决定在市各工业局和专业公司设立党委和政治部，把原属区委领导的市属工厂的基层党组织划归市级各工业局和公司党委垂直领导。

间的经验交流。同时,市委要求按中心厂系统建立党组织,并根据中心厂及其所带厂的职工总数配备专职党务干部。1957 年,市委根据中央“精简上层、加强下层”的指示,在精简调整委、办、局工作机构的同时,从市、区两级机关中抽调 1000 多名干部,充实公私合营企业的基层领导力量。

二、调动各方积极性

“充分利用、合理发展”工业方针的贯彻实施,社会主义建设的开展,需要全市人民的积极参与。为此,市委贯彻党的八大会议精神和市一届党代会精神,采取多种办法措施,调动各方建设社会主义的积极性。

为发挥工人阶级在建设社会主义、推动工业生产中的主力军作用,市委于 1956 年 5 月发出《关于加强党对社会主义竞赛的领导广泛开展先进生产者运动的指示》。据此,全市各级党组织广泛发动群众开展以先进生产者运动为中心的社会主义竞赛,改进企业管理工作,从而带动直接从事生产的一线工人、工程技术人员、科室人员和辅助工人等纷纷投入到个人与个人、组与组、车间与车间之间的竞赛,投入厂际,同工种、同业务、同品种、同机台之间的竞赛中。社会主义竞赛的开展,激发了工人的主人翁精神,促使他们不断为解决生产中的关键问题献计献策。1956 年轻、重、纺三个产业的 362 家工厂中,共有 36973 人提出了 54263 件合理化建议,与 1955 年相比,提建议人数增长 67%,建议件数增长 96%。企业通过采纳这些合理化建议,改进了劳动组织和生产工艺、改良了生产工具和操作方法、提高了劳动生产率。同时,各级党组织从经济、文化等各方面关心职工群众,调动他们的生产积极性。通过开展扫盲工作,举办各类讲座,传播新技术,介绍先进经验,不断提高工人的文化技术水平。在国营、地方国营、供销合作社营、公私合营企业和机关、银行、文教卫生事业单位分批开展工资改革,提高收入水平,使人民群众切实享受到生产发展带来的物质文化生活的改善和提高。还吸收职工群众参与企业管理,截至 1956 年底,上海工业系统共提拔科长和工程师以上干部 8617 名(不包括重工业系统 57 个国营和中央在沪合营厂)[①]。1956年7月开始,在国营、地方国营、供销合作社营、老公私合营工厂企业和机关、银行、文教卫生事业单位78万多职工中开展工资改革,全市职工(不包括新合营企业和新接办的文教事业单位)的平均工资比上年提高了8%左右[②]。1957年,对新合营企业分批进行工资改革。由此,人民群众切实享受到生产发展带来的物质文化生活的改善和提高。

建设社会主义也要调动原资方人员的积极性,发挥他们在技术和经营管理方面的特长和优势。为此,根据市委的指示,对有实际经营管理经验或有技术专长的资方人员,根据"量才使用,适当照顾"的原则,尽可能按其特长安排工作,并使他们在实际工作中有职有权,能够守职尽责,在工作岗位上发挥作用,并在薪金待遇上适当予以照顾。同时,主动从思想上关心原资方人员,加强对公私双方的团结和教育。为使公私双方真正做到合作共事,针对公私之间"相敬如宾,相安无事,相对无言"的状况,各级党组织通过采取市、区、各厂召开各类座谈会、进行家庭访问或个别漫谈等方式,沟通公私关系,增进沟通、了解和信任,消除彼此间的思想隔阂。对原资方人员,组织他们参加企业的社会主义劳动竞赛和哲学、时事政策、业务知识等各类学习活动,促使其转变思想,尽快融入社会主义企业的新生活;对广大干部和工人群众开展教育,帮助其懂得原资方人员在企业中的职权是他们作为普通的国家工作人员应该有的,而不是过去那种依靠资本取得的权力,使其认识到发挥原资方人员的积极作用和帮助他们进行思想改造的一致性。

党员干部是贯彻执行党的方针政策,建设社会主义的中坚力量。为了使广大党员干部在全面建设社会主义过程中更好发挥骨干作用,市委对干部工作提出了稳定干部职务、提高干部能力的方针,鼓励干部走又红又专的道路。市委成立上海市干部文化学校,分批吸收科级以上干部,特别是工厂企业和农村的干部入校学习,提高文化水平和工作能

---

① 中共上海市工业工作委员会党史资料征集办公室编:《中国共产党上海市工业系统党史大事记》(1949.5—1987.12),上海人民出版社1991年版,第46页。

② 孙怀仁主编:《上海社会主义经济建设发展简史》(1949—1985),上海人民出版社1990年版,第258页。

力。各级党组织也结合党员思想实际和队伍状况，采取党校轮训、学习讨论等办法，对全体党员，尤其是科级以上党员干部进行比较系统的党的基本知识和马列主义基础理论教育，使党员干部能够用马克思主义的立场、观点和方法去对待事物。为了帮助领导干部取得实际生产知识，密切领导与群众的联系，深入地具体地加强对生产的领导，市委推广部分工厂企业领导干部每星期抽出一定时间深入车间参加劳动，向工人学习生产技术的做法，作出各级领导干部直接参加劳动生产，学习生产技术的决定。据此，市委各部、委和市人委各局的领导干部结合本单位的业务，直接参加基层实际工作，抓先进单位，学习技术和业务知识。

为了搞活经济和满足人民生活的需要，上海在建设社会主义统一市场的同时，根据中共中央提出的“三个主体、三个补充”[①]的方针，一定限度地开放自由市场。在许多外地企业和商户纷纷来沪自由选购商品的推动下，上海出现不少工业个体户和资本主义性质的工场、工厂。1956年9月，个体手工业户有1661户，至年底增加到4236户。人们将那些自发经营的较大的手工业个体户和手工工场，称之为“地下工厂”或“地下商店”。如何对待社会主义改造后出现的这类事务，毛泽东提出：地下工厂，因为社会有需要，就发展起来。要使它成为地上，合法化。只要有市场、有原料，地下工厂还可以增加。可以消灭了资本主义，又搞资本主义。据此，上海进一步开放一定范围的自由市场，作为国家市场的补充，同时也加强了对日趋活跃的自由市场和自发工业户的管理。上海成立了市、区集贸市场管理委员会[②]，颁布《上海市自由市场管理办法》《关于加强对自发工业户的管理工作的通知》等，加强对自由市场的管

① “三个主体、三个补充”是指：在工商业经营方面，国家经营和集体经营是主体，附有一定数量的个体经营作为补充；在生产的计划性方面，计划生产是工农业生产的主体，按照市场变化而在国家计划许可范围内的自由生产作为补充；在社会主义的统一市场里，国家市场是主体，附有一定范围内国家领导的自由市场作为补充。

② 由第一商业局、工商行政管理局、服务局、全国供销合作总社上海办事处、税务局、水产局、粮食局，黄浦、邑庙、闸北区等单位负责人共同组成。由区人民委员会、税务局、公安局、人民银行、港务局、交易所等单位派员组成。

理，规范市场行为，由此保证上海的自由市场和自发工业户的发展逐渐进入良性运行的轨道。允许一定限度的自由市场存在和发展，能够为国家市场的发展提供有益补充，既保护并调动了相关从业人员的生产经营积极性，也保证各种日用工业品和主要副食品供应平稳、物价稳定，维护了人民群众的切身利益。

广泛深入细致的工作，使上海各方进行社会主义建设的积极性和创造性被调动起来，形成全社会齐心协力，共同建设社会主义的良好局面。

三、全面超额完成第一个五年计划

在市委和市人委的领导下，经过全市人民五年的艰苦奋斗，到1957年底，上海第一个五年计划的各项指标大幅度地超额完成，经济和社会面貌发生了比较深刻的变化，对我国建立社会主义工业化的初步基础作出了贡献，也为上海的进一步发展奠定了基础。

工业生产取得快速发展，生产技术水平提高显著。1957年，上海工业总产值比1952年增长98.2%，超额完成“一五”计划规定指标的17.8%。在优先发展重工业方针的指导下，上海不断加大对重工业的投资，对重工业投资占工业建设投资的74.5%，轻工业占25.5%。五年内，重工业的发展速度超过轻纺工业的发展速度，重工业年均增长25.4%，轻工业年均增长15.7%，纺织工业年均增长5.9%；重工业在全市工业总产值中的比重从1952年的20.9%上升到29.1%。上海工业通过改组和技术改造，生产技术装备和技术水平有了较大提高。机械制造工业由原来以修配为主发展到能独立生产汽轮发电机、精密机床、矿山机械、工业锅炉等成套设备和部分精密关键设备。冶金工业从解放初只能生产2种普通碳素钢、40种钢材发展到能生产80种钢和1600多种钢材。纺织工业产品的质量、档次、品种等多项技术经济指标有了新的提高，列入“一五”计划的40种主要产品，绝大部分都超额完成。五年间，全市工业劳动生产率也不断提高。其中，冶金工业提高了86.4%，化学工业提高了1.5倍[①]。

---

① 《当代中国》丛书编辑部:《当代中国的上海》(上)，当代中国出版社1993年版，第200—201页。

郊区农业生产实行结构性调整,基本实现蔬菜自给。根据党中央提出的“郊区农业为城市服务”的方针,到1957年,农作物总播种面积中,蔬菜种植比重上升,棉花和油菜籽种植比重下降。全郊区蔬菜上市量比1952年增长了1.7倍,占全市消费量的80%以上,缓解了伴随着城市人口增长带来的农副产品特别是蔬菜供应不足的问题。

交通运输能力不断提升,邮电事业获得较大发展。五年内,国家投资2.59亿元用于交通邮电的基本建设,修建横跨苏州河的长寿路,武宁路两座大桥和吴淞蕴藻浜大桥,新建、扩建日晖港水陆联运码头、汇山码头、十六铺长江轮船码头,新添大批现代交通运输工具、港口机械和通信设备等,提高客货运输、港口装卸以及邮电通信的能力和效率。与1952年相比,1957年上海铁路、公路和水路的货运量分别增长29%、80%和139%,港口货物吞吐量增长194%;邮路总长度增长509%,邮电业务总量增长8%。

城乡交流日渐活跃,国内外贸易显著扩大。五年内,上海商业部门通过工农业产品的购销,促进工农业生产,扩大城乡物资交流,满足市场供应,社会商品零售总额增长32.5%,调入农副产品73.1亿元,调出工业品202.7亿元。同时,在西方国家对中国实行封锁禁运的不利条件下,上海口岸的出口业务仍实现较大幅度的增加。1957年上海口岸的出口商品总值比1952年增长2.8倍,品种达7000多种。上海口岸通过与世界上80多个国家和地区发展贸易关系,换取了40亿卢布和6.5亿美元的外汇,并用这些外汇进口了许多国家经济建设亟需的机器设备和重要原料。

城乡人民生活得到明显改善,城市面貌较大改观。通过实行介绍就业和自行就业相结合的方针,到1957年底,全市城镇就业人数达237.4万人,其中职工队伍扩大到211.8万人,基本上解决了旧社会遗留下来的失业问题。居民的收入水平有所提高,五年内全民所有制单位职工的平均月工资实际增长10%,城乡居民储蓄存款增长142%。市委、市政府采取建设工人新村、改造棚户区、完成肇嘉浜改造工程等举措,极大地改善普通民众的住房条件和居住环境。

教育文化卫生事业获得较快发展,民生福祉不断改善。五年内,全市高等学校在校学生数增加了 73%,普通中学在校学生增长 1.1 倍,小学在校学生增长 36.5%,累计扫除文盲 48 万多人。在文化工作方面,全市剧团从 131 个发展到 198 个,摄制了 63 部故事片和 300 多本科教片和美术片,图书、杂志、报纸的出版量也明显增加。在医疗卫生方面,五年内,新增各类卫生机构 841 个、卫生机构人员 1.73 万人。由于贯彻预防为主的方针,许多严重危害人民健康的急性传染病得到有效控制。全市广泛开展以除害灭病为中心的爱国卫生运动和群众性体育活动,进一步改善了人民群众的健康状况。五年内,人口平均期望寿命提高了 13 岁。

利用原有工业基础和优势,在全国重点建设和各地经济建设中发挥重要作用。"一五"期间,上海不仅从人力、物力、财力方面支援国家重点建设项目和新兴城市发展,而且为国家培养大批建设人才,共为国家培养了 3.3 万名大学毕业生和 2.5 万名中专毕业生。在全国各地供应上海粮食、副食品和原材料的同时,上海也为全国市场提供大量商品。上海调往全国各地的卷烟、自行车、棉布等工业消费品累计达 202.7 亿元。上海还为国家提供大量的建设资金。全市财政收入从 1952 年的 19.30 亿元提高到 1957 年的 45.77 亿元,其中绝大部分都上缴国家,为国家进行基本建设投资作出贡献。五年中,上海财政收入相当于同期国家基本建设投资总额的 30%,上海工业企业上交的利润等于同期国家对上海工业投资额的 6 倍①。

在社会主义制度基本建立后,上海贯彻执行工业发展新方针和党的八大会议精神,提前超额完成了"一五"计划,使上海全面开展大规模的社会主义建设有了一个良好开端。

① 《当代中国》丛书编辑部:《当代中国的上海》(上),当代中国出版社 1993 年版,第 206 页。

第九章

社会主义建设的全面展开

上海市委根据党中央对全面开展社会主义建设的部署和对上海发展的新要求，进一步明确上海发展的方针和任务，团结带领全市人民发扬自力更生、艰苦奋斗的精神，全面开展的大规模的社会主义建设，顺利完成了全市第二个五年计划的主要经济指标，推动了社会主义文艺、教育、科技和卫生事业的发展，为上海建设综合性的工业体系奠定了重要基础。

第一节　夯实工业发展基础

根据党中央对上海发展的新要求和给予的各种支持，市委在谋划上海开展全面的大规模的社会主义建设蓝图时，要求全市各级党组织树立全国一盘棋思想，提出了上海发展新目标和工业发展新方向，并大力发展社会生产力，促使上海的工业和城市面貌焕然一新。

一、谋划“二五”工业发展蓝图

第二个五年计划期间，为了调动地方积极性，加快社会主义工业化建设，1958年，中共中央提出发展中央工业和发展地方工业同时并举的方针，号召全党办工业，各级办工业，并逐步开展以简政放权为内容的改革,将一批中央部属企业和一些原由中央掌握的经济管理权下放给地方。同时,继续执行发展沿海工业的方针政策,要求上海等工业城市立足于全国,从全国全面发展的角度出发,“在消费资料和生产资料的生产上,主要应该发展高级的、精密的和大型的产品,发展新产品,在这方面提高技术,提高质量,赶上并超过国际水平,并以此为主干推动全国其他各地”①。1958 年 1 月 17 日、11 月 21 日,国务院先后批准将江苏省邻近上海的嘉定、宝山、上海、川沙、青浦、南汇、松江、奉贤、金山、崇明十个县划归上海管辖。与 1949 年相比,上海行政区域面积扩大近 10 倍,由 618 平方公里扩展到 6185 平方公里,为上海建设卫星城市和市区工业的扩散,以及确保粮食和副食品基本做到就地生产和供应提供了条件。

同时,加大了对上海基本建设资金的投入。仅 1958 年至 1960 年三年间,国家对上海基本建设投资总额便是“一五”时期的 1.99 倍。随着冶金工业部、化学工业部、轻工业部、食品工业部、水产部、纺织工业部、第一机械工业部等中央各部大部分在沪直属企业和中央部分经济管理权限的下放,增强了上海工业发展的物质基础,扩大了上海地方的计划管理权、财权和物资分配权。1958 年,中共中央批准国务院副总理、外交部部长陈毅辞去上海市市长职务。中共八届五中全会增选中共上海市委第一书记柯庆施为中共中央政治局委员。上海市第三届人民代表大会第一次会议选举中共中央政治局委员、中共上海市委第一书记柯庆施为上海市市长。

党中央对上海发展的新要求以及在政策、资金、区划调整等诸多方面给予的前所未有的大力支持,充分体现了党中央对上海的深切厚望,促使上海市委进一步将上海的发展置身于全国发展大局中进行考量,抓住难得的发展机遇,谋划好上海“二五”计划发展蓝图,以使上海在推进社会主义工业化建设中发挥更大的作用。

1957 年 12 月 20 日到 1958 年 1 月 10 日,中共上海市第一届第二次代表大会召开。会议明确提出在中央的统筹安排下,大力发展工业生

---

① 《中共中央关于在发展中央工业和发展地方工业同时并举的方针下有关协作和平衡的几项规定》(1958 年 4 月 5 日),《中共中央文件选集(1949 年 10 月—1966 年 5 月)》第 27 卷,人民出版社 2013 年版,第 285 页。

产,争取提前实现全国农业发展纲要(修正草案)规定的各项任务,繁荣科学文化、在上海周围建立卫星城镇等12条方针任务,并要求第二个五年计划期间工业生产的增长主要依靠原有职工劳动生产率的提高和劳动力的合理调配,要求市委和各级党组织分别定出1958年和今后五年的规划。1958年4月,市委召开扩大会议,在讨论工业发展方向时,明确提出上海应该发展高级的、精密的、大型的产品,发展新产品,如高级合金钢、电子计算机等。11月,市三届人大一次会议通过决议,要求积极改组上海的工业生产组织,向高级、精密和大型的方向发展。

1958年12月28日至1959年1月16日,中共上海市第二届代表大会在中苏友好大厦友谊电影院举行。出席代表498人,候补代表50人,列席人员416人。会议传达中共八届六中全会《关于人民公社若干问题的决议》,讨论并通过市1959年国民经济计划、整顿和巩固农村人民公社等四项决议。对上海工、农、商、学等各方面的工作和人民生活的改善提高,作了全面规划和部署,推动了上海社会主义建设高潮的到来。会议要求上海工业根据全国的统一计划,进一步向高级、精密、大型的方向发展;农业应进一步提高粮食、棉花、蔬菜的亩产量,并积极发展多种经营;全党在处理本市和全国,本市和华东各省,本部门、本区、本县和全市的关系上,都应严格遵守全国一盘棋这个原则;要加强党的领导,执行群众路线。大会选出中共上海市第二届委员会委员45人,候补委员21人。经市委第一次全体会议选出市委常务委员会委员19人,书记处成员7人。柯庆施为市委第一书记,陈丕显、曹荻秋、魏文伯、马天水为市委书记,石西民、刘述周为市委候补书记。

1958年,市委、市人委在明确工业发展新方向后,进一步调整了全市“二五”计划发展目标,提出把上海建设成为全国一个以重工业为中心的具有先进技术水平的综合性的工业基地。围绕实现这一目标,市委、市人委重点聚焦发展对国民经济发展具有重要意义的原材料工业、装备工业和新兴工业,并提出了关于抓尖端技术和生产关键技术并重的科技发展方针。为加强对重点工业的领导,1958年到1960年,市委、市人委决定成立上海市冶金工业局、上海市机械工业局、上海市电机工业局和上海市仪表电讯工业局,进一步部署相关工业的发展。同时,利用国家扩大对上海投资的机会，集中力量，大力开展工业基本建设，尽快提高重点工业领域的生产能力和技术水平。在行政区域面积扩大后，在开展调研的基础上，市委、市人委结合工业布局的调整，进一步谋划卫星城的建设，提出了比较完善的布局设想。

市委、市人委根据中央对上海的新要求，将上海的发展置身于中央的统筹安排和全国的统一计划中思考，明确提出了上海工业发展新方向和上海发展的新目标，谋划了“二五”发展蓝图，突出了发展重点和要求，从而使全市各级党组织进一步明确了发展方向，强化了增产不增人或少增人、挖掘潜力、提高劳动生产率的意识，增强了汇聚群众智慧发展生产力的自觉性，也鼓舞和提高了人民群众进行全面的大规模的社会主义建设的积极性。

二、开展第二次工业改组

全国各地经济的发展和人民生活的改善，对上海尽快提供大量的各种工农业机械设备、轻纺工业产品等提出了更高要求。然而，由于大中型骨干企业数量少、一些新产品需要设点投产、部分行业生产能力过剩等问题，现有工业企业难以满足大批量、专业化生产以及支援全国各地经济建设需要，1958 年至 1960 年，上海进一步整合全市工业资源，开展了第二次工业改组。

在工业改组中，上海从节省投资、缩短建设周期出发，根据规模生产和产品发展的需要，对企业进行了重组。以一些中型厂为主，通过合并小厂，进行就地或易地改建和扩建，发展成为行业骨干大厂；或把同行业或不同行业的搞修配的小厂，通过裁并改建或扩建，组成大型的骨干企业，使之具备能大批量、成套生产的能力。上海重型机器厂就是以原在杨浦区的上海矿山机器厂为主，通过并入多家小厂，迁至闵行扩建而发展成为生产大型冶金、矿山设备和大型锻件的骨干工厂，并成为华东地区的铸锻中心。

同时，上海还根据产品归类、专业分工、配套对口、前后联系的原则，调整部分工厂的产品方向，组建一批零配件制造和工艺协作专业厂，从而使整个行业实现专业化协作生产。上海钢铁行业通过将小厂并入大厂,或合并产品重复的工厂,并将其改组成专业特色明显、行业分工明确的工厂,从而使整个行业逐步形成以大型企业为骨干、大中小企业相结合、专业分工明确、配套协作紧密的格局,为采用高效专用设备和开发新品种,实现大批量、专业化生产打下了基础。

打破国营和公私合营的界限及行业界限,从生产过剩的轻纺行业中转出 10 家轻纺企业发展仪表电子工业。通过对其进行技术改造,建立起上海无线电一厂、上海电信器材厂、上海微型电机厂等 10 家骨干企业,迅速扩大了仪表电讯工业的生产规模,并新增了电子管工业、半导体器件工业、无线电专用设备工业等一批工业门类。同时,组织部分企业改变产品方向,发展新产品和尖端产品,填补缺门,如肥皂厂生产合成洗涤剂,卷烟厂转产手表,火柴厂转产塑料制品,灯泡厂生产电子管等。

为减少与兄弟省市工业发展的矛盾,并支援兄弟省市的经济建设,上海根据国家计划,把一些以农副产品为原料,适宜在外地发展而上海生产能力过剩的工厂以及国家急需在外地建设的工厂,整体或抽调部分骨干力量,迁往外地。据统计,上海整建制外迁棉毛纺织、印染、印刷、五金、机械工业、食品加工等行业的工厂有 261 户,职工 17377 人。不少外迁企业后来逐渐发展成为当地的骨干企业。

在进行工业改组的同时,为提高原材料工业和装备工业的生产能力,能够成批生产"一五"期间还不能生产的许多国防建设和轻重工业建设急需的原材料和重型、大型的成套机械设备,以及精密的仪器仪表,上海开展了大规模的基本建设。先后扩建、改建和新建了上海第一钢铁厂、上海第三钢铁厂、上海第五钢铁厂和跃龙化工厂等 25 家冶金骨干企业,上海汽轮机厂、上海电机厂、彭浦机器厂等 20 多家机械骨干企业,以及上海高桥化工厂、吴泾化工厂、上海元件五厂等一批化学、电子仪表骨干企业。

经过第二次工业改组和大规模的基本建设,上海建起一批在行业中起到支柱性、带动性作用的大型骨干企业,扩大了生产能力,发展了新产品和新兴工业,扩大了工业门类。经过 1958 年一年的基本建设,上海冶金工业新增的固定资产就达到原有固定资产总值的 1.5 倍,结束了上海"有钢无铁"的历史,生产了过去所不能生产的中板、矽钢片、合金钢、锰铁、高纯度镍等品种，弥补了钢材生产大类品种的缺门，初步形成能生产板、管、丝、带、中小型材等品种的钢铁基地，生产规模仅次于鞍钢，居全国第二位。化学工业新增的固定资产将近原有固定资产总值的1倍，大幅增加了硫酸的生产能力，开拓了石油化工等一些新的生产门类，发展了煤化工产品和一些重要产品。电子仪表工业发展成为独立的新兴工业部门，半导体工业开始起步。机械工业强化了冶金、矿山设备制造行业，开拓了汽车工业。轻纺工业发展了照相机、合成纤维等新产品。

三、开展群众性技术革新和技术革命

在进行工业改组的同时，面对部分企业生产设备老化、缺乏专用设备和大型加工设备，有的行业还在采用体力劳动方式，难以满足国家经济建设和人民生活的需求的情况，市委在国家建设资金有限的情况下，将群众的生产积极性引导到开展技术革新和技术革命上，通过充分利用原有的生产设备，挖掘企业潜力，提高工业生产能力和水平，提高劳动生产率和产品质量，实现增产不增人和少增人。

在市委的号召下，全市约有90%的工厂发动群众开展技术革新和技术革命。广大工人意气风发，放弃了休息，夜以继日，以极大的热情和冲天干劲，自觉投入技术革新和技术革命中。面对技术资料匮乏、技术人员不足和加工设备缺少的困难，他们迎难而上，发扬敢想敢做、艰苦奋斗、自力更生的精神，刻苦钻研技术，攻克技术难关。他们每年提出数十万条革新建议，其中涉及解决生产上重大的关键问题和技术上的重大创造革新有数万件。在市委的推动下，技术革新和技术革命逐渐从单项革新发展到成套革新；从操作的改进发展到设备的改革改造；从设备、工具的革新，发展到研究和采用新技术、新工艺；从解决当前生产上的关键问题，发展到突破尖端技术、试制高精尖产品。群众性技术革新、技术革命的成果，通过举办技术革新“庙会”、展览会、学习班，开设讲座等多种形式，在全市乃至全国的工业企业间得到交流和推广，进而提高了上海工业整体生产技术水平，并推动了全国相关工业行业生产技术水平的提高。

为了解决我国工业发展的瓶颈问题，在煤炭工业部副部长沈鸿的主持下，上海江南造船厂等企业依靠全厂领导干部、技术人员和工人群众的群策群力，闯过了设计、建造过程中的种种难关，于 1961 年底成功制造出我国首台 1.2 万吨自由锻造水压机。万吨水压机为国防工业建设和经济建设提供了大批大型锻件。

工业的快速发展，对于电力供应提出了更高的需求，为此，上海电机厂决定研制双水内冷发电机，并得到了上海市委的大力支持。在副厂长、总工程师孟庆元主持下，研制小组在借鉴浙江大学的设计构思基础上，成功攻克转子水冷技术这一世界级难题，于 1958 年 10 月创制了世界首台双水内冷发电机，从而使中国的电机工业制造水平迅速进入世界电机工业的前沿。

被周恩来总理赞誉为“草窝里飞出了金凤凰”的弄堂小厂永鑫五金制造厂（后更名为永鑫无缝钢管厂），潘阿耀和工人们试制成功热轧穿孔机，成批生产出钢质无缝毛管。该厂创制的独特的设备和新技术、新工艺，后被冶金工业部定型设计成“76 机组”无缝钢管生产线，并部署在全国钢铁工业中进行推广。上海沪光科学仪器厂青年工人王林鹤通过 371 次试验，成功研制万伏高压电桥，填补了我国仪表工业的空白。上海建设机器厂的工人们克服没有大型加工设备的困难，创造出了把小机床搬到大工件上加工的办法。这种被称为“蚂蚁啃骨头”“猴子骑大象”的办法，成为当时中国机械加工制造中一种重要而有效的加工方法。华孚金笔厂组织工人和技术人员经过技术攻关，研制出“英雄”100 型金笔，在当年全国制笔工业会议上被评为全国第一。

通过开展群众性技术革新和技术革命，上海还试制成功了国内第一批半导体晶体管、国内第一台 10 万倍电子显微镜、103 型电子计算机、活性染料、凤凰牌轿车（后改名为上海牌）、2.5 万吨成套合成氨设备、5000 吨海轮、手表、照相机等许多国内第一的新产品和新品种，并极大推动了生产的机械化和自动化步伐。1959 年，上海工业的机械化程度从上年的 22.7% 提高到 35%。1960 年前三个季度，上海全市各工业部门改装成自动化、半自动化的机床 4.2 万多台，制成各种专用设备、组合机床 1200 多台，建成 3900 多条生产流水线和 1900 多条自动化或半自动化流水线，机械生产逐渐代替了手工劳动。

群众性技术革新和技术革命也锻造了上海工人阶级自力更生、艰苦奋斗的创业精神。从中涌现出以“一把钳子闹革命”著称的上海志成兴钢铁制品厂等一批自力更生搞技术革新的先进单位，以及用电渣焊新技术完成万吨水压机部件焊接任务的唐应斌、自学成才研制电光源的蔡祖泉等一大批革新能手和技术发明家。上海于1958年到1959年，在工人和知识分子中发展了一大批中国共产党党员，并于1960年4月底，在工业系统中提拔了138名优秀工人为工程师，鼓励他们在推动上海工业向前的发展中作出更大的贡献。

四、辟建卫星城镇和建设近郊工业区

为改变部分规模较大的工业企业分布在黄浦江、苏州河沿岸，更多的混杂在居民区内，不利于城市环境和工业发展的情况，中共上海市委和市人委于1956年9月组织绘制《上海近期（1956—1967年）城市规划草图》，提出结合工业企业的迁建、新建，在郊区开辟新工业区，逐步改变工业不合理的布局，降低市区人口密度的设想；并确定把桃浦、漕河泾、吴淞、彭浦规划为工业区，卫星城的建设中，先集中力量发展闵行。

随着1958年全市行政区域的扩大，市委、市人委进一步将辟建工业区、调整工业布局提上了议事日程，并将辟建工业区与建设卫星城有机地结合起来，进行部署和建设。当年4月，市规划局编制完成《上海市1958年城市建设初步规划总图》，对规划开辟蕰藻浜、彭浦、桃浦、北新泾、漕河泾、高桥、周家渡、吴泾等8个近郊工业区和建设市政公用配套设施发挥了指导作用。与此同时，陆续编制了吴泾、闵行、安亭、嘉定、松江5个卫星城规划。1959年11月，在建筑工程部城市规划工作组的指导下，上海完成了《上海市总体规划草图》的编制，形成了《关于上海城市总体规划的初步意见》，对上海城市的长远发展作了较为系统而全面的规划，提出“逐步改造旧市区，严格控制近郊工业区的规模，有计划地建设卫星城镇”的城市发展方向和布局结构，并明确依据大分散小集中、利用原有基础、每个卫星城以某个专业为主的原则，于近期建设闵行、吴泾、安亭、松江、嘉定5个卫星城和9个近郊工业区。中共上海市委书记处听取并原则同意这个意见。

上海的卫星城一般依托原有的县城和小市镇，围绕某一工业主体逐步建立起来，与中心城紧密联系又相对独立，具有城市综合功能的新型工业卫星城，配套建设了市政、公用设施和教育、卫生、文化、娱乐、商业、服务业等公共设施，使居民基本上能够就地生产、就地生活。

上海卫星城的建设最先从位于西南郊黄浦江边，距市中心 30 公里的闵行开始。经过前期的勘察和规划，1958 年，上海开始修筑闵行通往市区的道路。市政基础设施的建设为闵行卫星城的开发创造了良好条件。1959 年起，开始扩建、迁建和新建上海电机厂、上海汽轮机厂、上海锅炉厂和上海重型机器厂等机电工业的“四大金刚”① 和其他一些企业，并同步建设职工住宅及生活配套设施。1959 年 7 月到 9 月，上海完成了闵行一条街的首期工程，长约 550 米的街道，路宽相当于南京路的两倍，两旁是新建的住宅和商店。1960 年前后，闵行地区先后建成了东风新村、瑞丽新村、红旗新村等职工住宅群，住宅多数建有阳台、独用厨房和卫生间；还配套兴建食品、百货、交电、药房、书店等一批为居民服务的商业网点及影剧院、医院、中小学校和公园等公共文化卫生基础设施。至此，闵行工业卫星城的框架基本形成，成为以制造大型电站设备和重型机器设备为主的“机电城”，成为我国机电工业的一个重要基地。

闵行卫星城建设的模式，逐渐成为上海其他卫星城建设的样板。到 1966 年，上海先后在市区边缘建成了吴淞、蕴藻浜、彭浦、桃浦、北新泾、漕河泾、长桥、高桥、庆宁寺、周家渡等 10 个近郊工业区，在远郊地区初步形成闵行、吴泾、松江、嘉定、安亭 5 个卫星城。

这些卫星城和近郊工业区在工业门类上突出重点，综合发展，形成各自的特色。在钢铁工业方面，建立起拥有上海第一钢铁厂、上海第五钢铁厂等骨干大厂和上海钢铁研究所的吴淞钢铁工业基地。在机电工业方面，建立起以电站设备制造业为主的闵行卫星城，以重型机械设备制造业为主的彭浦工业区，以汽车制造业为主的安亭卫星城。在化学工

---

① “四大金刚”：上海电机厂、上海汽轮机厂、上海锅炉厂和上海重型机器厂这四家超大型工厂。因每家各占地约 1 平方公里，都有近万名职工，故被形象地称为卫星城的“四大金刚”。

业方面,辟建了以煤化工和氯碱等化工原料生产为主的吴泾卫星城,以化学医药工业为主的桃浦化工区,拥有我国当时唯一的以分离高纯稀有气体为主企业的吴淞化工区以及高桥石油化工区。在电子仪表工业方面,建起了漕河泾仪表电子工业区。同时,建立了以轻工业为主,辅以机械制造工业的松江卫星城;陆续新建或迁建了上海科技大学、计算技术研究所等 8 家中央和市属科研单位,形成了以科学技术研究机构、大专学校为主,兼有电子、仪表、轻纺等工业行业的嘉定科学卫星城。

远郊卫星城和近郊工业区的建设,使上海工业的布局更趋合理,提高了冶金工业、机电工业、化学工业和仪表电讯工业的技术水平和生产能力,新增了工业门类。在全国生产的 154 种主要成套设备中,上海机电工业“一五”期末只能生产 42 种,到“二五”期末已能制造 130 种,并增加了冶金矿山设备和化工机械等工业门类。同时,在一定程度上为缓解市区拥挤状况和减少市区人口发挥了作用,并改变了上海城市面貌,使上海的城市呈现出多层次的组合城市格局,为上海今后的城市建设积累了经验。

第二节　部署发展新技术

为响应党中央“向现代科学进军”的号召,“二五”计划期间,市委、市人委贯彻“科学技术必须为经济及国防建设服务”的方针,在建立科技领导机构、建设科研基地、培养科技队伍、提供科研条件、发展新兴科学技术和国防尖端技术等方面,作了一系列重大决策和部署,推动科技事业向着“高级、精密、尖端”方向发展,努力把上海建成我国先进的科学研究中心之一。

一、建立科技领导机构

1956 年 1 月召开的知识分子问题会议向全国发出“向现代科学进军”的号召,并宣布国务院已经着手编制 1956 年至 1967 年科学技术发展远景规划。3 月，国务院成立科学规划委员会历时数月，反复论证，编制出《一九五六—一九六七年科学技术发展远景规划纲要(修正草案)》，这是中国编制的第一个科学技术发展规划，成为全国人民向现代科学进军的行动纲领。它标志着中国科学技术事业走上大规模发展道路。在新的形势下，党中央、国务院对上海科技发展提出了更高的要求。

为了加强市委对科学技术工作的领导，1956 年 2 月，市委决定将市委学校工作部改为高等教育与科学工作部，管理全市高等学校和中国科学院上海办事处所属科研单位，以及市科学技术群众团体的党的工作，并在其下面设置科学技术处，主管本市的社会科学、自然科学与技术科学工作。1957 年 3 月，市委高等教育与科学工作部和市委教育卫生部合并建立市委教育卫生工作部，工作部下仍设科学处。为加强对国务院各部在沪科研单位以及市属科研、设计单位的党的领导，上海市委于 1957 年 7 月成立中共上海市涉及科学研究委员会，归口中共上海市委工业工作部。1957 年四五月间，市委教育卫生工作部向市委先后作了《关于科学工作问题》和《对科学工作方面几个专题的意见》的报告，提出了党对科学工作的领导等一系列问题。上海市委加强对全市科学工作的领导，并对科学家培养、工作条件改善等各个方面进行部署安排。由此，上海科技事业进入一个有领导、有组织、有计划的发展时期。

1958 年 9 月，上海市委向中央提交《关于上海科学技术工作最近情况的报告》，明确提出上海的科技工作要有重点地紧紧抓住已确定的几十个重大项目、抓尖端科学技术与解决当前生产技术问题并重的方针。为了实现这一目标，市委首先从科技领导体制上作出调整和强化。10 月，市委成立中共上海市委科技领导小组，上海市人民委员会成立上海市科学技术委员会，由市委书记处书记陈丕显担任领导小组组长并兼任委员会主任委员，党、政两块牌子，一套机构和班子，统一归口管理全市的科技工作，管理本市科研单位的党政工作，为逐步实现统一管理全市的科学技术工作打下了良好的基础。11 月，市委和市人民委员会召开的上海市科学技术工作会议和上海市科学技术协会成立大会同时举行，由中华全国自然科学专门学会联合会上海分会和上海市科学技术普及协会合并成立的上海市科学技术协会宣告正式成立，副市长刘季平兼任主任委员。科学技术协会作为党和政府联系科技工作者的桥梁和纽带,成为推动上海市科学技术事业发展的重要社会力量。同月,以副市长刘述周兼任院长的中国科学院上海分院成立,管理中科院在沪院、所和上海市政府委托代管的研究机构。此外还成立上海市科学规划办公室,负责制定上海市的科学技术发展中、长期规划。

1960 年 1 月,市委召开全市科学技术工作会议(即闵行会议)。会议提出“统一领导,全面安排,分头管理,分工负责”的原则,规定各委、办、局、公司、大专院校和千人以上大厂都要指定一位副职领导主管科技工作,委、办、局、公司和部分大专院校和大厂,都要设立管理科技工作机构,以加强对全市各个方面的科学技术工作的领导,建立起全市的科技管理工作的网络。会后,市委抽调市纺织局、冶金工业局、仪表电讯工业局的三位局长充实到市科学技术委员会的领导班子,加强对全市科技工作的集中统一领导。6 月,市委决定撤销中共上海市委科学技术领导小组,成立中共上海市科学技术委员会,作为市委领导全市科学技术工作的职能机构。与此同时,为了使科学技术迅速赶上国际先进水平,市人委建立上海市赶超办公室,设置生产技术局,加强对全市科技工作的组织和管理。同年,上海市科委、上海市经委、上海市工业生产委员会联合组建技术改造指挥部。上海市科委设置了组织和领导重大的、高难度的国防尖端科学的技术设计室,该机构独立后发展为上海第二机电工业局。与此同时,各系统、各工业局以及各区、县也都相继设置了科技管理部门,逐步形成了全市的科技管理系统,以领导全市的科学技术攻关、技术改造等工作。

二、制定科学发展规划

在全国编制科学技术远景规划的推动下,上海着手制定适合上海发展的科学发展规划,对生产技术、尖端科学技术和基本理论研究的任务作出统一安排。

为确保科学发展规划工作的有序推进,市委、市政府首先抓好机构设置、工作部署、明确要求等基础性工作。1958 年 2 月,成立科学规划办公室,作为负责制定上海市科学技术发展中、长期规划的专门机构。3

月，市委教育卫生工作部召开高教和科学工作者大会，对编制上海市科学研究规划作出部署。4月，市委发出《关于加强科学技术规划工作的通知》，明确“制定上海市的科学研究规划应根据本市建设事业的当前情况和发展要求，掌握重点，确定一批科学研究的重要项目”。市委科学技术协作领导小组也向全市有关单位发出通知，要求发动科技工作者提出第二个五年计划科学技术发展项目，以便制定上海市的科学技术发展规划。

11月，上海市科学技术工作会议召开。会议提出，贯彻执行全党全民办科学事业的方针，积极发展新的科学技术，特别是要集中力量发展那些十分重要而基础还比较薄弱的尖端科学技术。会议同时明确1959年科学技术工作的任务，应从原子能和平利用等尖端科学技术，提高现有工业技术，促进农业大面积丰收及农业机械化、电气化，开发与利用上海地区资源，消除疾病、保障人民健康，城市的建设与改造，基础理论的研究等方面积极开展活动，要把上海在生产、科学技术、文化艺术等方面建设成为世界上最先进的城市之一。

1958年12月20日到1959年1月4日，国家科委在上海召开第一次全国地方科学技术工作会议。国务院副总理、国家科学技术委员会主任聂荣臻提出，要强调全国一盘棋的思想，强调地方科研力量，要积极参加全国重大科研项目的协作攻关。例如喷气技术、空气动力学、高温合金、电子技术、高能燃料、人造地球卫星、若干重要的基础理论，以及在像长江三峡水利枢纽工程等重大项目的科学研究方面，地方科研力量根据自己的特长和优势，力所能及地积极参与。会议提出要继续加强新兴的尖端技术的工作，认为各地对发展新兴的尖端科学技术，应该采取积极的态度。

根据科学技术工作会议精神，为了加强对全市科学技术各方面的具体领导，保证各项重大研究任务的完成，市科学技术委员会于1959年4月决定在全市成立机械、电机、计算技术等19个专业组，负责制定有关专业的研究规划、组织协作、交流经验等工作。当年，上海第一次制定市科技重点任务的规划，包括22个方面、52项重点任务，主要内容有经济建设、尖端技术和基础理论三大部分。

在1960年1月召开的闵行会议上，聂荣臻指出，上海应该更大发挥潜力，在全国科学技术发展中起更大作用，上海的工业发展一定要建筑在高度科学技术水平上，向高、精、尖进军，为此要把上海建设成为世界上重要的科学技术中心之一。经过全市各系统广大科技工作者和干部反复调查研究和讨论，历时一年多制定的《上海市1960—1967年科学技术发展纲要（草案）》提交大会讨论征求意见。会议确定了“科学技术必须为经济及国防建设服务”的方针，明确了上海科技发展的高精尖方向，制定了上海三年和八年的科技发展规划，明确上海应发展成为国家新产品试制和新技术研究的重要基地，重点发展高精尖工业产品和尖端科学技术，确定了远期和近期发展科学技术的任务和目标。上海的科学技术工作必须为加强工业的技术改造、提高劳动生产率、发展高精尖产品服务，特别是在无线电、仪器仪表、新材料、精密机械、小型和新型电机制造以及造船科学技术方面要加速发展；尖端科学技术要打下稳固、扎实的基础，在原子能、喷漆技术、电子学、半导体、计算技术的某些方面要作出突出成绩；基础理论研究要有独创性。2月，市科委还专门召开了一次党外科学家为主的会议，连续一周多时间，进一步讨论了《纲要》以及各专业三年、八年规划，并使1960年的研究项目进一步落实。5月，市三届人大三次会议更加明确地提出要把上海建设成为生产高级、精密、尖端产品的基地之一，建设成为先进的科学技术研究中心之一。

三、建设新技术研究基地

在推动上海科技事业发展过程中，市委始终把建设各类科研机构作为一项重要举措。1958年11月召开的上海市科学技术工作会议就指出，完成世界最新科学技术及某些重点研究任务，要建立专门研究机构，充分发挥专门科学研究机构的作用，并要集中必要的技术力量专门从事研究工作。专职的科学技术工作者，在研究尖端科学技术、完成重点研究任务方面，应力争起先锋作用。

为此，上海组建了一大批具有学科和技术优势、适应工农业生产技术发展需要并相互配套的科研机构，其中既包括中国科学院上海分院的下属研究所，也包括以上海钢铁研究所、上海有色金属研究所、上海电器科学研究所、上海机床研究所、上海船舶运输科学研究所、上海市微生物研究所、上海市政工程研究所等为代表的由各系统建立的专门研究所。

根据上海市委于1958年9月向中央提交的《关于上海科学技术工作最近情况的报告》,明确提出要迅速建立中国科学院上海分院以及一批发展新技术和尖端科学的重点研究所。10月,市委决定采取由中国科学院、高等院校和工业局合作的方式,新建原子核研究所、电子学研究所、无线电技术研究所、计算技术研究所、高分子化学研究所、科学技术情报研究所等16个研究所,其中重点是原子核、计算机、技术物理、电子学和力学等5个新技术研究所。同时,从党政机关、大专院校等方面抽调一批领导干部配备到各新建研究所,加强领导;另外,还从高等院校和研究所抽调专业相近的科技骨干,及一批大学毕业生、肄业生担纲起这些新建研究所中新技术的开拓工作。

截至1958年底,全市共有研究机构130个,其中中科院上海分院系统24个,中央驻沪研究机构17个,地方主管部门所属研究机构71个,高等院校18个。此外,上海还在嘉定建设科学城,集中了上海科学技术大学、上海原子核研究所、华东计算技术研究所、上海电子学研究所、上海力学研究所等一批高等院校和科研机构。这些科研机构及科研力量边建、边学、边干,不断攻克新技术难关,迅速成为上海发展新兴科学技术的骨干力量。这些都为上海科学技术追赶世界水平奠定了一定的物质载体和技术基础。

根据中央部署,市委还大力加强国防尖端科技领域科研机构的建设。1958年10月和11月,钱学森和钱三强分别受邀来上海,作了“火箭技术和航空”“原子能问题”等重要报告,进一步推动了上海国防尖端科学技术研究。同年11月,经中共上海市委与中国科学院共同商定,筹建不久的以研制探空火箭为主要任务的1001设计院整体迁来上海,更名为上海机电设计院。上海市委为其补充了大批技术骨干、大中专学生和技术工人,不到两个月的时间,该院职工就从原来100多人增加到600多人,并为该院指定若干个加工实验的定点工厂。1959年底,市委向中共中央提出在上海建立导弹研制基地的建议。翌年春,中共中央和中央军委作出在上海建立导弹试制技术基地的决定。此后,上海开始了导弹试制技术基地的筹建和组织配套的新材料的研制工作,并在市科委设置了新技术第二办公室,作为专管机构。

1960 年 1 月闵行会议后,根据当年的科技发展规划和三年、八年的科技发展规划中重点发展高精尖工业产品和尖端科学技术的指示,上海进一步充实和加强各科研机构,新建了 30 多个独立科研单位。一些长期以基础理论研究为主的科研单位,开始加强为国防、经济建设和社会服务,并在若干重要领域取得了成效。许多企业建立了自己的研究室或中心实验室,促使工业科学技术迅速发展,并由此推动了上海工业生产的半机械化、机械化和半自动化、自动化的进程。1960 年 4 月,上海又着手建设有 7 万平方米的探空火箭的研制基地。9 月,我国自行设计、研制的第一枚液体燃料火箭——T7 发射成功,并将箭头回收。这是中国空间科学史上的第一个重大成果,为以后航天事业的发展奠定了技术基础。在国防尖端科研基地的建设上马的同时,上海各高等学校纷纷增设了许多新学科。

到 1960 年底,上海初步形成能适应当时经济建设需要的科研体系,在若干新技术领域取得突破,研制出不少高精尖产品,培养壮大了科技队伍,为中国科学技术和经济建设尽早赶上国际先进水平争取了时间,奠定了基础。

四、加快培养新技术人才

为贯彻“充分利用、合理发展”工业建设方针,实现科学技术向“高级、精密、尖端”方向发展的战略目标,上海必须进行人才建设,特别是加强掌握先进科技知识的高素质的科技人才队伍的培养。在党的教育方针的指导下,上海高等教育在管理体制、建设重点学校、培养师资队伍等方面进行了一系列探索,采取了许多行之有效的措施,从而有力保证并促进上海高素质科技人才及其后备队伍的培养。1958 年 8 月,上海制定的《上海市 1958—1962 年教育工作纲要》中规定:上海全部高等教育要大力发展尖端科学,与生产单位、科学研究单位密切协作,促使上海成为全国的工业先进技术基地的任务提早实现,并且进而为我国科学技术界赶超世界先进水平作出贡献。1960 年闵行会议提出大力培养科学技术干部的任务,采取正规大学为主,业余培养为辅,高校、科研单位和工厂三结合的办学方针,运用全日制、半工半读、业余等多种方式培养新技术人才。

上海当时的科技人才主要来源于高等院校培养的大学生。但当时上海高等院校面临部分专业设置陈旧、教师知识结构老化、招生规模有限等问题,难以满足上海经济建设和科技事业发展的需求。为此,上海各高等院校在党的教育方针指引下,采取各种措施,加快新科技人才培养的步伐。

加大教育投入,改善教学科研条件。1958 年上海高教局直接领导的 16 所高校的经费支出总额达 3752 万元,是 1949 年的 80 倍,其中教学经费、设备经费均为 1949 年的 600 多倍。上海各高校还特别注重加强实验室及其设备的建设,1958 年、1959 年两年共新建 128 个实验室,仅 1959 年新建实验室用房就达 29673 平方米。

继续进行院系和专业调整,加强重点学校建设。1958 年至 1960 年,上海新建上海科技大学、上海工学院等一批适应城市发展需要的高校,增设一批经济建设和科技发展急需的新专业和新兴、尖端、边缘学科。1960 年,上海高校由 1957 年的 18 所发展到 39 所(其中 19 所为地方院校),专业由 101 个增至 413 个,其中工科专业由 42 个增至 227 个。同时加强投入,确保尖端专业建设。1959 年,上海重点建设的 15 个尖端科学专业分布在复旦大学、上海第一医学院、上海交通大学、华东师范大学 4 所重点大学,对这 4 所学校的投资达 464 万元,占市属高校投资总额的 53%。

加大师资培养力度,提升尖端新兴学科教学质量。上海通过补充应届毕业生或者到校外聘请有经验的干部、技术人员到学校兼任教学工作,各校间也组织师资力量的协作,相互兼课,开设讲座或者参加兄弟院校教研组活动。许多新培养的青年教师,通过科学研究和生产劳动的实践迅速成长起来,开始掌握新的学科,承担起尖端学科的工作。如同济大学新开的专业课中,90% 是青年教师担任的,交通大学的 277 门课程中,35 岁以下的青年教师担任的有 80%。教师们不断转变教学理念,革新教学内容,改进教学方法,充分调动学生的主动性和积极性,提高教学质量。

通过采取一系列举措，上海高等院校培养出大批科技人才，这为上海在 20 世纪 60 年代中期建设成为我国先进的工业和科学技术基地打下良好的人才基础。

除了通过高等、中等学校等正规学校进行专业培养外，上海还加强对工厂在职人员的培训和提高，通过多渠道、有组织、有目的地放手使用、压担子的办法，或是采取师傅带徒弟、导师负责制、互助与自学相结合、边干边学等办法，在科研实践中锻炼培养青年科技人才。通过举办业余科技院校，大力加强业余科技教育的办法，培养在职科技人员。职工在职工业余中学和工农业余初等学校的学习，开展多种形式的业务技术教育，从有技术专长的工人中培养、提拔科技人才，在高校中举办各种工人班学习，进行培养，提高在职工人的文化、思想、业务、理论素质和水平。并且对优秀青年重点培养，大胆提拔。1960 年 4 月，上海市人委选拔上海沪光仪表厂王林鹤等 138 名工人为工程师，并将其送入上海科技大学等正规高校中开设的工人班进行重点培养。

通过采取正规大学为主，业余培养为辅，高校、科研单位和工厂三结合的教育途径，上海初步形成一支新型的知识分子队伍，造就一大批适合国家建设和发展的管理人才和新技术人才，基本满足了上海发展国民经济和支援全国建设对各级各类人才的需求。

第三节　推动文化教育卫生事业发展

1956 年，中共中央提出了新形势下的知识分子政策和“百花齐放、百家争鸣”的文艺方针（简称“双百”方针）。上海市委积极贯彻知识分子会议精神，调整知识分子政策，充分发挥知识分子在社会主义建设中的积极作用。按照“双百”方针，繁荣文艺创作，涌现出一批广受好评的优秀文艺作品。通过贯彻公办、民办“两条腿走路”的办学方针，探索社会主义办学道路；积极建设城乡三级医疗卫生网，大力发展爱国卫生运动，有力推动全市教育卫生事业的发展。

一、落实知识分子会议精神

面对世界范围内科学技术的迅猛发展和我国社会主义建设的大规模展开，知识分子在数量上远不能满足大规模经济建设的需要。这就要求大量培养国家建设所需的各种人才，尽可能发挥知识分子队伍的作用。但是，当时在知识分子工作上还存在很多问题，于是调整知识分子政策的问题提上了议事日程。1956 年 1 月，中共中央召开新中国成立后的首次关于知识分子问题会议。会议讨论中共中央《关于知识分子问题的报告》，充分肯定了知识分子在社会主义建设中的地位和作用，宣布他们的绝大部分“已经是工人阶级的一部分”。这一判断，奠定了社会主义时期党对知识分子政策的基础。2 月，中央政治局通过《中共中央关于知识分子问题的指示》，再次肯定我国知识分子基本队伍已经成了劳动人民的一部分。两份文件不仅对知识分子的阶级属性进行了重新界定，对知识分子的社会作用进行了重新评估和判断，也成为各地调整知识分子政策的依据。

上海是知识分子比较集中的城市，据不完全统计，到 1955 年底，上海共有高级知识分子约 1.1 万人。1955 年 11 月，上海市委根据中央关于知识分子工作的指示，组织主管知识分子工作的各个部门负责人建立了十人小组并成立办公室，开始调查本市知识分子工作的状况，对科学、教育、卫生、工程技术、文艺、军事系统及社会失业无业知识分子等各方面工作中存在的问题情况进行排摸。

1956 年 1 月中央知识分子问题会议召开后，市委根据中央精神和上海实际，起草了《上海市 1956 年到 1957 年知识分子工作纲要（草案）》供党内干部讨论，征求党外知识分子意见。2 月下旬，上海市召开有 1.3 万名党员参加的扩大干部会议。会议针对党内存在的对知识分子的各种错误思想，着重指出要做好知识分子工作的首要任务是加强党与知识分子的团结，从改善关系着手，切实解决当前的实际问题，进一步发挥知识分子的积极作用，同时要求各单位通过传达会议精神，进一步统一思想，拟定具体工作规划。这次会议对统一全市党员干部思想，重新确立对知识分子的正确认识，起了重要的推动作用。

1956年4月起,市委开始执行实施《上海市1956年到1957年知识分子工作纲要》,知识分子政策调整工作全面展开。

上海知识分子调整工作的重点是改善知识分子、特别是高级知识分子的工作条件。1956年7月20日,国务院向各地转发了由研究改善高级知识分子工作条件小组提出的《关于高级知识分子工作条件问题的情况和意见》,以及《关于改善高级知识分子工作条件的通知》。根据中央指示精神,市人委发出《关于检查改善高级知识分子工作条件的通知》及《关于改善高级知识分子工作条件的检查提纲》,要求全市150个机关、企业、事业单位和这些单位所属的689个有高级知识分子的基层单位,进行一次检查。上海各相关单位落实中央和市人委的指示精神,积极采取措施改善知识分子,特别是高级知识分子的工作条件。1956年,中国科学院上海办事处图书馆全年的购书经费从7万元增加到30万元;复旦大学的购书经费从16万元增加到40多万元。各医疗机构购置医学书刊经费也普遍增加50%。

在提高知识分子特别是高级知识分子的生活福利待遇方面,上海按照中央规定调整知识分子的工资。从1956年6月起,高级知识分子的工资普遍得到增加,其中教授、研究员的最高工资由原来253元提高到345元,增幅为36.4%。针对部分知识分子因住房过小而影响其工作及健康的问题,上海提出让高级知识分子都有一间适宜学术研究和写作的书室的目标。市房管局从市级机关用房及其他房屋中,拨出条件较好的公寓、花园洋房2.38万平方米,用于改善著名学者、专家、作家、艺术家等高级知识分子的住房问题。截至1956年底,共改善340户高级知识分子的住房。为改善知识分子的医疗和福利条件,市卫生局和商业局对全市3000名副教授以上高级知识分子分发医疗证和购物证,凭证可到设备较好的医院进行治疗,到指定的商店比较便利地购买副食品。同时,各相关单位还从就医、理发、洗澡、公共食堂、购粮、安装煤气、孩子入托等具体生活问题入手,从点滴小事抓起,改善普通知识分子生活条件。

在知识分子政策调整的背景下,上海也开始着力解决失业知识分子工作问题。市委在制定《上海市1956年到1957年知识分子工作纲要(草案)》时,提出要按照本人能力和国家需要,逐步解决有工作能力的失业无业高级知识分子的就业问题。据市劳动局统计,当时全市有失业无业知识分子 24481 人,其中高级知识分子 1212 人,具有就业条件的 16608 人。市劳动局统一筹划,教育、卫生、高等教育、工业部、农业局、文化艺术工作部等归口处理这批失业无业知识分子的工作问题。凡是本市能解决的,尽量在本市解决;本市确实难以解决的,报请中央调配。至 9 月,在各归口单位的努力下,全市失业无业知识分子实现就业 3888 人。上海博物馆、历史博物馆、上海国画院、历史文献图书馆、科技图书馆都先后安排了一大批具有相关技艺的失业知识分子就业;一些文艺名家的就业问题也得到了妥善解决。如上海京剧院正式聘盖叫天为顾问,聘言慧珠为正式职工。此外,尚有 745 名失业知识分子正在办理就业手续,有 1368 人准备投考高等学校。考虑到上海安排失业知识分子能力有限,至 1957 年 3 月底,经市劳动局与兄弟省市接洽,又从上海调出 10916 名失业或无业知识分子,到外地参加工作。

新中国成立后,根据中央团结、教育、改造知识分子的政策,上海市委在知识分子中开展发展党员工作。1954 年、1955 年两年,在各类知识分子中发展党员 3300 人,但其中高级知识分子党员仅为 477 名,占总数 4.3%。针对高级知识分子中党员所占比重不高的问题,知识分子问题会议后,上海市委加快在知识分子,特别是高级知识分子中发展党员工作。至 1956 年 3 月,先后发展 110 名高级知识分子入党,很多都是知名专家和教授。同年 3 月,市委组织部制定《1956 年、1957 年在知识分子中发展党员的规划(草案)》,提出了两年内在知识分子中发展党员 6500 余人的目标,其中高级知识分子为 1100 余人,占高级知识分子总数的 10%。之后,上海进一步加快了在知识分子,特别是高级知识分子中发展党员的工作。1956 年当年,上海各高等院校、中等专科学校以及中国科学院上海办事处等共吸收党员 2500 名,其中有高级知识分子 567 人。

通过从中央到上海的一系列切实有效的工作,上海知识分子的政治地位、工作条件、生活待遇都得到了很大改善。特别是党对知识分子阶级属性的重新界定,使上海知识分子普遍感到获得了政治上的新生。知识分子对党的感情进一步融洽,一批知识分子,包括知名的科学家、教授、医务和文艺工作者加入中国共产党,成为连接党与广大知识分子的重要纽带。

二、贯彻“双百”方针

社会主义基本制度在我国确立后，党中央总结反思新中国成立以后文化建设的经验教训，探索文化建设新路，并适时调整文化政策。1956年4月，毛泽东在中央政治局扩大会议上讲话时提出：艺术问题上的百花齐放，学术问题上的百家争鸣，我看应该成为我们的方针。5月2日，毛泽东在最高国务会议第七次会议上正式提出了“百花齐放、百家争鸣”的方针，这一方针成为发展社会主义科学文化事业的指导方针。

“双百”方针的提出，在上海文艺界和科学界引起强烈反响。上海市政协在1956年7月先后两次召开学术文化界座谈会，邀请社会科学、教育、新闻出版、文学、艺术、自然科学、医务卫生、宗教、工商界等各界人士240多人进行广泛深入的讨论。

陈毅市长在8月6日的上海市第一届人民代表大会第四次会议上作政治报告，阐明了党的“双百”方针，号召各界人士在为社会主义建设的总目标下力求进步。在同日召开的上海市文学艺术工作者会上，他阐述了如何贯彻“双百”方针问题，分析社会主义现实主义创作方法的地位及和“百家争鸣”的关系，以及如何学习和继承中国文学艺术的优秀传统和向外国文学艺术学习等问题。

针对当时党内对“双百”方针存在的种种顾虑和想法，如部分党员负责干部担心唯心主义泛滥，“百家争鸣”是否只是学术政策之争等，市委围绕贯彻落实“双百”方针组织开展了一系列学习讨论。1956年9月，市委就贯彻“双百”方针中加强党的领导问题召开科学、教育、卫生、文艺等单位的党员干部大会，会议通过《关于贯彻“百家争鸣”方针的报告》。报告共涉及“百家争鸣”与“长期共存，互相监督”的区别；“百家争鸣”即允许学术问题上有不同意见；批评与反批评的态度问题；促进科学的昌明必须反对教条主义；“百家争鸣”方针贯彻得好，关键在加强党的领导等六个方面的问题。1957年4月，市委召开了一系列座谈会，邀请戏剧、美术、舞蹈、音乐界著名人士，征求他们对上海党组织领导文艺工作的意见，了解影响“双百”方针贯彻的问题。与会者积极发言，对党的领导,以及如何贯彻“双百”方针,提出了不少意见。市委领导同志要求大家大胆地抛弃束缚戏曲、美术、舞蹈、音乐工作的各式各样的“紧箍咒”,放出百花来。

“双百”方针的学习讨论,进一步激发了上海文艺界围绕如何理解和贯彻“百花齐放、百家争鸣”展开争鸣讨论,文艺批评和文艺理论探讨逐渐活跃,文艺创作和演出开始呈现出百花齐放的趋势。

讨论比较突出的是关于好的国产影片为什么这样少以及由此引出的讨论。1956 年 11 月,《文汇报》发表《国产影片上座率情况不好不受观众欢迎的事实应引起电影制片厂的重视》的短评,由此引出多位著名作家、评论家、编剧、导演以及电影观众等关于“为什么好的国产影片这样少?”的广泛讨论。这场讨论受到文艺界和社会各界的普遍关注,《人民日报》《光明日报》及时报道讨论概况,《文艺报》1956 年第 23 期发表评论员文章《电影的锣鼓》,将讨论中的意见归纳为“重视电影与观众的联系”“对电影的领导须注意符合电影创作和生产的规律”“充分尊重艺术家的风格”“改善电影演员工作”等四个方面加以阐述。1957 年,中国电影工作者联谊会在上海举行电影传统座谈会,讨论了我国电影的传统问题。这次讨论还受到毛泽东的关注,他对《文汇报》开展电影问题的讨论加以肯定,指出:“这次对电影的批评很有益”,“我看大多数批评文章提出的问题,对于改革我们的电影是很有益的。”

社会科学界就学术和政治关系问题展开广泛讨论。1960 年,上海社联连续召开了七次座谈会(当时称为“神仙会”),邀请社会科学界人士讨论贯彻“百家争鸣”的方针。针对部分专家学者提出的要贯彻“百家争鸣”,就不要把学术问题同政治问题混同起来,讨论学术问题不要戴政治帽子,这样不利于学术繁荣的看法,《文汇报》从 11 月起开辟学术版作为争鸣园地,在开办的大半年时间里共出版 99 期,发表稿件 300 余篇。《解放日报》理论版,各大学报及出版社积极发表不同观点的文章、著作。

戏剧界围绕上海越剧院创作上演的《则天皇帝》,就武则天在历史上的地位和作用展开了讨论。此外,上海还围绕历史剧的古为今用问题、英雄人物的塑造、音乐作品的民族化问题、山水花鸟画的评价、美学及贯彻

“双百”方针与为工农兵服务方针等问题展开了热烈的争鸣和讨论。

经过争鸣讨论，文艺界全面贯彻“双百”方针，不断创作改革，文艺舞台呈现新气象。

为传承民族优秀戏曲剧目、繁荣戏曲创作，上海各剧种积极开展全面挖掘和整理传统剧目、创作新编历史剧和现代戏的工作。在浙江昆曲剧团在京成功演出《十五贯》的示范作用下，上海于1956年11月举办了首次南北昆剧大规模同台演出。1957年，上海还先后举行了京剧艺术家汪笑侬诞生100周年纪念大会和纪念明代戏剧家汤显祖逝世340周年的演出，从当年起，上海各戏曲剧种分别举行会演。在上海戏曲舞台日渐活跃的同时，上海也十分注意澄清舞台形象。在1957年9月召开的市二届二次人代会上，丁是娥等12位艺术家联合发言，倡议全市戏曲艺人演好戏、说好书，与演坏戏、说坏书的现象作斗争。

在“双百”方针的推动下，上海电影制片厂一些艺术家提出自由结合、自选剧本、自负盈亏和以导演为中心的“三自一中心”设想。在此设想基础上，1956年10月，上海电影制片厂导演按自愿组合原则，成立以应云卫为首的“五老社”、沈浮为首的“沈记社”和陈鲤庭为首的“五花社”。1957年4月，上海电影制片厂改组成上海电影制片公司后，下辖由自由结合的三个“社”为基础成立起江南、海燕、天马三家制片厂。同时，翻译片组脱离上影厂建成中国唯一的从事电影译制的制片机构——上海电影译制厂。

在贯彻“双百”方针过程中，上海积极推动音乐院团的组建，先后成立了上海合唱团、上海交响乐团、上海民族乐团、上海管乐团和上海歌舞团等专业音乐团体；举行了华东地区书籍装帧插图、连环画、国画、年画等展览会并在华东各省进行巡展。为推动群众文艺的发展，上海各文艺协会订出规划，举办文学讲座，办短期文学讲习班，并广泛组织会员对群众文艺活动进行辅导，在各区戏剧会演中选择较好剧目帮助提高，推动群众性创作、美术、戏剧、歌咏等活动的开展，培养工人阶级文艺队伍。

上海新闻界也将学习贯彻“双百”方针与改进出版和办报工作结合起来。1956年8月下旬，市委宣传部就出版和办报工作如何贯彻“双百”方针问题召开多次座谈会，研究改进出版物和报纸的问题。通过座谈研讨,《解放日报》提出要充分反映实际,把思想性和生动活泼结合起来,避免新闻报道技术业务性、公报性和枯燥无味的状态;《新民晚报》提出了“短些、短些再短些,广些、广些再广些,软些、软些再软些”的办报方针,把报纸办得贴近市民,贴近生活,使读者喜闻乐见。《文汇报》在发扬侧重知识分子传统特色的基础上,积极倡导独家新闻,提出“人弃我取,人取我弃”的办报方针,以及推崇“唯陈言之务去”的文风。为改进办报质量、丰富报纸内容,市委还要求各部委、市人委各办的负责人亲自动手,每隔10天或半月,就当前政策、工作或思想写文章,在报纸上开辟栏目发表。

在“双百”方针指引下,上海文艺工作者遵循文艺发展规律,创作出一批优秀文艺作品,推动了上海文化艺术事业的发展繁荣。

大量作品反映了党领导人民进行民主革命的战斗历程,或者以贴近现实生活方式讴歌了社会主义革命和建设事业中涌现的先进人物和思想,弘扬了英雄主义精神,歌颂了党、人民军队和人民大众。如创作了《黎明的河边》《百合花》《红日》《火种》《上海的早晨》等一批优秀小说,创办了《萌芽》《收获》等文艺刊物,出版了《文学的基本原理》《中国文学史》等一批有影响力的文学理论研究著作。与此同时,《被开垦的处女地》《牛虻》等一批外国优秀作品被翻译介绍到中国。

文艺工作坚持了方向,提高了创作人员的政治思想感悟和艺术创作水平,调动了文艺工作者的积极性和创造性,达到了政治方向一致性和艺术风格多样性的统一。电影艺术工作者以饱满的热情投入影片的创作和拍摄过程中,涌现出一批思想性、艺术性均有突破的优秀故事片,银幕上开始出现了“百花齐放”的繁荣景象。其中有反映青工生活的《幸福》,有反映当代农村生活的《枯木逢春》《北国江南》等,有表现公安战线的影片《羊城暗哨》《天罗地网》等,有涉及知识分子题材的《情长谊深》《护士日记》和表现民族资产阶级生活的《不夜城》等,有体育题材的影片《女篮五号》《大李小李和老李》等,还有《红日》《林则徐》等革命历史和历史人物题材影片,深受观众好评。此外,上海还拍摄了世界上独一无二的水墨动画片《小蝌蚪找妈妈》、我国第一部剪纸片《猪八戒吃西瓜》,以及《大闹天宫》等一大批优秀美术片和《没有“外祖父”的癞蛤蟆》等科教片。在由电影创作者协会发起、《大众电影》杂志编辑部主办的首届“大众电影百花奖”上，《红色娘子军》一举获得四大奖项，在此后的历届百花奖上，也都有上海电影的一席之地。由上海博物馆复制印刷的《上海博物馆藏画集》获得了莱比锡国际书籍装帧展览会金质奖章。

各剧种在“双百”方针鼓舞下，广泛进行旧戏整理，新剧创作出现热潮。上海京剧院完成《清风亭》《乌龙院》等剧目的整理，并上演历史剧《淝水之战》《澶渊之盟》等。上海越剧院上演的《红楼梦》《文成公主》《追鱼》等均获得好评。上海现代戏的创作也收获颇丰，京剧《赵一曼》《黎明的河边》《智取威虎山》、沪剧《芦荡火种》《红灯记》《鸡毛飞上天》、淮剧《海港的早晨》《三女抢板》、话剧《七月流火》《年轻的一代》、锡剧《六里桥》、越剧《祥林嫂》、滑稽戏《满园春色》等都是其中的代表。

文化部门还不断创新形式推出各种展演、展览月等，以达到展演、出人、出作品于一体的效果，推动上海文化艺术的发展。在庆祝新中国成立十周年而举办的 1959 年上海市音乐舞蹈会演基础上，从 1960 年至 1966 年，上海还连续举办七届“上海之春”音乐会演。这些大型音乐会演由集中举办音乐会、基层演出、研讨会、音乐比赛等多种形式组成，不仅极大地丰富了人民群众的文化生活，也为优秀音乐作品和音乐人才提供展示的舞台，成为推进音乐创作演出和音乐人才培养的重要平台。从中涌现出以小提琴协奏曲《梁山伯与祝英台》、大提琴协奏曲《嘎达梅林》、民乐合奏《东海渔歌》、交响乐《长征》、芭蕾舞剧《白毛女》、民族舞剧《小刀会》、音乐舞蹈史诗《在毛泽东的旗帜下高歌猛进》等为代表的体现民族化、群众化特色的经典音乐作品，以创作管弦乐《红旗颂》的著名作曲家吕其明为代表的优秀音乐人才。“上海之春”音乐会演也成为展现上海文化发展成就的重要标志。

三、探索社会主义办学道路

1956 年“双百”方针提出后，教育也普遍得到进一步的发展。为克服学习苏联经验中的缺点，上海开始了曲折探索中国自己的社会主义教育发展道路的过程。1957 年 2 月，毛泽东提出“我们的教育方针，应该使受教育者在德育、智育、体育等方面都得到发展,成为有社会主义觉悟的有文化的劳动者”。在这一方针的指导下,上海开展了一场以勤工俭学、教育与生产劳动相结合和加快教育事业发展为中心的,深受“大跃进”运动方式影响的教育革命。

这场教育革命的主要特点表现为:一是上海大中小学师生普遍、经常地参加勤工俭学,支援工厂、“三夏”“三秋”等各类生产劳动和其他社会活动;二是表现为大办各级各类学校;三是自 1958 年起,上海各中小学开始了广泛的,包括学制教材、教学方法等多方面的教学改革试验。

基础教育和中等教育方面,按照 1957 年颁布的《上海市教育五年发展计划(草案)》提出的普及初等教育、不断扩大中小学办学规模的目标,上海积极贯彻公办、民办“两条腿走路”的办学方针,掀起群众办学的热潮,工厂企业、街道里弄、人民公社和人民团体等开办民办小学。其中,吴佩芳等几位家庭妇女利用一间旧汽车间办起的建襄民办小学,在市民中传为美谈。从 1957 年到 1958 年,全市小学数量从 3497 所增至 5942 所,在校小学生人数从 124.48 万增至 155.13 万。中学教育也得到较快发展,1958 年新建普通中学 23 所,中学总数达到 417 所、在校学生 39.32 万人。

按照将教育与生产相结合的要求,从 1958 年开始,很多中学把工农业生产劳动列为正式课程,建起校办工厂和农场,组织学生走出校门参加勤工俭学、支援工厂、“三夏”“三秋”等生产劳动。1958 年 10 月,全市中等以上学校和 4000 多个工厂、农业社建立劳动协作关系,高校先后抽调大批师生到 990 个工厂和 70 个农村人民公社参加技术革新和技术革命活动。中小学在这一年下半年也经常停课,动员学生参加收集废铁支援钢铁工业等活动。中等职业技术教育迅速发展。中等技术专业学校从 1957 年的 29 所增至 1960 年的 147 所。1958 年 3 月,宝山县率先办起农业中学。到 1960 年,上海郊区共办农业中学 174 所。1958 年前,上海有幼儿师范学校和第二、三、四、五、六师范学校等几所中等师范学校。到 1959 年,中等师范学校增至 26 所,在校学生达 1.03 万人,各区、县都办起了中等师范学校。虽然中小学和职业技术学校数量和在校人数明显增加,但由于片面强调师生参加政治运动和生产劳动而忽视文化学习，片面强调教材改革而忽视教材体系的系统性、科学性，因而冲击了以教学为中心的方针，打乱了正常的教学秩序，影响了教学质量。

这一时期，针对全市高等院校毕业生远远不能满足城市经济发展需要的情况，上海市委积极采取措施，加快高等教育的发展步伐。根据1959年5月中央发出《关于在高等学校中指定一批重点学校的决定》，上海的复旦大学、上海第一医学院、上海交通大学、华东师范大学被列为全国第一批重点高校，翌年，同济大学、华东化工学院、华东纺织工学院、上海外国语学院又被列入全国重点大学行列。为配合国家重点大学建设，中央和上海加强对这些高校的思想领导和政治指导，并补充和培养师资，招生工作贯彻“优先录取”的原则保证新生质量。同时，按照“以十五年左右的时间来普及高等教育”的要求，先后成立上海铁道学院、上海海运学院、上海对外贸易学院、上海农学院等8所本科院校。国务院有关部委和上海地方工业局、公司及大型企事业单位将所属中等专科学校、高等专科学校先后升格成立上海纺织工业专科学校、上海机械工业专科学校、上海海关专科学校等8所高等专科学校。1958年至1961年，上海高等学校毕业生达3.48万人，比整个“一五”计划毕业生总数还多2200多人。1960年上海高校教师增加到8777人，特别是这个时期培养出来的一批坚持又红又专、基础好、有闯劲的青年知识分子，在专家的指导下，经过长期刻苦努力，成长为教学和科研的骨干。

除此之外，上海还大办工农业余教育，仅1958年8月、9月两个月即建起5700多所业余学校，参加学习的达100多万人。

这场教育革命，一方面在一定程度上促进了上海教育事业的发展。上海市区到1958年基本普及小学教育，中等职业技术教育迅速发展，同时，这一时期由于各高校普遍建立了教学、生产劳动、科学研究三结合的体制，较好地处理了三者的关系，所以在一定程度上改变了高校教育脱离社会实际的倾向，学生在实践中提高了实际工作能力和科研能力。但另一方面，这场教育革命也给教育发展带来十分不利的影响。对于广大中小学来说，过量的各类生产劳动和其他社会活动挤占了大量的教学时间，学习受到极大的冲击。就各高校而言，在十五年普及大学教育的过急要求下，上海高等教育事业发展过快过猛；而且由于过分强调实践、强调理论联系实际,忽视课堂教学和实验教学,基础理论的教学和研究遭到严重削弱,学校的教育质量受到很大影响。加之频繁进行的政治活动及一系列的批判活动,也严重挫伤了学校师生的教与学的积极性。

四、建设城乡三级医疗卫生网

为保持和增进人民群众的健康,上海市委贯彻党的“面向工农兵、预防为主、团结中西医、卫生工作与群众运动相结合”的方针,积极推动爱国卫生运动的开展和卫生事业的发展。

为预防疾病,提高人民群众健康水平,促进生产的发展和劳动生产率的提高,自 1956 年党中央发布十二年农业发展纲要(草案),提出除四害讲卫生,消灭疾病的号召,掀起向危害人民健康的疾病、向传播疾病的害类作斗争的群众运动后,根据市一届二次党代会提出的开展以除四害为中心的爱国卫生运动的号召,1958—1959 年连续开展 14 次以除四害[①]、讲卫生、消灭疾病为中心的爱国卫生突击活动。1960 年以后,逐步转入经常性的群众卫生活动。广泛开展的爱国卫生运动,以及运动中建立起的经常性的卫生制度,如为控制蚊蝇滋生地建立的“定人、定时、定任务、定措施”的四定制度,街道建立的地段保洁制度,托儿所、幼儿园、公共食堂等集体福利事业中建立的必要的卫生制度,使上海消灭了大量四害,显著改善了全市环境卫生,加强了食品卫生工作,全市传染病大为减少,并使全市人民逐渐养成了讲究清洁卫生的习惯,一个“人人讲卫生、家家爱清洁”的社会风气基本形成。

1958 年以后,职业病防治工作成为上海卫生工作的一个重要方面。为此,上海加强了工厂、工地和人民公社的卫生工作,并在爱国卫生运动中贯彻“卫生为生产、生产讲卫生”的方针,把工业技术革新和劳动卫生工作结合进行,通过创制各种排气通风设备,防暑降温、防尘、防毒、采光等各种安全卫生措施,解决了空气中有害气体等问题,从而基本控制了工厂中苯中毒、铅中毒、铬中毒、矽肺等职业病的发生,保障了工人的健康,大大降低了工人因病因伤的缺勤率。在农村中,把兴修水利和积肥

① 四害:老鼠、苍蝇、蚊子、麻雀,1960 年 4 月改麻雀为臭虫。

与开展爱国卫生运动结合进行，发动群众实行铲土灭螺，防止了血吸虫病的传播，保障了农民的健康。

为发展医疗卫生事业，使更多的病人能够得到及时治疗，1956 年起，上海陆续改建、扩建、新建华东医院、国际和平妇幼保健院、市卫生防疫站、第十一人民医院、上海中医学院、中医文献馆、市卫生学校以及市药品检验所、医学化验所、血吸虫病防治所、职业病防治所等中西医院、卫生防疫、专科防治机构及其他设施。

1957 年 1 月，市人委发布《上海市推行划区医疗方案》，按照“划区医疗”和“分级分工、三级医疗、逐级转诊”的原则，实施市、区、街道三级医疗机构分工，按级挂钩指导和确定转诊、会诊制度。根据医疗机构条件、性质和任务，将全市医疗机构分为三级：一级为地段基层卫生机构，包括保健站、医务室、门诊部、联合诊所等，承担所划地段医疗预防任务；二级为区、工业部门、企业医院等，承担所划范围内的医疗预防任务，并接受一级医疗机构的转诊、会诊和业务培训；三级为市级和医学院校附属医院，与二级医疗机构进行业务、技术挂钩，接受转诊、会诊及若干卫生段医疗预防工作。由于分工明确、各司其职、相互协作，既充分发挥了各级医疗卫生单位的作用，也通过自上而下的逐级业务指导，提高了医疗服务质量，加快了基层医疗卫生机构的技术发展。与此同时，预防、保健各专业防治网也逐步建立。由此，在全市初步形成市、区（县）和基层的三级医疗卫生网及卫生防疫、妇幼卫生、专科疾病防治等各专业的三级预防保健网。

1958 年江苏省所辖上海、嘉定等 10 个县划归上海市后，全市城乡的地区基层医疗卫生机构进行调整，城乡联合诊所、保健站进一步联合，市区按街道组成地段（街道）医院，农村按公社（镇）组成公社（镇）卫生院，市级和区、县级医院也得到进一步的发展，从而使全市城乡三级医疗卫生网更为健全。到 1958 年，全市共有医院 895 所，医院床位 28556 张，较 1949 年增加 170.8%，医疗技术人员由 1949 年的近 1.3 万人增加到近 3.7 万人，500 人以上的工厂企业均设有保健站，500 人以下的工厂企业也有联合保健站，农村基本实现社社有医院，队队有保健室或者保健员，同时也有巡回医疗队为农民服务；在市区，每一办事处地段都有门诊机构，大部分里弄都有群众性的卫生站。1959年以后，上海进一步做好划区医疗，着重在市、区、县办好一些重点医院和卫生专业学校，合理安排和适当调整医疗任务，提倡就近就医，进一步改进与健全工作制度，发展与巩固群众性基层卫生组织，不断提高基层医疗机构的业务水平和工作质量。上海基本上形成了一个比较完善的医药卫生网。

为减少传染病对人民健康的危害，上海建立起传染病报告网，及时掌握疫情，广泛进行传染病疫苗的预防接种，加强隔离消毒和港口检疫工作，从而控制了各种急性传染病的发生和流行。1957年，在国务院发出消灭血吸虫病指示及陈云到家乡青浦县调查血吸虫病防治工作的鼓舞下，上海市郊开展大规模的防治血吸虫病工作。按照1958年1月市委关于“趁热打铁，一气呵成，苦战一年，基本消灭血吸虫病”的号召，至年底郊区九县（崇明县没有疫情）的血吸虫病情大幅度下降，宝山县基本消灭血吸虫病①。此外，上海还有效控制了解放前经常发生的斑疹伤寒、回归热、狂犬病、新生儿破伤风，基本控制了白喉、性病，伤寒、流行性乙型脑炎也大为减少，肺结核、沙眼等疾病的患病率显著降低。

市、区、县各级卫生行政部门和医疗卫生单位还大办医学教育，在办理全日制教育的同时，贯彻“两条腿走路”的方针，采取多种形式，举办高、中级业余医学院校和函授学校，组织职工脱产或在职，短期进修或系统提高；组织多批医务卫生人员下农村、工厂、里弄培训卫生骨干，从事简易治疗、预防接种、卫生宣传等群众卫生工作。为提高医疗服务能力和水平，上海还十分重视发挥中医在各项医疗预防工作中的作用，先后设立了中医学院、中医推拿学校、中医医院、中医门诊部、中医文献研究馆、针灸研究所、伤科研究所等专业机构，在许多医院与门诊部设立中医科，促进了中医临床研究的发展和中医理论的研究。

---

① 因受浮夸风的影响，上海当时不科学地宣布了全市基本消灭血吸虫病，这使有些地方一度放松了血防工作。紧接着的三年自然灾害，又使全市的血防工作受到很大影响，疫情出现徘徊。经过努力，1970年上海、嘉定、金山、松江四县，1972年青浦县，1973年川沙县，1975年南汇县、奉贤县，先后完成了基本消灭血吸虫病的任务。1979年至1985年九个流行县经过多次自查、互查和市血防专业机构复查，报请市委血防领导小组考核验收合格，陆续确认宣布消灭血吸虫病。1985年，上海正式宣布全市消灭血吸虫病。

通过不断完善城乡医疗网络，城乡卫生面貌明显改观，人民群众的健康水平普遍提高，全市人口的死亡率由1951年的14.1‰降低到1958年的5.9‰；而且在医疗卫生领域取得了一系列突破性的成就。1958年，上海第二医学院附属广慈医院（今瑞金医院）史济湘、杨之骏等医师成功救治烧伤面积接近90%的病人邱财康，打破了烧伤面积超过75%以上的病例绝少能存活的惯例，创造了当时世界医学史上的一个奇迹。这次抢救创造出抗休克、抗感染等治疗方法，为治疗烧伤提供经验，使我国灼伤治疗跃居世界先进水平。1960年，市第一结核病院（今市肺科医院）和市针灸研究所合作，运用针刺麻醉成功施行肺叶切除术获得成功。

在市委、市人委的团结带领下，全市人民意气风发，以饱满的建设热情和自力更生的精神，在大规模的社会主义建设中进行了创造性劳动，取得了生产建设和科技进步的许多新成果，取得了文化、教育、卫生事业的新发展。

第十章

社会主义建设经历曲折

为调动一切积极因素，加快社会主义建设，上海市委根据中共中央的部署，学习贯彻正确处理人民内部矛盾的理论，在整顿党的作风的同时，开展了对反党和反社会主义右派分子的斗争。之后，市委团结带领全市人民贯彻社会主义建设总路线，开展“大跃进”运动和人民公社化运动。在“左”的思想指导下，上海的反右派斗争出现扩大化，建设速度盲目求快，片面追求提高公有化程度，导致社会主义建设遭遇曲折。

第一节　整风运动和反右派斗争

1956 年到 1957 年，我国社会处于从社会主义革命到社会主义建设的转型时期。为调动全市人民建设社会主义的积极性，市委学习和贯彻正确处理人民内部矛盾理论，及时处理各种社会矛盾，开展整风运动，并对右派分子进行了斗争。

一、学习贯彻正确处理人民内部矛盾理论

1956 年，苏共二十大对斯大林的全盘否定引起了社会主义阵营的极大震动和思想混乱，国际共产主义运动出现了大的波折，东欧先后发

生了波兹南事件和匈牙利事件[①]。同时，党和政府一些工作部门和党员干部对社会主义制度建立以后的新要求缺乏思想准备，领导工作中还存在官僚主义等问题，导致国内一些地方连续出现紧张不稳定的情况。这种情况引起党中央和毛泽东的高度警惕，并认为如果不能正确处理社会主义社会不断出现的新矛盾，社会主义制度将难以巩固，社会主义建设也将难以进行。

党中央和毛泽东在深入思考社会主义社会的矛盾后，提出了正确处理人民内部矛盾的理论。1957 年 2 月，毛泽东发表题为《如何处理人民内部的矛盾》[②]的讲话，其要点是：矛盾是普遍存在的，社会主义社会也充满着矛盾，正是这些矛盾推动着社会主义社会不断向前发展；社会主义社会的基本矛盾仍然是生产力和生产关系、经济基础和上层建筑之间的矛盾，这些矛盾可以通过社会主义制度本身的自我调整和完善不断得到解决；社会主义社会存在着敌我矛盾和人民内部矛盾两类不同性质的矛盾，前者是对抗性的，后者是非对抗性的，要正确区分和处理两类不同性质的矛盾；解决敌我矛盾要用强制的、专政的方法，解决人民内部矛盾只能用民主的、说服教育的、“团结——批评——团结”的方法，决不能用解决敌我矛盾的方法解决人民内部矛盾；人民内部矛盾如果处理不当，也可以转化为对抗性矛盾。围绕处理人民内部矛盾这个主题，毛泽东还系统分析和阐明了社会主义建设的一系列重大问题。这套系统的关于社会主义社会矛盾的学说，为全党正确认识和处理各类社会矛盾提供了理论和方法，对于党和社会主义建设事业具有长远的指导意义。

三四月间，毛泽东、刘少奇和周恩来先后来沪宣讲正确处理人民内部矛盾的理论。3 月 20 日，毛泽东在上海市党员干部大会上发表讲话，明确指出，现在我国正处在从革命到建设的一个转变时期，阶级斗争基

---

① 波兹南事件：1956 年 6 月，波兰西部的波兹南地区发生由于工人的某些要求没有得到满足而引起的流血冲突，给波兰党内和整个社会带来极大震动。匈牙利事件：1956 年 10 月下旬，匈牙利首都布达佩斯发生大规模骚乱，匈牙利宣布建立多党制政府，退出华沙条约，反社会主义势力嚣张，发生多起公开捕杀共产党人的事件。

② 《如何处理人民内部的矛盾》的讲话稿，后经补充修改，以《关于正确处理人民内部矛盾的问题》为题，在 1957 年 6 月 19 日《人民日报》上公开发表。

本完结。我们必须承认社会主义社会存在矛盾，需要更加详细地告诉全党：不要使用老的方法来对待新的问题，要分清敌我之间的矛盾和人民内部的矛盾。对人民内部矛盾，不能使用专政的方法，只能采取民主的方法[①]。4月27日，刘少奇在上海市党员干部大会上发表讲话，指出，现在国内的主要矛盾是人民内部矛盾，主要表现在领导上的官僚主义与人民群众的矛盾。他提出领导上不犯官僚主义，问题就可以解决了，矛盾就缓和了[②]。4月29日，周恩来在上海党内外干部大会上作《关于正确处理人民内部矛盾的解答》的报告，提出："正确处理人民内部矛盾，首先要在党内搞通，使党本身能够认识、掌握和解决这个问题。"[③]三位中央领导人的宣讲，有助于提高全市党员干部对我国所处历史阶段的认识，对社会主要矛盾的把握以及对掌握和运用正确处理人民内部矛盾理论重要性的理解。

1957年3月，市委先后召开市委常委会、市委扩大会议及时传达毛泽东在最高国务会议上和全国宣传工作会议上的讲话精神。接着，又向全市党内外干部进行传达。毛泽东的两篇讲话在广大干部和知识分子中引起了热烈的反响。从4月16日开始，市委连续召开工程技术、新闻、卫生、高教、科学等10余次知识界座谈会，广泛听取科学家、教授、工程师、作家等对本系统、本单位、本部门党群关系、领导干部的作风等方面提出的尖锐批评和有益建议。《人民日报》驻上海记者报道：毛泽东的讲话在上海进行了普遍的传达和讨论，"它已形成了上海知识界思想生活中的一件大事，给初春的上海，更增添了蓬蓬勃勃的生气"[④]。

与此同时，由于职工群众在工资分配、福利待遇等方面的要求没有得到满足，加上领导干部的官僚主义作风，上海陆续出现了部分工厂企

---

① 中共中央文献研究室编：《毛泽东年谱（1949—1976）》第3卷，中央文献出版社2013年版，第122—123页。

② 刘少奇：《如何正确处理人民内部矛盾》（1957年4月27日），《刘少奇选集》下卷，人民出版社1985年版，第296、303页。

③ 中共中央文献研究室编：《周恩来年谱》中卷，中央文献出版社1997年版，第36、38页。

④ 中共中央党史和文献研究院著：《中国共产党的一百年》（社会主义革命和建设时期），中共党史出版社2022年版，第479页。

业闹事的事件。市委在正确研判的基础上,在指导处理一家合营染织厂闹事事件时,明确要求区委应当从厂领导平时的官僚主义作风中寻找原因,并要求负责处理事件的区干部立即进入工厂,直接到群众中去听意见做工作,教育厂干部认真接受教训,转变作风,改进工作,妥善解决矛盾。事后,市委抓住这一事件,举一反三,教育全市党员干部对工作中和作风上的官僚主义等错误和缺点,既不能采取熟视无睹的态度,也不要看到闹事就惊慌失措,失去信心。市委要求各区、各单位的领导人员必须亲自处理矛盾,学会并积累正确处理人民内部矛盾问题的经验。

5 月 18 日,市委召开各区区委书记、工业局长会议,部署处理职工闹事问题。根据中共中央《关于处理罢工、罢课问题的指示》精神,市委明确采取稳定基层的方针和一系列措施:基层暂停鸣放;成立临时工作委员会,研究解决各种迫切需要解决的工资福利问题;市、区多次召开干部会议,推动基层干部主动深入群众,改进工作。5 月 22 日,市委发出通知,要求全市各级领导紧急动员起来,立即组织力量深入下去,帮助基层组织处理各种问题,迅速消除工人中的不满情绪,改善党和群众的关系。翌日,市委书记、副市长,以及市委、市人委部分工作部门领导迅速深入内部矛盾比较尖锐的单位,帮助解决问题。市委各部、各区委、各工业局、各专业公司和工会统一组织力量到闹事厂具体帮助工作。对于各类问题,凡是能马上解决的迅速解决,不能马上解决的向群众说明情况;凡上海市范围内可以解决的,就由当地来解决;有需要呈报中央解决的,就报请中央考虑;对有些牵涉全国,但却又必须解决的,上海拟定出一些暂行办法;对于过去闹过事但问题还没有解决好的,进行补课。

经过全市各方合力进行艰苦细致的工作,6 月中旬起,上海工厂企业的闹事趋向和缓,7 月初基本平息。这也表明了党的工作部门和党员干部作风的转变,是解决各类社会矛盾的关键。

二、全党整风运动

1957 年 4 月 27 日,中共中央正式发出《关于整风运动的指示》,决定在全党进行普遍、深入的反对官僚主义、宗派主义和主观主义的整风运动。《指示》强调这次整风运动应该是一次既严肃认真又和风细雨的思想教育运动，应该是一次恰如其分的批评和自我批评运动，应该多采取个别谈心或开小型座谈会和小组会的方式，一般不要开批评大会或斗争大会。整风以正确处理人民内部矛盾为主题，采取“开门”形式，既在党内开展批评与自我批评，也欢迎党外人士对党和政府、党员干部中的缺点错误提出批评。目的是发扬民主，健全国家政治生活制度，推动社会主义建设发展。5 月 14 日，毛泽东在阅读了《解放日报》题为《大胆揭露矛盾，帮助党内整风》[①] 的文章后作出批语：“这一整版值得过细一看，不整风党就会毁了。”认为党开展整风，正确处理人民内部矛盾，“这是天下第一大事。”[②]

根据中共中央关于整风运动的指示精神，5 月 4 日，市委召开常委扩大会议，通报了之前市委召开的历次座谈会上知识界提出的意见，指出目前各项工作中老一套的工作方法还很严重，要求各工作部门党员主要领导干部主动自觉地整风，结合各部门工作中存在的官僚主义脱离群众的毛病进行检查，展开批评和自我批评，并放下官架子，深入到车间、学生和工人群众中去。这实际上为党员领导干部开展整风运动进一步作了思想动员。

5 月 11 日至 20 日，市委召开宣传工作会议，正式宣布上海党组织开始整风运动。出席会议的代表中近半数是党外人士。会议根据中央整风指示，提出整风应该首先从县级以上领导机构中的领导干部开始，然后有步骤、有计划地逐步开展。会议要求党外同志监督党的工作，批评党的工作，帮助每一位共产党员成为优秀的党员；要求党员干部采取边学习、边检查、边改正、边处理的办法，紧紧围绕中央整风指示中的五个方面[③]

---

① 1957 年 5 月 8 日，《解放日报》邀请 22 位中小学教师座谈他们工作中遇到的各种问题。5 月 10 日，该报以《大胆揭露矛盾，帮助党内整风》为题整版刊载了这次座谈会的发言摘要，内容涉及教育系统在党群关系、党员干部作风、教学安排、教学质量、学生负担等诸方面的问题。

② 《关于注意阅读整风消息的批语》（1957 年 5 月 14 日），《建国以来毛泽东文稿》第 11 册，中央文献出版社 2023 年版，第 408 页。

③ 中央整风指示中的五个方面指：对人民内部的矛盾的处理是否正确；是否贯彻了“百花齐放，百家争鸣”“长期共存，互相监督”的方针；有没有脱离群众的现象；处理人民内部问题有没有宗派主义情绪，是否从六亿人民出发；有没有脱离实际的主观主义。

进行检查。会议号召上海全体党员一定要和工农群众打成一片。与会的党外人士积极响应市委的号召，其中有86位在会上发言，有101位提交了书面发言。5月16日，市委召开党员干部会议，全市工厂、企业、医院、学校等基层单位的党政工团的负责干部1.3万人出席会议。会议进行整风动员，号召党员要倾听群众意见，敢于承认错误。此次会议的召开，标志着上海整风运动的全面展开。

根据市委的部署，全市各级党政领导机关和高等学校、科学研究机构、文化艺术单位的党组织纷纷召开各种形式的座谈会，听取党内外群众的意见，欢迎大家“鸣”“放”（这是在讨论和实行“双百”方针中形成的简化词语）。至6月上旬，市委统战部已连续十多天邀请民主党派成员进行座谈，市政协召开会议要求委员们畅所欲言，全市20所高校已召开上千次座谈会，作协上海分会党组织也分批邀请作家座谈，上海电影制片公司连续召开座谈会，听取导演、编剧、编辑、演员、技师、工人等的意见。到同年9月，上海市、区两级机关共有712个单位，35.4万人开展了整风运动。

在大大小小的会场内外，广大干部群众、许多有影响的党外人士积极响应市委的号召，对党和政府的工作、党员干部的作风，对改善党和知识分子关系、发扬民主、改善领导，对“百花齐放、百家争鸣”“长期共存、互相监督”方针的贯彻、工作条件的改善、增产节约、科学研究、知识分子工作、医务卫生、教育、文艺、党群关系、公私关系、物价问题、里弄工作、归国华侨等诸方面提出了许多有益的批评、意见和建议。对于这些批评、意见和建议，市委认为：“绝大多数是善意的、正确的或者基本正确的”，有助于市委了解许多平时不了解的事情和更清楚地看到工作的全貌。市委感谢所有为了帮助党整风而提善意批评的党内外的同志们和朋友们，并表示许多缺点和错误的存在反映了市委领导上的缺点，市委“愿意下决心同大家一起来克服这些缺点”。

中共中央和中共上海市委高度重视并衷心欢迎党内外干部群众提出的批评和建议，诚心诚意希望通过整风，推进党的作风建设，正确处理人民内部矛盾，密切党群关系，调动人民群众建设社会主义的积极性。然而，迅猛开展的整风运动出现了许多复杂的情况。

三、反右派斗争

在各界人士集中对党的工作和党员干部的作风提出批评意见的同时,出现了极少数人向党、向社会主义制度进攻的情况。他们把共产党在国家政治生活中的领导地位攻击为“党天下”,要求“轮流坐庄”,把人民民主专政的制度说成是产生官僚主义、宗派主义和主观主义的根源。他们的言论和主张在社会上和人民群众中造成了很大的思想混乱。这种不正常的现象引起了党中央和毛泽东的高度关注和警觉,并使其对形势的认识和判断发生了变化。

1957年6月8日,党中央要求组织力量准备反击右派分子进攻,指出:这是一场大战,不打胜这一仗,社会主义是建不成的,并且有出匈牙利事件的某些危险。同日,《人民日报》发表《这是为什么?》的社论,公开批评整风鸣放以来的错误言论。一场全国规模的群众性急风暴雨式的反右派斗争由此猛烈展开。战场被认为既在党外,又在党内。

6月10日,《人民日报》报道了6月9日下午上海市工会联合会举行座谈会的情况,并发表社论《工人说话了》。6月12日,《解放日报》发表社论《对两种人要有两种态度》,提出:共产党人对反党反社会主义言论,不能沉默,要“与广大非党人士一起坚决勇敢地反对少数右派人物的反共阴谋”。6月中下旬,上海各民主党派、高等院校师生纷纷集会,揭发和批驳各种反党、反社会主义的右派言论,决心与右派分子划清界限。9月,市委发出《关于克服右倾思想,深入反右派斗争的指示》后,上海的反右派斗争进入了高潮。

对极少数右派分子的进攻进行反击,对反对党的领导、反对社会主义道路的思潮进行批判是完全必要的,也是正确的。在反右派斗争中,市委贯彻中央反复强调的不要用对敌斗争的办法来处理人民内部矛盾的指示,并根据1957年10月15日中共中央《关于划分右派分子标准》的通知,拟定《关于批准右派分子的权限的规定》的通知,保护了中科院上海分院一大批高级知识分子和宣传系统的一批干部,使其免予被划定为右派分子。

在上海的反右派斗争中,由于对阶级斗争形势的估计过于严重,大量人民内部矛盾被当作敌我矛盾，大量思想认识问题被当作政治问题，导致反右派斗争严重地扩大化了。到1958年夏季，上海整风运动和反右派斗争完全结束时，共有15419人[①]被定为右派分子。其后果是误伤了许多好同志、好干部和同共产党长期合作的朋友，使他们长期受到委屈和压抑，不能在社会主义建设中发挥应有的作用，这既是他们个人的损失，也是上海社会主义建设的损失。

第二节 “大跃进”和人民公社化运动

整风运动和反右派斗争结束后，在全国“大跃进”形势的推动下，上海贯彻执行党的社会主义建设总路线，开展了“大跃进”和人民公社化运动。这表明市委力图在开展全面的社会主义建设中打开一个新局面，使上海在服务国家迅速推进工业化建设，尽快实现农业增产，短时间内改变中国贫穷落后面貌中发挥更大作用中，作出更大贡献。然而，由于决策本身产生的失误和执行过程中发生的偏差，扰乱了正常的生产秩序，挫伤了群众的生产积极性，造成国民经济比例失调，影响了人民群众的生活。

一、学习宣传社会主义建设总路线

1957年10月27日，《人民日报》就党的八届三中全会通过的《一九五六年到一九六七年全国农业发展纲要（修正草案）》[②]（简称“农业四十条”）发表社论，要求“有关农业和农村各方面的工作在十二年内

① 根据中央指示精神，1959年至1964年先后五批给被划为右派分子的多数人摘掉了右派分子的“帽子”。根据1978年4月中共中央关于全部摘掉其余右派分子的“帽子”的决定精神，上海本着实事求是、有错改纠的原则，对被划为右派分子的人进行复查，把错划为右派的改正过来，共改正了99%的人，并给予了妥善安排。

② “农业四十条”要求：从1956年开始，在12年内，淮河、秦岭、白龙江以南地区的粮食每亩平均年产量由1955年的400斤增加到800斤，棉花每亩平均年产量（皮棉）按各地情况，由35斤分别提高到60斤、80斤和100斤。

都按照必要和可能,实现一个巨大的跃进”,发出了“大跃进”的先声。1958年5月5日至23日,党的八大二次会议召开。会议提出:现在党的主要任务是进行社会主义建设,要实行技术革命和文化革命(指发展为经济建设服务的文化教育卫生事业),要实施工业和农业、中央工业和地方工业、大型工业和中小型工业同时并举的两条腿走路方针,并认为“建设速度的问题”是“摆在我们面前最重要的问题”。会议在急躁冒进、急于求成的思想指导下,通过“鼓足干劲、力争上游、多快好省地建设社会主义”的总路线,确定15年赶超英国和提前5年完成全国农业发展纲要的目标,并提出“苦干三年,基本改变面貌”等口号。

为贯彻落实党的八届三中全会精神,1957年11月25日至12月8日,市委召开上海市农业生产积极分子会议,讨论“农业四十条”,修订上海郊区农业发展十二年规划和下一年度的生产计划。会议提出:当前要掀起一个以积肥和兴修水利为中心的冬季生产高潮,争取1958年来一个农业生产“大跃进”;要在今后五年内基本实现全国农业发展纲要的要求。会后,组织农民日夜奋战,掀起以兴修水利、养猪积肥和改良土壤为中心的农业生产高潮,拉开了“大跃进”的序幕。

1958年初的一段时间,上海继续贯彻中央“既反保守又反冒进”的经济建设方针和上海的“充分利用、合理发展”的工业方针,工业发展速度比较稳妥。在1月8日《人民日报》报道上海梅林罐头食品厂开展反浪费专题鸣放的消息,并配发《从梅林看全国》的社论后,上海出现了反浪费高潮。4月,根据中共中央指示,上海开展了反浪费、反保守的“双反”运动。在“双反”的推动下,工农业生产的高指标开始出现。

1958年5月,党的八大二次会议后,市委召开常委会议,部署学习宣传贯彻社会主义建设总路线。市委要求把学习总路线与整风运动密切结合起来,通过学习和宣传,使全市干部和群众进一步提高社会主义觉悟,激发热情,为贯彻建设社会主义总路线而斗争。根据市委的部署,上海市区机关、团体、工厂、学校各级党组织纷纷组织广大党员、干部学习八大二次会议文件。

6月,上海大张旗鼓地宣传社会主义建设总路线。6月4日起,上海工人、店员、职员、军队、教育卫生、体育工作者、宣传干部、机关工作者、民主党派、工商界、里弄居民等11个系统的万人大会在文化广场连续举行,听取出席八大二次会议的代表和列席代表作关于社会主义建设总路线的报告。6月5日,《解放日报》发表社论《高高举起总路线的旗帜》,要求党员干部以整风精神即以理论联系实际,批评与自我批评的精神来学习总路线,要求面向广大群众的总路线宣传应该做到家喻户晓,深入人心。当月,全市工人、农民、机关干部、文教工作者、里弄积极分子等组成50万人的宣传队伍,走街串巷,深入工厂、街道、部队、郊区田头等地,运用歌曲、朗诵诗、顺口溜等各种形式,向群众进行总路线的宣传。文化馆、俱乐部、电影院、剧院、广播电台、报纸、街道橱窗配合展开了相应的宣传活动。

对社会主义建设总路线进行的大规模集中宣传活动,使上海广大党员干部和人民群众初步了解了社会主义建设总路线的主要内容,激发了他们的生产积极性,推动上海"大跃进"运动的全面开展。

二、"大跃进"和人民公社化运动全面展开

党的八大二次会议后,以片面追求工农业生产和建设的高速度,不断地大幅度提高计划指标和缩短完成时间为主要内容的"大跃进"运动在全国范围内从各方面开展起来。同年8月,中共中央政治局北戴河会议将"大跃进"运动推向高潮。会议正式决定1958年钢产量指标比1957年翻一番,达到1070万吨。9月1日,《人民日报》发表社论《立即行动起来,完成把钢铁产量翻一番的伟大任务》,指出这是"全党全民当前最重要的政治任务"。

在全国"大跃进"运动的推动下,各地对各类冶炼、机械、中小型化肥等设备需求剧增,国家对上海工业生产的要求一再增加。在这种情况下,全市生产指标先后经过多次加码,计划经过反复修订,上海工业总产值年度增幅指标自1958年4月起逐月提升,最终确定为比上年增长50%,"大大高于'一五'计划期间年均14.5%的增长幅度"①。工农业生产的"大跃进"推动了科技、文艺、教育、卫生等各界提出各自的"跃进"计

① 李开亚主编:《上海人民政府志》,上海社会科学院出版社2004年版,第321页。

划，纷纷投入“大跃进”的浪潮。当时，片面强调要不断冲破旧的平衡，组织新的平衡，制订新的“跃进”计划，实际上是不顾客观实际情况，盲目追求高指标。

8月，为了动员全市完成“大跃进”指标，市委树立了江南造船厂等八个单位为生产跃进的八面红旗，号召工业战线和其他各条战线上的同志们学习八面红旗，投入比思想、比作风、比智慧、比干劲的社会主义友谊竞赛，提出“只要我们不断地提高我们的共产主义觉悟，不断地拔白旗、插红旗，破除迷信、解放思想，不断整顿和改善领导作风和工作方法，就一定能够不断地跃进，再跃进”。同时，市委发布《关于组织大检查的决定》，成立万人检查团，全面检查全市各行各业基层单位的“跃进”计划和措施，广泛宣传“干劲无穷尽，上游无止境，多快好省没有底”。在这种形势下，生产指标不断加码，浮夸风兴起。8月23日，市委召开干部大会，正式确定1958年上海钢产量要达到120万吨、冶炼设备280万吨、成套发电设备54.7万千瓦、各种机床1.5万台，并要求把完成国家计划看成头等政治任务，确保“元帅”先行胜利过关。上海工业“大跃进”运动由此进入了“以钢为纲，全面跃进”的高潮时期。8月28日，为支援工业基础薄弱地区，大力帮助新工业基地的成长，市委要求全市工业系统在完成国家计划任务外，年内再增产成套钢铁冶炼设备（年产能力为300万吨生铁、360万吨钢及280万吨钢材）、1.5万台机床和54万千瓦发电设备支援外省市①。

为确保完成当年生产120万吨钢的高指标，市委召开紧急会议，部署凡是可以炼钢的单位都要炼钢，分区下达炼钢指标，并重新安排1958年建设项目，提前开工钢铁工业建设项目及保证钢铁工业急需的一批机械厂、炼焦厂和热电厂等工程。9月，市委专门建立市委炼钢和冶炼设备生产指挥部和指挥部办公室，要求全市各有关局、厂建立全天24小时的值班制度，保证各级负责干部、工程技术人员、有经验有特长的工人能随叫随到，及时解决生产问题。在“一切为了钢，向时间要钢”的口号

① 中共上海市工业工作委员会党史资料征集办公室编：《中国共产党上海市工业系统党史大事记（1949.5—1987.12）》，上海人民出版社1991年版，第62页。

下，上海广大钢铁工人放弃国定休假日，开展厂际同工种红旗大竞赛，保证新建转炉车间的生产在较短时间内趋向正常。

然而，至9月底上海共产钢49.5万吨，距离120万吨的目标相差甚远，10月5日，市委召开炼钢会议，提出单靠“大、洋、群”炼钢还不行，必须动员全市力量开展“小（高炉）、土（法）、群（众运动）”炼钢。随即，上海各区、县成立炼钢指挥部，由书记挂帅，促使全市工厂、商店、机关、学校、银行、医院迅速行动起来，先后建起大小土炉、低温反射炉、铲炉、个转炉和坩埚炉，从领导干部到职工群众，从居民到学生，不分昼夜，一起上阵，大搞土法炼钢运动。到同年10月下旬，全市共有40万冶金系统以外的干部群众参加炼钢，13万家庭妇女走出家门，帮助拣废铁、搞运输。上海一时出现了人人谈钢，处处炼钢，各行各业为“钢帅”让路的局面。同时，交通、邮电、教育、文化、卫生等各项事业都开展“全民大办”，“大跃进”运动进入了高潮。

与此同时，市委、市人委组织郊区干部群众学习中共中央政治局北戴河会议通过的《关于在农村建立人民公社问题的决议》，并在上海县的莘庄、虹桥、宝南、朱行、华村、上中6个乡和七宝镇进行建立人民公社的试点工作。9月21日，上海郊区第一个人民公社——七一人民公社宣告成立。到9月底，郊区原有796个高级农业生产合作社迅速合并为23个人民公社，入社农户数占总农户数的99.7%①。10月1日，全郊区宣布完成人民公社化。

人民公社实行政社合一的体制，统一领导全公社的工、农（包括林、牧、副、渔）、商、学、兵。与郊区原有高级社几十户的规模相比，人民公社成立初期具有规模大和生产资料公有化程度高的“一大二公”特点。各人民公社的规模平均是8000多户，最大的2万多户，最小的4000多户。数百个经济条件不同、收入水平各异的高级社合并组成人民公社后，实行生产资料公社所有制，由公社统一核算、统负盈亏。许多县级机关和人民公社无偿调用原来高级农业生产合作社的积累和劳动力，县、社、大

① 至1958年底，加上1958年11月由江苏省划归上海市的川沙、南汇、奉贤、金山、青浦、松江、崇明7个县所辖80个人民公社，上海郊区共有103个人民公社，共计82.6万余户农户加入了公社，占全部农户总数的99%。

队、生产队还无偿调用社员个人的生活资料，并在分配上实行供给制，普遍实行“吃饭不要钱”的制度，刮起了“共产风”，助长了“吃大锅饭”的思想，严重挫伤了社员群众的生产劳动积极性。

在各地农村放“高产卫星”的消息常常见诸报端，加上上海普遍开展“拔白旗、插红旗”运动的压力下，郊区农村出现了高指标和浮夸风。各县在估算1958年夏季、秋季作物产量和制订冬季生产计划时普遍提出了水稻亩产5000市斤、皮棉亩产1000市斤、小麦亩产3000市斤的高指标。有的公社竟然把20亩即将孕穗的水稻集中移到1亩水田中，放出了18万斤的农业“高产卫星”，结果颗粒无收。为了完成高指标，郊区各县出现了过度要求深耕和密植、兴修水利规模过大、农具改革操之过急、盲目缩小粮食播种面积的瞎指挥风。这种不按客观规律办事的做法损害了农业生产。而浮夸风和虚报产量的结果，是国家对粮食收购过头，社员分配过多、吃粮过宽，影响了农民以后的口粮和畜牧业需要的饲料粮，有些地方连种子粮都告缺。

在农村人民公社化运动的高潮中，1958年8月下旬开始，根据市委指示，各区区委配备专门力量，选择几个居民委员会开展组织里弄居民的试点工作。11月，市委决定成立市委里弄工作小组，加强党对里弄居民工作的领导。之后，全市共建立947个里弄委员会。里弄委员会一般按1500户左右的范围组成，是里弄居民经济、政治和文化生活的统一组织者。

在全市各行各业的倾力支持和全国兄弟省市的大力支援下，1958年上海完成了年度钢铁生产指标，达到122.26万吨。但增产的钢铁有不少是质量低劣、不能使用的。在“大跃进”运动中，上海许多工业企业为了完成跃进高指标和突击赶制任务，出现了只抓产值产量，不抓质量的片面思想和做法；在改革规章制度过程中，有些单位破得多、立得少，把应有的质量检查、技术监督等制度也破掉了，有的甚至连工艺规程、操作规程也随便废除了。农村人民公社化运动中出现的“共产风”、浮夸风、强迫命令风、生产瞎指挥风和干部特殊化风等“五风”影响了农民的生产积极性、农作物的正常生长，导致农作物减产，城市副食品供应紧张。

第三节 初步纠“左”的曲折

针对“大跃进”和人民公社化运动中出现的“左”倾错误，1958年11月至1959年7月，市委通过贯彻中央有关会议精神，进行了初步的纠正。然而，庐山会议后党内“反右倾”斗争的开展，打断了纠“左”进程，并再次掀起了“大跃进”的高潮。

一、初步整顿人民公社

在觉察到人民公社化运动出现的问题后，中共中央于1958年11月至12月间，连续召开第一次郑州会议、武昌会议和八届六中全会，通过了《关于人民公社若干问题的决议》，强调必须划清集体所有制和全民所有制、社会主义和共产主义的界限，确认人民公社目前基本上仍是集体所有制的经济组织；强调要继续发展商品生产和商品交换，坚持按劳分配的原则；社员个人所有的生活资料和存款，在公社化后仍然归社员所有，而且永远归社员所有。1959年2月至4月间，中共中央先后召开了第二次郑州会议、政治局扩大会议和八届七中全会，从公社所有制的分级问题入手，调整农村集体经济内部的基本核算单位，清算账目，退赔平调的资金物资，进一步纠正“共产风”。4月29日，毛泽东直接给省以下直到生产小队的各级干部写了一封《党内通信》，切中时弊地谈到了影响农业生产的包产、密植、节约粮食等几个关键问题，要求讲真话。五六月间，党中央发出紧急指示，要求农村恢复自留地制度，允许社员私人喂养家畜、家禽，鼓励社员充分利用零星闲散土地种植庄稼树木，不征公粮，不归公有。

为贯彻中共中央上述会议精神，市二届党代会明确要求从生产、分配、生活、管理和作风等方面整顿巩固人民公社，即：整顿和巩固人民公社的工作，必须有领导、有计划、有步骤地进行。发展生产是巩固和发展人民公社的中心环节，全市农村人民公社应当坚决贯彻执行工业和农业、自给性生产和商品生产同时并举的生产方针，把最近几年生产的重点放在包括农、林、牧、副、渔在内的农业方面。同时，要合理做好分配工作，实行工资制和供给制相结合的分配制度；进一步改进公社的生活福利事业；建立和健全社员代表大会制度、劳动管理制度；做好公社的财务工作，实行经济核算，建立财务管理制度，健全对公共财产的保管制度；各级干部贯彻群众路线，继续种好试验田，认真参加体力劳动，整顿不良思想作风。1959 年 1 月，市委制定《人民公社若干具体问题的处理意见》，对被人民公社借用社员的房屋、家具、锅、棉花等，家畜家禽的饲养，以及宅前宅后零星的树木和竹园、单干户入社、平整土地中的坟墓拆迁等十个问题的处理，提出原则性的指导意见，制定相关的政策。

根据市委要求，郊区各县从 1959 年 1 月中下旬开始至春节前，确定一个重点公社，选择一个生产队进行整社试点，并由各县县委书记和常委带领一批干部，分工包干，帮助整社。2 月中旬以后，郊区各县进入全面整社阶段。为此，各县先后召开党代表大会或干部扩大会议，吸收基层支部书记参加，训练生产队以上的主要骨干力量。在整社工作中，各县迅速处理了 1958 年为支援钢铁生产动用社员的锅灶等具体问题，并全面检查上年的收益分配工作，纠正了分配中教育不够、工作粗糙、政策执行偏差和积累多、分配少等问题，使 90% 以上的社员增加了收入，困难户得到必要的补助，基本做到了国家、公社、社员三者满意。

1959 年 3 月中旬至 7 月，市委先后召开扩大会议和农村五级干部会议，制定《关于人民公社的十项具体规定（草案）》，对人民公社的基本核算单位、各级管理机构的职权范围、旧账的清算和处理、1959 年的生产指标和包产问题、人民公社的收益分配比例、工资制、供给制、劳动力安排、建立和健全党员代表大会和社员代表大会制度等方面作出具体规定，指导和推进郊区各县人民公社的整社工作。各县也先后召开五级干部会议、党员代表大会和社员代表大会，在基本统一思想认识的基础上，各人民公社普遍开展了全面整社。

整社工作从调整社、队规模，确定以生产队为基本核算单位开始。上海把 103 个公社划为 175 个公社，每个公社两三千户，大体上相当于原来一个乡；过大的生产队划分为相当于原高级社的规模，作为基本核算单位，每个生产队300户左右，全郊区共有2678个生产队。在此基础上，明确划分公社、生产队和生产小队的职权范围，实行权力下放，特别是将权力下放落实到生产小队，改变公社化初期权力过分集中于公社一级的状况，确立以队为基础的公社三级所有制。

随后，清算账目，组织退赔，纠正一平二调“共产风”的错误。主要清算1958年的分配账，集体与集体、集体与社员间调用的物资和劳力账，以及经济手续不清、贪污浪费账等三笔账目。在此基础上，适当减少积累部分，增加消费部分到总收入的50%左右，并从积累中提出一部分钱，按多劳多得原则，分配给社员；原由公社统一提留的积累，也下放了半数左右给生产大队和生产队；对生产队欠社员的款项（大部分是调用物资的折价款），除已退社员的外，其余欠款将分期归还。

在经营管理上，开始推行生产大队对生产队实行包产、包工、包本和超产奖励的“三包一奖”制度。各人民公社向群众宣布，1959年坚决实行“三包一奖”，并兑现1958年的超产奖。“三包”账清楚的，按“三包”结算；“三包”账不清楚的，通过民主评议给奖。“三包一奖”的实行，提高了社员们的生产积极性，出勤率从70%—80%提高到95%左右，生产效率提高了6倍。

同时，整顿干部的作风，揭发批判干部强迫命令和违法乱纪的行为，并分别情况进行了处理。

6月以后，按照市委关于“郊区工业一律停止发展，进行整顿”的指示，农村各人民公社整顿社办工业，裁汰了一部分与农业生产无直接联系、成本过高、质量低劣，及与国家大工业在产销上有矛盾的社办工厂，停办、合并、上交县或转为手工业系统的有703个工厂，缩减职工40571人。同时，根据少扣多分、按劳分配、多劳多得的原则，着重对夏收分配工作进行政策“补课”，扩大工资部分，将供给部分控制在社员分配部分总额的30%左右。此外，进一步贯彻“三包一奖”，整顿公共食堂，恢复自留田制度。至6月底，社员共分得自留地21.9万余亩，占耕地面积的4.33%，比高级社时自留地面积增加2.6万多亩。

经过半年多的全面整顿，郊区农村人民公社调整了国家、公社、生产队和社员之间的关系，调动了广大基层干部和群众的积极性，促进了农业生产力的发展。

二、改善市场供应

1959年初，尤其是春节以后，上海市场出现副食品和少数日用工业品的供应紧张。3月起，鱼类开始凭票供应；4月中旬起，猪肉供应定量由每人每月12两降为6两，6月前后，鱼类的内销货源紧张，生猪到货锐减，猪肉每人每月6两的供应定量标准难以维持。市场供应的紧张，直接影响了市民生活，也引起相当部分干部和群众思想上的混乱。

消除干部群众的思想疑虑和混乱，首先要弄清市场供应紧张的原因。市委、市人委结合全国经济的发展形势进行认真分析，认为主要是由于生产的发展赶不上人民消费需要的增长。要改善市场供应，中心环节是发展生产。只要上下动手发展生产，并以生产为中心，认真抓好生产、流通、分配各环节，结合开展广泛深入的宣传工作，就可以调动起干部群众的积极性，从根本上解决市场供应的问题。为此，市委、市人委采取了以下各项措施：

按照自力更生为主，力争外援的方针，大搞副食品生产。稳定副食品市场的中心问题是保证每人每月6两猪肉的供应水平。为此，上海各县采取集体养殖和私人养殖并举的方针，争取年内养猪200万—250万头。广泛发动市内机关、团体、工厂、学校和军队，采取大单位带小单位的办法，充分利用食堂下脚和一切可耕的空地，自种饲料，尽可能多养猪，争取在一定时期内做到肉食自给。同时，发展家禽的生产，采取养捕并举的方针，积极发展淡水养殖，增加水产的供应。继续抓紧蔬菜生产，解决增加蔬菜品种和保证淡季供应的问题。

大力发展日用工业品的生产，千方百计克服原材料困难，增加产量，提高质量，扩大品种，支援全国市场需要。为了超额完成1959年国家下达给上海的74亿元工业品采购加工指标和总值21亿余元的出口计划，上海把解决原材料，尤其是钢材、有色金属、化工原料、农副产品原料和包装材料等，作为关键问题。在要求中央各有关部门和各有关省根据已分配的原材料调拨计划和签订的合同，按时、按量、按质抓紧调运的同时，采取措施，增加原材料生产，并用清仓的办法，解决部分必需商品的生产，使一部分半成品、制成品迅速出厂。甚至动用地方外汇进口紧急需要、用量不大、国内无法解决的部分有色金属、化工原料等。此外，还拨出部分土钢和废铜供制造日用工业品之用，扩大废品回收，合理使用边料废料和下脚废料。对农副产品原料（如造纸用的稻草），则紧急责成各县公社立即调出一部分满足急需。在商品生产的安排上，优先满足那些为发展工业生产所必需和多数群众迫切需要的产品，及部分可以吸收游资的高档产品。

在增产的同时，上海认真贯彻执行勤俭建国、勤俭办企业、勤俭办一切事业的方针，厉行节约、反对浪费，大力压缩社会购买力，从各方面吸收社会游资，减少市场压力。上海规定自 1959 年 6 月起 3 个月内，除特殊情况以外，一律停发所有机关、部队、企业事业单位的办公杂支、器具购置等方面的行政经费；严格控制工厂、企业、公社的经费开支；坚决削减一切可以减省的开支，停止一切可有可无的购置，反对请客送礼、讲排场、讲阔气、铺张浪费、任意提高开会伙食标准的恶劣风气。停止商业部门对人民公社的赊销，严格控制农村贷款和农产品预购经费的发放。同时，动员职工和盲目流入城市的农业人口支援外地建设或回乡搞农副业生产。在人民群众中开展勤俭持家、储蓄爱国的教育，恢复有奖储蓄。此外，为吸收资金回笼，上海根据人们不同的购买力和消费水平，保持原有的品种规格，并增产多种花色品种的日用工业品；原来的老产品按质论价，适当提高优质品种的售价，并增产售价较高的高档品，还组织剧团、电影放映队深入工厂农村演出，开展各种服务性的活动。

市委还切实加强党对财贸工作的领导。抓紧恢复、建立和健全各县收购机构，组织采购供应部门，深入产地组织货源，加强同各地的协作关系，根据市场需要，与郊区各县人民公社和其他地区产地订立购销合同，确保货物来源建立在可靠基础上。同时，在商业职工中开展教育，使商业工作人员在收购、调运和销售工作各环节中，把党的政策和群众的利益结合起来，动员群众共同为繁荣市场、克服困难而努力。

通过全市半年多的努力，上海副食品和日用工业品市场供应紧张的矛盾得到了初步缓解。

三、压缩生产高指标

1959年新春伊始，工业生产高指标引起的比例失调、原材料供应紧张等问题日益暴露出来。在第一季度工业生产大幅下滑，计划执行情况很不理想的情况下，党中央开始调整工业高指标。4月初，在上海举行的党的八届七中全会讨论并通过了1959年国民经济计划（草案），将1959年钢产量指标从1800万吨降至1650万吨，基本建设投资额从360亿元降到260亿—280亿元，基建项目数从1500个减少到1000个。五六月间，党中央先后发出一系列紧急指示，进一步将1959年钢产量指标降到1300万吨，要求调整物资分配和基本建设计划，基本建设投资额降至240亿元，限额以上的基建项目由1092个削减到788个。

1959年上海市国民经济计划要求全市工业总产值比1958年增长40%，钢产量从122万吨提高到150万吨，重型机械产量从13万吨提高到23.8万吨；郊区粮食总产量由31.3亿斤提高到44亿斤以上，棉花从136.9万担提高到205.8万担以上；基本建设投资额为8.37亿元。

上海在贯彻中共中央八届六中、八届七中全会精神的过程中，停止了“小、土、群”的炼钢运动。在党中央调整重要生产指标的情况下，5月28日到6月6日，市三届人大二次会议召开。会议对1959年工农业生产的主要指标进行了调整，重型机械产量维持在13万吨，并要求多产优质钢和扩大钢材品种；郊区粮食总产量和棉花总产量分别降至40亿斤和132万担。同时，会议减少了基本建设投资额，确定1959年上海地方系统基本建设投资额为5.6亿元。

在基本建设投资额减少的情况下，为确保全市重点基建工程和重要工业生产的需要，防止盲目扩大基本建设，6月，市委下发《关于坚决压缩和严格控制基本建设项目的通知》，要求计委、建委立即会同有关部门对正在进行的800多个基建项目，重新排队审查。应该砍掉的坚决砍掉，可以推迟的坚决推迟；并决定凡是投资额在10万元以上的基建项目，由主管单位审定后报市计委审查，并报市委批准。同时，一律取消各工业专业企业公司对基建项目的审批权限。

这一时期，针对部分工业产品质量下降的情况，市委于6月发出关于建立产品质量层层负责制的通知，要求各工厂企业发动群众，根据企业实际情况和生产需要，恢复、建立和健全各种必要的保证产品质量的制度。建立严格的产品质量层层负责制度，不仅小组、车间、工厂要对本厂产品质量负责，各工业局、工业公司要负领导责任，帮助督促存在产品质量问题的工厂企业迅速改正；各商业部门对工业产品质量问题也负有监督责任，及时将消费者的意见向生产单位反映，对外贸易部门必须严格检查出品产品的质量。由此，从上到下，从内到外，层层重视质量，人人关心质量，并采取切实的制度来保证产品质量。

9月，根据由党中央提出、经全国人大常委会通过的关于1959年国民经济计划主要指标调整的决议，加上中央给予上海的计划任务有所调整，原材料分配给上海的数量也有减少，市人民委员会第八次会议对1959年度计划主要指标再次作出相应调整。主要是将全市工业总产值增长45%的指标调整为40%；钢产量由180万吨调整为165万吨①，争取达到180万吨；粮食生产指标再次下调为30亿斤。

经过九个月的紧张努力，“大跃进”和人民公社化运动中出现的以高指标、瞎指挥、浮夸风和“共产风”为主要标志的“左”倾错误受到初步遏制，形势开始有所好转。然而，由于纠“左”是在肯定“大跃进”和人民公社的前提下和框架内进行的，因此，“左”错误没有得到彻底纠正，初步好转的形势很不巩固。

四、开展“反右倾”斗争和继续“大跃进”

1959年7月2日至8月16日，中共中央政治局扩大会议和八届八中全会在庐山举行（合称庐山会议）。会议主题由纠“左”到反右。会后，在全党全国开展了历时半年的“反右倾”斗争。

8月22日，市委召开党员干部大会，传达党的八届八中全会公报和关于开展增产节约运动的决议。8月24日、25日，市委又分别向基层党员和民主人士进行传达。8月28日至9月17日，市委召开全体扩大

---

① 1959年，上海的工业生产总值计划指标从原定的比上年增长45%调整为40%，钢产量指标从原定的180万吨调整为165万吨，粮食产量的年增长率为15%，仍然是高指标。

会议，传达党的八届八中全会精神和中央《关于反对右倾思想的指示》。会后，全市在党内开展了“反右倾”斗争。

“反右倾”斗争首先从市、区、县、局各领导机关和领导干部开始，然后，逐步扩展到基层的工厂、农村地区。12月，上海市委根据中共中央有关反对“右倾机会主义”的部署，发出《关于反右倾整风运动中几个问题的规定》，指出必须对右倾机会主义分子，有严重右倾错误（包括严重干劲不足）的人，严重的个人主义、本位主义者的错误，进行彻底的揭发批判和斗争。同年底，上海的“反右倾”斗争基本结束，不少对“大跃进”中高指标等做法有意见的党员和干部受到了不应有的批判和处分。

“反右倾”斗争在总体上打断了纠“左”的进程，破坏了党的民主集中制。在党的八届八中全会“反右倾，鼓干劲”的要求下，生产中的高指标、瞎指挥、浮夸风、“共产风”再度泛滥起来。

根据中央提出1960年还将是一个“大跃进”，以及设想8年完成人民公社从基本队有制过渡到基本社有制的指导思想，上海提出了争取1960年生产实现“开门红、节节高、全面好”的口号，继续制定高指标，开展“大跃进”。1960年5月，市三届人大三次会议要求上海的工业生产继续执行“以钢为纲，全面跃进”方针，确定1960年全市工业总产值比1959年增长45%；钢产量250吨，比上年增长38.1%；重型机械17.93万吨，比上年增长27.9%；粮食总产量比上年增长13%；棉花总产量比上年增长10%的高指标。

同年春，市郊农村部分地区开始大办社队工业、大办水利、大办养猪场。在“共产风”重新刮起的地方，为发展大集体经济，举办集体福利事业，建立粮食仓库，集中了生产队的工具、物资，占用了生产队的耕地，过多地抽调了农业劳动力；不少社队忽视生产小队一级所有制，不落实“三包一奖”；有些地方重新又把自留地和家庭副业收归集体经营，并过多占用社员房屋，侵犯了群众的利益。这在一定程度上影响了社员和生产小队积极性的充分发挥。在部分干部中，也出现了工作不踏实的“浮夸风”，或是随便更改耕作制度的“瞎指挥风”和“命令风”。

在城市，市委贯彻党中央关于建立城市人民公社的批示精神，于1960年4月制定《关于建立城市人民公社的工作纲要（草稿）》，从各部门抽调200多名处级干部或相当于处级的干部加强街道领导，建立了99个街道党委和764个里弄党支部，开展城市人民公社的试点工作。上海城市人民公社一般以区为单位建立一个公社，公社下设两种形式的分社：以工厂为中心的分社和以街道为中心的街道委员会，一般6万—8万人。各分社根据以组织生产为中心的方针，负责领导各里弄委员会的工作。城市人民公社兴办的工业、饮食业和文化教育、社会福利事业，在安置城市闲散劳动力就业和社会福利建设等方面发挥了一定的积极作用。但在各项事业兴办时，城市人民公社无偿占用和借用国营企业的设备、机器、技术以及居民的住房和生活用具等，一定程度上助长和发展了"共产风"，滋长蔓延了干部中不实事求是、追求高指标的浮夸风。

高指标的制定、浮夸风的再度发生，使上海原本就存在缺口的能源、原材料供应更为紧张。从5月下半月起，钟表、胶合板、肥皂等轻工业全行业停工，各棉纺织厂因原料缺乏和电力供应不足而陆续停工。上海的粮食供应更是极为紧张，"已几乎没有大米库存，只能靠借外贸部门准备出口的大米过日子"。为此，中共中央几次发出紧急指示，给京、津、沪、辽调运粮食。下半年，煤炭供应也日趋紧张，发电量严重不足，导致上海大批工厂被迫停工，生产急剧下降。

虽然上海根据中央指示全力开展保粮保钢运动，但到1960年年底，全市国民经济计划完成的情况并不理想，除钢产量达到计划指标之外，工业总产值实际只增长了20.3%，比计划指标减少了24.7%；粮食、棉花的总产量均低于1958年，林、牧、副业产值亦下降，市区居民蔬菜日供应量从1市斤锐减至2两。

到1960年下半年，全国"大跃进"已难以为继。由于全国大幅压缩基本建设，上海的许多原材料工业和机电装备工业的生产任务也大幅减少，此前发展起来的生产能力由于没有加工任务处于空置无用的状态。加之全国农业减产，轻纺工业所需的农产品短缺，致使上海的许多工厂生产困难。这些情况加剧了上海工业内部、工业生产和国民经济其他部门之间、各经济部门和文教部门之间的不平衡情况，导致上海国民经济比例严重失调，给人民的生活造成很大困难。上海必须对国民经济进行调整。

第十一章
贯彻“调整、巩固、充实、提高”方针

面对继续“大跃进”造成的经济全面紧张，全党和中央决心认真调查研究，纠正错误，调整政策，彻底纠正农村人民公社一平二调的“共产风”，对国民经济实行“调整、巩固、充实、提高”的方针。从1961年至1962年底，上海市委以八届九中全会和七千人大会精神统一全体党员干部思想，在经济、科技、教育、文化以及政治关系等各领域逐步实行了一系列卓有成效的调整措施，推动经济逐步走出发展低谷，党群关系得到改善，党的建设得到加强，全市群众建设社会主义的积极性进一步提升。

第一节　调整方针的初步贯彻

1961年1月，中共中央举行八届九中全会，正式向全党和全国人民宣布实行“调整、巩固、充实、提高”的八字方针，使国民经济实现综合平衡，按比例发展。上海市委通过对党的八届九中全会精神的学习传达和响应中央号召开展调查研究，初步贯彻了八字方针。

一、学习传达党的八届九中全会精神

1960年，“大跃进”造成国内经济形势的全面紧张已经显露出来。

这引起中央的震惊和严重关注。中共中央分别于1月和6月在上海召开了两次政治局扩大会议。在6月8日至18日召开的中央政治局扩大会议上,毛泽东作了题为《十年总结》的讲话。他指出,新中国成立后的前八年照抄外国经验,从1956年提出十大关系起,开始找到一条适合中国的路线。虽然对于社会主义革命和建设,我们已经有了十年的经验。但是,对于社会主义时期的革命和建设,还有一个很大的未被认识的必然王国。我们要以第二个十年时间去调查它,去研究它,从中找出它固有的规律,以便利用这些规律为社会主义革命和建设服务。这次会议对"二五"计划后三年补充计划的14项指标作了较大幅度调整,有些调整甚至低于"二五"计划原定的指标。中共中央于11月3日发出由周恩来主持起草并经毛泽东改定的《关于农村人民公社当前政策问题的紧急指示信》(简称"十二条"),要求全党用最大的努力来坚决纠正"共产风",并规定了12条措施。由此,迈出克服严重经济困难的重要一步。

根据中央在保粮、保钢的前提下,压缩基本建设战线,加强农业战线,以及国民经济计划不再搞两本账、不搞计划外的东西、不留缺口的指示精神,周恩来、李富春在1960年8月下旬主持研究1961年国民经济计划控制数字时,提出对国民经济实行"调整、巩固、充实、提高"的八字方针。党的八届九中全会通过了这个方针,并明确其基本内容是:调整国民经济各部门间失衡的比例关系,巩固生产建设取得的成果,充实新兴产业和短缺产品的项目,提高产品质量和经济效益。我国国民经济建设从"大跃进"转入调整时期。

1961年2月,上海市委召开全体扩大会议,传达贯彻党的八届九中全会精神。在全市工厂1/3停工、1/3半停工,干部群众思想认识问题较多的情况下,会议总结了"大跃进"与人民公社化运动中的错误和教训,决定按照党的八届九中全会精神,贯彻执行以农业为基础,把农业放在首要地位的方针,大办农业,大办粮食。同时,在各部门和各个方面实行八字方针,争取国民经济在三年大跃进的基础上,各部门之间的比例得到进一步协调,生产和建设质量得到显著进步,并要求党团员发扬艰苦奋斗的精神,积极带头节约粮食、棉布,坚决控制和压缩集团购买力。

根据市委的指示,全市各级党组织以党的八届九中全会公报为中心，开展以形势宣传为主要内容的思想教育工作。通过抓好干部教育，提高其经济理论水平和政策水平，以及对国民经济实行“调整、巩固、充实、提高”方针的意义和要求的认识，推动其彻底改进作风，联系本系统、本单位实际查找问题，酝酿改进措施。通过深入群众，把思想教育工作做到每个生产和生活环节上；树立标兵，用群众中的典型事例去教育群众等方式，增强群众克服暂时困难的责任感，把群众的积极性引导到生产、工作上。

尽管在许多方面采取了纠偏措施，干部中却普遍存在既要对国民经济进行调整，又舍不得“跃进”，而且还要争取主要产品的产量比上年有较大增长的思想。因此，这次市委扩大会议仍做出工业生产力争不低于上年水平的目标，对农业生产也制定了一系列不切实际的高指标。直到 1962 年七千人大会进一步统一认识后，上海的各项工作才进入全面调整。

二、开展调查研究

面对全国性的严重经济困难，中央领导认识到，必须深入调查研究，弄清真实情况，对原有的政策和计划指标进行调整。毛泽东在党的八届九中全会以及为准备这次全会而召开的中央工作会议上多次讲话，号召全党恢复实事求是、调查研究的作风，要求 1961 年成为实事求是年、调查研究年。1961 年 3 月 23 日，中共中央发出《关于认真进行调查工作问题给各中央局，各省、市、区党委的一封信》，附有毛泽东 1930 年写的《关于调查工作》（后来公开发表时改题为《反对本本主义》）一文。信中强调，深入调查研究，是领导工作的首要任务。

毛泽东等党中央领导人身体力行，组织调查组或亲自深入实际调查研究。其中朱德和陈云先后来到上海调查研究。朱德于 1961 年 1 月在上海调研期间，听取曹荻秋副市长汇报工作，参观视察了龙华苗圃和轻工业产品展览。通过调查研究，朱德在 1 月 30 日给中共中央、毛泽东的报告中提出：目前上海工业生产的最大问题是“吃不饱”。特别是纺织工业，生产任务仅达生产能力的百分之五十。其他轻工业生产，也有百分之三十多的生产能力用不上去。要想使上海工业“吃饱”，在短时间内，单靠国内供应原料是不行的，必须同时实行“以进养出”的方针，争取多进口一些原料，加工成成品或半成品出口。报告还指出，从上海的经验来看，凡是“吃不饱”，并且有制造出口商品条件的工业部门，都可以仿效上海的办法，进口原料，出口成品或半成品。总之，要设法使机器开动，人尽其用①。

从6月27日至7月11日，陈云到上海青浦县小蒸公社进行了为期15天的调查研究，主要了解母猪公养好还是私养好、农作物种植应如何安排、自留地是否需要扩大、平调退赔是否彻底以及农村商业、社办工业和手工业、粮食包产指标和征购任务，以及干部作风、群众监督等情况。在调查研究中，陈云采取既听社队干部汇报，查阅过去的资料，又和广大群众直接见面，掌握第一手材料；同时召开小型座谈会，一个一个问题进行研究，得出结论的方式。为此，他吃住都在农民家，利用两个半天听取公社党委汇报，开了10次专题座谈会，多次到农民家里访问，视察集体养猪场、公共食堂、工厂、供销社、仓库。他在调查中提出：第一，关于自留地问题，我国集体生产的耕地仍占全部耕地的90%以上，增加一点自留地的比重，决不会动摇社会主义的经济基础。在当前农民口粮不足的情况下，农民最关心的不是“社会主义还是资本主义”，而是“吃饭还是吃粥”。多分一点自留地，可以使农民多一点口粮，对巩固工农联盟和社会主义制度有好处，是社会主义经济的必要补充。第二，粮食征购目前要先照顾农民，再顾工人，所以对城市人口必须压缩。第三，公社和大队干部要有彻底退赔、破产还债的决心，坚决贯彻党的“对农民不能剥夺”的政策。第四，要允许小商贩分散经营，以活跃市场②。

在调查研究过程中，陈云重点对母猪私养、农作物种植安排和自留地三个问题作了全面、比较、反复的研究，撰写《母猪也应该下放给农民私养》《种双季稻不如种蚕豆和单季稻》《按中央规定留足自留地》三份调查报告。在《母猪也应该下放给农民私养》的调查报告中，陈云通

---

① 中共中央文献研究室编:《朱德年谱(新编本)》(1886—1976)(下),中央文献出版社2016年版,第1793页。

② 中共中央文献研究室编:《陈云年谱(1905—1995)》下卷,中央文献出版社2000年版,第85—86页。

过对母猪公养与私养进行全面比较,得出公养私养,农民的积极性截然不同,对农业生产恢复和发展效果也大不一样的结论,“要迅速恢复和发展养猪事业,必须多产苗猪;而要多产苗猪,就必须把母猪下放给社员私养。这是今后养猪事业能否迅速恢复和发展的一个关键。”陈云的这些调研,对落实调整农村政策、调动农民积极性、解决农业困难,产生了积极影响。

响应中央的号召,中共中央组织部、第一机械工业部、农业机械部、纺织工业部和全国纺织工会的调查组到上海机床厂、上海电机厂、上海汽轮机厂、上海柴油机厂和国棉一厂、二厂进行调查。

上海市党政负责人采取集中一段时间背铺盖下去“蹲点”的方式,深入基层开展重点调研。1961 年 6 月初,市委第二书记陈丕显带工作组来到青浦县朱家角公社蹲点。陈丕显在调查中发现,朱家角公社“万头养猪场”办得不好,应转入私养。全市各系统、各区县也组织由主要领导带队的工作组到工厂农村调查研究。市委工业工作部组织 4 个调查组,深入到南洋电机厂、上海化工厂、第一汽车附件厂和诚孚铁工厂进行专题调查。杨浦区不仅由几位书记亲自带领调查研究组开展调研,区级机关和地区街道党委也组织了 93 个调查研究组。针对调研中存在的目的不够明确、方法有待改进等问题,杨浦区委还举办调查研究干部短训班,从学习文件、总结经验等方面对干部进行专门训练,对原有的调研计划做出核实和修订,以进一步提高调查研究的成效。

在调查研究中,上海各工业部门不断改进工作作风和方法,深入了解情况,听取用户意见,从实际出发安排生产,解决一些关键问题。如冶金行业在产量调低的情况下,就如何满足各方面需要转变经营作风,面向用户开展调查研究,以进一步组织生产,扩大品种,提高质量。通过一系列工作,上海钢和钢材品种逐步增加,1961 年炼调试成 91 个新钢种,钢材增加了 108 个新品种。至 1961 年底,上海可生产的钢种已达到 426 种,钢材品种达到 3184 种,对满足国家和本市生产建设需要起到一定作用。不少钢材品种从之前的主要依靠进口,转向大部分依靠上海自己生产。据上海市机电局的统计,在生产所需要的钢材中,由上海供应的比例已经从 1958 年之前的 30% 上升到 1961 年时的 70%。钢和钢材的质量也明显提高，转炉钢二级品 1960 年为 40%，1961 年 11 月下降到 0.01%，基本消灭了二级品。在轻工业部门，上海自行车厂征求经售商店和用户意见，发动全厂职工在半个月内提出合理化建议 1300 余条，进一步改进了自行车质量。

调查研究工作的深入开展，有力推动了上海按照党的八届九中全会精神，进一步调整政策、改进工作，促进经济复苏。

第二节 经济的全面调整与复苏

全党大兴调查研究之风，为经济的全面调整奠定了重要基础。随着“农业六十条”“手工业三十五条”“商业四十条”和“工业七十条”的颁布，各行各业的调整逐步展开。1962 年 1 月 11 日至 2 月 7 日，党中央召开扩大的中央工作会议（即七千人大会），要求进一步统一全党做好国民经济的调整、巩固、充实、提高工作，战胜严重经济困难的认识。根据中央有关精神，7 月 18 日，副市长曹荻秋代表市委、市人委在上海市四届人大一次会议上所作的工作报告中指出，上海依据八字方针，确定了“缩短重工业战线，压缩基本建设投资规模，减少职工和城镇人口，加强轻工业战线，积极支援农业生产，保障市场稳定，并在商业、文化教育等方面，相应地进行调整”的具体方针。10 月，市委扩大会议通过《关于当前工作的要点》，提出以生产为中心，做好调整工作的决定。此后，影响到全市各行各业的调整措施加快出台。

一、开展第三次工业改组

针对“大跃进”中工业内部比例严重失调、工业与其他各业严重不平衡的状况，以及上海工业面临的一些具体问题，比如“大跃进”期间，上海新建和扩建许多工业项目，由于建设工程的周期性，这些工业项目并没有全部完工，为使其发挥作用不致浪费，必须集中力量加以调整等。上海市委、市人委将工业的调整与其合理、长远发展结合起来，开展第三次工业改组，进一步调整工业结构和生产协作关系，促进工业体系的形成和技术水平的提高。

第一是压缩重工业，发展轻纺工业。一方面对“大跃进”期间快速发展而当时生产任务不足的冶金、机电和建材等重工业部门的生产指标进行重点压缩。如冶金行业先后关停了上钢一厂、二厂、三厂、六厂和机修总厂等厂的转炉车间，通过动员职工回乡、轻化工商业归队等方法精简职工3.6万人，全市钢产量从1960年的252万吨下降到1961年的165万吨，1962年进一步下降到121万吨。机电工业共关、停、并、转118家企业，精简职工6万余人，产值也从1960年的40亿元下降到1961年的20亿元，1962年进一步降至10亿元。建材工业的产值从1960年的8亿元调整到1962年的3亿元。通过这些举措，重工业占工业生产总值的比重从1960年的56.3%下降到1962年的40.5%。

另一方面把发展轻纺工业、增加人民生活必需品的生产放到重要位置。在轻纺工业的基建投资大幅下降、原料供应不足的情况下，上海主要依靠挖掘原有企业潜力发展轻纺工业。通过促使在“大跃进”中改建、扩建和新建的170多家轻纺工厂或车间先后建成投产，上海填补了照相机、胶片、手表等空白工业部门。为了节省原料，上海轻纺行业用石油生产洗衣粉，用石蜡生产合成脂肪酸，代替动植物油脂生产香皂，增加了人造革、日用塑料制品的生产能力，大力发展化纤和人造纤维等原材料替代品。1962年，人造纤维的生产能力达到5780吨，相当于12万担棉花。到1964年，上海已有4个化纤原料厂和8个化纤抽丝厂或车间建成投产，化纤产量约可代替40万亩棉花。全行业使用农产品的比重从1957年的61.53%下降到37%。

第二是调整工业产品结构，大力发展“高、精、尖”产品。根据“瞻前顾后，统筹兼顾”的原则，上海在调整中压缩长线产品，把有限的原材料安排给消耗少、成本低、品种合乎需要、生产率高的企业。而对一些生产能力过剩、设备陈旧、消耗高、成本高、质量差、无销路的企业，则采取关、停、并、转的措施。1962年8月和1963年1月，上海分两批关、停、并、转了623家工厂，涉及职工总数7万余人。此外，上海还对“大跃进”中发展起来的街道工业和里弄生产组作了较大压缩，1962年街道工业和里弄生产组从业人员由40多万减到近12万人。

对于一些生产任务暂时不足,但技术力量强、产品质量好,且对上海未来的工业发展具有重要意义的企业,则注重保持其生产能力。如上海电梯厂,当年生产能力为120台,但生产任务只有3台,因考虑到全国只有2家生产企业,故予以保留。又如机电行业不少大中型企业尽管缺乏生产任务,但属于战略新兴行业,动员部分工厂通过调整产品,生产铁锅、煤炉等小商品来维持生产,并根据中央大力发展农业、煤炭业和增强品种的要求,大力发展相关产品的生产。据1963年6月统计,上海机电企业生产的化肥设备比上年同期增长了3倍。

同时,上海在工业改组中还根据中央向"高、精、尖"方向发展的要求,大力开展技术改造。1962年,市有关部门较完整地制定了全市工业品升级规划,当年全市工业技术改造规划共305项,投资额4500余万元;1963年全市技术改造规划共240项,投资为8000万元。通过全市各方面的协同攻关,研制了一大批代表当时科研水平的产品。对一些能够使上海工业水平跃上新台阶的项目,尽管在经济调整中遇到阻力,仍创造条件使其完成。

第三是进一步发展专业化协作分工。工业门类全、分工细、协作能力强是上海工业的特点之一。在第三次工业改组中,上海结合对企业的关、停、并、转,进一步发展专业化协作。各行业根据专业化协作原则,明确企业生产方向,重新确定调整各工厂的专业分工,并根据不同产品特点,采取不同的做法。一种做法是从一些同时生产几大类产品,或既生产整机又生产元器件、零部件的大中型企业中,分离出一些专业生产零部件、元器件的工厂。如仪表电讯行业,将划归仪表电讯局的10家国防工业大型工厂,加上原有的工厂重新进行产品分类,设立专业生产电容器、电讯变压器、塑料件、磁性材料的工厂。经过调整,机电、仪表两个工业系统零部件专业厂比重达到47%,工艺专业厂比重达到21%。另一种做法是对重复交叉生产同种产品的工厂进行专业分工。如电机行业把品种规格繁多、重复交叉生产的交流异步电动机11个座号分成4段,分别由4家工厂生产,直流电机、汽车电机、起重电机、电动工具等产品也组织专厂生产。

经过这样分工改组，各工业专业公司内部大体上形成4种协作方式。第一种是基本上按零部件生产进行分工，即公司内有一个或几个生产整机，其余厂分工生产整机的主要零部件或专业从事工艺协作。如上海机电一局对所属的437家工厂，按照一条龙协作要求分工形成专业化的生产格局：包括生产成台产品的工厂119家，专业生产零部件和小五金产品的工厂218家，专业从事热处理、电镀、焊接等工艺协作的工厂81家，专业从事模具和机械修理的工厂19家，全局有137家主机生产厂和88家辅机配件厂在1962年内签订了1800多份生产协作的合同书，使产品配套协作基本固定下来。第二种是按产品的工艺分工，一部分工厂只生产原料、半成品，另一部分工厂把原料、半成品加工成最终产品，如皮革、医药、棉纺等公司。第三种是整个公司都生产某种通用零部件、元器件，各厂按品种、规格进行分工。第四种是专业从事设备的修理、安装、建筑维修、运输的公司，为其他工厂提供服务。

第四是加强企业管理。“大跃进”期间，由于片面追求高指标，忽视经济效益，导致企业管理混乱，工业产品质量明显下降。1960年全市生产21万吨中板钢，表面合格的仅有50%左右。1961年中央关于加强企业管理的“工业七十条”颁布后，上海从11月起首先在上海电机厂等22家工厂开展试点，尔后逐步展开。各单位普遍开展以提高产品质量为中心的企业整顿，建立党委领导下的厂长负责制，从“五定”① 入手，加强生产管理，搞好清产核资、精简职工、减少基建投资等工作。

在贯彻“工业七十条”的过程中，上海重点加强技术管理，注意把整顿管理、健全制度的措施与解决实际问题紧密联系。如上海柴油机厂开展零件升级活动，从技术把关的角度确保产品质量的稳定。上海电机厂开展“五查”“三标”② 活动，上下结合，修订工艺规程，调整劳动组织。上海工具厂开展全厂主要设备和精密度普查，建立“双包机制”，促使使用机床的工人和检修机床的工作对口挂钩。针对小型企业人员少、技术

---

① “五定”分别是：定产品方案和生产规模，定人员和机构，定主要原材料、燃料、动力、工具的消耗定额和供应来源，定固定资产和流动资金，定协作关系。

② “五查”分别是：查零件、查工艺、查图纸、查工具夹、查设备；“三标”分别是：树标准、立标兵、定标品。

落后、管理混乱的特点，从统一操作入手，通过制定操作要点，明确产品质量标准，规范岗位责任制等。

通过贯彻执行“工业七十条”，恢复和建立起正常的生产秩序，提高了企业的经营管理水平和技术水平，企业生产状况逐步好转，全市地方工业中的亏损企业从 1961 年的 114 家减少为 1963 年的 37 家，亏损金额相应由 3.1 亿多元降为 154 万元。企业生产质量也逐步提高，1962 年底，全市 894 种规划产品，质量的全部指标或主要指标符合或超过规定标准的一二类产品，由年初的 74.4% 上升到年底的 94%。

第三次工业改组是上海市委、市人委贯彻八字方针的一项重要举措。由于指导思想比较明确，采取的措施也基本符合实际，因而取得了良好成效。通过第三次工业改组，上海的产业结构和生产管理体制都达到比较符合当时生产力水平的状态，基本形成了大中型企业相结合、各有分工、协作配套的生产体系，为上海建设建成门类齐全、综合配套的综合性工业基地奠定了基础。

二、缩短基本建设战线

“大跃进”时期上海的基本建设投资总额为国民经济恢复时期和“一五”时期基本建设投资总额的 2.2 倍。在经济调整中，上海大幅度削减基本建设资金的投入，从 1961 年至 1965 年，上海基本建设投资累计总额只及三年“大跃进”投资总额的 60% 左右。尤其是 1961 年全市基建投资总额降至 4.91 亿元，比 1960 年的 12.23 亿元减少约 60%，1962 年进一步下降到 2.19 亿元。除工业生产中急需的项目、高精尖项目、薄弱环节的项目，一律不列为重点投资项目。

为扭转“大跃进”中生产性基建尤其是重工业基建投资过多的不合理状况，协调基建投资比例，上海按农、轻、重适当安排，对农业和轻工业的投资比重逐渐上升，重工业投资比重有所下降。同时兼顾非生产性建设投资，协调城市建设中“骨头”与“肉”的关系。到 1965 年，生产性建设投资比例降至 76.2%，非生产性建设投资上升到 23.8%。在工农业的基建投资中，重工业所占比例降为 75.7%，轻工业比例上升到 19.8%，农业比例上升到 4.5%。但由于经济工作指导思想中“左”的影响仍然存在，生产性建设投资下降和非生产性建设投资上升的幅度并不大，轻纺工业及市政公用设施建设中存在的问题未能获得根本解决，不少矛盾继续留存下来。

在经济调整中，对占当时建成项目总额8%的208个不能正常投产和使用的项目，采取区别对待的办法，解决部分建设项目“缺胳膊少腿”的问题，使其尽快形成生产能力，提高基建投资效益。同时利用部分旧厂改建、扩建、挖潜，增加生产能力。当时发展较快的手表、感光胶片、人造纤维等行业，就是利用其他工厂多余的厂房加以适当改建而发展起来的。从1961年到1965年，全市改建和扩建的比例占基建投资总额的68.3%。可以说，这一时期上海增加的工业生产能力，主要是通过挖掘原有厂房设备的潜力，加以适当改建和扩建来实现的，并收到了很好的经济调整效果。

在调整中，上海针对之前城市建设投资主要用于卫星城镇和近郊工业区的建设，忽视市区建设的情况，以有限的投资对城市建设中的薄弱环节加以改善，如加强防洪防汛设施、对重点道路进行改造维修等，此外，还改造、新建学校校舍，仅1963年拨出的有关投资就相当于“二五”期间计划中小学建设投资的46%。

在贯彻国家关于缩短基本建设战线指示的过程中，上海还对全市基本建设队伍进行整顿和精简。除少数大厂保留一定施工力量外，一般工厂不设基建部门。1961年和1962年，上海全民所有制的基建企业职工从12.85万人减少到5.59万人，精简了56.5%。其中1962年，基建党委和基建委所属系统企业比1961年底精简51个单位，精简的方式为关闭、拆并、外迁和停产。

三、整顿农村人民公社

1960年11月中央下达“十二条”后，11月28日至12月22日，上海市委召开农村公社党委书记会议，要求必须原原本本、雷厉风行地把“十二条”传达到基层干部和农民群众中去。同时结合上海农村实际情况，在彻底纠正“一平二调”的错误，加强三级所有，队（大队）为基础，处理大集体和小自由的关系等方面作了若干补充规定。会议还提出要建立一套与三级所有、队为基础相适应的统一领导、分级管理的制度。会议期间，市委又发出通知，要求在全体干部、职工中宣读文件，使广大干部、职工更好地了解党对农村人民公社的各项基本政策的意义和作用，提高贯彻执行政策的自觉性。会后，市委农村工作委员会抽调干部组成整风整社工作队，到农村分批开展整顿改造工作。

大兴调查研究之风后，中央针对"十二条"没有完全解决的人民公社生产大队内部生产队与生产队之间的平均主义、生产队内部社员与社员之间的平均主义这两个重大问题，下发《农村人民公社工作条例（修正草案）》（简称"农业六十条"）。1961 年 6 月下旬至 7 月下旬，上海市委召开三级干部会议，传达贯彻"农业六十条"以及中央关于坚决纠正平调错误、彻底退赔的规定。7 月 30 日，市委发出《关于贯彻执行农村人民公社工作条例修正草案的若干补充规定（修正草案）》，对上海农村人民公社各级的规模问题、四固定问题、粮食分配问题、"三包一奖"问题、评分记工问题、工分的若干问题、社员自留地问题、生产大队和生产队干部的工分补贴问题等八个问题作了补充规定。依据"农业六十条"和补充规定，上海市郊人民公社主要在以下几个方面进行了整顿。

把公社、大队的规模划小，实行以生产队为基本核算单位。1959 年郑州会议后，基本上把生产大队恢复到原来高级社的规模，但仍以生产大队为基本核算单位。这一做法拉平了各生产队和社员的收入，严重挫伤了收入高的生产队社员的积极性，使低产队的社员产生依赖性。同时，生产队又因没有自主权，无法调度生产资料和调整播种、收割计划，容易贻误农时，给生产造成损失。在 1962 年 2 月中央发出《关于改变农村人民公社基本核算单位问题指示》后，年底，上海市郊各县将基本核算单位由生产大队改为生产队的有 2913 个，占大队总数的 98.7%。同时进一步缩小人民公社、生产大队、生产队的规模，公社数从 172 个增加到 198 个，生产大队从 2677 个增加到 2951 个，生产队数从 20157 个增加到 29170 个，每个生产队平均为 31 户农户。

清理和退赔人民公社无偿调用集体和社员的财物。到 1961 年 10 月，共退还生产队土地 66412 亩，占平调土地总数的 93.1%；退还集体和社员和房屋 309449 间，占平调房屋总数的 97.9%；退赔财物的金额 5013

万余元，占平调财物总数的83%。对尚未退还的部分，规定原物损坏了的修复后退还，原物丢失或无法修复的折价赔偿，必须继续借用的办理正式借用手续并付给租金。

逐步取消“吃饭不要钱”的供给制，陆续恢复“三包一奖”的分配制度。从1961年夏季预分开始，只对“五保户”实行供给，对困难户实行补助，停办了集体食堂。同时处理了个别错误严重、违法乱纪的干部。

恢复社员自留地和家庭副业，恢复集市贸易，支持农业技术改造。到1962年，全郊区农村社员共分得自留地36万亩，占上海郊区耕地面积的比例从原来的3%—5%提高到7%，从而带动了社员私人养殖业的发展。社员在自留地上种植粮食和瓜、菜、豆等，并随着农村集市贸易的恢复开放，便利了农民之间互通有无，活跃了城乡市场，在一定程度上缓和了当时粮食紧缺、副食品供应不足的矛盾。为帮助社队购置农业机械和建设仓库、水泥场地等，1959年至1961年，仅市财政所拨出的无息贷款即有5070万元。

通过整顿农村人民公社，上海郊区的农业生产逐步得到恢复，粮、棉、油的产量稳步上升，农业总产量逐年增加。1963年上海郊区327.36万亩粮田常年亩产401.5公斤，首次达到《全国农业发展纲要》提出的要求。

四、调整和改善商业

“大跃进”期间，全国范围内积累与消费比例关系严重失调，加之自然灾害，造成市场上可供商品极其匮乏，供不应求的矛盾异常尖锐。同时，由于对工业品收购实行大包大揽，追求个体商业合作化的扩大与升级，商业部门搞“一平二调”，零售商业网点大量撤并，城乡自由市场取消和将供销合作社并入国营商业，造成流通渠道单一，给生产和生活带来诸多不便。为贯彻八字方针，市委、市人委按照中共中央1961年6月颁布的《关于改进商业工作的若干规定（试行草案）》（简称“商业四十条”）和1962年9月党的八届十中全会通过的《关于商业工作问题的决定》精神，调整和改进全市商业工作。

在商业经营管理方面，调整工商、农商关系，改善市场供应。为改变因盲目收购工业品造成大量积压浪费的问题，商业部门将“生产什么，收购什么；生产多少，收购多少”的“以产定销”办法，改为“上签协议、下订合同”，即由商业一级采购供应站与工业公司订立协议，由商业一级站的专业采购科与生产厂签订合同，内容包括收购商品的数量、品种、花色、规格、质量、价格、包装和交货时间，以及违约责任等。同时，根据商品的特点，调整商品的购销关系，分别采取商业包销、商业选购和工业自销等形式。在鞋帽、服装等行业，部分恢复了“前店后工场”“厂店直接挂钩”的工商联营方式，减少流通环节，避免货不对路。为掌握市场需求情况，商业部门还加强了调查研究工作。1963 年，上海商业部门派出 450 多人到 24 个省的 512 个县、市进行调查。上海的百货、文化用品、交通电器等商业一级站还与成都、南宁、郑州、济南等 66 个批发站和若干大商店建立定点联系，互通市场信息。通过上述措施，上海商业一级站收购的日用工业品中，适销对路产品的比重明显上升，1964 年初其比重已提高到 95% 左右。

农商关系主要是处理好工业品下乡和农副产品进城两方面问题。从 1958 年开始，由于高指标、高征购，对郊区农副产品的收购过多，价格也不尽合理，挫伤了农民的生产积极性。在调整时期，根据兼顾国家、集体和个人三方面利益的原则，对农副产品规定了合理的购留比例和收购价格，使农商关系得到改善。针对凭票证定量供应办法难以调动农民出售农副产品积极性的问题，从 1962 年开始，商业部门采取综合换购的办法，即按农民出售农产品的品种、数量或金额，发给农民一定数量购买工业品的票证，农民可按照票证购买一些供不应求的工业品。同时，对农民出售某些统购、派购的农副产品采取单项奖售办法。如农民出售粮食、食油，奖售化肥；农民出售生猪，奖售饲料等。

在拓宽供应渠道方面，恢复供销合作社，开放集市贸易，活跃城乡物资交流。根据中央“商业四十条”中关于国营商业是领导力量、供销合作社商业是国营商业的有力助手、农村集市贸易是国营商业和供销合作社商业的有力补充的精神，上海从 1961 年下半年开始逐步恢复供销合作社。1962 年，正式成立上海市供销合作社，并建立农副产品货栈、代理行等，疏通和扩大城乡物资交流的渠道。各县的供销合作社在市区设立门市部，零售点达2300多个。上海郊县的集贸市场从1959年底开始随着国家对农村经济政策的调整有所恢复，至1962年，郊县集贸市场发展到239处。在市区，市委于1961年1月发出《关于活跃市区集市贸易的几项通知》，随后市区开放16处农副产品市场，至1962年底，已发展到43处。由于这一时期对城乡集贸市场的认识不尽一致，总的倾向是限制其发展。1963年之后，按照中央、国务院《关于严格管理大中城市集市贸易和坚决打击投机倒把的指示》，根据“加强管理，缩小范围，逐步代替，区别对待，因地制宜”的政策精神，上海对城乡集贸市场进行整顿，市区集贸市场从1963年开始撤并，到1965年仅剩17处市区边缘集市，郊县集贸市场也逐渐萎缩。

在丰富商品供应方面，为缓和粮、油、蔬菜、副食品等供应紧张状态，上海多方组织商品货源，派出大批采购人员到外省采购。在中央和各省支持下，1960年至1962年，上海从外地调入粮食共计420多万吨，使整个困难期上海没有出现严重的饥荒。根据中央“全党动手，大办农业，大办粮食”号召，市委于1960年批准成立围垦领导小组并组建围垦总指挥部，1963年又成立上海市农垦局，领导和发动各区、县、局组织工人、农民、机关干部和知识青年在崇明、南汇、奉贤等地围垦滩涂，建立国营农场、畜牧场。上海郊县也通过增加蔬菜播种面积，季节性插种，建立良种繁育和畜牧兽医体系等措施，增加蔬菜和副食品的生产。这时期，上海国营农场的发展和郊区农副产品基地的建立，对缓和上海农副产品供应紧张状况起到一定作用。

为改善商品供求矛盾，保证市民的基本需要，适当扩大凭票凭证供应的范围，并降低定量供应的标准。在吃、穿、用方面，从1958年到1961年上半年，凭证凭票供应的范围从粮食、棉布、食油等8种逐渐扩大到62种。根据中央有关部署，上海还对糖果、糕点、自行车、钟表、针织品等少数商品实行高价供应，既满足了部分居民特别是高收入消费者的需要，又增加了货币的回笼，对平衡财政收支起到积极作用。随着市场供应好转，到1965年初，除部分香烟和针织品外，大部分高价商品都已改为平价供应。

五、精简城镇人口

为缓解城镇粮食和副食品供应的紧张，中共中央从1960年至1962年先后发出《关于精简职工工作若干问题的通知》《关于进一步精减职工和减少城镇人口的决定》等一系列文件，要求精简城镇人口。

根据中央的精简任务，上海市委认为，上海的城市人口虽然在新中国成立以后不断压缩，但仍然显得过多；同时，全市各条战线都需要合理调整，许多工厂企业任务不足，职工多余的数量较大，因此，坚决贯彻中央规定的精简任务十分必要。

在实际工作中，上海市委成立精简小组及办公室，各基层单位也设立相应的办事机构。在“大跃进”期间，上海全民所有制单位的职工人数由1957年的174.66万人增至1960年的223.43万人，其中全民所有制工业企业的职工人数由101万人增至132.8万人。全市各部门根据市委、市人委的部署，在深入细致地开展思想工作和组织准备工作的基础上，根据负责到底、安排落实的原则，动员一部分家在农村，并有生产、生活条件的职工及其家属回乡参加农业生产。截至1962年8月底，已精减职工26.7万人。其中，回乡参加农业生产的11万余人，到外地城镇的6600人（包括支援外地建设的4000人），精减后仍留本市城镇的14万余人。在这些被精减的职工中，1957年以前进厂的正式职工共12.9万人，其中大多数是工龄10年以上的老职工，也包括了一部分技术骨干和政治骨干，他们主要去向是回乡参加农业生产。据对50个工厂3200余名回乡职工的典型调查，一般工龄在10年以上的老工人占72%，连续工龄在10年以上的老工人占62%，四级或相当四级以上的技术工人占15%，45岁以下的青壮年职工占87%，共产党员占13%，共青团员占7%。这些职工回乡后，有的被当地社员选为会计员、粮管员、监察员，有的被选为生产队的干部，有的担任了一些技术方面的工作，在农业战线上发挥了重要作用。

此外，上海还结合第三次工业改组，辞退一部分家居城镇的里弄工和临时工，并通过动员一部分符合退休退职条件的职工退休退职来开展精简工作。1962年7月，中共上海市整编委员会印发《关于上海市各级国家机关、党派、人民团体的精简方案》，要求根据中央规定的计算编制原则和范围，大力紧缩编制，减少机构和人员，在 1960 年、1961 年已精简全市各级机关（不包括人民银行、人民武装警察部队和工会的人数）6300 余人的基础上，继续大力紧缩编制。与此同时，通过工厂外迁、围垦造地、知青和支疆工作相应分流一部分城市人口。1963 年起，上海还有计划地动员青年到新疆军垦农场支援建设，当年就有 2 万青年支疆。

从 1961 年 7 月至 1963 年 8 月，上海共精简人口 52 万余人，精简职工约 31 万人，其中近 20 万职工分赴市郊及江苏、浙江、安徽等地农村务农。对于长期生活在上海大城市的职工来说，精简工作显得特别艰巨。上海在动员过程中强调具体分析职工的条件，凡是农村有生产、生活条件，经过动员能自愿回乡的，即使厂内任务比较足，也动员其回乡，需要补充劳动力的，在工厂内部调剂；没有条件回乡的，即使工厂中生产任务不足或没有任务，也不强迫，有多余劳动力的则逐步调到其他单位。在做法上，强调对群众进行充分的形势教育，提高多数人的觉悟，在群众自愿报名的基础上予以批准。在步骤上，贯彻先易后难，把容易减和好安置的坚决先减下去，比较难减的强调工作做到家。对于精减回乡参加农业生产的职工，事先都与当地联系挂钩落实；对家居本市城镇、在退职后生活发生困难的，一般也作了一些安排。针对一小部分职工存在思想不稳定，甚至倒流回城市等问题，上海市委强调把做好回乡人员的安置工作当作一项重要任务，加强思想政治工作，帮助解决劳动、生活方面的困难，特别是注重发挥回乡人员中具有较高社会主义觉悟的党团员、老工人、转业军人的作用，保证了精简工作的最终完成。

此外，自 1958 年新中国第一部户籍制度《中华人民共和国户口登记条例》颁布起，上海开始严格户籍管理，严格限制外来人口落户，1963 年起又加强计划生育和晚婚工作，这些举措都一定程度上抑制了市区人口的增长。职工、城镇人口的减少，减少了工资开支和粮食销量，对农业形势特别是粮食困难局面的缓解起到了积极作用。

第三节　政治思想文化教育等领域的调整

随着国民经济调整的逐步展开，科学、教育、文艺以及政治关系等各领域也开始调整。以国家相关部门分别制定的“科学十四条”“高教六十条”“文艺八条”等工作条例为准绳，针对反右派斗争和“大跃进”以来在科研单位、学校和文艺部门出现的缺点和失误，上海开展了一系列调整关系、稳定工作秩序、调动知识分子积极性的工作。这些工作对缓解当时的政治紧张气氛，团结广大知识分子和党员干部起到了积极作用，促进了经济调整的顺利进行。但是，由于“左”的思想在相当范围占据主导地位，知识分子等相关政策的调整受其影响也出现反复。

一、落实知识分子政策与调整科学、教育、文艺政策

同经济工作的调整相配合，中共中央对科学、教育、文化政策也作出进一步的调整。这方面的调整是从制定科研、高教、文艺等方面的工作条例，提出一系列调整关系、稳定工作秩序、调动知识分子积极性的政策，并相应作出具体规定角度着手的。

1961 年 7 月，中共中央批转国家科委党组、中国科学院党组《关于自然科学研究机构当前工作的十四条意见（草案）》（简称“科学十四条”）。“科学十四条”的主旨在于促进科研人才的使用和培养。上海各科研单位在贯彻条例精神的过程中，结合整风运动，检查以往执行知识分子政策中存在的诸如对“红”的要求过高过急、对“专”的方面不够重视，盲目设立科研机构，虚设指标虚报成绩，以群众运动搞科研工作等问题，加强思想认识，进一步明确“又红又专”的含义，建立与健全组织领导，成立了培养干部的专门组织，对知名科学家进行重点支持，对优秀青年进行重点培养，推动科研人员大力开展专业基础知识、实验技术与外文的学习，激发其勤奋钻研、积极投身科研工作。部分研究所还通过调整精简，精干了科技队伍，研究力量也得到充实。如 1961 年中科院上海

分院系统各单位通过精简辅助人员和艺徒，同时增加部分大学毕业生，研究技术人员占总人数的比例从精简前的16.4%上升到24.4%。

在此基础上，从贯彻定方向、定任务、定人员、定设备、定制度的“五定”入手，在合理科研布局、加强管理、提高技术基础、改进技术服务以及保证科研条件等方面，采取了一系列整顿措施。在调整科研布局方面，按照科研为生产服务、理论联系实际的方针，以向“高、精、尖”发展为导向，结合当时生产需要，基本确定了各研究所的性质、研究方向与任务。1963年后，又结合制定上海市科学技术发展规划和地方产业部门研究所的长期规划，进一步调整了各研究所的方向和任务。同时，上海还有计划、有重点地选择一个或几个重点科研单位，着重加以培养，使其迅速成为本行业的研究中心，并集中主要力量，在最需要的方面，迅速赶上先进水平，推动全行业向“高、精、尖”方向发展。此外，上海还改进研究、生产、行政部门的分工和协作，健全和加强各产业部门的中心试验室、计量测试站、工艺管理、技术监督等技术系统，使专业研究机构真正发挥应有的作用。这些措施对各研究机构出成果、出人才，构建适应上海经济社会发展的科研体系都起到了重要作用。

高等教育方面，根据中共中央于1961年9月批准试行的《教育部直属高等学校暂行工作条例（草案）》简称（“高教六十条”），上海市委于11月发文，要求各高等学校组织全体师生员工认真学习讨论，作为深入整风和训练干部的重要内容，并制定出试行的规划。由于上海的高校既有教育部直属，也有隶属于中央各部委和市属，经过分类部署后，至1962年10月，全市22所高校中，经批准正式试行“高教六十条”的高等院校有复旦大学、上海交通大学、同济大学、华东师范大学、华东化工学院、上海第一医学院等12所。各高校按照条例精神，围绕学生培养目标、理论与实践的关系、“红”与“专”的关系、批判与继承发展的关系、教学与科研的关系等问题展开学习讨论，统一思想认识。继而按照“教学为主”的原则，调整教学、科研、生产劳动、社会活动的时间，建立正常教学秩序。修订教学大纲，加强理论教学与基础训练，建立教师主导地位。调整专业目录，将教材建设摆上重要位置。如复旦大学除完成通用教材19种外，还自编教材讲义300多种。上海交大自编教材193种，实验指导书102份。此外,在加强师资队伍建设、改进领导管理体制、加强后勤服务等方面都根据条例精神作出调整。

在对高等教育政策进行调整的同时,在普通教育方面,为加强学校的领导体制,上海市教育局自1961年4月起开始施行《上海市全日制中学工作条例(草案)》和《上海市全日制小学工作条例(草案)》,明确全日制中学实行党支部领导下的校长负责制,中小学校长在学校党支部领导下贯彻执行党的方针政策、上级党委和教育行政部门的决定和指示,具体领导学校的日常工作。这两个草案后来成为国家教育部委托上海等四省市草拟《全日制中学暂行工作条例(草案)》(简称"中教五十条")、《全日制小学暂行工作条例(草案)》(简称"小教四十条")的基础。1963年3月,"中教五十条""小教四十条"经党中央批准试行后,上海市委即召开教育工作会议讨论贯彻措施,选择领导力量较强、师资水平较高、设备条件较好的28所中学和17所小学试行条例,并分批组织全市中小学、师范学校教导主任以上干部3000余人进行短期脱产轮训。

从1961年开始,上海针对过于强调政治思想教育和生产劳动,盲目办学,忽视基础教学导致教育质量下降的问题,制定普通教育事业发展规划。规划明确教育部门必须适应生产部门的需要,节约劳动力,充实农业第一线,同时,将农村学校的初中、高小改为半日制,农业中学采用多种学习形式,以及适当控制公立学校发展,加强重点学校,保证学生质量等安排。到1962年,上海中等师范学校由26所减至9所(内幼师1所),1963年再减至5所,农业中学由174所减至36所;郊县小学在校学生由73.9万人减至54.4万人,郊县初中学生由9万人减至6.5万人;市区中等专业学校由147所减至56所。

文艺方面,调整内容包括鼓励文艺创作的多样化、独创性,提高创作质量,加强文艺人才的培养和使用,改善党对文艺工作的领导等。中央《关于当前文学艺术工作若干问题的意见(草案)》(简称"文艺八条")于1962年4月颁布后,上海文艺界的干部和文艺工作者组织深入学习和讨论,积极性得到进一步调动,艺术人员的心情一般都比较舒畅,魏金枝、丰子恺、师陀、熊佛西等老艺术家创作上更加活跃了。文艺团体在钻研业务、加强团结上开始形成风气,在文艺刊物上发表的作品的题材范围有所扩大,在艺术表现形式上,童话、轻音乐、喜剧影片等品种也有新的探索,出现一些新的作品。在大多数文艺单位中,领导方法和领导作风改进显著。

科学、教育、文艺方面的这些条例的一个中心问题,是调整党同知识分子的关系。反右派斗争的严重扩大化,严重挫伤了知识分子的积极性。根据中央指示和上海的具体情况,从 1959 年至 1964 年,上海市委先后分 5 批为 7711 名右派分子摘掉了帽子,并给予一定的工作安排,对生活上确有困难的右派分子给予一定的照顾。这些举措给知识分子提供了一个较为宽松的环境,为调动知识分子积极性起到一定的作用。

这些条例的另一个重要内容,是贯彻落实科学和艺术工作中的“百花齐放、百家争鸣”的方针。上海市委在贯彻这些条例过程中,在学术上鼓励学有所长、术有专攻,开展学术问题的自由讨论,在文艺上提倡作家艺术家有选择和处理题材的充分自由。尽管当时对“双百”方针还有不一致的认识,但总体上促进了相关领域的专业发展。很多科研院所建立和健全了学术委员会,开展各种形式的学术活动。复旦大学、华东师范大学等高校在哲学、经济学、历史学、教育学、生物科学中引入不同学派的介绍,有的列入教学计划,有的开设讲座,有的邀请校外专家讲学。这一时期的科技成果和文艺作品大大涌现。在机电、冶金、船舶、化工、农业和水产方面都出现了不少优秀的技术总结和理论成果。文艺工作者通过下厂、下乡、深入生活,创作出一批表现时代精神的新作品,如话剧《年青的一代》《霓虹灯下的哨兵》,戏曲《杨立贝》《夺印》,科教片《不平静的夜》,美术片《黄金梦》《牧笛》等,在音乐创作上出现了突出战斗性、革命性的歌曲,像《人人歌唱好八连》《唱支山歌给党听》,等等。

二、开展甄别平反工作

从 1961 年 6 月中央发出关于甄别平反的指示后,上海于 8 月成立市委甄别工作领导小组,开始着手准备对在“反右倾”斗争中受过批判和处分的党员和干部的甄别平反工作。根据对虹口区、卢湾区、闸北区,一商局、铁路局，同济大学等8个单位的重点摸底，在“反右倾”斗争中共批判和处理573人，其中批判和处理错的，一般在20%到30%，个别单位达40%。12月，上海市委批转市委监委《关于近几年来批判和处分党员、干部的情况和甄别意见的报告》，全面部署甄别工作，要求对近几年来历次政治运动中批判和处理的案件进行重新审核，过去批判和处理正确的，加以肯定，不得改变；完全错了的，改正过来，恢复名誉，恢复职务；部分问题批判和处理错了的，改正部分问题的结论，减轻处分。

与此同时，上海市委发出《关于改正过去给工人、农民和不脱产干部不适当地戴政治帽子的通知》。针对有些基层单位在整风整社和社会主义教育等运动中，曾经给少数工人、农民和不脱产干部戴“白旗”“反社会主义分子”等政治帽子，并对其中有些人作了组织处理的问题，要求各级党组织迅速查清经过领导正式宣布戴了上述政治帽子的人数，逐个列出名单，并且召开适当范围的会议，吸收被戴了政治帽子的人参加，由党组织的领导同志逐个宣布取消他们的政治帽子。

甄别工作开展后，由于指导思想上还没有摆脱“左”的影响，工作进展缓慢。1962年七千人大会继续纠“左”，上海市委于6月16日发出《关于加速进行党员、干部甄别工作的通知》，要求对处理错了和基本错了的县级以下基层干部，市区机关中的一般干部，工厂、企业、学校等基层中不属区委、党委管理的科级以下干部，以及一般党员和群众，均采取一揽子解决、不留尾巴、“一风吹”的办法，迅速地加以平反，并争取在6月底以前处理完毕。

当时甄别的案件共有五种类型：第一类是“反右倾”斗争案件，从1961年12月开始，以先党内后党外，先领导骨干后一般党员、干部和其他人员案件的顺序进行甄别，至1962年11月，甄别“反右倾”案件6312件，全部错和基本错的4818人，取消右倾机会主义分子结论的177人，取消严重右倾、严重个人主义结论的1921人，部分错的709人，认为原批判和处理正确的785人。第二类是“整风补课”案件（不包括右派），甄别工作仍以1958年中央监察委员会《关于处理在整风运动和反右派斗争中犯有严重右倾错误党员的意见》为依据，把解决科以上党员干部的问题作为重点，至1962年11月，全市甄别整风补课受批判和处理的案件8748件，原批判和处理全错和基本错的4390人，部分错的4432人，认为原批判和处理正确和基本正确的3915人。第三类是“拔白旗”、整风整社案件，1962年11月完成甄别24690人，其中原批判和处理全错和基本错的15126人，部分错的1842人，认为原批判和处理正确和基本正确的7722人。第四类是批判资产阶级个人主义案件，1958年至1960年，在文教、卫生、科研等系统批判资产阶级个人主义、自觉革命运动和一些部门自己开展的其他运动中，批判和处理党员、干部和群众16803人。至1962年11月，甄别16724人，原批判和处理全错和基本错的9445人，部分错的945人，认为正确和基本正确的6334人。第五类是平时案件，指受到运动影响，有些处分过重，有些处分错了的案件。全市甄别涉及这类案件29373人，原批判和处理全错的和基本错的3649人，部分错的770人，认为原批判和处理正确、基本正确的24954人。

上海全市甄别工作至1963年7月基本结束，共甄别86506人，占批判处理总人数的99.8%，原批判处理正确的占52.3%，部分正确的占5.6%，错的占42.1%。甄别受党纪处分的党员10514人，原处分正确的占67.6%；部分正确减轻处分的占5.1%；错的甄别后取消处分的占27.3%。此外，取消严重右倾、严重个人主义结论的有1921人。对于批判和处理完全错和基本错的党员、干部，在一定范围内宣布平反，恢复名誉，4833人恢复或重新安排了工作，生活有困难的予以了补助。经过甄别，全市党组织和党员总结历史教训，受到了教育。

三、调整与党外人士关系

在1957年以来开展的一系列政治运动中，上海一批党外人士或被错划为右派分子或受到错误处分，积极性受到挫伤。在调整中，上海贯彻中央有关部署，着手改善同民主党派、工商界、少数民族、宗教界和归侨等各方面人士的关系，消除“大跃进”以来一系列运动包括“反右倾”斗争所产生的消极影响，以更广泛地调动党内的积极性。

“神仙会”是这一时期党与党外民主人士交流协商的重要方式，其用意是为了改变一系列政治运动后各界人士特别是民主人士一度出现的不愿多讲话、多发表意见的现象，活跃民主空气。上海市政协从1959年起，采取召开“哇啦哇啦会”的办法，即召开“一无主席、二无题目、三无记录”的小型座谈会，让大家畅所欲言。1960年下半年开始，在民建与工商联全国代表大会上取得良好效果的“神仙会”由中央推向全国，上海在民主党派中贯彻“三自”（自己提出问题，自己分析问题，自己解决问题）、“三不”（不打棍子、不抓辫子、不戴帽子）方针，通过市、区两级民建、工商联，和风细雨地进行思想改造和政治学习。到1961年6月底，全市知识界、工商界和民主党派人士共有15万人次分别参加了各种大大小小的“神仙会”。

“神仙会”促进了工商界在政治和生活待遇方面一些主要问题的解决。如关于党的“包一头，包到底”政策的贯彻落实问题。所谓“包一头，包到底”，即工商业者只要接受改造，为国家做事，同共产党合作，生活上国家照顾到底，负责到底。工商业者要顾思想进步的一头，国家包生活照顾的一头。1960年11月，上海市委召开全市统战工作会议，检查了这一政策的贯彻执行情况，对违反政策规定和指示的少数单位提出批评，并纠正一些“左”的做法。又如私方人员的工作安排问题。虽然市委在1960年12月批转的《关于整编中人员处理的办法》提出：对于私方人员，如果机构不变，对他们的职务应不动或少动；如果机构变化，也要有相应的安排。私方人员无论下放劳动或调整工作，其薪金不变，职务应予保留或作相应的安排。但仍有少数单位将不宜下放的也下放了。1961年二三月间，市委督促各单位进行检查，将不宜参加劳动的私方人员调回原单位，分配力所能及的工作，对下放一年以上的全部调回。同时规定符合下放条件的定期调回，县和县以上代表性人物不精简也不下放农村。与此同时，市委批转市委统战部《关于贯彻执行〈中共中央关于资产阶级分子的高薪、病假期间工资和“退职退休”等问题的指示〉的几点意见》，提出对1958年下半年以来，因职务变动等原因减了薪金的或自动不领高薪的私方人员，按中央精神补发高薪。并对私方人员及其家属医疗待遇等问题作出具体规定。

在甄别工作中，据1962年7月底的统计，全市党外中上层人士（包括高级知识分子和科以上干部）需要甄别的对象共有1108人，已甄别结束的1062人，占应甄别总数的95.8%。其中批判处理完全错和基本错的726人，占68.4%。对批判和处理完全错和基本错的对象，采取适当方式向本人道歉或说明，他们大部分都表示满意。结合甄别工作，恢复原来的工作或安排其他职务，有的还担任了业务领导，恢复了某些科学家从事多年的研究课题，党与党外人士的合作共事关系也有了进一步改善。

上海还贯彻落实中央关于同民主党派、无党派人士合作共事的政策，改善相互关系。推选民主人士为市、区人大代表和政协委员。在1962年的市四届人大代表中，民主人士有317人，占代表总数的38.41%。在第三届市政协委员中，民主人士有363人，占委员总数的72.3%。市委、市人委还多次召开民主人士和人民代表座谈会，听取他们的意见，组织他们检查各方面工作，推动八字方针的贯彻落实。1963年1月28日，市委召开各界民主人士春节座谈会。周恩来出席座谈会并对在座的科学界、文艺界、新闻界、各党各派的同志和朋友提出四句话：“百家争鸣，薄古厚今；百花齐放，推陈出新。各党各派，长期共存；同心同德，自力更生。”号召大家共同努力把国家搞得更好，希望上海成为全国带头的先进城市，并要求大家过好思想、政治、生活、家族和社会五个关。

通过这些举措，党和知识分子的紧张关系得到缓解，科学、教育、文化事业方面正常的工作制度在全市范围得到恢复。

第四节　发挥党的政治优势

在贯彻八字方针和七千人大会精神的过程中，针对“大跃进”和人民公社化运动中出现的一些问题，上海从探索地方党委领导体制、夯实基层组织基础、加强党员干部队伍建设方面着手，改善党的领导，发挥党的优势，为调整工作的开展提供了政治保障。

一、地方党委领导体制的探索

七千人大会总结“大跃进”以来党政不分、以党代政、党不管党的教训，提出要明确党、政职责分工，党委要抓方针、政策、计划，抓调查研究，抓检查工作和总结经验。其后，中共中央华东局在《关于取消党委分管书记名义的意见》中针对一段时期以来省、地、县以至公社党委，党委书记分兵把口的现象甚为普遍，并有工业、农业、财贸、文教书记等名义，分管书记在工作上往往互不通气，甚至各自为政，造成党的集体领导受到削弱的情况，提出在省（市）、地、县委切实加强党委制，把应由党委各部门办的业务工作交给党委各部门去办，把应由政府办的工作交给政府去办，不要包办代替，并取消分管书记的名义。此意见上报中央后，得到中央的同意并于7月批转各地研究执行。上海市委和区、县委随后取消分管书记的名义，并在1963年以后陆续将区、县委第一书记、书记改为书记、副书记。

为改变党政不分现象，上海市委还于1962年7月作出《关于加强党的领导，加强政府部门工作的几项规定（草案）》，加强党委领导下的分工负责制。《规定（草案）》针对上海市委于1958年9月发出《关于市人民委员会今后工作中几个问题的通知》后，政府各部门的工作直接向上海市委及其有关部、委请示汇报，不再向市人委会请示；市人委会不再召开市长办公会议和区长、县长会议等党政不分现象，明确提出：市人民委员会应当在国务院和市委的领导下，按照《地方各级人民代表大会和地方各级人民委员会组织法》的规定，行使自己的职权，领导所属工作部门和下级人民委员会议，召开行政会议和区长、县长会议，讨论和部署工作；市人民委员会可以向所属工作部门和下级人民委员会发布决议、命令和指示；加强市人民委员会的办公机构和综合性工作部门，增设文教办公室、公用事业办公室和农业办公室，市人民委员会办公厅的机构亦应充实加强；党的工作和行政业务工作应当明确分开，市委工作部与市人委各委、办应当按照各自规定的任务进行工作，市委的工作部门不应包办行政业务。此后，市人委和区、县人委的职权有所恢复，工作逐步得到加强，职能、作用重新得到发挥。

1958 年以后，为贯彻党中央把主要力量转到工业战线上的指示，推动上海工业和科技的发展，市委逐步完善工作部门设置。在原有的办公厅、组织部、宣传部、统一战线工作部等 17 个部门的基础上，市委陆续增设科学技术委员会、公用事业办公室、经济计划委员会、工业生产委员会、基本建设委员会等工作部门。1962 年，贯彻精简机构方案，撤销基本建设委员会等部门，明确市委的各个工作部是市委的助手和办事机构，主要任务是管理干部，检查党的决议、政策执行情况，管理党的基层组织工作，深入调查研究，总结工作经验，及时向市委汇报情况，提出意见和建议。1964 年，全国学习解放军，加强政治工作。根据中央关于建立政治工作机构、政治机关的干部要少而精、在成立政治工作机构的同时对行政机构作适当的调整和精简的规定，市委将工业、财贸、交通、农村等工作部门改为市委工业政治部、财贸政治部、市政交通政治部、农村政治部。截至 1966 年 5 月，市委共有办公厅、政治研究室、组织部、宣传部、统一战线工作部等 21 个工作部门。

在党的组织形式上，七千人大会以前，上海市人委所属的工作部门和市人民法院、检察院等 64 个单位中，设立党组的有 12 个，设立统一领导党委的有 31 个，仅设立机关党支部（总支或党委）未成立党组和统一领导党委的有 21 个。各局党组、党委在工作中存在党政工作一揽子抓，包揽行政事务；会议活动较频繁，但会议质量不高；而且常以扩大会的形式讨论和布置工作等问题。七千人大会后，上海市委根据会议精神对政府部门党的组织形式予以调整：31 个原设立统一领导党委的单位中，有 15 个拟撤销党委，改设党组或机关党委。其余 16 个因所属基层党组织较多，业务情况特殊，不宜下放到区委领导，仍保留统一领导的局党委；原设党组 12 个的单位，仍保持不变；原未设立党组和党委的 21 个单位中，有 9 个单位成立党组。

二、夯实基层组织基础

在人民公社化运动中，乡镇党委改建为人民公社党委。由于农村的管理体制和党的基层组织设置发生了很大变化，农村党组织在取得很大发展的同时也出现了诸如习惯一揽子领导、工作安排不全面、工作方法简单化、组织生活不健全等问题。为此，根据上海市委于1959年6月作出的加强农村党的基层组织工作的指示，市委农村工委和市委组织部组织五个工作组到上海、嘉定、松江、南汇等县对部分人民公社党组织的情况进行调查摸底，并配合青浦县委在赵巷公社进行整顿落后支部的试点，对进一步整顿和加强全市农村党的基层组织提出具体要求。

1961年1月，党的八届九中全会通过《关于农村整风整社和若干政策问题的讨论纪要》。市委按照八届九中全会精神，在各条战线有领导有步骤地开展整风整社，并抽调2900多名干部，分别到各县和人民公社，进行调查研究，帮助整风整社，解决部分社队退赔不彻底，"共产风"时断时续、此起彼伏；一些干部工作不踏实，做表面文章，生产瞎指挥，以及小部分生产队支部不同程度的组织不纯的问题。在整风的基础上，一些党的基层组织进行民主改选，改善党内关系，健全和加强党的基层组织。

在机关基层党组织建设方面，根据《关于加强党的领导，加强政府部门工作的几项规定（草案）》要求，上海基层党组织贯彻民主集中制的情况有所加强，党内生活较前健全、活跃，领导干部同党员一起坦诚谈心，接受党员批评和监督，党组织包办代替行政事务的现象有很大改变。市委还对一些领导力量薄弱的基层单位调整了干部，加强基层骨干力量。

在加强党的基层组织建设的同时，上海市委也在不断发展壮大党员队伍。1958年后，根据中央组织部《关于今后接收党员工作的意见》，上海开始大量发展新党员，自1959年至1960年8月的1年零8个月中，全市共接收党员9.3万余名。但党员队伍在迅速发展壮大的同时，但也不可避免地出现部分党组织为追求党员数量，突击发展党员，降低了党员质量的情况。因此，国民经济调整时期，上海市委对党员发展采取较为谨慎的态度，党员发展数量不多；而将工作重点放在开展党员教育培训方面。

七千人大会召开后，根据中央关于重新教育党员的指示，结合贯彻"工业七十条""农村六十条"等条例中关于党的工作方面的规定，市委对25.9万名党员进行党的基本知识和党的优良传统的教育，占应训练党员总数的96%，并对1.1万余名基层总支、支部书记进行轮训，学习内容以党的生活方面为主，有的还进行了怎样做支部工作、怎样当支部书记的教育，占应训练支部骨干的64%。通过培训，党员尤其是党员骨干的思想觉悟明显提升。

但随着调整工作的全面展开，党员和党的基层组织存在的一些不相适应之处日益显现。部分党员的思想状况仍与整个形势不相适应，一些地区党的基层组织自身建设尚不够健全，党的经常性工作没有建立起来。为此，1962年10月25日至12月8日，中央组织部召开全国组织工作会议，讨论通过了《中国共产党农村基层组织工作条例试行草案》《中国共产党国营工业企业基层组织工作条例试行草案》和《中国共产党商业企业基层组织工作条例试行草案》三个条例，明确在公社设立党委，在生产大队设立支部；国营工业企业实行集体领导和分工负责相结合的制度，实行党委领导下的厂长负责制；商业企业中的基层党组织要加强对党员、干部的教育管理，做好思想政治工作。条例下发后，上海随即开展试行。农村基层组织工作条例一般是由县委组织部先行研究，提出意见，经县委研究后在公社党委书记会议做出布置，并选择一个生产大队党支部作为试行重点。有些公社党的基层组织在这个过程中进一步改进了党的工作。工业、商业基层组织工作条例的贯彻执行也是先选定试点单位，布置各基层组织对“支部书记轮换”以外的其他条款普遍加以试行。基层党员干部通过学习条例，明确了党的组织设置，检查了基层党组织工作中的问题，并制定出改进工作的具体措施，推动了基层党组织作用的发挥。

1964年，中共中央号召学习解放军，加强政治工作。市委对基层党组织的领导体制进行了调整：在市各工业局和专业公司设立党委和政治部，把原属区委领导的市属工厂的基层党组织按行业划归各工业局和公司党委垂直领导。区委撤销工业部，设立手工业管理局党委，管理区里其余的集体小厂党组织。这种体制对把基层单位中的党政领导关系一致起来，针对各行业不同的生产特点开展党的政治工作，把党的政治工作同生产业务工作结合起来，贯彻到生产业务过程中去，具有积极意义。

调整时期上海的基层党组织工作取得一定成效。主要表现在，党员的共产主义觉悟普遍有所提高，精神面貌起了较大变化。1964 年上半年全市评出的 2.8 万余名“五好”职工中，党员占 41%；党的经常工作有所加强，大多数基层组织建立和健全了“三会一课”制度；干部作风得到转变，参加劳动、蹲点调查研究更为广泛深入；政治思想工作更加深入细致，学习毛泽东著作的氛围比较浓厚；许多党组织在贯彻执行民主集中制、集体领导方面有所改进。但“左”的错误继续发展，对党的基层组织建设也造成一定影响。

随着调整任务的基本完成，党员队伍和党的基层组织有一定程度的发展。至 1965 年底，上海党的基层组织发展到 2.26 万余个，全市党员总数为 32.5 万余名，占全市总人口 3%。全市基层单位普遍建立起党的基层组织或有了党员。

三、加强干部队伍建设

中央提出八字方针后，为适应经济建设的要求，作出稳定提高干部素质、调整精简下放机关干部、培养提拔新生力量的部署。1961 年 9 月以后，上海市委根据中共中央关于轮训干部的决定，对全市相当于县委书记（行政 17 级）以上职务的党员干部分批进行轮训。高级干部参加市委党校举办的轮训班；各个基层单位采取业余时间集中上党课的办法，并通过举办训练班和讲座、组织集体备课等形式培训支部教员。

从 1962 年 3 月到 1963 年 3 月，在市委直接主持下，市委党校举办五期轮训班，第一至三期主要学习《中共中央关于轮训干部的决定》《党的生活的几个问题》《社会主义建设的几个问题》、七千人大会的有关文件等。第四期和第五期轮训内容调整为以学习八届十中全会精神为主。参加轮训的局级和市管 17 级以上处级党员干部共 1919 人，其中局级干部 416 人。到 1963 年 4 月，列入轮训规划的干部中，有 90.8% 参加了轮训。通过大规模的轮训和训练，一般的党员干部掌握了党的基本知识，澄清了一些模糊认识，思想觉悟和工作积极性得到一定程度的提高。高级干部也解决了不少实际问题和思想问题。

根据形势和任务的要求，从 1958 年起，上海市委陆续抽调干部充实和加强基层单位和薄弱部门。如从1958年10月至1960年7月,先后6批从市区各单位和下放干部中抽调2300余名干部充实县和人民公社的骨干队伍。1959年,从财贸系统抽调1150余名干部从事副食品生产,抽调约1270名干部从事外贸工作。1960年,为加强基层单位力量,从市区机关和其他单位抽调近3000名干部到街道党委、办事处工作;为发展科学技术和工业生产,抽调390余名干部到第二机械工业部下属单位工作,抽调近600名干部到尖端科研机构工作。这期间,上海还向中央和外省市输送了不少干部,先后抽调1760余名干部到江西新喻铜矿、山东薛城炼铁基地工作。党的八届十中全会后,市委又从市级农业部门和县级机关、企事业单位下放干部中抽调一部分充实人民公社骨干队伍。到1962年末,全市干部①有435955人,占职工总数的23.16%。

20世纪60年代,出于应对国际形势变化和加强基层干部力量的考虑,党中央和毛泽东发出关于“坚决地放手地逐步地培养和提拔一批优秀干部到县地以至省的领导岗位上来”的指示。上海市委把有计划地培养提拔新生力量作为干部工作的一项重要任务,1964年6月4日,市委批转市委组织部《关于培养提拔新生力量的规划》,提出在1964年、1965年两年内选拔一批35岁左右的优秀年轻干部充实各级领导班子,同时要求对提拔的对象,坚持德才兼备、又红又专的原则进行全面深入的考察了解。

这一规划下达后,许多单位对本系统、本地区、本单位干部的情况进行调查摸底,提出培养选拔对象,研究培养措施。如市卫生局党委组织力量深入到直属基层单位进行调查,从2060名28岁以下的青年干部中,挑选出140名培养对象,再从中确定29名重点培养对象。同时通过组织干部参加干部文化学校、“毛选”读书班、党课讲座、夜大学习等方式,加强对干部特别是年轻优秀干部的在职培养。此外,按照该规划,1964年、1965年两年内,上海每年还从国家统一分配给上海的大学毕业生中、从工厂公社和经过劳动锻炼的青年知识分子中、从复员到本市的部队青年中,挑选和培养一批优秀青年补充到干部队伍中。1964年8

① 一般指国家机关和所属企、事业单位公职人员。

月后,上海从青年工人、农村知识青年、复员军人、回乡职工、大队干部和大学毕业生中挑选5000余名青年进行重点培养。1965年8月,上海又挑选了300多名应届大学生和高中毕业生作为培养对象,通过工作实践来培养、锻炼。

1965年11月,中央再次指示要进一步大力培养、大胆提拔新生力量,上海在检查总结1964年以来这方面工作,全面分析上海干部队伍和各级领导班子状况的基础上,要求全市各级党组织进一步认真做好这项工作,继续从提高认识、完善规划、采取措施、交流经验几个方面推进新生力量的培养提拔。但由于"文化大革命"的发动,这项工作在开展不久后就中断了。

第十二章

建设“两个基地”和国民经济调整任务的完成

随着上海国民经济形势的逐渐好转，1963 年起，上海市委根据党的八届十中全会精神和继续调整国民经济的决策部署，团结带领全市人民大力发展工业和科学技术，赶超国内外先进水平，探索新的社会经济管理体制，支援三线建设，发展各项社会事业，并开展城乡社会主义教育运动。到 1965 年底，全面完成国民经济继续调整任务，把上海初步建设成为我国先进的工业和科学技术基地（简称两个基地）。

第一节　推进先进工业和科学技术基地建设

上海市委根据中共中央的决策部署，提出继续调整国民经济的目标和任务，发动全市人民在工业和科学技术方面赶超国内外先进水平，尝试管理体制改革，取得了明显的成效。

一、召开中共上海市第三届代表大会

1963 年，我国各项建设事业呈现出明显健康的发展势头。为争取国民经济状况的进一步全面好转，为建立独立的、完整的、现代化的国民

经济体系打下更加坚实的基础，中共中央决定从1963年起，再用三年时间继续调整国民经济，争取使农业生产得到全面恢复和发展，工业内部的比例关系进一步协调，材料和设备的供应基本上立足于国内，工业、农业、交通运输业、商业等的经营管理工作提高到一个新的水平。同时，国家科委和国防科委基于1956年制定的十二年科学技术发展远景规划的主要项目基本完成的情况，为赶上20世纪60年代世界先进的科学技术水平，于1962年组织制定了《1963—1972年科学技术发展规划纲要》（简称十年规划）。

根据党中央和国务院的决策部署、全国制定十年规划的精神和《上海市1960—1967年科学技术发展纲要》规定的任务基本完成的情况，市委决定组织制定上海新的十年科技发展规划。1963年1月29日，市科委为讨论全市科技工作发展方向，制定科技工作规划，召开全市科学技术工作会议。中共中央副主席、国务院总理周恩来出席会议并讲话。他首次公开提出实现农业现代化、工业现代化、国防现代化和科学技术现代化的宏伟目标，并提出把我们祖国建设成为一个社会主义强国，关键在于实现科学技术现代化，他"希望上海的科学技术界在实现四个现代化中做出应有的成绩"[①]。会后，上海召开全市科技规划工作会议，并成立市科委规划办公室，负责组织全市23个专业委员会、155个专题组对国内外各专业科学技术水平、发展趋势和经验，及上海各专业科学技术的现状和基础，展开全面系统的调查。在此基础上，制定出《1963—1972年上海科学技术发展规划》。

通过调查研究，上海市委看到上海工业和科学技术面临着"两个落后"的问题。即：上海有不少产品在质量、成本等方面，落后于国内先进水平，更突出和主要的是，上海的工业生产和科学技术大大落后于国际上的先进水平。上海虽然已经掌握了一些60年代的新技术、新工艺，试制了一些新产品，但这个基础还很薄弱，与我国的建设需要很不适应。上海现有的工业生产技术水平大体上只达到科学技术先进国家20世纪

① 周恩来：《建成社会主义强国，关键在于实现科学技术现代化》，《周恩来选集》下卷，人民出版社1984年版，第412、414—416页。

40年代的水平，有些产品的生产工艺，还停留在二三十年代的水平，不少产品的质量差、品种少、劳动生产率低；上海对第二次世界大战以后发展起来的新兴科学技术，一般还处在研究试验阶段，有些还是空白，同国际上60年代的水平相比，差距还很大。同时，市委也认识到，上海要在我国建立独立的、完整的、现代化的国民经济体系和赶超世界先进科技水平中发挥更大的作用，必须在继续调整国民经济中提出发展新目标，凝聚全市人民的力量共同改变“两个落后”的局面，实现上海工业和科学技术对国内外先进水平的“两赶超”。

1963年12月16日至25日，中共上海市第三届代表大会（简称市三届党代会）在福州路市人民委员会大礼堂举行。出席代表589人，候补代表59人，列席人员364人。中共上海市委书记处书记陈丕显作《深入开展三大革命运动，为把上海建设成为我国一个先进的工业和科学技术基地而斗争》的工作报告，中共上海市委第一书记柯庆施作《为促使干部、党员和各项工作革命化而奋斗》的政治报告。

会议对继续调整国民经济提出了明确的目标和任务，即：要“努力把上海建设成为我国先进的工业和科学技术基地之一，使上海工业生产和科学研究工作，在中央的统一规划下，有计划、有重点地向高精尖方向发展，积极赶上国际先进水平，并能够在先进科学技术上积极发挥样板作用，进一步支援全国的社会主义建设”。会议认为：上海要建设的基地，不是一般的基地，而是具有较高工业生产和科学技术水平的先进的基地；上海要发挥的作用，不是一般的作用，而是在探索和掌握新技术、试制新产品上起到样板的作用。要求凡是上海生产的工业产品，都要达到全国第一流的水平。

围绕实现“两赶超”，会议提出要集中力量，扎实开展好八项工作，即：努力掌握新技术、新工艺，提高工业生产的技术水平；不断提高产品质量，大力增加产品品种；逐步实现设备更新和技术改造；进一步组织专业化生产和加强协作；继续开展原材料的综合利用；加强科学技术研究工作；大力培养和壮大又红又专的科学技术队伍；切实改进工业管理体制，提高企业管理水平。

大会最后通过了《中共上海市第三届代表大会决议》，选出了中共上海市第三届委员会委员45名,候补委员21名。市委第一次全体会议选出市委常务委员会委员16人和书记处成员8人。市委第一书记柯庆施,书记陈丕显、曹荻秋、马天水、石西民、刘述周,候补书记王一平、张春桥。1965年3月,经中共中央决定增补王一平、张春桥为市委书记,杨西光、王少庸为市委候补书记。4月,柯庆施病逝,陈丕显主持市委工作。11月,中共中央正式任命陈丕显为市委第一书记。

会后,围绕市三届党代会提出的目标和任务,上海采取措施,积极推动工业和科学技术向高精尖方向发展。

二、加强科学研究和技术改造

为了贯彻市第三届党代会精神,尽可能使科学研究工作走在各项建设工作的前面,更好地为工农业生产、为国防需要服务,并使上海在先进的科学技术上更好地支援全国的社会主义建设,1964年3月,上海召开全市科学技术工作会议,动员和组织全市的科学技术力量,在重要和急需的方面,集中力量打歼灭战,提高现有的生产技术水平,进行新技术、新理论的研究。会议通过《上海市1964—1965年科学技术工作纲要(草案)》,提出近两年上海科学技术工作的主要任务是围绕石油化学与有机高分子合成材料、新型金属材料、新型硅酸盐材料、半导体与电子技术、精密机床与特殊设备、精密仪器仪表以及相应的新工艺、新技术等13个重点项目,开展29个专题的研究,在新技术、新工艺、新材料、新装备(简称四新)方面加强工业和科学技术的基础,为以后发展做好准备。

为实现上述任务,上海进一步加强了专业科研机构的建设。积极整顿现有的科学研究机构,使其明确各自的研究任务和方向,并抽调技术骨干和重点分配一批大学毕业生进行充实,配套建设15个附属工厂和7个试验车间(工场)。同时,根据国家建设和上海工业发展的要求,逐步新建上海市塑料、农药、电子光学技术、电工仪器、精密机床、测试技术、离心机械技术、合成纤维、工业自动化等11个研究所(室)。各个设计部门也努力加强新产品、新工艺和建设工程的设计工作。

上海还改进和提高了科学技术机构的组织管理水平,加强研究设备、器材和情报资料的供应工作。从1964年起,市委、市人委统一安排地方研究所的科研任务和工厂、企业、地方高等学校、医院等单位的重点研究任务，并每年从市财政拨出2000万元人民币，由市科委统一掌握分配，还制定试行《地方科学研究所(院)经费管理试行办法》和《管理地方工厂企业科学研究经费的暂行规定》。为确保科研工作的顺利进行，上海有计划地组织研究单位、高等学校加工试制非标准设备，对各种国内不能生产或难以购置的仪器设备，采取固定工厂定点生产供应特殊、稀有、精密的材料、元件、配套件，以及进口部分仪器设备的办法。围绕重点研究项目，组织力量开展定题服务，编译主要资本主义国家的专利文献，并提供国内外资料的代查、代借、代译等服务工作，使科研人员及时了解和研究国外的新技术、新工艺，特别是能够提高产品质量、增加品种，并通过中间试验，逐步在生产上应用的新技术、新工艺。

在具体的科研攻关中，上海对于中央和地方的重点科研任务，采取由市科委各专业委员会组织专题协作小组，或由领导部门直接组织的形式，把科学研究单位、工厂企业和高等学校等各方面力量组织起来，协同攻关。同时，对生产单位大量的个别生产技术关键问题，除在企业中采用领导干部、技术人员和工人三结合的方法攻关外，运用科协，特别是区科协的力量组织广泛的、经常性的技术协作交流，通过各自然科学专门学会进行群众性的学术交流活动，或发动研究单位、高等学校、生产单位开展直接挂钩的对口协作。

为了使科学研究成果及早投入生产，上海加强生产单位的研究试验工作和中间试验。上海在各工业局、公司和企业单位建立起有力的技术工作指挥系统，并在全市8个工业局原有12个专业研究室和98个中心试验室的基础上，新建超高压设备、加速器、微波仪器等专业研究室，加强对重要产品和工艺的试验研究工作。同时，为加强中间试验，除利用研究机构、工厂进行中间试验外，有计划地建立一些车间，或者划出一部分工厂作为中间试验工厂，并将科技三项费用[①]从1962年的80万元逐年提高到1965年的11155万元。

---

① 科技三项费用是指国家为支持科技事业发展而设立的新产品试制费、中间试验费和重大科研项目补助费。它是国家财政科技拨款的重要组成部分，是实施中央和地方各级重点科技计划项目的重要资金来源。

与此同时，为改善现有设备半数以上比较陈旧，缺乏必需的精密、关键的设备和高级计量、检测、试验装备的状况，上海工业有计划、有步骤地进行了设备更新和技术改造。一方面，在服从国家统一计划的条件下，由市计委、市科委、市工业生产委员会联合下达以“四新”为重点的技术改造计划，由国家投资，有重点地改造一些基础工业部门的骨干企业，补充一部分必要的关键的精密设备，引进国外新技术，进口一些关键性的先进设备及部分样品、样机，并和自己的试验研究相结合。另一方面，在利用一切能够使用的设备，加强经常的维修、养护工作的同时，发扬自力更生精神，广泛开展群众性的技术革新和技术革命运动，积极整理、鉴定过去技术革新和科学研究的成果，列出项目，组织推广，有计划地更新陈旧的设备，代之以效率高、精密的设备。结合各生产部门的实际需要，按不同行业、工种，有计划地组织专业会议，进行技术操作交流活动，组织各种专题的科学技术讲座，重点推广电火花加工、成型磨削、冷挤压加工等对行业具有普遍意义，作用比较重大的新技术、新工艺，广泛传播先进科学技术知识，使每个职工不仅能够学会操作，而且懂得新技术、新工艺的基本原理，不断提高操作熟练程度。此外，制订和修订产品技术标准，整顿产品型谱系列，逐步实现产品的系列化和零部件的标准化、通用化。通过技术改造，上海的工业企业更新了占总数一半以上、使用年限超过 20 年的设备，增添了一部分必要的、关键的精密设备和高级计量、检测、试验装备，采用了新技术、新工艺，合理调整了工艺路线，努力实现生产过程的机械化、半机械化程度，加强生产的专业化和协作，把上海工业逐步提高到最新的技术水平。

上海通过加强科学研究和技术改造，将研究、设计、试制和投入生产各个环节密切衔接起来，缩短了从研究到应用的周期，为生产部门提供更多的科学技术成果，系统地解决生产技术中的重大关键问题，进行了必要的科学技术理论的研究工作，并为更多的科学研究成果转化为现实生产力提供了条件。

三、开展国防科技攻关

在加强工业和科学技术基础的同时，市委、市人委抓紧完成国防尖端科学技术任务，重点突破原子弹、导弹和火箭（简称两弹一箭）研制中“卡脖子”的问题。

1955年，中共中央、毛泽东作出发展原子能事业、研制原子弹的决定。在我国研制原子弹、导弹的起步阶段，曾得到苏联的技术援助，但这些援助是有条件和有限度的，也不包括用来生产浓缩铀的分离膜的制造技术。这项技术被美、英、苏三国列为重大国防机密，严禁扩散，苏联称其为“社会主义阵营安全的心脏”。在苏联撕毁协议、撤走全部在华专家后，我国铀分离工厂的生产面临停工威胁，原子弹制造有陷于停顿的危险。为此，中共中央将研制分离膜的任务交给了上海，要求不惜代价，在最短时期内完成。

1961年7月，中共中央作出突破原子能技术、加速原子能工业建设的重大决策。11月，第二机械工业部和中国科学院领导决定，并报请周恩来批准，调集全国各地开展此类课题的研究力量，在上海集中开展科研攻关，加速课题的完成。据此，来自北京、沈阳和上海的60余名专家迅速集中到中科院上海冶金所，在上海冶金所副所长吴自良主持下研制分离铀同位素用的甲种分离膜。

上海市委主要领导高度重视这项工作，指示上海市科委全力以赴，并组成由市科委牵头的上海市分离膜元件领导小组，负责研究及成果的生产化的协调组织工作。领导小组建立后，采取研究、中试、生产交叉平行进行的办法，筹建中间试验组织。科研人员经过一年多夜以继日的集中会战、反复试验后，终于取得了阶段性成果。上海马上将研究的阶段性成果进行中间试验。到1963年底，上海成功试制出能够分离浓缩铀的分离膜元件，经兰州铀浓缩厂试用，成功分离出合格的高浓缩铀产品。1964年上半年，上海完成了分离膜元件的工厂化生产。同期，上海还研制成功氟油和我国原子能工业发展所需的石墨轻水反应设备、铀同位素分离气体扩散设备、重水设备和军用加速器等专用配套设备。1964年10月16日，中国第一颗原子弹成功爆炸，有力打破了大国的核垄断和核讹诈，提高了我国的国际地位。

1961年，在国家经济面临严重困难、许多基建项目下马的情况下，上海市委明确表示继续建设导弹试制基地，号召全市各方面要急国家所急、为国防尖端争作贡献。围绕导弹试制基地建设，市委、市人委决定成立上海市第二机电工业局（简称上海机电二局），集中领导基地建设；确定了导弹制造工厂以专业相近的民用产品工厂改建为主，以及“选点定厂、固定关系、长期协作”的原则；决定组织编制和实施一个以完成导弹研制任务为主的发展国防尖端科技的专题规划，即《1963—1967 年上海新技术和高精尖产品发展规划》。该规划以导弹为目标，确定了冶金、化工、机电、电子学、仪器仪表、计量测试技术、轻工和硅酸盐和纺织 8 个方面需要攻克的 56 个技术关键专题，有计划、有重点地建设若干具有方向性的新技术和高精尖产品的研究、试制和生产据点。

根据市委、市人委的决策部署，1961 年 8 月，上海机电二局成立，随即迅速开展基地建设。改建、扩建从市机电工业局、市仪表电讯工业局划出技术基础较好的新新机器厂、上海仪表厂、上海广播器材厂和上海有线电厂等各导弹试制工厂；组建导弹试制队伍，进行技术操作练兵，开展生产技术的准备工作。在市委、市人委的部署下，上海不仅组织全市科技力量攻克研制导弹所需的各种难关，而且在全市建立起了由上海第一机电工业局、仪表电讯工业局、冶金工业局、轻工业局、纺织工业局、化学工业局所属 70 多个单位参加的生产协作网，为制造导弹提供原材料、元器件及专用工装、设备。此外，上海导弹的研制工作还得到了党中央及有关部委的大力支持。1962 年至 1963 年，在国防部五院的支持下，上海成立了红旗一号导弹副总设计师室，加强了对导弹试制工作的技术领导。

到 1964 年底，上海导弹试制基地初具规模。同时，上海为制造导弹协作生产了 8875 项大型工装、模具，6000 余台各类机床及仪器仪表、非标准设备，以及 47% 的金属材料和 15% 的元器件。全国 217 个单位协作配套生产了其余的金属材料和元器件。12 月 20 日，3 枚红旗一号导弹完成总装和全部地面测试工作，比计划提前 11 天，比中央原设想提前一年多完成了导弹仿制任务。1965 年 11 月 27 日至 12 月 11 日，首批 3 枚红旗一号导弹在飞行试验中打靶成功。同年，国防部第二研究院从事导弹设计的 5 个设计所南迁上海（属上海机电二局建制）后，加强了上海地区导弹研究设计力量，上海导弹试制技术基地由此从以工艺、生产为主转为研究、设计、试制和生产配套的地空导弹研制基地。此后，红旗二号、三号、六十一号和红缨五号等导弹都在上海或由上海参与研制成功。

并入上海机电二局的上海机电设计院自1962年4月后，集中精力研制探空火箭，取得了一系列成果。1963年12月，在广德试验场发射成功探空七号甲气象火箭，为高空气象探测工作的开展创造了条件，从此，中国探空火箭从试验阶段进入了应用阶段；1964年7月，在广德试验场又成功发射和回收了探空七号甲生物Ⅰ型试验火箭，使中国迈出了宇宙生物学研究的第一步；1965年，开始研制电离层探测火箭，并开展中国第二代探空火箭，即和平二号固体燃料气象火箭的方案论证工作。随着1965年8月，上海机电设计院全迁北京、上海新江机器厂等工厂完成和平二号气象火箭的生产任务后，上海地区探空火箭研制工作基本结束。

通过研制“两弹一箭”，上海在国防尖端技术上取得重大突破，掌握了一批关键核心技术、相关的生产工艺和管理技能，研制出许多关键的配套设备，大幅度提高了上海的科技水平和工业生产技术水平。

四、推动重点新兴工业和新技术的发展

为了赶超国内外工业和科学技术的先进水平，上海各工业部门和科学研究部门继续把稳定和提高质量、增加品种放在第一位，力争在较短的时间内，使所有产品的质量都达到国内同类产品第一流的水平；已经达到国内先进水平的，要积极追赶国际先进水平。上海经常对现有产品质量进行排队，发动群众进行充分讨论，在国家统一规划下，定期订出产品质量升级的具体规划。同时，广泛开展比学赶帮运动，向群众公布生产、技术、经济效果落后于国内外先进水平的状况，传达学习先进经验的情况，交底生产和工作中的关键问题，使群众比有对手，学有榜样，赶有目标，帮有措施。对主要产品质量指标的完成情况，还按月、按季统计和考核。

同时，上海根据国家的需要，结合市情，全面规划发展新产品。1964年初，初步拟订了发展新型金属材料、精密机床和特种设备、电子器件

和电子设备、精密仪器仪表、石油化工和高分子合成材料及新型硅酸盐材料六个赶超国际先进水平的重点规划，积极研究试制生产国家建设有需要、上海又有条件的高温、精密合金，精密机床，半导体，精密仪器、仪表，有机化学合成材料等缺门和短线产品，以及适合我国农村自然条件的农业机械，努力做到质量优良，并注意有些产品的系列化和能成套供应，以便更好地为各个工业部门使用新技术、新工艺，提供新的材料和装备，使许多重要的原材料不再进口，逐步提高工业整体水平和经济实力。同时，针对原材料短缺的问题，节约原材料，降低主要原材料的平均消耗量，达到用较少的原材料生产出更多产品的要求，并从现有的条件出发，制定原材料综合利用规划，着重开展对煤炭、石油、木材、电力、化工原料等主要等原材料的综合利用，并对工业的废水、废气、废渣，继续采取处理和综合利用相结合、工厂企业分散处理和集中处理相结合的原则，逐步做到变有害为有利，变无用为有用。

1964 年 12 月 21 日至 1965 年 1 月 4 日，第三届全国人大第一次会议召开。周恩来在会上宣告，调整国民经济的任务已经基本完成，整个国民经济将进入新的发展时期，1966 年将开始执行第三个五年计划。会议郑重提出了实现“四个现代化”的历史任务。党中央还确定了分两步走实现现代化的战略构想，即从第三个五年计划开始，第一步，经过三个五年计划时期，建立一个独立的比较完整的工业体系和国民经济体系；第二步，全面实现农业、工业、国防和科学技术的现代化，使中国经济走在世界前列。这是党在领导社会主义建设进程中作出的重大决策。由此，“四个现代化”成为中国共产党和全国各族人民的共同奋斗目标，成为凝聚和团结全国各族人民不懈奋斗的强大精神力量。

为贯彻落实党中央的这一重大战略决策，上海组织各方专家，分专业全面、系统地调查国内外各专业科学技术水平、发展趋势和经验，以及上海各专业科学技术的现状和基础，并在此基础上，制订了 1965 年到 1970 年上海工业赶超世界先进水平的规划纲要、1966 年到 1970 年的上海科学技术发展规划，确定发展 6 个重点新兴工业，采用和推广 18 项重大新技术，并相应地制订了技术改造计划。1965 年 11 月 29 日至 12 月 8 日召开的上海市第五届人民代表大会第二次会议提出：要实现赶超目标,必须抓住重点,以重点带动一般。重点就是积极发展6个重点新兴工业和18项新技术[①]。会议要求上海从1966年起,进一步集中力量,加快步伐,一个项目一个项目地打歼灭战,争取到第三个五年计划期末,使上海的工业生产和科学技术在若干主要方面,达到和超过60年代的世界先进水平,并向70年代进军。

这些重点新兴工业和新技术,有些在20世纪50年代末就已经开始分散进行。1965年正式制定发展规划后,上海工业和科学技术向高精尖发展的主攻方向更加明确。此后,上海按照发展新技术、研究试制新产品的要求,专门成立6个发展重点新兴工业的指挥部[②],把全市生产工厂、科研机构、设计部门、高校,使用单位各方面的力量组织、集中起来进行攻关会战。在全市性的大协作攻关中,中科院上海硅酸盐研究所所长严东生等专家直接担任重点新兴工业指挥部副指挥,复旦大学教授谢希德、中科院上海光学精密机械研究所研究员干福熹等专家经常受邀参与咨询参谋活动。

五、管理体制改革的尝试

上海在推进工业和科学技术向高精尖方向发展的同时,根据中共中央和国务院的要求,在企业管理、物资管理、劳动管理等方面进行探索,试办托拉斯(按行业或根据生产性质组织联合经营的大型公司)。

20世纪60年代,为避免高度集中的计划体制带来的统得过死、管得太严等弊端,探索“按经济管理的原则”来管理经济的办法,中共中央和国务院于1964年8月批转了国家经委党组草拟的《关于试办工业、交通托拉斯的意见的报告(草稿)》,强调:“用托拉斯的组织形式来管理

---

① 6个重点工业是:新型金属材料,石油化工和高分子合成材料,新型无机非金属固体材料,电子器件和电子设备,精密机械,精密仪器仪表。18项新技术是:真空技术、激射光技术、红外技术、氧气炼钢和连续铸钢、工业自动化、计算新技术、少切削和无切削工艺、电加工技术、电子设备和仪器仪表半导体化、焊接新技术、同位素和射线应用技术、合成树脂和塑料的应用、表面处理新工艺、新型炸药、高级染料、高效避孕药、强力人造纤维和棉纺新技术、技术用纸。

② 上海赶超国际先进水平办公室,由副市长宋季文兼任主任,市经计委、市科委、市生委的副主任兼任副主任。6个重点工业指挥部分别由周璧、马一行、舒文、高崇智、顾训方和鲁纪华任指挥。

工业，这是工业管理体制上的一项重大改革。”此后，试办托拉斯进入具体实施阶段。

经中共中央批准，全国先后试办了烟草、盐业、医药、橡胶、铝业、汽车、纺织机械、地质机械仪器等12个托拉斯，6个省、市试办了11个托拉斯。这些托拉斯都是按行业组织起来的专业性的联合企业。1964年、1965年间，上海共试办了7个托拉斯。其中4个是全国性托拉斯公司，它们分别是：中国医药工业公司上海分公司（简称上海医药分公司）、中国橡胶工业公司上海分公司（简称上海橡胶分公司）、纺织机械公司上海分公司（前身是纺织工业部机械局所属上海纺机公司，简称上海纺机分公司）和中国烟草工业公司上海分公司（简称上海烟草分公司）；3个是地方工业托拉斯，它们是丝绸工业公司、标准紧固件工业公司和轻工业机械公司（分别简称为丝绸公司、标准紧固件公司、轻机公司）。

试办托拉斯之后，各托拉斯公司对原有的有关计划、财政、物资、劳动等各项管理制度作出相应的改进。一般通过先集中上来，再服务下去的办法，统一管理公司范围内的人力、物力和财力。同时，按专业化和协作原则进行改革，以挖掘和发挥企业的生产潜力，提高经济效果。此外，还加强技术工作和技术改革。由此，托拉斯改变了过去由各级、各部门多头领导的办法，实行由托拉斯一个头统一领导的办法；改变了过去以厂矿为单位的独立核算、分散经营的办法，实行以托拉斯为单位的集中经营，把全行业联合成为一个统一的经济组织；改变过去的部、厅、局是行政管理机关，将托拉斯变成经营管理单位。

通过实施这些改革措施，托拉斯公司取得良好的效益。上海医药分公司整顿了十个大类的成药处方，建立了6个新产品试制点，并采用新工艺，推广新设备，到1965年底，化学原料药品种发展到177个，中成药品种增至267个。丝绸公司根据所属各厂的设备条件和技术特长，在各厂之间进行专业品种分工的调整，并通过统一调度原料，按生产任务，组织织、炼、染、印厂前后工序的直接衔接，对口协作。短短几个月内，所属8个厂的产量就提高了2.5%，质量上升了3%。配合集中产品销售，丝绸公司开始形成健全、紧密、协同、配套的行业产销群体。标准紧固件公司通过技术革新，以冷镦新工艺代替冲铁老工艺，使材料利用率从 40% 提高到 80%，一年可节约 1000 多吨钢材。

试办托拉斯的实践，表明以托拉斯为形式的工业管理体制有利于全行业范围内人、财、物的余缺调剂、统一调度、合理使用，更新经济的组织生产，发挥最大的经济效益；有利于集中全行业的技术力量，把科学研究同生产结合起来，更快地采用新技术，发展新产品；密切产、供、销之间的关系；促进公司一级管理干部增强经济核算观念，逐步改变经济体制中权力过于集中，行政干预过多等问题。不可否认，由于公司经营好坏与分公司、企业职工的经济利益关系很小，因此，不利于调动他们积极性，容易助长“吃大锅饭”思想。随着“文化大革命”的爆发，试办托拉斯的工作被迫中断。

1964 年 5 月，中共中央肯定了刘少奇关于两种劳动制度和两种教育制度的建议，即全日制的劳动制度和教育制度、半工（农）半读的劳动制度和教育制度。7 月，刘少奇在上海市负责干部会议上阐述了其对缩小“三大差别”、改变国家面貌的深远意义，提出了“多用临时工，少用固定工”和“亦工亦农”的主张。8 月，刘少奇进一步提出“要把两种劳动制度、两种教育制度作为正规的劳动制度和教育制度，每个省、每个大中城市都来着手试办”①。之后，全国开始逐步推广固定工和临时工并行的劳动制度，并在一些单位试验半工半读、半农半读的制度。

上海市委根据中共中央的要求，积极试办两种劳动制度、两种教育制度。1964 年秋季后，通过改办、新办的办法建立起一批半工（农）半读的试点学校。1965 年，市委进一步提出要逐步建立一个完整的半工半读、半农半读教育制度的体系。工厂、企业、公社、生产大队，各产业局和县以上教育部门纷纷举办工读训练班和半工（农）半读学校。到同年 12 月，上海全市半工半读高等学校发展到 11 所；半农半读高等学校从无到有，发展了 2 所；半工半读中等学校 565 所；半农半读中等学校 638 所，分别招收高中、初中、小学毕业生和在职工人。

---

① 中共中央文献研究室编：《刘少奇年谱（1898—1969）》下卷，中央文献出版社 1996 年版，第 598 页。

在试办半工（农）半读学校的同时，上海积极试行两种劳动制度。在部分市区企业探索逐步减少固定工，扩大临时工的比例；在农村或靠近农村的企事业单位，探索试行亦工亦农的劳动制度，使用亦工亦农的劳动力。

试行两种教育制度和劳动制度，提高上海农村儿童入学率和市区高小、初中毕业生升学率，促进初中、高中教育的普及，为上海培养了大批具有一定文化素养、较强技术技能的新型劳动者，初步适应上海工业生产部门对技术人才和劳动后备力量的迫切需要。但这种办学形式在"文化大革命"中被批判为"资产阶级双轨制"，半工（农）半读学校遭到破坏，幸存无几。

试办托拉斯和试行两种教育制度、两种劳动制度的探索实践，为后来的改革提供了某些有益的启示。

第二节　开展城乡社会主义教育运动

1963年到1965年，在继续调整国民经济的同时，上海市委按照中共中央指示精神，领导开展了城乡社会主义教育运动和意识形态领域的批判。

一、农村社会主义教育运动

1962年9月，党的八届十中全会召开。毛泽东在会上提出关于在整个社会主义历史阶段，资产阶级作为阶级都将存在并企图复辟，强调阶级斗争要"年年讲、月月讲、天天讲"，并且提出要进行社会主义教育。1963年2月，中共中央在北京召开工作会议。会议决定以抓阶级斗争为中心，在农村开展社会主义教育运动（简称社教运动），在城市开展"五反"[①]运动。为指导农村社教运动的开展，5月，毛泽东主持制定《关

① "五反"即反对贪污盗窃、反对投机倒把、反对铺张浪费、反对分散主义、反对官僚主义。

于目前农村工作中若干问题的决定(草案)》(简称“前十条”),对阶级斗争形势作出过于严重的估计,认定“四清”和“五反”是打击和粉碎资本主义势力猖狂进攻的社会主义革命斗争,要求各地训练干部进行试点,为普遍开展社教运动做准备。9月,党中央根据试点中提出的问题,制定《关于农村社会主义教育运动中一些具体政策的规定(草案)》(简称“后十条”),提出运动要“以阶级斗争为纲”,规定要团结95%以上的干部和群众,要依靠基层组织和基层干部等具体政策。但随着中苏两党论战不断升级,党中央把“四清”和“五反”作为是与国际反修斗争相配合的国内反修防修的重大战略措施,决定成立“四清”“五反”指挥部,并于1964年9月中旬正式下发“后十条”修正草案,认为阶级敌人拉拢腐蚀干部,建立反革命的两面政权是敌人反对我们的主要形式,决定“整个运动都由工作队领导”,把基层组织和基层干部完全撇在一边。1964年底至1965年1月,中共中央政治局召开全国工作会议,在毛泽东主持下制定了《农村社会主义教育运动中目前提出的一些问题》(简称“二十三条”),部分纠正了各地在运动中出现的一些“左”的偏差,强调这次运动的性质是解决社会主义和资本主义的矛盾,提出运动的重点是“整党内那些走资本主义道路的当权派”,并规定农村和城市的社会主义教育运动一律称为“四清”(清政治、清经济、清组织、清思想)运动。

党的八届十中全会后,1962年12月下旬,上海市委即部署利用农闲在市郊农村开展社会主义教育运动。根据1963年2月中央工作会议精神,上海首先选择金山县的廊下、朱泾、吕巷、张堰、新农、兴塔等六个公社作为首批试点公社,摸索开展社教运动的经验。六七月间,市委先后召开县委书记会议、全市党员干部大会和农村三级干部会议,组织干部学习“前十条”,检查试点公社社教运动的情况和问题,教育和启发干部自觉交代问题,进行整改和退赔。“后十条”出台后,市委要求已系统开展社教运动的试点公社,对照进行复查补课工作。到1964年6月底,全郊区10个县共有61个公社先后开展了以“小四清”① 为主要内容的社教试点工作。试点公社的社教运动主要采取“说服教育、洗手洗澡、

① “小四清”:指清理农村社队的账目、仓库、财物、工分。

轻装上阵、团结对敌”的方针,依靠党的基层组织和干部,团结95%以上的干部和群众,打击没有改造好的地富反坏四类分子,清理经济上的“四不清”问题,检查干部的贪污挪用、多吃多占、铺张浪费、不参加劳动等问题,教育群众划清社会主义与资本主义两条道路界限,发动群众对生产大队、生产队的账目、仓库、财务、工分进行“四清”查账工作。

1964年10月,市委根据中央集中力量打歼灭战的指示精神,决定调整部署,确定奉贤、金山两县作为郊区开展社教运动的重点县,分别成立县社教领导小组,并从市、区、县抽调2万多人组成工作队,于11月至次年5月底,分赴两县的县级机关、企事业单位以及公社(镇)、生产大队、生产队,领导开展社教运动。同时,各级领导干部也到开展运动的单位蹲点。根据“后十条”修正草案精神,两县社教运动的主要内容是解决所谓领导权问题,斗争的主要对象是农村基层干部。工作队进入基层单位后,撇开基层干部,单独进行扎根串连,调查研究,了解情况,发动群众对干部存在的问题开展揭发、批判和斗争,并进行自我教育(即“洗手洗澡放包袱”),开展清政治、清经济重点斗争。其间,两县批判斗争了一批干部,有些地方出现了打人、骂人、罚跪等过火做法。“二十三条”出台后,两县及时组织广大干部群众学习,解放了绝大多数干部,逐步实行了群众、干部、工作队“三结合”,在清经济核实定案中,按照政策纠正了某些性质论定不当、退赔过头等问题。在此基础上,两县进行了组织建设,建立健全了各级领导班子。到1965年5月,两县的“四清”运动基本结束。

1965年5月,市委决定在郊区的上海、嘉定、宝山、川沙、松江、青浦、南汇、崇明等八县同时进行“四清”运动,并抽调4.2万人组成工作队,按照“先搞上面,再搞下面,先上后下,分批进行”的步骤,先在县、社两级机关,然后在集镇、公社企事业,最后在生产大队和生产队开展“四清”运动,重点是整顿党和阶级队伍,进行系统的以整党、建党为中心的组织建设工作,建设好党、团、各级管理委员会和贫下中农四个班子。市委明确要求必须从实际出发,有什么问题就解决什么问题,不要一切都从头开始,要将“四清”运动的成果落实到生产建设上去。与奉贤、金山两县的做法不同的是,八个县的“四清”运动从一开始就实行群众、干部、工作队“三结合”,运动与生产都有专人负责。到1966年7月,八个县的“四清”运动基本结束。

二、城市社会主义教育运动

在郊区农村开展社教运动的同时，上海城市也进行了“五反”运动。1963 年 3 月，市委根据党中央发出的关于“五反”运动的指示，决定分期分批开展“五反”运动，首先确定在市区机关和工业、交通、财贸等系统选择若干个单位进行“五反”运动的试点工作。四五月间，上海部分市级机关、10 个区级机关和工业系统近 700 家工厂企业成为第一批开展“五反”运动的单位。

4 月上旬开始，首先在市区两级机关开展以反官僚主义为中心，着重反铺张浪费、分散主义、官僚主义的“三反”斗争。先由领导干部作“下楼”检查，然后在全体党员、干部中进行社会主义教育，号召干部“洗手洗澡放包袱”，并放手发动群众，检举揭发贪污盗窃、投机倒把分子。10 月，运动转入系统整改后，制订和修订各种必要的规章制度，进行思想建设和组织建设。市区两级机关运动结束后，抽调了一批干部帮助基层单位开展运动。

1963 年五六月到 1964 年 6 月，全市近 700 家工厂企业进行“五反”运动。工厂企业的“五反”运动侧重在反对贪污盗窃、反对投机倒把的“两反”斗争上。运动开始，先进行社会主义教育，接着发动群众开展反浪费的斗争。各级领导干部分别在一定范围内向群众作关于违反制度、铺张浪费以及分散主义、官僚主义等缺点错误的“下楼”检查。同时，引导工人检查浪费现象，实行自我教育。经过大张旗鼓地开展群众性的反对贪污盗窃、投机倒把的斗争后，建立、健全各种制度，改进企业管理，改进工作作风，开展对贪污盗窃、投机倒把分子的审查定案工作，分别进行组织处理。

1964 年 4 月到 7 月，市委部署第二、第三批企事业单位陆续开展“五反”运动，同时要求市区的中小学、医院，集体所有制的企业事业单位，以及县级机关，县属工业、交通、财贸、文教卫生等基层单位，分期分批或区别不同情况，开展“五反”运动或社教运动。与第一批企事业单位不同的是，第二、第三批企事业单位在进行“两反”“三反”的过程中，根据市委的部署，又进行了清政治、清经济、清组织、清思想的“四清”运动。

1964年七八月间，市委在部署奉贤、金山两县开展社教运动的同时，确定市区工业、交通、财贸等系统的133个单位、19万余名职工作为第一批开展“四清”运动的单位，并从各级机关、企事业单位和大专院校抽调和训练1.5万人组成工作队领导运动，要求全市有1/3的机关干部、40%的局长以上干部下去蹲点。据此，市委书记处书记、市委常委、市委和市人委各工作部门领导、区委书记和区长近200人分别率工作队到工厂开展运动。8月初，工作队下基层后，与群众实行同吃、同住、同劳动，深入群众扎根串连，发动群众揭发问题。同时，反复向干部阐明党的“治病救人、惩前毖后”的方针，督促干部认真倾听群众意见，作“下楼”检查，并在工人中进行一次批评与自我批评的自我教育。接着，开展清经济、清政治的重点斗争。最后，进行组织建设，以整党为中心，选举各级领导班子，整顿基层工会、团等组织，建立监督机构，改善企业管理，并组织新的生产高潮。

“二十三条”下达后，上海拟订和执行有关清经济、清政治和对犯错误党员、干部处理等方面的若干主要原则和具体政策界限，提出要团结大多数，孤立、打击极少数，实行“四区别”和“三不要”①的政策，严格区分两类不同性质矛盾，正确论定性质，要宽严结合、区别情况、分别对待，并要加强对资产阶级分子的改造，纠正了之前运动中的一些偏差，迅速团结了大多数群众和干部。但运动的矛头集中转向所谓“走资本主义道路的当权派”。到1965年5月，这133个单位的“四清”运动结束。

1965年6月初，市委根据当时备战和生产的需要，决定集中力量、加快步伐，计划在1966年完成工业、市政交通、财贸三个系统共190多万人（占全市应参加运动的219万职工的87%）的“四清”运动，并全面

---

① “四区别”是：要把思想落后，发泄不满，有过一些反动言论的人，同进行反革命造谣破坏活动的人区别开来；把责任事故同反革命破坏事故区别开来；把经常在一起活动的落后分子同反革命集团区别开来；把受反革命集团欺骗、利用的人，同集团内的反革命分子区别开来。“三不要”是：不要把有一般流氓阿飞习气的人当作流氓分子；不要把作风粗暴、有一般欺压工人行为的人当作恶霸分子；不要把生活作风上有缺点、错误的人当作坏分子。

推开教育卫生系统的运动。市委确定国防、工农业生产、对国计民生有重要意义的大单位和支援三线建设和内迁的920多家单位作为第二批开展“四清”运动的单位,并成立了上海市第一机电工业局、上海市第二机电工业局、上海市仪表电讯工业局等10个工作团,配备了工作队员1.7万多人。到1965年底,上海市仪表电讯工业局率先基本结束了“四清”运动,其工作队员随即转赴上海市冶金工业局。1966年春节后,在冶金、纺织、轻工、建工、邮电等局和文教系统企事业单位中开展第三批单位的“四清”运动。到1966年上半年,上海“四清”运动基本结束。

三、意识形态领域的错误批判

经过贯彻党的文艺方针和对文艺工作的调整,1963年至1965年间,上海文艺战线出现了活跃的局面,但同时,在党的八届十中全会后,意识形态领域的批判就已经开始。1962年10月,市委全会提出宣传部门要根据党的路线、方针、政策,对宣传、出版、文化工作进行一次检查,加强领导,提高质量,在意识形态领域里开展阶级斗争。1963年三四月间,市委召开思想工作会议,着重批判了前一时期许多文化领导部门在所谓的资产阶级进攻面前,立场不稳,嗅觉不灵,斗争不力,丢失阵地等错误。

在日益紧张的政治形势下,随着党中央同意文化部党组提出的《关于停演“鬼戏”的请示报告》,5月6日,上海《文汇报》发表了由江青组织的署名文章《驳“有鬼无害论”》,批判《李慧娘》和繁星(即中共北京市委统战部部长廖沫沙)就此剧改编所写的评论文章,把昆剧《李慧娘》打成表现鬼魂、宣扬封建迷信“坏戏”的典型。由此,引发全国戏剧界开始批判“鬼戏”,导致一批所谓“鬼戏”剧目退出上海戏曲舞台。6月,著名音乐家贺绿汀在《文汇报》上发文,批驳《请看一种“新颖独到的见解”》一文,却被视为是音乐界的资产阶级代表人物而遭到有组织的批判。

1963年12月、1964年6月毛泽东对文艺工作先后作出关于“许多共产党人热心提倡封建主义和资本主义的艺术,却不热心提倡社会主义的艺术”、关于全国文联和所属的协会及所掌握的刊物的大多数,15年来基本上不执行党的政策，不去接近工农兵，不去反映社会主义的革命和建设，跌到了修正主义的边缘，需要认真改造的两个批示后，全国文联和所属协会开展了文艺整风，同时，文艺界掀起大批判的浪潮。

上海文艺界的批判也在不断升级。1964 年 7 月，上海电影制片厂的《北国江南》等影片被点名批判，认为影片没有“阶级斗争”，是资产阶级“人性论”。7 月 30 日，《人民日报》刊文指出影片《北国江南》在一系列带根本性问题上都存在着严重错误。之后，中宣部、文化部电影局接连发出通知，要求集中批判《北国江南》《早春二月》等所谓的“毒草”电影。此后，这一批判迅速扩大到《红日》《阿诗玛》《舞台姐妹》《不夜城》等一大批新中国成立后上海拍摄的影片，这些影片被戴上“修正主义”“大毒草”等政治帽子，并被认为是阶级斗争在意识形态领域的严重表现。同时，上海作家撰写出版的一些小说，如周而复的《上海的早晨》、艾明之的《火种》、吴强的《红日》和茹志鹃的《高高的白杨树》等，也相继受到批判。除文艺作品外，文艺理论方面还批判了复旦大学教授周谷城的“时代精神汇合”论。1964 年 8 月上旬，中共上海市委派出“文艺整风”工作组进驻市电影局，领导全市电影系统的“文艺整风”。1965 年 3 月，“文艺整风”工作组被改为“四清”运动工作队后，继续进驻市电影局，组织开展社教运动，在全市电影系统批判所谓资产阶级的夏（衍）、陈（荒煤）路线，在艺术创作人员中清理所谓资产阶级的文艺思想，许多领导干部和主要创作人员被迫接受批判。

这些“左”倾思想指导下的批判，完全颠倒了是非。当时受到批判的绝大多数作品，是贯彻调整方针以来上海文艺界创作的优秀作品。然而，当时却混淆不同性质的矛盾，把一般工作上的缺点看作文艺界两个阶级、两条道路的尖锐斗争，把一些不合某种政治框子的作品，包括一些优秀作品，统统戴上“资产阶级”“修正主义毒草”之类的政治帽子，其作者和演员也受到打击批判。对一些完全可以自由讨论的文艺理论观点，则当作资产阶级的和修正主义的文艺思想加以挞伐。

1964 年夏，意识形态领域的大批判由文艺界扩展到其他方面。上海与全国一样，先后组织批判了哲学界杨献珍的“合二而一”论、经济学界孙冶方的“生产价格论”和“企业利润观”以及历史学界翦伯赞的“非阶级观点”和“让步政策论”。同时，对华东师范大学教授李平心的生产力性质论也进行了批判。在批判运动中，一批领导干部和卓有成就的作家、学者，或被撤销领导职务，或被中断正常的工作。

历时三年之久的“四清”运动，虽然对解决干部作风和经济管理等方面问题起到一定作用，但把许多党内和社会上存在的不同性质的矛盾都看作阶级斗争或阶级斗争的直接反映，加之工作方法简单、粗暴，违反政策，直接伤害了一些干部和群众。意识形态领域开展的错误批判，虽然主要在报刊上以及有关文化团体、机关内进行，尚未形成社会性的群众运动，但却破坏了党的“双百”方针，阻碍了文艺事业和学术工作的健康发展，伤害了许多党内外知识分子，整个知识分子队伍的大多数再次被称为“资产阶级知识分子”，造成人人自危的紧张气氛。

第三节　完成国民经济调整任务

到 1965 年底，上海全面完成了国民经济继续调整的任务，工业和科学技术赶超国内外先进水平取得了显著的成果，为把上海全面建成“两个基地”奠定了良好基础。

一、初步建成先进的综合性工业基地

经过“二五”时期的建设和三年继续调整，上海工业新增固定资产 28.96 亿元，比“一五”计划时期增长 4.8 倍。通过按照集中化、集约化原则建立和完善闵行、彭浦、漕河泾、吴泾等一批卫星城和近郊工业区，在冶金、机电、仪表、化工等方面改建、扩建和新建一批骨干工业企业，使上海工业形成大中小企业相结合，主副配套，整机、部件、零件齐全的比较完善、协调的工业体系。

在这一时期，全市的工业总产值和主要产品产量实现较大幅度增长。1965 年工业总产值达到 259.70 亿元，比 1957 年增长 112%。主要

工业产品产量有较大幅度的增长。钢产量由 1957 年的 51.82 万吨增加到 1965 年的 242 万吨,增长 3.7 倍。包括冶金、化工、矿山、煤炭、电站等产品在内的 29 种主要机电产品、24 种主要日用工业品和支农产品的产量都有较大的发展增长。与 1957 年相比,1965 年自行车的年产量增长 2.1 倍、缝纫机的产量增长 3.4 倍。1958 年开始批量投产的手表,1965 年的产量达到 86 万只。这也使得上海工业年生产能力在全国居于重要地位,1965 年时,上海钢产量和机床产量分别约占全国总产量的 1/5,钢材、棉纱均约占 1/4,缝纫机约占 2/3,手表约占 9/10。

1958 年至 1965 年,上海在向“高、精、尖”方向发展过程中,建立起一批新的工业部门,形成较为齐全的工业门类。在重工业方面,建立了稀有金属提炼、精密机床、精密仪器仪表、汽车等新的工业部门,新增了高温精密合金、拖拉机、半导体、石油综合利用等生产门类;在轻纺工业方面建立了手表、照相机、合成洗涤剂、合成香料、感光胶片等新的工业部门,填补了工业门类中的空白。在全国所有的工业门类中,上海拥有除采掘和采伐工业外的工业门类,提高了上海工业整体实力。

同时,上海工业产品的质量也实现进一步提升。截至 1965 年,上海工业生产水平已经实现较大程度的发展,1685 种主要产品中,98% 以上已达到当时现行的技术标准,一类品从 1963 年的 57.4% 上升到 80% 以上,三类品下降为 2% 左右,并有 177 种产品的质量赶上或接近当时国际上比较先进的水平。此外,为适应经济建设和国防建设的需要,上海还增加了许多工业产品新品种。开发的钢种包括优质合金钢发展到 1000 多种,钢材品种规格发展到近 2 万种,各类合金钢初步形成系列;化工原料品种发展到近 2 万种,基本实现原料自给,石油加工产品从 1957 年的 21 种发展到 89 种;轻工行业的花色品种从 1959 年的 1 万种增加到 1966 年的 1.5 万种。

上海工业的发展有力地支援了全国的经济发展和国防建设。1965 年,上海调往全国各地的钢材和机床都比 1963 年增长 50% 左右,化肥增长 3.5 倍,棉布增长 1 倍。1964 年到 1965 年,上海为国家积累资金 150 多亿元。上海工业的发展也有利于增加出口和开展援外工作。上海出口工业产品总值从 1962 年的 4.54 亿美元,增加到 1965 年的 5.01 亿美元。同时,在85种主要出口商品中,钢材、化工原料类和机床的出口量在逐年增加。在援外方面,仅1965年,上海就完成了14个成套项目,提供的各种机械设备比1964年增长44.2%。

上海工业发生的这一系列变化,表明上海已初步建设成为我国一个生产门类比较齐全,物质技术基础逐步增强,大中小企业相结合、协作配套能力比较强、经济效益比较高的先进的综合性工业基地,为我国建立起独立的比较完整的工业体系和国民经济体系作出重要贡献。

二、初步形成先进的科研基地

这一时期,上海的科学技术人员通过实行科研与生产相结合、专业研究与群众革新相结合、理论与应用相结合的原则,推动科学研究向高精尖方向发展,在科学研究和技术革新方面取得了大量成果,其中不少具有国内先进水平或者接近当时国际先进水平。

在应用技术研究方面,上海在原子能、电子学、半导体、计算机等新技术的研究工作取得了一批成果,有的已经在生产上应用。在原子能科学方面,已经能够作低能核物理和辐射化学的研究,有几十种放射同位素已在生产和医疗中应用。在电子技术方面,掌握了几种示波微波器、生理和医用电子仪器。同时,上海从无到有发展起半导体、计算机、激光等一批新兴科学技术。在半导体技术方面,建立了锗、硅以及几种化合物半导体研究基地,从理论研究到材料、器材的试制、生产和应用,都取得了开创性的成果,锗晶体管成批生产并应用于收音机、电子计算机、自动电话交换机和许多仪器设备,半导体技术已经在示波器、测厚仪、收讯机、数字化仪表、渔群探测仪等方面广泛应用。计算机技术,从研制第一代每秒运算30次的电子管计算机开始,先后研制成功每秒运算2.5万次的第二代晶体管计算机和每秒运算100万次的集成电路计算机。在国外1960年前后才发展起来的激射光技术,上海经过近两年的发展,先后试制出国内第一台红宝石激光器、铷玻璃激光器、砷化镓激光器以及激光打孔、焊接、测试机,并推广应用。此外,上海还开发和应用了微电子技术、微波技术、传感技术、惯导技术、自动控制技术、通信和传真技术等一批关键尖端技术,开拓了粉末冶金、超纯元素制备、特种精密合金等新领域,填补了国家的空白。

通过发展、推广和应用科技成果,开展技术革新和技术革命,上海工业的技术面貌得到了改变。冶金、机械和仪表等工业开始应用双真空冶炼、电子轰击冶炼、纯氧顶吹转炉炼钢以及精密加工、特种焊接、粉末冶金等新技术、新工艺;石油化工工业通过开展煤炭的综合利用,为染料和合成纤维的生产提供了部分原料;纺织工业试验成功的清梳棉联合和静电纺纱的新技术,改革100多年来沿用的原有工艺,提高了生产效率。由此,从1957年至1965年,全民所有制独立核算工业企业全员劳动生产率提高1.87倍,基本实现增产不增人或少增人。同时,研制成功具有国内外先进水平的万吨水压机、双水内冷汽轮发电机、20万倍一级大型电子显微镜、高精度半自动外圆磨床、乙炔合成苯、高级润滑油、5万伏高压电桥、无线电陶瓷、人造金刚石等一批高精尖产品,提升了我国相关的工业技术能级,初步适应了航空、原子能、无线电、精密仪器仪表工业发展尖端产品的需要,使工业半机械化、机械化和半自动化、自动化程度从1958年的27%提高到1966年的60%以上。促使工业产品从仿制发展到自行设计、制造,从低级发展到高级,从单机发展到成套设备,机械工业的产品自行设计的比重从1957年的20%提高到1965年的80%,并能生产当时全国机电工业七大类、250种主要成套设备中220种以上的设备,具备了生产大型、重型、精密机械的能力。

在国防尖端技术方面,上海建立了火箭、导弹科研生产基地,研制成功系列的耐高温、耐低温、耐腐蚀、高绝缘等特殊性能的含氟、含硅新型材料。

在医学、农业等方面,1963年,上海市第六人民医院的骨科主治医师陈中伟、外科副主任医师钱允庆等成功施行国内首创、世界罕见的断手再植手术,术后病人的手既能写字,又能拎物,并重返原生产单位。断手再植手术的成功为我国创伤外科和肢体移植手术提供了有益的经验,周恩来称赞它是一项具有重大意义的创造性工作。此外,上海科研人员将针刺麻醉成功应用于扁桃体切除手术、肺切除手术,并首次研制成人工心肺机,成功分离出麻疹病毒株,试制成减毒活疫苗,还研制并推广生产口服避孕药、新型抗生素等新药。为推动农业发展,上海研究并推广农作物合理密植、蓖麻蚕驯化培育、家鱼人工繁殖、化学除草剂等理论、方法和技术，确保了农作物的正常生长发育和农副产品产量的提高。

在基础理论研究方面，1961年，朱洗培育成功世界上第一批“没有外祖父的癞蛤蟆”。1965年9月，在王应睐领导下，由钮经义、汪猷等中国科学院上海生物化学研究所、北京大学化学系和中科院上海有机化学研究所的科研人员经过7年的努力，在世界上首次用人工的方法合成了具有高度生物活性的结晶牛胰岛素。这表明中国在多肽和蛋白质合成方面的科学技术位居世界先进地位，它加速了与胰岛素有关激素的研究和应用。

截至1965年，上海共取得170多项重大科技成果，开拓一批新兴科学技术领域，突破一批国防尖端技术，逐步掌握和应用二战后发展起来的新技术、新工艺、新材料和新设备，有些方面已经接近和赶上世界先进水平，个别重要领域还创造了超过世界先进水平的成绩。科技成果的推广和应用促进了上海工业、农业、医药卫生、城市建设、交通运输、邮电通信的发展，促进了我国经济建设和国防事业的发展，为我国综合国力、国际地位的提升作出了重要贡献。

科学技术事业的蓬勃发展，培养和造就了一批具有较高科技水平的人才。到1965年，上海的科研机构已经从1956年时的29家发展到88家（中央的52家，地方的36家），拥有科研人员11748人；全市自然科学技术队伍也从1956年的4.7万人发展到15.7万人，增长234%。

这一时期科技事业的发展，使上海初步形成了能适应当时经济建设需要的科研体系，为我国赶超世界先进科学技术水平打下了扎实的基础，上海初步成为我国先进的科学技术基地之一。

三、支援三线建设

在三年国民经济继续调整的后期，美国对越南北方侵略战争的逐步扩大。我国周边形势日趋紧张局面的形成，导致我国经济建设的战略重点发生了向战备倾斜的重大转变。1964年秋，党中央作出了开展三线建设[①]、加强备战的重大战略部署，并于10月下发《一九六五年计划纲要（草案）》，提出用多快好省的方法，在纵深地区建立起一个工农业结合的、为国防和农业服务的比较完整的战略后方基地的三线建设总目标。1964下半年到1965年，在西南、西北三线部署300多个新建、扩建和续建的大中型项目。

上海作为沿海城市和最大的工业城市，担负起支援建设战略后方的重任。国家和有关主管部门先后给上海下达342个搬迁项目，涉及458个工厂。这些项目，大部分是国防军工、基础工业和短线产品，关系到几个主要行业。

面对艰巨的搬迁任务，市委提出：要采取最坚决的态度，下最大的决心，凡是需要搬到第三线、第二线的都应当搬，要什么搬什么，要多少搬多少，要积极搬，赶快搬，至少要搬走一半或者更多一些。1964年10月，市委召开全市负责干部会议，动员全市各行各业大力支援内地建设。会后，上海市冶金工业局、上海市机电工业局制订相应计划，承担包建一批内地工厂企业及其他工程的任务，部分工厂开始内迁。上海正式启动支援全国大三线建设搬迁工厂的工作。

1965年，搬迁工作进入实质性实施阶段。上海首先选择上海动力机制造厂作为搬迁试点厂，及时总结该厂有计划地组织政治动员工作、搬迁准备工作、恢复生产、设备拆运工作和做好留沪家属工作等搬迁经验，通过采取以点带面的办法，推动全市搬迁工作的顺利开展。至年底，上海共完成搬迁47家工厂和2家建筑工程公司，职工1万余人。

为加强对支援内地建设工作的领导，1966年3月，市委成立支援内地建设工作领导小组和办公室。各有关工业局也建立搬迁办公室，负责统筹规划、检查督促、研究政策、解决矛盾，并组织工作队到批准内迁的企业去蹲点帮助工作。截至当年8月底，上海共迁出工厂100家，职工19631人，设备12858台；分别占国家计划的49%、43%和70.7%。上述

① 1964年五六月间，毛泽东从经济建设和国防建设的战略布局考虑，将全国划分为一、二、三线。其中：一线指东北及沿海各省市；三线指云、贵、川、陕、甘、宁、青、晋西、豫西、鄂西、湘西等11个省区，其中西南（云、贵、川）和西北（陕、甘、宁、青）俗称大三线；二线是指一、三线之间的中间地区；一、二线地区各自的腹地又俗称小三线。

企业先后迁往西南和西北地区。

搬迁的方式,除少数属于军工生产和军工配套的企业或车间实行整体搬迁外,大部分搬迁厂主要采取一分为二的形式,即内迁部分人员、设备参加三线建设,同时保留原厂的生产能力,完成当时承担的生产任务。为了切实做好搬迁工作,按照市委“积极搬迁,搬而不乱”的要求,有内迁任务的工厂一般都采取在统一领导下,分两条线进行,做到不顾此失彼。同时,主动做好衔接工作,既不拖后腿、影响内迁进度,也不在条件尚未具备的情况下,过早地停止生产进行搬迁,造成不必要的窝工浪费。在人员和设备的安排上,上海以优先满足三线建设需要为原则,按产品和工种,选择配备觉悟高、技术好的管理干部、技术人员和生产工人配套成班地支援内地新厂;从工夹模具、量刃具、通用设备、专用设备一直到各工种测试检验设备,尽量以好的设备成套带去内地。列入迁出工厂产品名单的还有机电、仪表、冶金、化工、纺织、轻工等工业最新研制的真空设备、精密金属切削设备等新产品。

内迁的大部分单位在到达内地以后一般一个月左右就投入生产,最快的如上海活塞厂、大中华汽车材料厂不到一个月即投入生产。不仅如此,产品质量也大都保持或超过了在上海时的水平。与此同时,分迁后留在上海的工厂发动广大职工挖潜力,围绕生产关键和薄弱环节搞革新,填补设备缺口,大力培养新生力量,迅速恢复了生产,提前完成年度生产计划。据统计,到 1966 年 10 月,分迁后留在上海的工厂中 90% 已恢复到了搬迁前的生产水平,有些还超过搬迁前的生产能力,实现了搬迁、生产两促进。

“文化大革命”爆发后,内迁工作受其影响,一度无法正常进行。内迁大三线地区各厂的干部、职工以国家利益为重,克服个人困难,奔赴内地参加新厂建设。这部分内迁工厂,对于改善我国国民经济布局、促进中西部落后地区的经济社会发展、提高我国的国防能力具有重要意义。

除动员内迁工厂企业的干部职工参加内地建设外,市委根据党中央的指示精神,有计划、有步骤地动员一部分有条件的人上山下乡,支援外省市建设。数万名知识青年积极响应党“到农村去,到边疆去,到祖国最需要的地方去”的号召，报名上山下乡，支援农村第一线、支援边疆建设。1964年到1965年，支援各地工农业建设的技术员工和一般劳动力达10多万人，其中组织去新疆参加建设的青年共有4万多人。

第四节　各项事业成就显著

上海市委在团结带领全市人民开展社会主义建设的过程中，注重从精神和物质两方面改善人民生活，推动各项社会事业取得显著成就。

一、弘扬社会主义新风尚

为调动全市人民开展社会主义建设的积极性和创造性，上海市委注重用先进人物和先进事迹引导教育广大人民群众，营造良好的社会氛围。

上海要顺利推进社会主义建设事业，必须处理好中央和地方的关系、全局和局部的关系。市委提出上海要牢固树立全国一盘棋的思想，要把党和国家的需要放在第一位，自觉地、积极地服从国家建设的需要。市委认为在支援全国的建设事业中，上海担负着十分光荣而重大的责任，完成国家计划是上海人民的最高利益，也是上海人民应尽的责任。凡是全国建设需要，我们有可能做到的，都应该千方百计地去做，尽一切力量来满足国家建设日益发展的要求；凡是国家分配给上海的任务，上海都要积极承担起来，克服困难，保证完成。同时，市委强调在办一切事业的时候，要发扬自力更生的精神，凡是有条件能够办的事情，要坚决依靠群众千方百计地去办；要坚持增产节约、勤俭建国的方针，广大干部和群众要以国家主人翁的态度，自觉地爱护国家财产，合理使用各种资源，反对铺张浪费的作风。

为了使先进的思想为广大人民所掌握，并成为他们建设社会主义的内在推动力，全市各级党组织注意抓典型，树标兵，运用先进典型来教育和引导全体人民，倡导先进生产者与普通生产者“互相学习，互相帮助，取长补短，共同提高”的风气。1958年8月，市委树立了工业战线上的“八面红旗”，号召全市各条战线开展比思想、比作风、比智慧、比干劲的社会主义竞赛。1959年7月，《解放日报》刊登通讯《南京路上好八连》，发表社论《人民解放军的光荣，上海人民学习的榜样！》，介绍这支在战火中英勇奋斗的队伍，在和平环境里保持艰苦奋斗的传统，“身居闹市、一尘不染”，乐于为人民做好事的先进事迹，号召全市人民向南京路上好八连学习。1963年4月25日，国防部发布命令授予上海警卫团三营八连“南京路上好八连”的荣誉称号后，市委号召全市人民向好八连学习。8月，毛泽东还亲自为八连题写了《八连颂》。1963年3月5日，毛泽东题词“向雷锋同志学习”后，上海全市广泛开展了宣传和学习雷锋和好八连的活动。1964年，党中央发出“工业学大庆，农业学大寨，全国学人民解放军”的号召后，市委要求结合比学赶帮超活动和增产节约运动，认真学习外省、外区、外单位的先进经验，特别要学习人民解放军的“四个第一”“三八作风”的政治思想工作的经验，学习中央石油工业部等先进部门的企业政治工作的经验，不断提高企业的管理水平和工作水平及群众的自觉性，使每个企业、单位都力争成为“五好”集体，使每个职工都力争成为“五好”职工，使人民公社的每个社队都力争成为“四好”社、队，每个社员都力争成为“六好”社员[①]。1966年，市委发出向焦裕禄同志学习的通知。

通过各级党组织经常性的思想教育和各类学先进活动的开展，上海广大党员干部和工农群众的政治思想觉悟迅速提高。在社会主义建设事业进展顺利的时候，他们意气风发，奋发图强，忘我劳动，大力开展社会主义建设；在国民经济暂时困难的时候，他们顾大局、识大体，主动帮助国家承担困难，并积极为战胜困难而斗争，经受住了考验。

具有光荣传统的上海工人阶级，为了赶超世界先进水平的目标，破

① “五好”集体：政治工作好，计划完成好，企业管理好，生活管理好，干部作风好；“五好”职工：政治思想好，完成任务好，遵守纪律好，经常学习好，团结互助好；“四好”社、队：执行党的政策、遵守国家法令好，民主办社（队）、勤俭办社（队）好，发展集体生产、增产增收好，积极支援国家建设好；“六好”社员：政治思想好，遵守政策法令好，集体劳动好，团结互助好，爱护公共财物好，勤俭持家好。

除迷信，解放思想，发扬自力更生的精神，为技术革新、创造发明而废寝忘食，刻苦钻研，许多人都成了“革新迷”，创造、革新，一时成为时代风气；在国民经济遭遇困难时，上海工人阶级为了完成国家计划，主动帮助国家承担困难，牺牲小家为大家。在资金、设备有限的情况下，他们自觉服从国家要求，发扬艰苦朴素、勤俭建国的精神，积极从各方面挖掘潜力，做到少花钱、多办事，不花钱、也办事。在协作攻关、协作生产时，他们争挑重担、甘当配角，时刻“把困难留给自己，把方便留给别人”，表现出无私的共产主义协作精神。他们相互学习，共同提高。在爱国、创业、求实、奉献的大庆精神（铁人精神）的感召下，他们坚持好字当头，注重提高产品质量、增加产品品种，并争创出上海嘉丰棉纺织厂、上海机床厂等一批大庆式的先进企业。

郊区农村人民公社社员，他们学习大寨人依靠集体力量，发扬自力更生、发愤图强、艰苦奋斗的革命精神，顽强地与各种自然灾害作斗争，改造低产田，变革耕作技术，努力改变生产条件，建设高产稳产田，增产各种农副产品，确保城市供应。

在科学文教战线上，一大批科技人员把个人理想与祖国命运紧紧联系在一起，把个人志向与民族振兴紧紧联系在一起。他们迎难而上，为“两弹”的研制放弃原先熟悉的专业，孜孜不倦地攻钻科学难关；勇于突破禁区，抢救成功许多病人的生命。在攻坚克难的科研和医疗实践中，他们形成了热爱祖国、无私奉献、自力更生、艰苦奋斗、大力协同、勇于攀登的“两弹一星”精神，铸就了爱国、创新、求实、奉献、协同、育人的科学家精神。中科院上海生物化学研究所的彭加木坚持到祖国边疆发展科学事业，并因与病魔斗争的顽强意志和“甘当铺路石子”的精神受到市委的大力表彰，被树为全市党员的标兵。

雷锋和好八连感人的先进事迹，深深影响着上海人民。在职工家属、街道里弄居民中，新人新事不断涌现，勤俭节约、团结互助等新的道德风尚大为发扬，许多地方破旧习，立新风，扶老携幼，助人为乐，爱护公物，拾金不昧的事迹层出不穷。做毛主席的好学生，做雷锋式的好战士，成为青少年的行动口号和奋斗目标。他们见义勇为，热心做好事，道德品质不断提高。

上海的党员、干部，特别是领导干部，以焦裕禄同志为榜样，学习他亲民爱民、艰苦奋斗、科学求实、迎难而上、无私奉献的精神，加强政治理论学习，克服畏难情绪，转变工作作风，深入实际调查研究，走群众路线，将工作做深做细做实，切实解决工作面临的各种问题。

思想政治教育和学习先进模范活动的开展，提高了全市人民的思想觉悟，在全社会营造了团结向上、积极进取、互帮互助的社会氛围，发扬了独立自主、自力更生、艰苦奋斗的精神，弘扬了社会主义思想道德新风尚，激励全市人民为建设社会主义而努力奋斗。

二、城市基础设施的发展

市委、市人委继续贯彻市政建设为生产服务，为劳动人民服务的方针，改善城市基础设施。

随着工业的快速发展，特别是卫星城和近郊工业区的建设，上海城市基础设施建设的重点转向与卫星城镇和近郊工业区建设相配套的道路等市政工程设施。修建市区与各卫星城镇、近郊工业区之间的联系道路，如连接市区与闵行卫星城的沪闵路，与吴泾卫星城的龙吴路，与北部吴淞、蕰藻浜、彭浦等工业区的共和新路、逸仙路、同济路，与位于西北部的嘉定、安亭卫星城的曹安路等。新建和改建了 209 座桥梁，绝大部分是新型的钢筋混凝土桥。在 1958 年至 1960 年新建、改建的 445 公里道路中，2/3 是直接配合卫星城和近郊工业区建设的。卫星城和近郊工业区内部也陆续新建一批道路。

为适应市内交通运输不断增长的需要，减轻中心城区交通拥挤程度，上海自 1959 年 8 月开始建设中山环路，并拓宽拉直市中心的南京路、北京路等干道的瓶颈路段。在修建中山环路过程中，市委、市人委领导审定了改建工程方案，并指示从市属单位抽调技术骨干派往有关区，参加市政工程建设的组织实施。虹口、闸北、普陀、长宁、徐汇 5 个区分别组成筑路指挥部，动员当地居民万余人配合市政工人分段施工。到 1960 年，完成中山环路第一期工程，全长 21 公里的中山北路、中山西路和中山南二路，除局部路段外，全部筑成宽达 35 米的水泥混凝土路面，成为环绕市中心区的中山环路。与此同时，在郊县改建和新建从吴淞经宝山、嘉定、青浦、松江、奉贤到川沙县的公路，形成全市环线公路的雏形。由此，全市道路初步形成以中山环路为起点，郊县的环线公路和多条干道向外辐射伸展相结合的道路系统。

在国民经济调整时期，国家压缩基建投资，市政工程项目被大量削减。1963 年后，随着经济形势的好转，上海有重点进行市政基本建设工程，一些关系到城市防汛和人民生活急需的工程，被列入计划，逐步付诸实施。

防汛设施是上海城市基础设施建设中相对比较薄弱的环节。1962 年 8 月 2 日，受强台风和高潮位的双重袭击，黄浦江、苏州河沿岸局部防汛墙被船只撞坏，造成江水漫溢。为防止江水倒灌入市区，在 1963 年和 1964 年两年中加高、加固防洪墙 30 多公里，改建 10 公里的驳岸，外滩防汛墙墙顶标高定为 5.20 米，增强防汛抗灾能力。同时，为防止全市积水，这一时期上海在杨浦、普陀、闸北、虹口等区的严重积水地区埋设下水道，新建泵站，并对全市下水管道进行疏浚，在一定程度改善这些地区的积水问题。

工业的迅速发展使工厂抽用地下水急剧增加，导致上海地面沉降速度加快，在市区和近郊区形成洼地，海水倒灌，建筑物开裂，地下管道错断。为了解决这一问题，上海于 1961 年 9 月成立地面沉降研究小组，开展防控工作。1965 年，根据市委、市人委决定，采取封存部分深水井、人工回灌水等措施控制上海地面沉降，至 1966 年，全市地面沉降得到控制并平均回升 6 毫米。

为改变交通拥堵、人流拥挤的状况，上海对市区道路进行维修和改建。拆除南京东路的有轨电车轨道，装设行驶无轨电车的设备；配合虹桥机场的建设，整修虹桥路、延安西路和延安中路；拓宽控江路、大连路和天目路等苏州河以北的东西向干道。还新建和改建青平公路、沪宜公路等郊区公路。为了加强对全市道路的管理，市人委分别在 1962 年和 1964 年颁布《上海市郊区公路管理暂行办法》和《上海市管理城市道路桥梁暂行办法》。

此外，1963 年至 1965 年，上海继续开展隧道工程设计、施工的试验研究，采用盾构法进行地铁隧道试验工程。经过充分准备，结合战备需要,于 1965 年 6 月开始兴建平战结合的打浦路越江隧道。

城市基础设施的完善,既促进了全市生产的发展,更好保护国家和人民的财产安全,也方便了人民群众的日常生活。

三、改善人民生活

随着国民经济形势的逐步好转,市委、市人委积极开辟新的就业渠道,解决人民群众的就业问题。从 1963 年起,市全民所有制单位开始从城镇待业人员中招收人员,街道、里弄兴办的生产、生活服务事业单位也陆续吸收安置一批妇女和青年。至 1965 年底,全市职工总数扩大到 271.2 万人,比 1957 年增加 59.9 万人。在增加就业人数的同时,上海还通过调整部分职工的工资,提高了职工群众的收入水平。为保证和丰富人民群众的基本生活需求,市委、市人委积极采取措施完善市场供应,可供商品日渐丰富,消费品零售量逐年增长。1965 年,全市社会商品零售总额比 1957 年增长 11.2%。物价在稳定的基础上也有所下降,到 1965 年初,除部分香烟和针织品外,大部分高价商品都已改为平价供应。1965 年的消费品零售价格指数比 1962 年下降了 1.3 个百分点。

为改善人民群众的住房条件,市委、市人委于 1958 年提出住宅建设“必须坚决贯彻两条腿走路的方针”,既要大量新建住宅,又要对旧住宅进行改造。60 年代初,又进一步提出市区住宅建设,应结合棚户改造的要求,棚户简屋和危房的改造被摆上重要位置,逐步进入统一规划、成片改造的阶段。通过建设一批新居住区,到 1965 年,全市居民新村从 1959 年 34 个扩展到 70 多个,有 80 多万人搬进了新建住宅。同时,以蕃瓜弄棚户区改造为试点,积极展开以街坊为单位的旧房改造。当时的主要做法是结合工业、文教建设和重大市政建设,拆除棚户简屋,易地安置居民,开辟住宅建设基地。各区采取国家投资与发动群众自筹相结合的办法,即国家在技术、材料和用地方面给予帮助,改造资金由棚户居民负担,从而加快了成片改造步伐。对尚未进行改建的棚户区,继续通过埋设下水管、铺设新道路、填没臭水浜塘等,适当改善了这部分职工和家属的居住条件和居住环境。

在改善人民群众住房条件的同时,与人民生活密切相关的自来水、煤气、公共交通等城市公用事业也有不同程度的发展，为人民群众日常生活提供更多便利。如1958年到1960年，城市公用事业投资比第一个五年计划期间投资总和增长1.5倍。通过在市区继续改造输水管网，增设公共给水站，在郊区城镇新建和扩建了简易水厂等方式，改善居民生活用水；继续增加公交车辆和新辟公共交通线路，为市民出行提供便利。

除改善人民群众物质生活条件外，上海大力发展文化教育事业，提高人民群众的文化生活质量。到1965年，全市各级各类学校和在校学生都有很大增加。与1957年相比，高等院校由18所增至24所，在校学生由3.87万人增至5.2万人；普通中学由340所增至519所，在校学生由36.73万人增至64.07万人；小学由3497所增至5228所，在校学生由124.48万人增至207.92万人。1958年到1965年，上海累计拍摄252部故事片、艺术性纪录片和戏曲艺术片，97部美术片和257部译制外国故事片。同时，上海增加了公共图书馆、文化馆、电影放映单位和工人俱乐部，组建了业余文工团进行创作、演出，开展讲故事活动；在郊区农村也架设广播专用线，各县人民公社建立广播站，生产大队设广播放大站，田间架起高音喇叭；促进各项社会事业的发展，丰富了人民群众的文化生活。

1956年到1966年，在这个艰辛探索和积极进取的年代，上海市委、市人委在中共中央的坚强领导下，在全国人民的大力支援下，团结带领全市人民认真贯彻党的各项方针政策，发扬自力更生、艰苦奋斗、团结协作的精神，开展全面的、大规模的社会主义建设，全面调整国民经济，克服了"大跃进"和人民公社化运动带来的严重困难局面，把上海初步建设成为我国先进的工业和科学技术基地，推动了我国的工业化建设，为建立独立的、比较完整的工业体系和国民经济体系发挥了重要作用，为增强我国的综合国力和提高我国的国际地位作出了重要贡献，为上海开展社会主义现代化建设积累了重要的物质技术基础、人才队伍和宝贵经验。同时，这一时期，在党的"左"的思想指导下，上海在"四清"运动中出现的过火做法，在意识形态领域方面持续进行的批判，为日后"文化大革命"的爆发埋下了伏笔。

第 三 编

“文化大革命”内乱和社会主义建设的曲折发展

（1966 年 5 月—1976 年 10 月）

在市委领导下，全市党员干部群众团结一致，顺利完成了各项调整任务，“两个基地”建设初见成效，迎来了“三五”计划的贯彻实施。正当全市人民满怀信心，为完成党中央赋予的各项社会主义建设任务而努力奋斗之时，“文化大革命”爆发了。

1966 年 5 月至 1976 年 10 月，历经十年之久的“文化大革命”是一场由领导者错误发动，被反革命集团利用，给党、国家和各族人民带来严重灾难的内乱，使党、国家和人民遭到新中国成立以来最严重的挫折和损失。上海也深陷其中，饱受劫难。在造反夺权、打倒一切的全面内乱中，各级党政领导机构陷于瘫痪，中华人民共和国成立 17 年来建立的党的领导体制、工作运行机制被颠覆，经济、社会发展秩序混乱。张春桥和姚文元、王洪文同江青结为反革命集团，对“左”倾错误推波助澜。他们把上海作为其篡夺党和国家最高权力的重要基地，进行了大量祸国殃民的罪恶活动，使上海成为“文化大革命”的重灾区。

“文化大革命”十年间，在极其艰难的情况下，全市广大党员干部群众对“左”倾错误和极左思潮进行了不同程度、不同形式的抵制和抗争，使“文化大革命”的破坏受到一定的限制，上海的社会主义建设在曲折中仍然取得一定的进展。这些努力也为结束“文化大革命”奠定了广泛而深厚的群众基础。

第十三章

从“文化大革命”的发动到革命委员会的建立

在思想文化领域里的“左”倾错误批判不断升级的背景下，上海《文汇报》发表的《评新编历史剧〈海瑞罢官〉》，成为“文化大革命”的导火线。经过两次中央会议，“文化大革命”开始全面发动起来。运动之初，上海市委虽然对中央发动“文化大革命”缺乏充分认识，但依然认真贯彻执行中央部署，并力图将运动置于市委的领导下。然而，随着混乱的不断升级，各种突发事件的出现，导致全市各级党政机关逐渐陷于瘫痪。“一月夺权”风暴掀起后，全市党政领导权被造反派组织夺取。

第一节 “文化大革命”序幕在上海揭开

“文化大革命”之所以被冠以“文化”二字，是因为它由文化领域的批判开始。《评新编历史剧〈海瑞罢官〉》在上海发表，以及随之而来的在文艺学术领域里的批判运动，揭开了“文化大革命”运动的序幕。

一、《评新编历史剧〈海瑞罢官〉》的发表

“文化大革命”的发生，有着复杂而深刻的国际国内的社会历史原

因。一方面，新中国成立后，严峻的外部环境对党作出判断和决策产生重要影响。西方敌对势力的长期军事威胁、经济封锁、“和平演变”的企图，以及苏联在中苏关系恶化后给中国施加的巨大压力，都让毛泽东对如何保证社会主义政权不改变颜色而深深忧虑。另一方面，党对在一个贫穷落后的国家如何建设社会主义缺乏经验和思想准备，在分析和处理国内新的矛盾时，往往沿用过去战争年代开展阶级斗争和大规模群众运动的经验。从 1962 年起，毛泽东把党内如何建设社会主义的认识分歧，误判为两个阶级、两条路线的斗争，甚至逐渐得出各个领域都面临着资产阶级复辟危险的结论。这种错误判断给了江青等党内一些野心家兴风作浪的可乘之机。作为引发“文化大革命”的导火线，《评新编历史剧〈海瑞罢官〉》（简称《评〈海罢〉》）正是在这种形势下发表的。

《海瑞罢官》是北京市副市长、明史专家吴晗写的京剧剧本。早在党的八届七中全会期间，毛泽东提出要学习明朝清官海瑞刚正不阿、冒死上谏的精神。此后，吴晗受邀写出《海瑞罢官》剧本。该剧用艺术手法再现了海瑞任应天府巡抚时除霸退田的事迹，上演后受到观众喜爱。而担任毛泽东秘书的江青却认为，该剧存在严重的政治错误，应该停止演出，进行批判。1965 年 2 月，她试图在北京组织对《海瑞罢官》的批判遭到婉拒后，来到上海寻求支持，与中共上海市委书记处候补书记张春桥（1965 年 3 月后为书记处书记）等人共同策划，由《解放日报》编委、上海市委写作组成员姚文元执笔，撰写批判《海瑞罢官》的文章。

整个写作活动是在秘密状态下进行的。定稿之前，除毛泽东之外的所有中央政治局常委和绝大多数政治局委员都未曾与闻。1965 年 11 月 10 日，历时九个月、十一易其稿的《评〈海罢〉》在上海《文汇报》发表。文章毫无根据地将剧中的“退田”和“平冤狱”等情节，同中共八届十中全会批判的“单干风”“翻案风”联系起来，称“‘退田’‘平冤狱’就是当时资产阶级反对无产阶级专政和社会主义革命的斗争焦点”，猛烈攻击《海瑞罢官》就是这种阶级斗争的一种反映。

《评〈海罢〉》的发表，由于实际上涉及几年来中央领导层在许多重大政策问题上的不同意见，攻击的矛头并不仅限于吴晗，客观形成了一种政治上的敏感态势。在《评〈海罢〉》发表的十多天里，北京和全国大多数地区的报刊未作转载。随后,毛泽东提出由上海将《评〈海罢〉》出小册子,向全国发行。各地报纸随之纷纷转载。经周恩来指示,《人民日报》在11月30日第五版“学术研究”专刊上转载该文时,在按语中强调要作为学术问题讨论。文章也引起了理论界、史学界和文艺界广大知识分子的普遍反感。江青、张春桥等人利用《文汇报》围绕该文发动了一场“大辩论”,要求报社收集京沪两地各界知识分子特别是知名人士的反映。一时间,大量反对该文的来信来稿纷至沓来。人们普遍认为该文把海瑞戏与要拆人民公社的台等挂钩是牵强附会,批评姚文元“清官比贪官更坏”的观点,指出姚说“吴晗反党反社会主义”是莫须有的罪名。

毛泽东认为:《海瑞罢官》的要害问题是“罢官”,1959年我们罢了彭德怀的官,彭德怀也是“海瑞”。这使对《海瑞罢官》的批判带上更为严重的政治色彩。此后,对《海瑞罢官》的批判逐渐演变为在史学界、文艺界、哲学界等社会科学领域进行全面的上纲上线的揭批活动,同时全国工农商学各界也开展了群众性批判活动。

二、率先开展对“三家村”的批判

1966年2月初,中央文化革命五人小组①向中央政治局常委汇报了《关于当前学术讨论的汇报提纲》(后被称为“二月提纲”),试图对《评〈海罢〉》发表以来越来越明显的政治批判的倾向加以适当约束,引导运动在学术讨论的范围内进行。不久,“二月提纲”作为中共中央文件转发全党,反映了党内相当多数同志对思想文化领域的批判运动所持的慎重态度,但江青等人却对此极为不满。

与此同时,2月2日至20日,在军队中不担任任何职务的江青在取得中央军委副主席、国防部长林彪的支持后,再次来到上海,在锦江饭店小礼堂主持召开部队文艺工作座谈会。张春桥参加了座谈会部分活动,

---

① 中央文化革命五人小组,是根据毛泽东的提议于1964年7月成立的,任务是负责领导有关方面贯彻执行中央和毛泽东有关文学艺术和哲学社会科学问题的指示。中央政治局委员、书记处书记、北京市委第一书记、市长彭真任组长。

并直接参与起草会议纪要。4月10日，中共中央将《林彪同志委托江青同志召开的部队文艺工作座谈会纪要》批发全党。这个座谈会的《纪要》全盘否定新中国成立以来党领导的文艺工作的巨大成绩，认定文艺界被一条“反党反社会主义的黑线专了我们的政”，号召要“坚决进行一场文化战线上的社会主义大革命”。3月28日至30日，毛泽东在上海连续找江青、康生等人谈话，指责“二月提纲”混淆阶级界限，不分是非，是错误的；指责中央宣传部不支持“左派”，并说再不支持就解散五人小组、中央宣传部、北京市委①。此后，对《海瑞罢官》的批判，迅速发展为对“二月提纲”、北京市委和中央宣传部的批判。

在江青等人的组织和策划下，对吴晗和《海瑞罢官》的批判势头越来越猛烈，进一步牵连到中共北京市委书记处书记邓拓和北京市委统战部部长廖沫沙，以及北京市委理论刊物《前线》和《北京晚报》。吴晗、邓拓、廖沫沙合写的《三家村札记》被说成是反党反社会主义的“毒草”。1966年5月8日，《解放军报》和《光明日报》分别发表署名文章，把矛头指向北京市委，污蔑邓拓、吴晗、廖沫沙把《前线》和《北京晚报》作为反党的工具，“猖狂地向党向社会主义进攻”。5月10日，上海《解放日报》和《文汇报》头版刊登了姚文元的文章《评“三家村”——〈燕山夜话〉〈三家村札记〉的反动本质》，作为南北呼应。文章指责邓拓、吴晗、廖沫沙的文章是“经过精心策划的、有目的、有计划、有组织的一场反党反社会主义的大进攻”，宣称要扫涤“三家村”在新闻、教育、文化、学术界中的“赞赏者”和“追随者”。当时，上海市委对姚文元文章中挖根究底的提法并不同意，这后来就成为主持市委工作的上海市委书记处书记、市长曹荻秋的一条罪名。5月11日，全国各报刊奉命转载这篇文章。全国各地也纷纷展开了批判所谓“黑店”“黑帮”，挖大大小小“三家村”的斗争。《解放日报》从5月11日起连续发表一批批判邓拓等人和电影《红日》《兵临城下》《抓壮丁》《舞台姐妹》的文章。

5月4日至26日，中共中央政治局扩大会议在北京召开。在党内

① 中共中央党史和文献研究院编：《毛泽东年谱》第8卷，中央文献出版社2023年版，第572—573页。

政治生活遭到破坏的情况下，会议于5月16日通过了由陈伯达、张春桥等在上海起草的《中国共产党中央委员会通知》（即“五一六通知”）。“五一六通知”对“二月提纲”进行了全面批判，并指出“混进党里、政府里、军队里和各种文化界的资产阶级代表人物，是一批反革命的修正主义分子，一旦时机成熟，他们就会要夺取政权，由无产阶级专政变为资产阶级专政”。会议决定撤销原来的文化革命五人小组，重新设立中央文化革命小组（简称中央文革小组），陈伯达任组长，康生为顾问，江青任第一副组长。自《评〈海罢〉》以来一直追随江青的张春桥、姚文元分别担任副组长和组员。中央文革小组实际上逐步成为不受中央政治局约束的、直接指挥“文化大革命”的领导机构。这次中央政治局扩大会议是“文化大革命”正式发动的标志，“五一六通知”是发动“文化大革命”的纲领性文件。会后，“文化大革命”异常迅猛地开展起来。

第二节　全市内乱局面的形成与控制局面的努力

“文化大革命”正式发动后出现的一系列非常事件致使运动迅速升温。在较短时间内，学生造反组织蜂拥而起，红卫兵运动波及上海，一些党政机关也受到冲击，社会动乱开始出现。

一、文教系统的大批判

1966年6月1日，新华社全文播发了北京大学哲学系党总支书记聂元梓等人在校园公开贴出批判北京大学党委和北京市委的后来被称作“全国第一张马列主义的大字报”。同日，《人民日报》发表社论《横扫一切牛鬼蛇神》，号召打倒“在思想文化阵地上的大量牛鬼蛇神”。此后，《人民日报》《解放军报》和《红旗》杂志（合称中央“两报一刊”）连续推出社论、重要报道和文章，声势浩大地号召造反。上海均于当天广播，次日于《解放日报》《文汇报》头版加以转载，这些举措在全市引起强烈反响。

大批判首先在大、中学校掀起。各种形式的批判会、声讨会以及铺天盖地的大字报、大标语泛滥开来。学生造反的“革命行动”开始在学校内出现。当时,华东师范大学部分学生贴出指责校党委书记的大字报,上海科技大学部分师生贴出指责市科委和校党委的大字报。这是本市高校中最早将矛头指向基层单位党组织及其负责人的大字报。随后,同济大学、上海交通大学、复旦大学也相继出现揭发校党委和党委书记的大字报。然而,各高校的绝大部分师生相信党委基本是正确的,贴出许多不同意见的大字报。一时间,以对党委的态度为分水岭,形成了拥护党委领导的“多数派”与反对党委领导的“少数派”。也有一些学校的大批判迅速升级为对校领导和教师的批斗,导致正常的教学秩序难以维持,校内开始出现无政府状态。与此同时,机关、科研机构、工厂、商店、农村也不同程度地开展揭发和批判运动,并出现了少数造反派。

为贯彻中央精神,6 月 2 日,市委成立文化革命小组,张春桥兼任组长。各部、委、办,区、县、局,大专院校、科研所等也普遍成立领导小组,要求在各单位党组、党委领导下开展运动。当月,市委召开全市十七级以上党员干部(包括基层党支部书记)“文化大革命”万人动员大会。会上对贺绿汀、周信芳、李俊民、周谷城、李平心等八位文化领域内的权威人士进行点名批判。《解放日报》和《文汇报》随即对他们展开错误批判。

8 月 1 日至 12 日,中共八届十一中全会在北京举行。全会通过了《中国共产党中央委员会关于无产阶级大革命的决定》(简称“十六条”),对“文化大革命”的目的、重点、依靠力量、方法等作出了规定:这次运动的目的是“斗垮走资本主义道路的当权派,批判资产阶级的反动学术‘权威’,批判资产阶级和一切剥削阶级的意识形态,改革教育,改革文艺,改革一切不适应社会主义经济基础的上层建筑,以利于巩固和发展社会主义制度”;这次运动的重点是“整党内那些走资本主义道路的当权派”;对于“文化大革命”如何进行,“十六条”中明确要求要“敢”字当头,不要怕出乱子,要充分运用大字报、大辩论这些形式,进行大鸣大放,等等。

“十六条”同“五一六通知”一样,没有对“走资派”“左派”“右派”这些概念提出明确的判别标准,没有对如何实现党的领导作出具体规定。虽然它也提出要区别两类不同性质的社会矛盾等,但这些原则性规定在后来的运动中无法落实,也从未被遵守,照此办理的反被指责为“不准革命”,是“资产阶级反动路线”;而那些具有很大任意性的概念和助长过火斗争的内容,却在很大范围内激化了盲目的造反行动和严重的社会动乱。这次中央全会通过的“十六条”等决定,在党内完成了发动“文化大革命”的法定程序[①]。此后,上海也同全国一样,运动急遽升温。

8 月 8 日晚,中央人民广播电台全文广播“十六条”。当晚,上海街头出现了络绎不绝、情绪激昂的游行队伍。运动开始走向公开的、自下而上的、大规模的政治斗争。同时,乱揪乱斗现象呈愈演愈烈之势。8 月 5 日,复旦大学校园内刮起所谓“斗鬼风”。三天内,有近 50 名专家与干部被作为“牛鬼蛇神”“走资派”戴上高帽,遭到肆意侮辱揪斗。此后,“斗鬼风”迅速蔓延到各高校和中学。文教领域的批斗甚至还出现向工业生产领域蔓延的趋势。市委和有关单位力图加以约束和引导,但收效甚微。

二、红卫兵破“四旧”和“大串连”

1966 年 5 月底,北京清华大学附属中学的一些学生自发集会,成立了一个名为“红卫兵”(即“保卫红色政权的卫兵”)的学生造反组织。在党的八届十一中全会召开当天,毛泽东写信给清华大学附属中学红卫兵,对他们的造反精神表示支持。这封信和 8 月 5 日毛泽东写的《炮打司令部——我的一张大字报》,通过各种渠道传到上海后,同月 11 日,复旦大学出现全市第一个以“红卫兵”命名的学生造反组织——红卫兵战斗组。紧接着,上海交通大学、同济大学、华东师范大学等十余所高校均相继成立红卫兵组织。8 月 18 日,毛泽东在天安门城楼上首次

---

① 中共中央党史和文献研究院著:《中国共产党的一百年》(社会主义革命和建设时期),中共党史出版社 2022 年版,第 558 页。

接见了来自全国各地的百万群众和红卫兵，从此，红卫兵运动迅速席卷全国。在这样的背景下，上海的红卫兵组织也一哄而起，最多时达5340多个。

上海红卫兵运动第一个高潮是响应号召破“四旧”，即破除“十六条”中所说的“剥削阶级”的“旧思想、旧文化、旧风俗、旧习惯”。当时在北京红卫兵开展破“四旧”行动和《人民日报》为此发表社论《好得很！》的影响下，上海各大、中学校红卫兵从学校走上街头。他们出于对毛泽东和共产党的热爱，出于对革命理想的热烈追求，以激昂的热情投入造反的行列中。这些青少年幼稚而狂热，单纯又盲从，没受过基本的法制教育，没有基本的法律意识，不受任何法制的约束，在“造反有理”的宣传浪潮中，以简单、粗暴、蛮横的行动打击他们认定的“牛鬼蛇神”，使“打碎”“火烧”“砸烂”等口号和行为风行一时。

上海红卫兵从改路名、店名、校名、厂名、影剧院名、公园名开始，继而一切被认为与“封、资、修”等“四旧”沾边的事物，都成为红卫兵的冲击对象。例如，南京路改名为“反帝路”，淮海路改名为“反修路”。城市中的许多名店、老店招牌被砸掉，取而代之的是大量雷同的诸如“工农兵”“东方红”“革命”“红旗”“红卫”等字样的新招牌。市第一商业局所属八个公司共有零售商店3700多家，改换新招牌后有349家名称重复，仅“红卫”招牌的商店就有32家。商品橱窗被大字报和标语口号所取代，形成千店一面。红卫兵们还对穿所谓“奇装异服”的行人采取剪“小裤脚管”、剪“大包头”、剁“尖头皮鞋”等粗暴行动，甚至违反宗教政策和文物保管法规，砸教堂、捣庙宇、挖坟墓、焚烧文化典籍、毁坏文物古迹。不少原工商业者的住房被抢占，私人开业被禁止。

破“四旧”过程中，从北京刮起的打人抄家风由于得到中央文革小组的支持也在上海盛行开来。起先，上海红卫兵到街道、里弄、派出所索要“牛鬼蛇神”名单，据此抄家搜人。许多人被当场揪斗，有的被限期驱赶回乡。后来，抄家对象逐步遍及工商业者、上层民主人士、著名作家、知名演员、教师、干部等。有些单位以及社会上一些不法分子也借红卫兵之名参与抄家及驱赶回乡等活动。抄家时打人成风,导致社会正常秩序受到严重冲击。

与红卫兵破“四旧”相伴而生的,还有“大串连”。从8月中旬开始,就有少量北京和外地红卫兵来沪串连。8月15日,市委成立上海接待首都和各地学生办公室,各区设立接待站。9月初,中共中央、国务院发出关于组织外地师生来京参观“文化大革命”的通知。各地红卫兵纷纷涌入北京“取经”,北京红卫兵也分赴各地“点火”。红卫兵“大串连”活动在全国狂热盛行。上海学生大批外出串连。

根据中央通知,上海市委成立“上海组织革命学生和革命教职工去京参观领导小组”,对“大串连”作出若干规定,例如中等学校学生每十人推选代表一人,教职工代表按百名学生产生一名代表赴京。业余性质的学校学生、农中学生一律不去北京串连。然而,在“文化大革命”错误路线引导下,串连活动犹如决堤洪水,一发不可收拾。除少数人等待市委组织外,大多数人仍自发组合,外出串连。不仅有大中学生,还有部分小学生、农民、机关和工厂职工。9月中旬以后,串连学生上火车人数由每日五千人遽升为万人以上,中断铁路运输事件时有发生,甚至出现伤亡事故。“大串连”使铁路运输背上沉重包袱,直接影响到生产建设和旅客的正常出行。

“大串连”使个人崇拜、“怀疑一切”“炮打一切”的极左思潮在全国迅速扩散开来。以北京红卫兵为主体的串连学生,有的来沪后滞留不走,直接介入上海“文化大革命”运动,让局势更加紧张。在此背景下发生了冲击市委机关大院事件。

8月底,上海市委召开欢迎北京红卫兵来沪串连大会。北京红卫兵于会议中途冲上主席台,指责上海运动搞得冷冷清清,并把他们来沪后经常受到上海市民的反驳辩论等种种阻力都归因于上海市委的策划和挑唆,声称上海市委犯了路线方向性的错误,将欢迎会开成了对上海市委的批判会。紧接着,以北京学生为主的红卫兵不顾大多数群众的劝阻,连续发起数次冲击位于延安西路33号的上海市委机关大院,并与维护秩序的工人发生扭打。为避免上海群众与北京学生发生更大的对立冲突,曹荻秋多次接见学生代表,但红卫兵仍不满意。在中央文革小组支持下,北京红卫兵被允许进入市委机关大院。市委被迫写下《热烈欢迎革命群众炮打司令部》大字报,让基层组织在全市各工厂企业、学校、机关中张贴,表示“引火烧身”。

经过这一事件,市委在市民中的威信受到影响。上海造反派将斗争矛头指向全市各级党政领导机关。各级党委从运动初期的组织领导者转变为被斗争的对象。领导干部被揪斗的现象越来越频繁。

上海红卫兵运动兴起后,部分主张在党委领导下开展运动的学生成立了红卫兵上海市大专院校总部和上海市中等学校红卫兵总部,一度得到众多青年学生的拥护。紧接着,在“大串连”的影响下,各种以造反“司令部”“总部”冠名的群众组织大量建立。10月开始出现全市性的几大红卫兵组织,主要有红卫兵上海市大专院校革命委员会(“红革会”)、上海炮打司令部联合兵团(“炮司”)、上海红卫兵第三司令部(“上三司”),以及从中分离出的红卫兵上海第三司令部(“红三司”)等。中学跨区红卫兵组织在全市影响较大的有毛泽东主义红卫兵上海东北地区指挥部(“红东北”)、红卫兵上海西南地区指挥部(“红西南”)、红卫兵上海市革命造反委员会(“红反会”)等。随着“踢开党委闹革命”风潮的刮起,起初成立的主张在党委领导下开展运动的两个红卫兵总部被视为“保守组织”而相继被冲垮。市级红卫兵组织出现后,在中央文革小组的煽动下,激烈地批判所谓“资产阶级反动路线”,抢、烧档案,冲击党政机关和领导干部,导致上海局势日趋混乱。

三、市委稳定局势的举措

《评〈海罢〉》发表后,1966年1月,上海市委发出关于讨论《海瑞罢官》问题的通知,要求“全市各级党委组织都应当重视思想战线上的这场大辩论,根据百花齐放、百家争鸣的方针,从各方面加强对讨论的领导”,反映了市委力图将思想文化领域的批判运动限制在党的领导之下。1966年5月下旬,市委召开多次会议,组织学习讨论“五一六通知”等中央文件,讨论如何开展“文化大革命”运动。在运动的发动阶段,市委秉持着谨慎的态度,分析了本市文教单位以及党校、社会科学院、各种文艺家协会、各种哲学社会科学学会等思想文化领域的现状,确定把上海“文化大革命”运动的重点放在文教部门,并根据党中央、国务院发出的《关于工业交通企业和基本建设单位如何开展文化大革命运动的通知》,要求上海工交企业的“文化大革命”同“四清”运动结合,分期分批地进行,以求完成国家的生产任务。

运动开始后,许多学校的领导机构逐步陷入瘫痪,混乱局面开始出现。但是,多数群众出于对各级党组织的信任,出于对当前形势的忧虑,仍然希望保持党组织对各单位运动的领导。在此情形下,上海市委采取了各种举措,努力让局势保持稳定。从6月上旬起,市委根据刘少奇、邓小平主持召开的中央政治局常委扩大会议的精神,决定仿照北京向教育系统大部分单位派驻工作组的做法,也向本市大专院校和部分中等学校派遣了工作组,以便使运动能够有领导、有秩序地进行。随着运动的进一步扩展,其他系统也派遣了部分工作组。当时,市委收到党中央转发的北京大学工作组处理该校乱斗现象的简报和刘少奇的批示:“中央认为北大工作组处理乱斗现象的办法是正确的,及时的。各单位如果发生这种现象,都可参照北大的办法处理。”主要内容有“大字报不要上街”“不要示威游行”“不要搞大规模声讨会”等。市委随即将这些指示精神向各级党委和工作组作了传达。各区区委和工作组及时开展疏导工作,力图以此阻止事态的恶化和扩大。工作组得到了多数干部群众的支持,却加剧了同造反组织的对立而遭到抵制。

根据中央相关指示精神,8月,市委召开上海大专院校和中等学校师生员工“文化大革命”积极分子大会,宣布撤销派遣的全部工作组,并宣布大中学校一律“停课闹革命”。此后,工交、基建、财贸等各系统所有工作组也相继撤离。

在政治运动的影响下,工交企业和基本建设单位的生产业务已无法正常进行。高等院校、科研单位忙于开展运动,使新产品试制进度受到影响,基建设计工作大部分陷于停顿。有的企业领导唯恐被攻击抓生产不突出政治,从而放松了抓生产业务,以致生产事故增多,设备维修跟不上,某些产品如钢、钢材和若干化工产品的产量有所下降。外贸方面,因某些商标图案和有关产品被认为带有封建迷信、资本主义毒素，出现厂家不愿生产、外贸部门不愿收购和出口的情况。对此，上海市委于7月8日如实向中央上报《关于当前工业生产情况的报告》，提出组织专门班子，形成上下一条线，在各级党委统一部署下负责抓生产、抓业务等四项具体措施，得到中央支持。中央于7月19日向全国各省市批转了上海市委的报告，在批语中指明上海市委所提的四项措施，各地可参照办理，对当时稳定生产秩序起到一定作用[①]。

红卫兵运动在上海兴起后，针对种种混乱现象，曹荻秋主持召开市委书记处扩大会议。会议作出“不要抄家、不要破坏公物、不要搞外侨、不要在马路上脱鞋子剪裤子、不随便拦汽车、不烧档案、保护图书”等十条规定，要求各区、县、局党委党组进行普遍教育、宣传和落实。此外，市委还成立领导小组，出台若干规定，力图限制愈演愈烈的无序的“大串连”。8月下旬，复旦大学上千名造反派学生到上海戏剧学院串连，通宵达旦的辩论导致多人昏倒，曹荻秋闻讯赶赴现场进行劝说。但形格势禁，这些努力已难以奏效，后来反而成为上海市委执行所谓“资产阶级反动路线”的“罪状”。

1966年10月，中央召开工作会议，主题是批判所谓“资产阶级反动路线”。根据林彪建议，中央军委发出由中央文革小组参与起草的《关于军队院校无产阶级文化大革命的紧急指示》，宣布取消由军队院校党委领导运动的规定。中央转发了这一指示，认为该文件对于全国县以上大中学校都适用，应坚决贯彻执行。据此，上海市委被迫宣布取消大专院校党委对“文化大革命”的领导。从此，“踢开党委闹革命”成为堂而皇之的口号。在造反派愈加频繁的冲击下，10月以后，市委、市人委和许多区、县、局以上领导机关已无法正常工作，被迫转入“游击”状态，另设不公开的办公地点，领导骨干分成一、二、三线，这种状态一直持续到年底党政机构彻底瘫痪。

---

① 中共上海市委党史研究室编：《上海社会主义建设五十年》，上海人民出版社1999年版，第369—370页。

第三节 内乱升级与全面夺权

“文化大革命”运动在推进过程中逐渐突破限制，蔓延到经济领域。随着安亭事件等一系列突发事件的出现，上海各行各业造反组织蜂拥而起。各级领导机关受到进一步冲击，陷入瘫痪、半瘫痪状态。造反派组织掀起“一月夺权”风暴，全市党政领导权随即易手。

一、“工总司”的成立与安亭事件

党的八届十一中全会规定，“文化大革命”的重点是大中城市的文化教育单位和党政领导机关。会后，周恩来主持制定了《关于抓革命、促生产的通知》，毛泽东批示以中共中央名义下发，要求“工业（包括国防工业）、农业、交通、财贸部门，应当立即加强或组成各级指挥机构，保证生产、建设、科学研究、设计、市场、收购等工作的正常进行，保证革命、生产双胜利”。但1966年10月后，由批判“资产阶级反动路线”引发的造反浪潮突破了这一规定，开始扩大到工农业领域，严重干扰国民经济的正常运行。

上海是中国最大的工业中心城市。在中央文革小组的支持下，北京南下红卫兵和少数上海红卫兵无视中央不允许红卫兵进入工矿企业等单位串连的规定，以“工人学生联合运动”的名义，到工厂动员工人起来造工厂党组织和上海市委的反。

11月6日，上海国棉十七厂保卫科干部王洪文、上海玻璃机械厂工人潘国平、上海良工阀门厂工人陈阿大等17个单位的造反派代表30余人，在北京红卫兵召集的“上海工人串连交流会”上决定成立一个全市性的工人造反组织，计划于当月9日召开批判控诉上海市委执行“资产阶级反动路线”大会，并准备在会上宣布成立“上海市工人革命造反总司令部”（“工总司”）。同时，他们还要求市委承认“工总司”是合法群众组织，派负责人前去参加成立大会。王洪文被推举为“工总司”司令。

对此，市委认为，成立跨行业的全市性群众组织不符合中央有关精神，决定“不参加、不承认、不支持”，经请示中央政治局常委、中央文革小组顾问陶铸和中央文革小组组长陈伯达，得到同意。

11 月 9 日，“工总司”自行召开了成立大会，会后组织游行请愿。他们不听劝告，于 10 日凌晨冲进北火车站，分批强行登上列车，扬言去北京控告上海市委。根据国务院、铁道部指示，列车分别被阻止在南京和上海市郊的安亭站。在安亭的王洪文等随即煽动工人卧轨拦车，造成沪宁全线中断 31 小时又 34 分钟。从安亭到蚌埠，开往上海的近百趟客货列车被迫停留在沿线各站，严重影响客货运输。

事件发生后，上海市委及时向党中央作了汇报，并组织大批干部赶往安亭做思想工作，劝说工人造反派回厂。当时，根据周恩来指示，中央文革小组陈伯达拍来特急电报，要中央华东局和上海市委顶住，坚决不能承认“工总司”是合法的革命组织，不能承认卧轨拦车是革命行动，并且也对在安亭的工人造反派发出劝告：你们这次行动，不但影响本单位生产，而且大大影响全国的交通。希望你们立即回到上海，有问题就地解决。中央文革小组决定派张春桥来沪，会同上海市委处理此事。

张春桥到上海后，不同中央华东局和上海市委商讨，直奔安亭现场，与“工总司”和首都红卫兵代表谈判，支持他们造反，使得事态骤起变化。他还违反陶铸指示及市委常委会集体决定，擅自签字同意了“工总司”提出的承认“工总司”是革命的合法的组织、承认其北上是革命行动等五项要求。随后，张春桥将这五条协议电话告知陈伯达，取得同意。紧接着他又逼迫曹获秋同赴苏州，与那里坚持北上的“工总司”二兵团工人造反派签定了内容大体相同的五条协议。这两个五条协议合称为“双五条”[①]。

安亭事件后，在林彪、江青等人的干预下，以中央名义发出的在工交系统和农村进行“文化大革命”的两个文件，把运动扩展到工厂农村，并

---

① 《中共上海党志》编纂委员会编：《中共上海党志》，上海社会科学院出版社 2001 年版，第 757 页。

同大、中学校的学生造反浪潮联系起来。这时,上海各行各业也出现了大量全市性造反组织,各级领导干部受到进一步冲击和迫害,经济工作的正常运行已经十分困难。

二、从《解放日报》事件到康平路事件

1966年11月下旬,在江青、陈伯达的授意下,聂元梓以中央文革小组代表身份率人来到上海"点火"。她在上海最大的市级红卫兵组织——"红革会"召开的批判"上海市委资产阶级反动路线"誓师大会上公然喊出"打倒上海市委"的口号。会后,"红革会"要求市委机关报《解放日报》报道大会消息,遭到拒绝。"红革会"主办的《红卫战报》第九期成了这次大会特刊,并刊有题为《〈解放日报〉是上海市委推行资产阶级反动路线的忠实工具》的文章。随后,"红革会"派代表到市邮电局报刊发行处和解放日报社,要求将这期《红卫战报》与《解放日报》同时发行。解放日报社请示上海市委后,拒绝了"红革会"的无理要求。"红革会"遂于11月30日凌晨占领报社,强行阻止《解放日报》发行。

"红革会"的行动得到解放日报社和文汇报社造反组织的响应,然而全市大多数市民却对此非常反感。对安亭事件及其处理结果强烈不满的许多党员干部和工人群众,于11月26日成立了"上海捍卫毛泽东思想工人赤卫队总部"("赤卫队")筹委会,其成员以劳动模范、先进生产者、老工人和党团员居多。随后又召开了30万人参加的成立大会。"赤卫队"成立后发展很快,最多时达80多万人。"红革会"强行占领解放日报社的行动也遭到"赤卫队"的强烈反对。赤卫队员和市民聚集在报社周围游行示威,与红卫兵展开辩论,要求他们撤出报社。王洪文闻讯后立即派"工总司"成员进占报社,支持"红革会",与报社外广大群众及赤卫队员形成对峙,不断挑起冲突,致使《解放日报》被迫停刊9天。

在中央文革小组的干预下,"工总司""红革会"达到将《红卫战报》与《解放日报》同时发行的目的,相继撤离报社。《解放日报》事件后,上海的社会动荡加剧,市委的处境更为艰难。

在张春桥、姚文元的唆使下，1966年12月，以徐景贤为代表的市委写作班造反派串连市委机关内部的一批造反派，准备共同发起批斗市委大会，策划所谓“心脏爆炸”“后院起火”。他们还联络了“工总司”“红革会”等造反组织取得支持。随后，以市委写作班为首的机关造反派召开“批判上海市委资产阶级反动路线大会”。“红革会”和“工总司”动员了大批成员前往营造声势。中央华东局和上海市委的书记、市委常委以及部局级领导干部均被“勒令”到场接受批斗。会后成立的“市委机关革命造反联络站”，在一段时间里成为张春桥、姚文元在上海的办事机构。

“后院起火”事件后，市委、市人委机关各部门涌现出上百个造反组织，并很快波及各局、区、县，一时间，机关内打着各种旗号的造反组织林立。他们揪斗单位领导干部，搜查所谓“黑材料”，冲击档案要害部门，党政机关工作逐渐陷入瘫痪。

《解放日报》事件前后，“赤卫队”与“工总司”展开针锋相对的斗争。为清除夺权道路上的障碍，“工总司”一面在基层针对“赤卫队”大搞打砸抢，强占“赤卫队”办公室，驱赶赤卫队员离厂，一面胁迫市委不得支持“赤卫队”。

1966年12月下旬，“赤卫队”召开大会，向市委提出承认他们是革命群众组织、制止“工总司”的打砸抢活动等八项要求，曹荻秋签字同意。“工总司”紧随其后也召开大会，强迫曹荻秋承认“赤卫队”是“保皇组织”。获知此事后，2万多名赤卫队员陆续来到康平路市委机关，要求市委领导澄清是非。然而这时，“工总司”“市委机关联络站”等20多个造反组织，共计10多万造反队员包围和控制了以康平路为中心的周围道路，不让“赤卫队”撤出。12月30日凌晨，造反派手持长矛、木棍冲进市委机关大院，对被围困在那里、手无寸铁的赤卫队员进行围攻和殴打。大批赤卫队员被打伤。“赤卫队”总部当晚被解散，各区的大部分“赤卫队”基层组织也相继被砸，各级负责人遭到迫害。事件发生后，约两万名赤卫队员步行赴京控告。“工总司”派人乘车前去追打，制造了又一起流血的“昆山事件”。上海最大的反对张春桥、“工总司”的群众组织就此消失。

康平路事件后，大批赤卫队员被迫离开工作岗位，使生产和交通受到严重影响，上海经济生活和社会秩序陷于极度混乱之中。

三、“一月夺权”风暴

1967年元旦，《人民日报》、《红旗》杂志发表社论《把无产阶级文化大革命进行到底》，指出1967年“将是全国全面展开阶级斗争的一年”。在这种舆论导向的影响下，上海发生了使全国性动乱进一步升级的“一月夺权”事件。

元旦凌晨，国务院总理周恩来打电话给长期病休的上海市委第一书记陈丕显，要他出面设法妥善解决上海面临的严重问题，并强调与群众组织协商，合力解决上海的困难。陈丕显连夜通知各群众组织负责人召开紧急会议。他向与会人员传达了周恩来的指示，要求将“工总司”造反派立即从昆山撤回上海，并建议组织力量到昆山劝导赴京控告的工人赤卫队员返回生产岗位，以及动员铁路职工迅速恢复交通运输等。根据会议精神，造反组织起草了一份《抓革命，促生产，彻底粉碎资产阶级反动路线的新反扑》，副标题是《急告全市人民书》的传单。经修改后，“工总司”“红革会”“炮司”等11个群众组织同意签名。传单在极左语境下号召工人们紧急行动起来，坚决执行毛泽东提出的“抓革命、促生产”的方针，把革命和生产搞得更好。其主旨是克服社会经济生活混乱局面，稳定局势。尽管不赞成传单中的一些观点，但出于稳定和维持大局的考虑，陈丕显决定签字，同意发表并即印20万份在全市散发和张贴①。

1967年1月3日，文汇报社“星火燎原革命造反总部”召开全报社职工大会，宣布夺了报社领导权。这是全市第一家宣告夺权的单位。1月5日，解放日报社造反派在红卫兵的支持下，也悍然宣告夺权，成为全国党报夺权的先例。两报夺权成为上海“一月夺权”风暴的前奏。

---

① 陈丕显:《陈丕显回忆录——在“一月风暴”的中心》，上海人民出版社2005年版，第116—126页。

《急告全市人民书》发布后，交通运输情况经各方努力稍有好转，但经济主义风仍在劲刮。从安亭事件开始，在不断升级的造反浪潮中，全市出现一股要钱要物、抢占住房、化公为私、任意挥霍国家财产的经济主义风。至1月6日，全市银行各区办事处现金被抢提一空。1月8日，红卫兵发起召开群众组织负责人会议。为了及时刹住经济主义歪风，陈丕显表示支持这个会议，并让市委、市人委有关部局负责人与会。经过激烈讨论，会议起草了一份《紧急通告》，提出了反对经济主义风的九条措施，32个群众组织在通告上签字。

夺权后的《文汇报》《解放日报》先后发表了《急告全市人民书》和《紧急通告》，并经毛泽东的指示由《人民日报》转载[①]，在全国产生了较大影响。随后，《人民日报》发表题为《反对经济主义粉碎资产阶级反动路线的新反扑》的社论。经济主义风逐渐得到遏止。

此间，张春桥、姚文元以“中央文革小组调查员”身份从北京回到上海。他们对两报夺权表示肯定，并频繁召集徐景贤、王洪文等造反派负责人，明确提出要“工总司”等造反派组织夺取中共上海市委的领导权。1月6日，“工总司”等32个全市性造反组织在人民广场召开了10余万人参加的“彻底打倒以陈丕显、曹荻秋为首的上海市委大会”。中心会场揪斗了陈丕显、曹荻秋、魏文伯、韩哲一、王一平、梁国斌、杨西光等中央华东局、上海市委主要领导人，并把部局级以上领导干部数百人拉到台上“陪斗”。全市共设369个分会场，通过14个广播中转站向全市市民广播，电视台同时转播实况。大会发出三个通令：宣布即日起不再承认曹荻秋为上海市委书记处书记和上海市市长，由造反派对他实行监督劳动；要陈丕显在七天内交代反革命罪行；请求中央对上海市委进行彻底改组。经过这次大会，上海市委和市人委各级机构被迫停止办公，全市党政大权随即落入张春桥、姚文元、王洪文操纵的造反派组织手中。

大会过后，以“工总司”和“工总司”交通六局（铁路、海港、海运、长航、交通、邮电）联合指挥部为主，市委机关联络站、大专院校红卫兵

① 《人民日报》转载时，将《急告全市人民书》改为《告上海全市人民书》。

组织参加，联合成立了“上海市抓革命、促生产火线指挥部”，试图把要害部门控制起来，并代行市人委之职。造反组织还冲砸公安局，夺取公安局的领导权，成立“无产阶级文化大革命保卫委员会”，代行公、检、法机关职能。至此，上海主要的舆论工具和要害部门都落入造反派之手。

从 1 月 11 日起，上海夺权进入高潮。三天内，市、区、县、局级单位有 49 个被夺权。有的是造反派上下、内外结合夺权，有的是本机关造反派夺权，也有外单位造反派介入进行夺权，甚至银行、电视台也相继被夺权。为防止局势进一步失控，根据中央决定，人民解放军进驻银行、电台、交通等要害部门实行军管。

上海“一月夺权”得到毛泽东的肯定：“上海革命力量联合起来，全国就有希望。”[①] 他还在谈及《文汇报》和《解放日报》的夺权时提出：“这是一个大革命，是一个阶级推翻一个阶级的大革命。这件大事对于整个华东，对于全国各省市的无产阶级文化大革命运动的发展，必将起着巨大的推动作用。”[②]1 月 11 日，中共中央、国务院、中央军委、中央文革小组联名发出一个给上海市 32 个造反组织的贺电。贺电称：“你们提出的方针和采取的行动，是完全正确的。”“你们这一系列的革命行动，为全国工人阶级和劳动人民，为一切革命群众，树立了光辉的榜样。”[③] 此后，《人民日报》和《红旗》杂志连续发表社论、文章，宣传和介绍上海“一月夺权”的“经验”。1 月 16 日，《红旗》杂志发表评论员文章，引述毛泽东的“最新指示”：“从党内一小撮走资本主义道路当权派手里夺权，是在无产阶级专政条件下，一个阶级推翻一个阶级的革命，即无产阶级消灭资产阶级的革命。”

张春桥和上海造反派骨干分子将其一月的夺权行动自诩为“一月革命”，他们错误地认为上海的夺权像法国的“巴黎公社”、俄国的“十月革命”一样有着深远的历史意义。实际上，在无产阶级专政条件下进行

---

① 中共中央文献研究室编：《毛泽东传》，中央文献出版社 2013 年版，第 2432 页。

② 《让毛泽东思想占领报纸阵地》，《人民日报》1967 年 1 月 19 日社论。

③ 《中共中央、国务院、中央军委、中央文革小组给上海市各革命造反团体的贺电》，《人民日报》1967 年 1 月 12 日。

一个阶级推翻另一个阶级的“大革命”，在理论上是十分错误的，在实践上必然会导致十分严重的后果。上海“一月夺权”首开造反派组织夺取各级党政领导权的先例。在它的影响和带动下，全国各地掀起由造反派夺取各级党政领导机关乃至各工厂、农村领导机构权力的“一月革命”风暴。从1月下旬起，山西、青岛、贵州、黑龙江等地的造反派组织先后宣告夺了省、市委，省、市人委的党、政、财、文领导权，得到中央的认可。夺权狂潮中，名目繁多的造反派组织蜂拥而起，很快发展为“打倒一切”以至“全面内战”的严重局面。

四、上海市革命委员会的成立

“一月夺权”开始后不久，为了控制混乱局面，维持基本的生产和社会生活秩序，中央决定派军队全面介入地方工作。1967年1月23日，中共中央、国务院、中央军委、中央文革小组发布《关于人民解放军坚决支持革命左派群众的决定》，要求军队积极支持左派的夺权斗争。随后，驻沪海、陆、空三军奉命组建“解放军毛泽东思想宣传队”，进驻本市部分重要单位、市郊各县和大学，实行军管、军训，组建生产办公室，对稳定社会秩序、减少工农业生产和人民生命财产损失发挥一定作用。

上海市委、市人委被“打倒”后，张春桥等开始着手筹备建立新的全市最高权力机构，按照所谓的夺权斗争必须实行马克思主义的打碎旧国家机器的原则，新的政权参照采用巴黎公社的形式，定名为“上海人民公社”。然而，“上海人民公社”的成立并非一帆风顺。它是在“全面夺权”的基础上成立的，而其成立的过程又是各派群众组织争夺权力的过程。张春桥在夺权浪潮中支持一派、打压一派的做法引起了广大群众的怀疑和不满。以“红革会”为代表的红卫兵组织也不甘心听凭摆布，造反派内部争权夺利的矛盾日益激化，最终爆发了炮打事件。

“一月夺权”风暴尚未止息，上海的一些高校校园内和外滩、南京路等闹市街头出现了“坚决反对目前成立以张春桥为首的新市委！”等一大批大字报和大幅标语。1月28日，“红革会”等造反组织代表在中苏友好大厦集会，与张春桥、姚文元对峙辩论长达六个小时。眼见局面即将失控，张、姚向中央文革小组求援。陈伯达、江青以中央文革小组名义拍来特急电报为其解围，强调“红革会”犯了错误，矛头指向张、姚就是指向中央文革小组。炮打遂宣告失败。上海最大的红卫兵组织“红革会”被冠以发动“炮打中央文革的反动逆流”的罪名受到打击，并由此垮台[①]。除“红革会”外，在此期间，上海还先后发生过三次部分造反组织夺市委、市人委权的行动，包括“上三司”联合“工总司”二兵团等造反组织夺权；“上三司”等造反组织再次夺权；被排斥在筹备新的最高权力机构组成单位之外的36个造反组织成立“上海革命造反派大联合委员会”，并宣称夺权。这几次夺权活动由于干扰了张春桥篡夺上海最高权力的部署，被其分化瓦解，逐个击破，均以失败告终。

2月5日，上海举行大型集会，正式成立“上海人民公社”，宣布“一切权力归上海人民公社临时委员会”。关于这一政权机构的名称，毛泽东后来表示并不赞成，他在同张春桥、姚文元等人的谈话中批评道：“人民公社这样大事，你们不拿出来，不讨论”，“各地都叫人民公社了，那党、政、军还要不要？一切都管？”[②]并且，建立人民公社，就会发生改变政体、国家体制问题和国号问题，就会发生外国是否承认的问题。他主张还是不要改名字，不要叫公社。他认为，将来还是要人民代表大会，现在的临时权力机构叫革命委员会好[③]。随后，中央专门下发通知，要求各地在建立新的政权组织时，不要采用人民公社的名称。

2月23日，根据毛泽东的提议和中共中央指示，上海人民公社临时

---

① 1968年4月，上海发生了第二次炮打事件。当时以上海第二军医大学部分群众组织和文汇报社部分人员为代表的反对派势力公开亮出旗号，成立“战斗队”，起草传单，张贴“打倒张春桥”大标语，引起全市轰动。在同江青集团相勾结的林彪集团的干预下，第二次炮打也以失败告终。

② 中共中央党史和文献研究院编：《毛泽东年谱》第9卷，中央文献出版社2023年版，第51—52页。

③ 中共中央党史研究室：《中国共产党历史》第二卷（1949—1978），中共党史出版社2011年版，第783页。

委员会改称上海市革命委员会（简称市革委会）[①]。张春桥任市革委会主任，姚文元、王洪文、徐景贤等为副主任。上海市革命委员会集党权、政权、立法权、司法权等各项权力于一身，实行所谓“党政一元化领导”。但其组成人员只是由各个参加夺权的造反组织派出代表临时拼凑而成，直至1970年才把领导成员名单上报中央获得批准。

① 《关于上海人民公社临时委员会改称上海市革命委员会的决定》，《解放日报》1967年2月25日。

第十四章
“斗、批、改”运动与批判极左思潮

“一月夺权”后，全市各级组织在频繁的派性斗争中逐步建立起新的权力机构，“文化大革命”运动进入所谓“巩固胜利成果”阶段。毛泽东希望通过全面的“斗、批、改”① 落实政策，加强团结，恢复社会正常秩序，而这也从客观上为张春桥等在上海进一步巩固权力提供了机会。林彪事件后，周恩来主持中央日常工作，在积极领导开展批判极左思潮的过程中遭遇阻力，围绕纠“左”和反纠“左”的斗争日趋尖锐。其间，江青集团的倒行逆施致使上海成为深受其害的“重灾区”，也遭到了全市广大党员干部群众的抵制和反对。冲破桎梏的力量在抗争中孕育成长。

第一节 “斗、批、改”运动的展开

“斗、批、改”的任务，最先是在“十六条”中提出的。毛泽东认为：“建立三结合的革命委员会，大批判，清理阶级队伍，整党，精简机构、改革不合理的规章制度、下放科室人员，工厂里的斗、批、改，大体经历这么

① “斗、批、改”，即“斗垮走资本主义道路的当权派，批判资产阶级的反动学术‘权威’，批判资产阶级和一切剥削阶级的意识形态，改革教育，改革文艺，改革一切不适应社会主义经济基础的上层建筑，以利于巩固和发展社会主义制度”。

几个阶段。”[①] 据此，上海率先开展了“斗、批、改”运动。其中，建立三结合的革命委员会是运动开展的首要步骤和关键一环。

一、按“三结合”原则重建各级组织

“一月夺权”风暴席卷全国后，为了对“天下大乱”的局面有所约束，中央“两报一刊”连续发表社论、文章，反复宣传毛泽东关于夺权的指导方针：要“实现无产阶级革命派大联合”，实行“革命群众组织的负责人、人民解放军当地驻军的代表、革命领导干部组成”的“三结合”。

为了稳定局势，根据中央停止“大串连”、就地闹革命的有关指示，上海中学和大学分别于 1967 年 3 月 10 日和 20 日重新开学。然而整个社会秩序尚处于混乱中，搞“大联合”过程中武斗频繁，实际并没有恢复正常的教学秩序。10 月 14 日，中共中央、国务院、中央军委、中央文革小组发出《关于大、中、小学校复课闹革命的通知》，要求全国各地大学、中学、小学校师生立即返校，复课闹革命。11 月 3 日，《人民日报》发表同济大学、北京林学院和北京师范大学开展教育革命的初步方案。上海大、中、小学校陆续复课。11 月中旬，上海市大专院校红卫兵代表大会召开。12 月底，上海中学红代会召开。名目繁多的各红卫兵组织归入红代会，红代会取代共青团成为“文化大革命”时期里的青年组织[②]。

1967 年 7 月至 9 月，在国内局势极为混乱的情况下，毛泽东视察了华北、中南和华东地区。他沿途就“文化大革命”的形势、制止动乱、实现群众组织大联合、解放干部等问题发表了一系列谈话，重申要“实现革命的大联合”；要“正确地对待干部”，“要扩大教育面，缩小打击面”，“要解放一批干部，让干部站出来”。这些谈话在肯定“文化大革命”的前提下，对某些极端的做法加以限制，纠正一些具体的“左”的错误，使局面在一定程度上得到控制。

1967 年 10 月 17 日，中共中央、国务院、中央军委、中央文革小组发

① 姚文元：《工人阶级必须领导一切》，《红旗》杂志 1968 年第 2 期。

② 粉碎“四人帮”后，根据中共上海市委的意见，中学重建共青团组织，市、区、县红代会机构于 1977 年底撤销。见《上海青年志》编纂委员会编：《上海青年志》，上海社会科学院出版社 2002 年版，第 550 页。

出《关于按照系统实行革命大联合的通知》，传达了毛泽东的指示：“各工厂、各学校、各部门、各企业单位，都必须在革命的原则下，按照系统，按照行业，按照班级，实现革命的大联合，以利于促进革命三结合的建立，以利于大批判和各单位斗批改的进行，以利于抓革命、促生产、促工作、促战备。”这实际上取消了对全国许多跨行业群众组织的承认。中央“两报一刊”也配合发表文章，强调应认清派性的反动性，号召围剿派性，团结一致。在中央一系列指示推动下，上海加快了大联合步伐。张春桥、王洪文等严密控制全市各级、各系统大联合的进程。到 1968 年 3 月，全市各区、县、局基本完成大联合，组成三结合领导班子。

1968 年 8 月，根据中央关于派工人宣传队进学校的通知精神，以及毛泽东“要充分发挥工人阶级在文化大革命中和一切工作中的领导作用”的指示，上海仿照北京成立“首都工人毛泽东思想宣传队”进驻清华大学等单位的做法，组织工宣队进驻全市基层单位，制止派仗，促进联合。8 月 24 日，上海首批工宣队进驻上海戏剧学院和上海海运学院。从 1968 年 8 月至 1969 年 1 月，由 9 万多名工人组成的工宣队进驻全市 1971 个独立单位。其间，“128 个工人代表”也被选定以工宣队员身份进驻市革委会各部门和区、县、局重要部门参加领导，实行所谓“掺砂子”，这批人大多系造反组织帮派分子。

在工宣队大规模进驻各基层单位的同时，根据中央指示，“解放军毛泽东思想宣传队”（“军宣队”）也进驻全市各基层单位。驻沪三军先后共派出 1.9 万余名官兵，进驻全市 1800 个单位，开展“三支两军”①。1970 年起，随着各基层单位革委会的建立，除文教、科研系统之外，进驻的工宣队逐步撤离。到 1975 年 3 月，进驻全市各单位的军宣队全部撤离。粉碎“四人帮”后，根据中央指示，文教、科研系统的工宣队也全部撤离进驻单位。

按照党中央指示，全市各级革委会均实行党政合一、高度集权的领导体制，革委会内部的“党的核心小组”即为同级党的领导部门，由革委会的主要党员负责人组成。全市各级革委会的成立，在一定程度上结束

---

① “三支两军”，即“支左、支农、支工、军管、军训”。

了“文化大革命”前期的无政府状态，承担起组织工农业生产和管理社会生活的责任，对恢复某些日常工作、稳定社会秩序起了一定作用。但是，革委会是在“全面夺权”的基础上建立起来的，其建立过程又是各派造反组织争权夺利的过程，大批造反派骨干进入各级领导部门。这些人大多既无党政领导工作的经验和能力，也没有为人民、为社会服务的觉悟，却有着强烈的个人野心和派性。革委会体制上的弊端及其成分的严重不纯，加之它在各项工作中贯彻执行的“左”的方针政策，不能不给上海各项事业继续造成很大损害。

二、“八四武斗”与“青浦武斗”

“一月夺权”引发的动乱既起，一时间呈现难以驾驭之势。上海各级部门，各工厂、企业、机关、学校，在夺权和建立领导班子的过程中，各造反组织只是表面联合，实际却是各怀心思，派性膨胀，在“权”这个根本问题上互不相让，发生无数纠纷和冲突，甚至酿成大规模武斗。

在中央号召进行“大联合”和“三结合”期间，上海总共发生过多少起内讧和武斗事件已难以准确计数。仅 1967 年 4 月下半月，上海就有 95 个单位发生武斗，共 156 起。进入 5 月，前八天即发生武斗 140 多起，涉及 90 个单位。在频繁的武斗中，参加的单位越来越多。例如，上海国棉九厂一场武斗卷入 190 多个单位，打伤 40 余人，其中重伤 16 人。1967 年 7 月间，湖北武汉爆发了震惊全国的所谓群众组织“冲击中央代表团驻地”“绑架中央代表”事件，中央文革小组几个头面人物和他们所支持的造反派头目变本加厉地煽动群众组织之间无休止的争斗。7 月 22 日，江青对河南一派群众组织发表讲话，公开表示赞成“文攻武卫”的口号，鼓动“左派”不要“放下武器”，此后，全国武斗急剧升级。在此背景下，上海爆发了影响较大的“八四武斗”事件。

8 月 4 日，以“工总司”为主体的十万造反派攻打上海柴油机厂，造成“文化大革命”时期全市最大的一起武斗事件。1967 年初，上海柴油机厂成立两大造反组织——“上海柴油机厂工人革命联合造反司令部”（“联司”）、“上海柴油机厂东方红兵团”（“东方红”），两派立场观点不同，一直摩擦不断。“东方红”挂靠“工总司”后，得到王洪文的支持。“联司”不甘示弱，走向社会寻求支持。社会上不满“一月夺权”造成的局面和不满“工总司”横行霸道的各种势力纷纷聚集于支持“联司”的旗帜下，组成“上海市革命造反派支持上柴联司联络总站”（“支联站”），形成一股否定“工总司”、要求权力再分配的潮流。

1967年4月，张春桥、王洪文等人以“政法指挥部”名义，宣布解散“联司”，并抓捕了相关人员。“联司”发动几千人静坐市公安局门前示威，要求放人。“支联站”在场外搞大辩论，进行广泛宣传。到6月，“支联站”基层组织增加到627个，力量进一步壮大，这无疑对“工总司”等既得利益集团构成了一定威胁。王洪文随即建立了砸“联司”秘密指挥部和一、二、三线指挥点。8月4日清晨，王洪文调动十万造反派，近千辆卡车、吊车、消防车包围了军工路柴油机厂，并在黄浦江上调集炮艇、运输船、打捞船等20余艘船只，实现水陆包围。这一天的武斗导致上海柴油机厂厂房严重受损，大量物资毁坏，停产两个月，死亡1人，关押和伤残约650人，其中有11人被关押八年之久。

“八四武斗”打垮了“联司”“支联站”的根据地。此后，“工总司”又借砸“支联站”之名，在基层冲击反对派。众多名目繁杂的造反组织纷纷归依“工总司”旗下。从此，上海在“文化大革命”的十年里，再没有出现过类似“赤卫队”“联司”这样公开的强有力的反对组织。

在“一月夺权”中，郊县农村的“文化大革命”运动开始与市区相联。川沙县成立了农民革命造反总司令部，青浦、南汇则一开始就分裂为两大对立性组织。各县都有造反组织与“工总司”挂钩。市革委会成立后，郊县也陆续进入建立领导班子阶段。在大联合初期，“工总司”郊县势力普遍受到冲击，成了少数派，处于权力分配的劣势。此后，“工总司”到处插手各县派性争斗，挑动并参与郊县武斗。其中尤以“青浦武斗”最为突出。王洪文及其亲信一再亲自介入青浦两派的争权角逐，送武器、派援兵，支持当地“工总司”一派，宣称对立面是“保皇组织”，挑动两派针锋相对。“青浦武斗”从1967年1月到1968年7月，延续一年半之久。武斗中死亡23人，受伤近千人，重伤近百人。频繁而剧烈的武斗使人民生命财产蒙受较大损失。

“八四武斗”发生时，毛泽东正在上海视察，他在看了“工总司”砸

“联司”的纪录片后指出:“在工人阶级内部,没有根本的利害冲突。在无产阶级专政下的工人阶级内部,更没有理由一定要分裂成为势不两立的两大派组织。”[①]他的这一指示对于制止局势继续恶化起到积极作用,上海造反派山头林立、冲突不已的状况有所改观。

三、成立市委写作组和“文攻武卫”组织

为巩固从“一月夺权”风暴中攫取的权力,张春桥、姚文元等通过组建和经营上海市委写作组,充当其“笔杆子”,占领舆论宣传阵地。1967年4月,在张、姚的授意下,徐景贤将原市委写作班部分成员召集回来,成立专题写作组。后在专题写作组兼管之下又成立了大批判写作组。从1967年4月到1968年8月,这两个组连篇累牍地撰写诬陷中央和上海市党政领导人的文章,否定新中国成立17年以来的成就,攻击各种合理的规章制度。文章通过上海《文汇报》《解放日报》和《人民日报》《红旗》杂志发表,或印成传单广为散发,大造极左舆论。这两个写作组还直接听命于张春桥、姚文元,负责起草文件、决议、讲话稿。专题写作组有专人分工向市内各群众组织搜集情况,逐日上报,充当张、姚了解上海社会各界动态的耳目。1968年8月,由于造反派内部矛盾,专题写作组和大批判写作组撤销。9月下旬,张、姚又以原来骨干为核心,成立了《红旗》杂志上海组稿小组,成为姚文元控制《红旗》杂志编辑部后在上海设立的分支机构。在近三年的时间内,该组稿小组被《红旗》采用发表的文章有40多篇,还撰写了多篇针对各类文艺作品的批判文章。

1971年7月,《红旗》杂志上海组稿小组过渡为“上海市委写作组”,下设历史、文艺、哲学、经济、自然辩证法、秘书6个组。有正式成员40余人。另外,还以借调使用、培养“理论骨干”、与高校相互协作等方式,任意设置机构。到1976年,实际工作人员近300人。写作组还控制了上海的新闻、广播、出版、文化、电影部门,同时插手教育、工交、财贸、郊区、知青办等系统,被人形象地讥称为“既是宣传部,又是参谋部,又

---

① 中共中央党史和文献研究院著:《中国共产党的一百年》(社会主义革命和建设时期),中共党史出版社2022年版,第564—565页。

是情报部”。

上海市委写作组编辑出版《学习与批判》《朝霞》《自然辩证法》《教育实践》等8种刊物。其中《学习与批判》1974年起向全国发行，印数达95万份，有“小《红旗》”之称。不少文章由《红旗》杂志和全国报刊转载，流毒全国。在“批林批孔”、评法批儒、评《水浒》以及“反击右倾翻案风”等运动中，写作组编写了《社会主义政治经济学》《哲学小辞典》和《中国共产党历史讲义》等书，肆意伪造和歪曲历史，宣扬极左理论，并以“丁学雷”“罗思鼎”等笔名，撰写发表了《论尊法反儒》《评〈吕氏春秋〉》《论秦汉之际的阶级斗争》和《使人民都知道投降派》等1171篇文章，与北京江青控制的“梁效”① 南北呼应，渲染影射史学和阴谋文艺，批“宰相”，批“周公”，批折中主义，反经验主义，影射诬陷攻击周恩来、邓小平等党和国家领导人，造成极坏影响。

在扶植文班子的同时，张春桥等又建立起一支以造反派为基础的“文攻武卫”武装组织，作为其“枪杆子”，控制上海局势。1967年7月，江青提出的“文攻武卫”口号助长了全国武斗风潮。王洪文在砸“联司”、一统造反派天下之后，借机正式提出筹建上海“文攻武卫”组织。在其制定的规划中，确定这支武装为“用枪杆子保卫笔杆子革命”。张春桥也表示：要把造反派组织起来，按班、排、连、营、团、师组织好，武装5万、10万、15万人。9月1日，市革委会正式批准建立上海市“文攻武卫”指挥部。

“文攻武卫”成立伊始，就由张春桥、王洪文等人一手控制。他们以帮划线，规定队伍“要以老造反为主”，营以上干部要由造反派担任，还多次抽调“工总司”帮派骨干担任市、区两级“文攻武卫”指挥部领导，排斥地方各级党组织、警备区和各级人民武装部门的领导。“文攻武卫”成立初期只有几万人。此后，这支队伍从人数到武器装备不断得到扩充，到1970年5月已经建立了7个师、72个团、151个营、623个连，共计21万人，初具军队之外第二武装的规模。1972年9月，上海警备区直接领导的“野营拉练指挥部”和“文攻武卫”指挥部合并，正式改名为

① “梁效”，“两校”的谐音，即清华大学、北京大学两校大批判写作班子。

“上海市民兵指挥部”。

“文攻武卫”组织建立后即被授予抓人、关人、办案等特权，“实际上起着专政(机关)作用”。1973 年 7 月，江青集团在上海的亲信在《武装工人阶级、建城市民兵》调查报告中将该组织称为“不穿军装的解放军”，“不挂牌子的派出所”，“群众专政的铁拳头”。据粉碎“四人帮”后统计，十年内乱中，上海“文攻武卫”及其以后的民兵指挥部共抓捕关押 10.4 万余人，制造了大量冤假错案①。

第二节　极左思潮下的各种运动

“斗、批、改”运动涉及上层建筑和经济基础的所有领域，目标是巩固和发展“文化大革命”成果，达到“天下大治”，也含有结束“文化大革命”的意向，然而实际上却是把“左”倾错误方针在各个领域里具体化，结果是伤害了大批干部、知识分子和群众，使“文化大革命”的内在矛盾更深刻地暴露出来。江青集团借“斗、批、改”这个总任务下开展的各项政治运动，对上海广大干部群众展开了残酷迫害，将这座城市经营成为其大本营。

一、“清理阶级队伍”和“一打三反”

公安局、检察院、法院作为国家政权机构的组成部分，是人民民主专政的重要工具，由此成为野心家们夺权的重要目标之一。1967 年 8 月，公安部部长谢富治公然提出“彻底砸烂公、检、法”的口号。作为呼应，张春桥在上海也提出：公安机关不是掺砂子，而是要换土，要下定决心把公、检、法砸烂。1968 年 2 月，公检法三部门正式宣布军管，成立市公、检、法军管会。张与军管会主任王维国相互勾结，对该系统广大干部群众进行残酷迫害。他们捕风捉影，歪曲事实，搞刑讯逼供，制造了一系列

---

① 中共上海市委党史研究室编:《上海社会主义建设五十年》，上海人民出版社 1999 年版，第 347 页。

冤假错案。市公、检、法军管会撤销后，30余名帮派骨干分子被抽调进驻公检法系统掌握实权，扩大和加重了对干部群众的迫害。据统计，"文化大革命"中，"四人帮"在全市公检法系统中诬陷和迫害的干部群众多达5300余人，占全系统总人数的20%，非正常死亡149人，被戴上各种诬陷不实的帽子和受到各种处分的达1254人[①]。

在江青集团成员的组织策划下，"文化大革命"中相继开展的所谓"抓叛徒""清理阶级队伍""一打三反"[②]等运动，制造了大量冤假错案，对上海广大干部群众造成极大伤害。

1967年4月，在党中央转发《薄一波、刘澜涛、安子文、杨献珍等六十一人的自首叛变材料》[③]之际，市革委会成立了材料组，下设所谓"抓叛徒查线索小组"，查档案、排名单、理线索，开始了在全市范围内"抓叛徒"的准备。6月，党中央《关于"抓叛徒"问题的通知》下达后，张春桥等人以"抓叛徒"为名，在全市范围内制造了一起特大集团性冤案——上海地下党冤案。

上海是中国共产党的诞生地，解放前从事地下工作的上海党组织是一支久经革命考验的忠诚队伍，他们在白色恐怖环境下坚持艰苦卓绝的革命斗争，为中华民族解放事业、为上海完整地回到人民手中作出了不可磨灭的贡献。1949年上海解放时拥有中共地下党员8665名。新中国成立后，他们大部分成为各级党政领导骨干。"文化大革命"运动中，这些干部大多成为被迫害的对象。

上海地下党冤案涉及全市各系统。凡是曾经有中共地下组织活动过的单位普遍成立了专案机构，排列出原中共地下党员名单，进行审查批斗，甚至连一些新中国成立前积极参加中共地下党领导的进步活动的党外人士也未能幸免。凡曾在上海从事过地下活动，尤其是担任领导工作的原中共地下党员，几乎全部被立案审查。全市地下党被按照解放前

① 中共上海市委党史研究室编著:《中国共产党在上海80年(1921—2001)》,上海人民出版社2001年版,第657页。

② "一打三反",即打击反革命破坏活动,反对贪污盗窃、投机倒把和铺张浪费。

③ 1967年3月16日,中央文革小组顾问康生、第一副组长江青等人以中共中央名义发文,将早已有明确结论的薄一波等61人被捕出狱问题诬陷为"叛变投敌"。

的原工人运动委员会、职员运动委员会、学生运动委员会、警察工作委员会和中共上海文委等系统进行划分归类，建立了39个大案、845个小案，全市共有3675人被立案审查①。

1967年11月下旬，江青在北京工人座谈会上讲话称：“在整党建党过程中，在整个无产阶级文化大革命的过程中，都要逐渐地清理队伍，有党内，也有党外；党内的，就是要清除叛徒、特务及犯了严重错误死不悔改的人。”这是“文化大革命”中第一次提出要“清理阶级队伍”。此后，中央“两报一刊”接连发表社论，将“清理阶级队伍”（“清队”）作为“文化大革命”的一项紧迫任务，要求迅速开展。

1968年初，上海市革委会召开扩大会议，将“清队”作为全市当年的首要任务之一进行布置和动员。5月，党中央批转《北京新华印刷厂军管会发动群众开展对敌斗争的经验》后，市革委会成立领导全市“清队”工作的专案办公室，全市各单位也普遍成立了“清队”专职机构，下辖众多的专案组。上海“清队”运动正式展开。

在阶级斗争扩大化和“天下大乱”的背景下，在没有法治约束和党的有关政策被弃之不顾的背景下，“清理阶级队伍”带有强烈的主观随意性，往往成为派性争斗、挟嫌私仇、排除异己、打击报复和处理一些所谓“历史问题”的堂皇理由。在运动中，张春桥、王洪文等采用“怀疑一切”“残酷斗争”和所谓“群众办案”的办法，使用各种骇人听闻的刑罚，大搞“逼供信”，制造了一大批冤假错案。许多人被无中生有、捕风捉影地诬为“阶级敌人”，被“群众专政”的人数迅速增加。全市各级党政干部和各阶层人士，凡历史上曾被俘、被捕过的，曾从事过地下工作的，家庭出身非劳动人民的，社会关系复杂的，曾在海外留学或工作过的，曾有过所谓“不恰当”言论的，曾在历次政治运动中被当作运动对象的，等等，都可作为审查批斗的理由。实在查不出罪证者，则被扣上“走资派”“反动学术权威”等罪名，也遭到审查批斗。

当时，仅市专案办公室列为重大案件的就有965起，重大集团性案

① 《中共上海党志》编纂委员会编：《中共上海党志》，上海社会科学院出版社2001年版，第770页。

件731起，被立案审查的多达169405人，有5449人被迫害致死。“文化大革命”前担任中共上海市委书记、常委，上海市市长、副市长的20位领导干部，除张春桥、马天水、王少庸3人外，全部被诬陷为“叛徒”“特务”“走资派”等，遭到残酷迫害，副市长金仲华被迫害致死。中央华东局和上海市委、市人委机关900多名干部被诬陷审查批斗，市委统战部部长陈同生、教卫部长常溪萍等46人被迫害致死。全市局级以上干部1019人中，受到立案审查的有853人[①]。

党的九大以后，市革委会成立“清队”审批办公室，全市“清队”进入定案复查阶段。对所谓“犯严重错误”的干部，组织上从重从严处理，实在查不出问题者，在经长期关押隔离批斗后，不得不予以“解放”，但被长期搁置不理。到1970年初，随着“一打三反”运动的开展，本市“清队”逐步结束。

1970年1月底和2月初，党中央先后发出《关于打击反革命破坏活动的指示》《关于反对贪污盗窃、投机倒把的指示》《关于反对铺张浪费的通知》。此后，“一打三反”运动在全国范围内部署开展。上海成立了“一打三反”运动办公室，由王洪文总负责。市革委会连续召开全市干部会议，部署“一打三反”，运动在全市各系统先后展开。

在“一打三反”运动初期，许多基层单位响应中央号召，查处了一批犯有生活腐化、贪污盗窃问题的造反派。1970年6月，张春桥发出指令，强调运动重点是揭批所谓“现行反革命分子”，接着大造声势，层层发动，向排不出重点对象或重点对象不多的单位派遣工作组进行检查监督。江青等人乘机对反对过他们的人进行诬陷和打击，又一次掀起迫害广大干部群众的高潮。一起起所谓“反革命案件”，绝大多数是炮制出来的冤假错案。一些专案组动辄给人扣上“小集团”“地下组织”等政治帽子。这使得刚刚经历了“天下大乱”的人们又置身于人为地制造阶级斗争的严酷氛围中。到1972年“一打三反”运动基本结束时，全市共有188904人被作为运动对象，29242人被扣上“现行反革命”的罪名，

---

① 中共上海市委党史研究室编：《上海社会主义建设五十年》，上海人民出版社1999年版，第354—355页。

挖出所谓“反革命集团”案122个，1651人被迫害致死①。

二、知识青年上山下乡

“文化大革命”开始后的一段时间里，由于大学不招生，工厂不招工，商业和服务行业处于停滞状态，上海1966年至1968年连续三年的数十万大、中学校应届毕业生滞留在校园内，严重影响社会生活的正常秩序。如此众多的毕业生的分配成为刻不容缓的重大社会问题。

1968年4月，党中央转发了黑龙江省革委会关于大专院校毕业生分配工作的报告，要求各地按“四个面向”②的分配方案进行。随后，上海市革委会成立下乡上山办公室，各区县和街道、镇也先后成立了知识青年上山下乡办公室和知青工作组，各中学成立毕业生分配工作组，开始大规模动员知识青年上山下乡。7月27日，上海首批赴安徽插队落户的红卫兵出发。8月9日，首批赴黑龙江务农的红卫兵出发。8月12日，又一批中学生赴山区插队落户。

同年12月，毛泽东发出“知识青年到农村去，接受贫下中农的再教育，很有必要”的号召。各地立即掀起了知识青年上山下乡运动的高潮。这个运动被宣传为具有“反修防修”“缩小三大差别”的重大政治意义。市革委会决定，对本市尚未分配的中学毕业生采取所谓“一片红”政策，除极少数身体残疾和家庭有特殊困难的外，全部动员上山下乡。当时，很多人积极响应号召自愿下乡。对于不愿下乡的青年及其家长，上海采取了诸如举办各类学习班、树先进标兵、上门做思想工作等多种办法。经过动员，“老三届”③中学毕业生大部分加入了上山下乡大军。

上海知识青年上山下乡主要有两种形式：一种是去内蒙古、黑龙江、云南等地几个大型生产建设兵团和郊区国营农场。这部分人在那里有固定工资，有公费医疗和探亲假等，过着有组织的集体生活；另一种是去江西、安徽、黑龙江、吉林、云南、贵州、内蒙古等地及市郊农村插队落

① 《中共上海党志》编纂委员会编:《中共上海党志》，上海社会科学院出版社2001年版，第769页。

② 即“面向农村、面向边疆、面向工矿、面向基层”。

③ “老三届”指在1966年至1968年三年中毕业的初、高中生。

户,建立“知青点”,自食其力,生产门路狭窄,生活艰苦。从 1968 年底至 1978 年底,上海共动员历届中学毕业生 109.38 万人下乡,其中本市 49.25 万人(农村插队 11.72 万人,国营农场 37.53 万人),跨省 60.13 万人(农村插队 38.28 万人,国营农林场 21.85 万人)[①]。

参加上山下乡的上海广大知识青年,在逆境中经受了锻炼,接触了生产实践,增长了才干,为建设农村和开发振兴祖国不发达地区作出了贡献,其中一些人还成长为各条战线上的领导骨干和业务骨干。然而,由于“文化大革命”时期极左思想路线的影响,这一运动也存在诸多弊病。许多年轻人在青春年华失去接受学校教育的机会,造成人才成长的断层,给现代化建设带来巨大困难,同时,还给国家、当地农民以及知青家长增加了负担。

三、“五七”干校与干部“四个面向”

从全国层面来看,“文化大革命”中实行的干部下放,实际上是将自运动初期受到冲击而停止工作的许多机关和事业单位的干部安置起来、等待分配的需要,也是当时革委会精简机构急需处理安置大批编余干部的需要,同时也是“清队”等运动处理一批被认为“有问题”的干部的需要。按照党中央“革命委员会要实行一元化的领导,打破重叠的行政机构,精兵简政,组织起一个革命化的联系群众的领导班子”的指示,1968 年 3 月,上海市革委会要求全市区、县、局以至公司以上各机关一律分成大小两套班子,其中大班子要占机关干部总数的三分之二以上。在实际操作过程中,除少数“造反早、信得过、用得着”的人员作为小班子成员继续留在机关处理业务工作外,绝大部分(许多单位占 90% 以上)人员被赶离了工作岗位,另找场所集中搞“斗、批、改”。

1968 年 5 月,黑龙江省革命委员会根据毛泽东“五七指示”[②],组织大批机关干部下放劳动,在该省庆安县柳河办了一所农场,定名为

---

① 中共上海市委党史研究室编:《上海社会主义建设五十年》,上海人民出版社 1999 年版,第 359—360 页。

② 1966 年 5 月 7 日,毛泽东在一封致林彪的信中提出:全国各行各业都应是一个大学校,“这个大学校,要学政治,学军事,学文化”,“也要批判资产阶级”。这段指示后称为“五七指示”。

“五七”干校。10月5日,《人民日报》报道了全国第一所“五七”干校的情况,并在“编者按”中公开发表毛泽东的指示:“广大干部下放劳动,这对干部是一种重新学习的极好机会,除老弱病残者外都应这样做。在职干部也应分批下放劳动。”此后,全国各地纷纷办起“五七”干校。

10月9日,上海市革委会决定建立市直机关“五七”干校。各委办区也陆续建立了“五七”干校。全体大班子成员以及“靠边审查对象”和“隔离审查对象”被送往郊区,成立“五七”干校。从第一批机关干部10月15日被送到市郊奉贤海边建立市直机关“五七”干校起,到1969年6月中旬止,全市共建立起工交、财贸、文化、科技以及各区的“五七”干校19所,在校人员达1.5万多人,其中处长以上领导干部有1700多人。以后学员又陆续增加到约2万人。

对于广大机关干部来说,早期的“五七”干校名为下放锻炼,搞“斗、批、改”,实际上主要从事繁重的开河、筑路和田间重体力劳动。干校内设置的大、小“牛棚”,让被关押对象失去人身自由,人格尊严受到伤害。这些干部虽然经受了锻炼,增加了对市郊农村的了解,但是长时期被排除在各项业务工作之外,耽误了在本职工作中利用自身知识为社会主义建设贡献力量的宝贵时光,给上海的各项事业造成损失。

1969年7月,上海又提出机关干部“四个面向”,即面向农村、面向边疆、面向工矿、面向基层文教单位。继市革委会召开动员大会之后,8月起又向各系统层层压指标。共有2000余名干部被送往黑龙江、云南、贵州等边疆地区,与知识青年一起插队落户;4888名干部被送往南京梅山工程,大多数当工人;近3000名干部去中学当教师。1970年、1971年的6月至9月,他们以高温季节工厂劳动力紧张为由,将两万多名机关干部和文化工作者放到工业、交通企业“战高温”,从事体力劳动。原来许诺行政、供给关系一切不变,过了高温再分配工作,但高温过后却拖延不安置这些干部。1971年12月,中共上海市委发文,把这批干部的行政供给关系全部转到各基层单位,实行所谓“就地消化”。

1970年以后,随着“清队”运动的逐步结束和干校人员“四个面向”,全市各“五七”干校逐步转变为在职干部和知识分子轮换下放劳动的场所。粉碎“四人帮”后,1979年2月,根据国务院发出的关于停办“五七”

干校有关问题的通知，各单位所建立的“五七”干校逐步撤销。参加“四个面向”和“战高温”的机关干部和知识分子也逐步重新安排了工作。

四、“整党建党”运动与党组织的重建

如何在执政条件下加强党的自身建设，使党永远代表人民的利益，是毛泽东一直高度关注的重大问题之一。“文化大革命”开始后，整顿党的思想和组织被作为运动的一项重要内容。

1967 年 10 月，毛泽东就已提出整党任务。他所说的“党组织应是无产阶级先进分子所组成，应能领导无产阶级和革命群众对于阶级敌人进行战斗的朝气蓬勃的先锋队组织”①，被称为整党建党的“五十字纲领”。但由于当时局势尚未稳定，各级党组织仍处于瘫痪状态，整党建党根本无法开展。1968 年 9 月，党中央批转上海市革委会《关于在产业工人中有步骤地发展新党员的请示报告》，同意上海发展新党员。随后，根据毛泽东提出的“吐故纳新”② 的指示，上海开展整党建党的试点工作，在实践过程中，“大吐大纳”“造反入党”“吐疏纳亲”等问题逐渐显现。

根据党中央、中央文革小组强调“吸收那些朝气蓬勃，富有无产阶级革命造反精神，勇于在阶级斗争中冲锋陷阵的无产阶级先进分子入党”等相关指示，市革委会将造反派头目王洪文、陈阿大等人的原单位上海国棉十七厂、上海良工阀门厂及上港七区作为全市第一批建党单位。当时基层党组织还处于瘫痪状态，广大党员尤其是干部党员尚未恢复组织生活，根本无法履行党员权利和义务，领导建党工作的负责人大都是非中共党员的造反派。因此，整个建党试点工作为帮派骨干分子解决入党问题大开方便之门。据粉碎“四人帮”后统计，上海第一批建党试点单位发展的党员中，属“四人帮”帮派骨干不具备党员条件而被开除、取消党员资格的占 74%。

1969 年 4 月召开的党的九大，使“文化大革命”的错误理论和实践

---

① 《迎接无产阶级文化大革命的全面胜利》，《人民日报》、《红旗》杂志、《解放军报》1968 年元旦社论。

② 毛泽东曾指出：“一个无产阶级的党也要吐故纳新，才能朝气蓬勃。不清除废料，不吸收新鲜血液，党就没有朝气。”见《吸收无产阶级的新鲜血液》，《红旗》杂志 1968 年第 4 期社论。

合法化，加强了林彪、江青两个集团在中央最高领导层的地位。此后，整党建党被列为“斗、批、改”的一项重要任务。上海于当年五六月间全面展开整党建党。到1970年2月党中央召开整党建党座谈会时，全市已有80%的基层单位开展了整党建党。此后各级党组织陆续得到恢复和建立。

在上海全面开展整党建党过程中，大批帮派骨干分子被突击发展入党。当此举遭到基层广大党员的抵制后，这些人又以“飞过海”手段，即不经过发展对象所在单位党支部审查通过而由上级党组织直接批准，或将发展对象以调动单位的方式被拉入党内。截至1976年，共有115名帮派骨干通过这一手法被拉入党内。据粉碎“四人帮”后统计，全市在“文化大革命”期间突击入党而不符合党员条件，予以开除和取消党员资格的共计5413人[①]。在突击发展帮派骨干分子入党的同时，帮派势力又通过突击提干等方法得到进一步扩充。1968年8月，在工宣队进驻上层建筑之际，一批老造反被突击提拔到市革委会各组、办及区、县、局担任领导。随着工宣队全面进驻各单位，以“工总司”为主体的帮派骨干分子成为全市各主要单位的领导。

从总体上来说，由于这次整党是建立在对党的性质、任务的错误认识和对党的队伍错误估计的基础上的，按照“五十字纲领”实行“吐故纳新”，其结果却是一部分合乎条件的党员不能恢复组织生活或被错误地开除党籍，而接纳的新党员中虽有一些各方面生产、工作的积极分子，却也有相当一部分不合乎党员条件的造反派，这就造成了党组织的严重不纯。截至1972年9月底，全市在整党建党中共处理了18941人，其中开除党籍、劝退党籍、取消预备党员资格的多达10530人[②]，给予其他各种党纪处分的有8411人，其中就包括一大批被强行扣上各种帽子、遭受政治迫害的各级党政领导干部、知识分子和工人、农民党员。尽管如此，这次整党建党毕竟重新建立了全市各级党组织，恢复了大多数党员的组织生活，对于稳定局势，推进工农业生产，还是起到了一定作用。

整党建党运动在全市普遍开展后，半数以上的区、县、局建立了新党

① 《中共上海党志》编纂委员会编:《中共上海党志》，上海社会科学院出版社2001年版，第307页。

② 中共上海市委党史研究室编:《中共上海历史实录》，上海教育出版社2004年版，第558页。

委。召开中断已久的全市党代会的计划被提上议事日程。1971 年 1 月 4 日至 10 日，经党中央同意，中国共产党上海市第四次代表大会正式召开。这次党代会距 1963 年 12 月召开的第三次党代会相差近八年，是在许多党员尚未恢复组织生活，特别是大批党员领导干部被打倒和剥夺了党员权利，党内政治生活极不正常的情况下召开的。这次大会执行了党的九大的错误的思想、政治、组织路线，通过了题为《在党的“九大”路线指引下奋勇前进》的决议。会议选举产生张春桥为第一书记，姚文元为第二书记，王洪文、马天水、周纯麟、徐景贤、王秀珍为书记的市委领导班子，除上海警备区司令周纯麟外，其余都是江青集团帮派体系的成员。会议选举产生中共上海市第四届委员会委员、候补委员 76 人。原中共上海市第三届委员会委员、候补委员，除已去世和调出上海的，绝大部分被排斥在外，只有张春桥、马天水、王少庸等 5 人出现在此届市委领导人名录中。11 日，党中央正式批复同意上海市委的人员组成。

第三节　对极左思潮的批判及其中断

林彪事件后，获得毛泽东支持的周恩来顺势提出批判极左思潮，落实党的各项政策，使得各方面工作有了明显起色。与此同时，江青集团及其亲信骨干以上海为主要基地想方设法实施干扰纠“左”。正反两股力量的交锋日趋激烈。

一、落实中央纠“左”政策的反复

随着“文化大革命”运动的推进，林彪集团妄图篡夺党和国家最高权力的野心日渐膨胀。1970 年 8 月，在党的九届二中全会上，林彪集团围绕设国家主席问题的抢班夺权活动，因遭到毛泽东的严厉批评而宣告失败。会后，党中央和毛泽东采取一系列措施削弱林彪集团的权势，使他们陷于被动境地。眼见形势不利，他们决心铤而走险，策划武装政变。1970 年 11 月，林彪之子林立果利用职权秘密组织武装政变的骨干力量，代号为“联合舰队”。他们在北京、上海、广州等地建立秘密据点，组织反革命活动。1971年3月，“联合舰队”主要成员在上海会商，制订了武装政变计划，代号为《“571”工程纪要》①。林立果还指使空军第四军政治委员王维国在上海成立了为武装政变服务的“教导队”，进行特种训练。

正当“联合舰队”准备发动罪恶行动之时，1971年8月中旬，毛泽东到南方视察，沿路吹风批评林彪集团，打乱了他们的部署。随后，他们密谋在毛泽东南行途中对他采取谋杀行动。在被察觉而导致计划破产后，林彪和妻子叶群、林立果及策划政变的骨干于9月13日乘飞机仓皇出逃，在蒙古国温都尔汗附近机毁人亡。这就是震惊中外的九一三事件。随后，王维国等人在上海被捕。

九一三事件促使更多的干部和群众从个人崇拜的狂热中觉醒，加深了对“无产阶级专政下继续革命的理论”及其实践的怀疑，希望以此为契机纠正一些明显的“左”的错误，多少落实一些党的有关政策。毛泽东也从这一事件中受到很大震动，引发了他对“文化大革命”的一些新思考，觉察到这场运动造成的一些严重问题，并在他认为必要的范围内着手纠正某些错误，调整某些政策。在他的支持下，主持中央日常工作的周恩来把批判林彪集团罪行和批判极左思潮结合起来，在复杂环境中排除各种干扰，致力于落实党的各项政策，取得了明显成效，得到广大干部群众的衷心拥护。起初，江青集团虽曾有所收敛，但也越来越清楚这种批判对于他们、对于“文化大革命”所具有的否定性意义。于是，随着批判极左思潮斗争的深入，他们开始全力反扑。江青等人与上海的亲信骨干在京沪两地遥相呼应，千方百计干扰周恩来的纠“左”。

周恩来领导批判极左思潮的努力，首先是落实党的干部政策，推倒加在许多干部头上的诬陷不实之词，把他们从被打倒、被专政的状态下解放出来。1972年4月24日，《人民日报》发表由周恩来亲自审定的社论《惩前毖后，治病救人》，重申了党的干部政策，强调要相信大多数的干部是好的和比较好的。社论在上海引起强烈反响，一些“文化大革

① “571”为“武起义”三字的谐音，指“武装起义”。

命”初期遭受迫害的老干部和知识分子纷纷要求落实党的干部政策，对一些长期拖延的“审查”给予明确结论，重新分配工作。根据中央精神，本市部分单位开展了落实党的干部政策工作。但在当时极左思潮影响下，一些有重大影响的冤案并未得到平反，许多“解放”了的干部被安排去参加“四个面向”或“战高温”，多数所谓“安排使用”的老干部有职无权。随着老干部的复出，重建“文化大革命”中被取消或中止活动的党委领导的群众组织也开始提上日程。1973年中央“两报一刊”发表联合元旦社论，提出“工会、共青团、红卫兵、红小兵、贫下中农组织、妇女组织，应当经过整顿逐步健全起来”。据此，团市委、市总工会、市妇联等市级群团组织在1973年内陆续恢复，但其领导权均为江青集团在上海的亲信骨干所把持。

在落实党的干部政策过程中，掌握上海党政大权的张春桥、王洪文逆势而动，趁机发起批所谓“右倾回潮”，将要求落实干部政策的言行无端指责为“右倾复辟”，拖延党的干部政策的落实，并且提出“要落实老干部政策，也要落实新干部政策”。王洪文在市总工会专门成立“专案复查组”，“关心‘文化大革命’中冲杀出来的老造反”，为一些因劣迹昭著而下台的造反派开脱罪责，并举办各种“读书班”“选苗班”，突击提拔亲信骨干。

1974年9月，经毛泽东同意，党中央决定中共上海市委原第一书记陈丕显重新出来工作。张春桥指使上海亲信将这件事情作所谓“低调”处理。王洪文要求把参加过“一月夺权”的老造反派名单排出来，准备重新起用，借以对抗党中央重新起用陈丕显的指示。在“落实新干部”的名义下，这批人再次被委以重任，有68人被安排到各级领导岗位上。

在落实党的干部政策的同时，周恩来还着力在文教领域这样的“重灾区”展开批判极左思潮、落实党的政策的艰难工作。1972年10月6日，根据周恩来多次指示精神，北京大学副校长周培源在《光明日报》发表题为《对综合大学理科教育革命的一些看法》的文章，阐述了周恩来关于要在文教系统批判极左思潮，加强基础理论研究，恢复正常教学和科研秩序的讲话精神，在全国文教领域引起了积极反响。

文章发表后，张春桥、姚文元却公然宣称：不管周培源来头多大，都要追查、反击。他们在上海连续召开各种座谈会，开展对周培源文章的围攻，并在《文汇报》《解放日报》开辟专栏，连续发表污蔑周培源的文章“不要实践，也不要大批判”，“代表一股右倾思潮”，是“复辟回潮”。在他们的干预下，全市科研系统各单位开始“课题调整”，把刚刚恢复的学部和各研究所的基础理论课题全部砍去。市文教组专门制定《关于高校教育革命中若干问题的意见》，口头传达到全市各高校，将周培源文章作为反面教材进行批判。还在全市树立培光中学作为所谓批判“智育第一”的“典型”，组织全市师生前去“参观学习”，造成恶劣影响。

批判极左思潮、落实政策的又一项重要内容，是对国民经济的调整和整顿。针对当时干部在生产和业务工作上普遍存在的顾虑，周恩来强调“运动与业务不能对立”，鼓励各级干部理直气壮地抓生产、抓业务。在周恩来等人的部署和努力下，加之广大干部群众在复杂环境下坚守岗位，积极工作，自觉生产，上海经济重新得到恢复和发展。到 1973 年，全市财政收入平均每年以 8 亿多元的速度增长，成为“文化大革命”十年中发展最好的一个时期。然而，江青集团不顾人民群众迫切要求恢复和发展生产、纠正极左思潮和无政府主义的强烈愿望，把上海作为同国务院对抗的重要基地，对周恩来等领导同志在经济领域的一系列整顿措施进行顽固干扰。

1971 年 12 月至 1972 年 2 月，全国计划会议召开。国务院根据周恩来指示起草的《一九七二年全国计划会议纪要》，强调加强统一计划，整顿企业管理，落实党对干部、工人、技术人员的政策，反对无政府主义，把产品质量放到第一位。在企业管理上，明确规定要恢复和健全岗位责任、考勤、技术操作规程等七项行之有效的规章制度。会议纪要经周恩来主持讨论定稿后，却因张春桥的反对而未能通过。根据周恩来指示，国家计委起草的提交 1973 年初全国计划会议讨论的《关于坚持统一计划，加强经济管理的规定》，从反对无政府主义和健全规章制度出发，规定了十条不得违反的纪律。《规定》继续遭到张春桥的竭力反对。在他的唆使下，上海市革委会代表在全国计划会议上首先发难，把企业整顿、健全规章制度污蔑为“右倾回潮”。然而，《规定》得到除上海之外 28 个省、市、自治区代表的赞成。张春桥对此非常恼火，强令把《规定》

收回。

1972 年 10 月，张春桥在上海召开企业管理情况调查汇报座谈会，攻击周恩来关于整顿企业和加强管理的指示，提出企业管理无非是“三讲”：讲路线、讲领导权、讲生产关系。王洪文也提出，加强企业管理、整无政府主义，等于整群众。在他们的指使下，上海不仅不向全市企业单位传达 1972 年全国计划工作会议关于企业整顿的精神，并把上海不少企业职工响应周恩来和国务院号召，恢复合理的规章制度污蔑为“右倾回潮”，而且还将因忽视规章制度导致产品质量下降被国务院通报批评的上海手表厂树为“三讲”典型，在全市各企业中推广。

为进一步扩大影响，江青集团在上海的亲信骨干还在全市搞“三讲”的所谓“连锁反应”，在上海国棉十七厂搞“无规章制度，无专业管理，无专业领导”的“三无”车间，并在全市纺织行业组织推广。他们还在上海钟表元件厂搞所谓“两蹲点”经验，即由管理干部到生产班组当工人“蹲点”，工人代表到管理部门当干部“蹲点”，打乱正常的生产管理秩序。

1973 年底，针对全国各港口压船现象严重，直接影响外贸正常进出口业务的开展情况，周恩来发出“三年改变港口面貌”的号召，并指示推广广东黄埔港采取计件工资以加快货物流通，减少港口压船的经验。全国港口形势一度好转。但这一整顿措施很快遭到江青集团的反对。次年 1 月 14 日，上海《文汇报》和《解放日报》头版同时发表经市委写作组删改，以上海港务局第五装卸区部分工人名义撰写的大字报“要当码头的主人，不做吨位的奴隶”。大字报无端指责上港五区领导推广黄埔港经验、抓运输定额和管理的做法是不坚持无产阶级政治挂帅，而是所谓“吨位挂帅”，还荒谬地提出“不为错误路线生产”。姚文元随后让《人民日报》全文刊登这张大字报，并在编者按中称大字报“抓住了当前企业管理中的要害问题，具有普遍意义”。

文章发表后在全市和全国引起连锁反应。一些单位刚刚恢复起来的生产考核指标也被指责为“修正主义回潮”“复辟倒退”。全国各行各业逐步恢复起来的一些生产规章制度再遭冲击。不仅工业生产领域出现了诸如“不做产品的奴隶”等错误口号，文教领域也出现了“不做分数的奴隶”等口号,使全国生产秩序和管理再度趋于混乱。

二、“批林批孔”运动的开展

周恩来领导的批判极左思潮取得了一定成效,但却遭到了江青集团的极力阻挠,纠“左”的努力被打断。出于对有可能出现“复辟倒退”和“右倾回潮”的忧虑,毛泽东提出要把批判林彪同批判“保守”“复旧”的孔子和儒家联系起来。1974 年元旦,江青集团控制下的中央“两报一刊”联合发表社论,提出“要继续开展对尊孔反法思想的批判”,“批孔是批林的一个组成部分”。1 月 18 日,中央以一号文件转发了北京大学、清华大学大批判组汇编的《林彪与孔孟之道》(材料之一)。一场“批林批孔”运动立即在全国开展起来。

江青集团为了巩固和扩大在“文化大革命”中既得的权势,竭力利用“批林批孔”运动大做文章,把攻击的矛头指向周恩来等老一辈革命家。针对所谓“黑画”的批判,就是运动初期的一个典型事件。

1971 年后,根据外交形势发展需要,周恩来多次过问工艺美术品的出口工作,提出工艺美术品只要不是反动的、丑恶的、黄色的东西,都可以组织生产和出口,还要在宾馆布置体现中国历史文化和艺术水平的美术作品。有关部门据此精神,在北京、上海等地组织美术工作者创作了一批国画。然而到了 1974 年 1 月,“批林批孔”运动全面铺开的前夕,姚文元在上海市委常委会上讲话,污蔑供外贸出口的国画是“迎合资产阶级和修正主义的货色”。随后,北京、上海等地掀起了批“黑画”活动。《解放日报》《文汇报》发表了多篇批“黑画”的文章,丰子恺等一批画家和他们的作品受到指责,上海画院被勒令将所谓“坏画”“黑画”收集起来,展出并进行批判,产生恶劣影响。

1974 年 1 月下旬,江青在北京连续两次召开万人“批林批孔”动员大会。她在会上以运动的领导者自居,借批“复辟倒退”,影射攻击周恩来主持中央工作期间采取的解放老干部等纠“左”做法为“复辟”。会后,王洪文、张春桥接连电话指示在上海的亲信,要求上海行动起来,制造声势,以同北京的江青等人相呼应。2 月初,上海市总工会召开全市工人“批林批孔”大会,市革委会各组办、区、县、局的党委书记和基层党组织负责人列席参加，大会将骊山中学事件[①]作为全市“两个否定”[②]“右倾复辟回潮”的典型，要求各单位联系实际，狠批“复辟倒退”，批判“两个否定”。

2月下旬，张春桥写信给上海，提出“从严格意义上讲，一月革命风暴并没有把权完全夺过来，有的夺过来的又被夺回去了”。他提醒上海“不要放过当前时机”，声称要抓一批矛盾尖锐、“资本主义复辟”的“典型”单位开刀。这实际上是下达了“第二次夺权”的指令。

从2月起，江青集团在上海的亲信骨干接连召开各种会议，贯彻布置“第二次夺权”，强调重新站队，发动各单位树典型，把重新出来工作的老干部作为运动对象。他们提出“老干部把老造反的权夺回去了，现在要重新夺回来”，还派人去郊县解决所谓“老保掌权”问题。市委写作组也被授意连续发表文章，号召批“现代大儒”。在他们的煽动指挥下，一些因劣迹昭著而被撤换的造反骨干分子以受压制的新生事物自居，复立山头，再打派仗，到处揪斗老干部，各单位领导班子普遍遭受冲击，政治空气再度紧张。随着各级“批林批孔”动员大会、揭矛盾大会、老造反座谈会的召开，许多单位出现了冲击党委的事件。“踢开党委闹革命”的阵势重又出现。江青集团在上海的亲信骨干感到难以控制局势，唯恐引火烧身，加上广大干部群众的强烈不满，第二次夺权被紧急制止。

与此同时，江青集团在上海的亲信骨干还妄图搞乱地方、搞乱军队，以同江青在北京的“放火烧荒”相呼应。他们借口上海警备区运动搞得冷冷清清，派出记者、联络员插手警备区运动。6月，他们在市委常委和警备区常委联席会议上围攻上海警备区司令员周纯麟，又逼迫上海警备区党委召开了三个半天的“军人揭批大会”，围攻南京军区和上海警备

---

① 1973年9月，骊山中学某教师在写给学校党支部的一份《思想汇报》中陈述了自己对学校混乱状况的不满，并表明对教育问题的一些看法。他认为“现在教育质量很差，学生不好好上课”，“市委领导讲青年一代胜似一代，这是形‘左’实右的理论。”这些观点得到了该校一中共党员的认同。嗣后，当事人遭到江青集团在上海亲信的严重迫害。骊山中学事件也被作为“右倾复辟回潮”的“典型”而大肆报道。市内和外地先后共11万人次涌到该学校“参观”。许多表达不同意见的干部和教师都被当作“复辟倒退的代表”而受到批判。

② “两个否定”，即否定“文化大革命”、否定“新生事物”。

区领导，后又组织专人到南京军区机关张贴攻击南京军区领导人的大字报和大标语，造成很大的负面影响。

在“批林批孔”运动中，江青集团还在文教领域制造事端，大反所谓“复辟回潮”。1974年1月，江青等人炮制马振抚公社中学事件①作为“复辟回潮”的典型，其在上海的亲信就把此前制造的骊山中学事件和上海师范大学工农兵学员“谈话记录”事件②与之相呼应，在全市文教领域又掀起一股所谓“反修正主义教育路线复辟回潮”的狂潮，迫害大批教师和学校领导干部。当时，市革委会文教组根据辽宁、北京突击考教授的“经验”，对全市18所高校的600多位正、副教授进行“突然袭击”，强迫他们接受一场“文化考试”。许多教授以拒绝参加、交白卷、在试卷上写反对意见等方式表示抗议并进行抵制。随后市革委会又通过组织批判《三字经》《神童诗》《女儿经》和湘剧影片《园丁之歌》等古今文学作品，继续对“师道尊严”“智育第一”展开批判。

当年九十月间，市革委会根据国务院有关通知，要求各高等院校深入开展“开门办学”，改变“三脱离”③的现象。此后，文科院校师生主要到工厂、农村、部队和工农兵一起开展“批林批孔”“批儒评法”，宣讲“儒法斗争史”，并以此为中心确定教学内容，组织教学；理工类院校则搞厂校挂钩、厂校合一、厂办专业、半工半读、按生产过程组织教学等。这样，学校中阶级斗争成为主课，劳动成为中心，教学计划经常变动，文化学习没有严格要求，师生经常到社会大课堂“进进出出，上上下下”，造成学校秩序的进一步混乱。

江青等人还借“批林批孔”运动，指使追随他们的帮派分子到处散

---

① 1973年7月，河南省唐河县马振抚公社中学一名女学生因英语考试交白卷受到校方批评而自杀。此事本已得到妥善处理。但江青等人对此抓住不放，派人进行调查。1974年1月，中央转发了针对这件事的调查简报，称此事是“修正主义教育路线进行复辟的严重恶果”。

② 1973年11月21日，《文汇报》《解放日报》发表了一名上海师范大学工农兵学员的“谈话记录”，在全市掀起了一场以批判“智育第一”、批判“资产阶级习惯势力”为中心的“讨论”。广大教师在“师道尊严”“管卡压”“智育第一”“分数挂帅”等所谓罪名下，持续数月受到批判。学校为建立教学秩序所采取的措施、教师对学生的管理，统统被指责为“修正主义教育路线的复辟回潮”。

③ 即所谓脱离阶级斗争、脱离实践、脱离工农兵。

布“不为错误路线生产”“反潮流”等谬论,煽动停工停产。例如1974年8月,江青派人专程到被树为批“唯生产力论”典型的上钢五厂送“批林批孔”的材料,并借此大造舆论,造成该厂生产和管理进一步混乱。以上种种倒行逆施,导致林彪事件后经过努力而有所发展的国民经济重新遭到破坏,上海的工业生产遭到重创,1974年当年增长率跌到“四五”期间最低点,许多主要工业产品产量大幅度下降。他们还乘机大搞突击入党、突击提干,使大批有野心的“反潮流”分子混入党内和干部队伍中。1974年6月,为了在组织上巩固和发展所谓“批林批孔”成果,突击入党高潮再度掀起,这一年发展党员数占整个“文化大革命”期间发展总数的20%。同年,市委组织组绕过主管单位,制定了突击调整31个区、县、局以上单位领导班子的方案,将56名帮派骨干突击提拔到这些单位的领导岗位。

三、阴谋“组阁”与“风庆轮事件”

1972年9月,王洪文由上海调到中央工作。党的十大后,江青与王洪文、张春桥、姚文元更加紧密地勾结在一起,在党内结成宗派集团,企图全面篡夺党和国家最高权力的野心和活动进一步扩张。他们在苦心经营上海这个帮派势力“大本营”的同时,还千方百计进行安插上海亲信到中央的阴谋活动。

70年代初,我国的国际战略实现重大调整,外交工作打开新局面。1972年2月28日,《中美联合公报》在上海发表,标志着两国关系正常化进程的开始。在此前后,还发生了我国恢复联合国合法席位、中日邦交正常化等一系列重大事件,形成了新中国成立后第二次建交高潮。形势的快速发展让外交干部的培养和使用变得日益迫切,“四人帮”也从中看到了机会,提出“上海要物色培养一批工人大使”。据此,上海从全市工交系统遴选了113人,作为“工人大使”进行“锻炼培养”,为夺取外交大权作组织准备。1974年7月,“工人大使”培养结束。但由于国务院外交部的坚持抵制,“四人帮”的计划未能实现。这批人被集中分配在上海外事部门和涉外单位,大多数被安排在领导岗位上,以尽快熟悉工作,“培养工作能力”,随时准备抽调到中央。后来,随着第四届全国人民代表大会的结束，“四人帮”从上海抽调“工人大使”进外交部“掺砂子”的图谋也宣告破产。

1973年，党的十大刚结束，“四人帮”就对上海亲信布置，授意上海多培养选拔新干部，以备随时调到中央各部。1973年9月，上海据此确定了第一批7名输送到中央当副部长级干部的名单，之后，又专门举办“市委工农兵干部学习班”，对选拔对象进行集中培训。次年4月，在“四人帮”的催促下，上海拟定出第二批88名中央部长备选名单及单项材料。当年8月，又确定了18名正、副部长，12名司局长的名单及单项材料进行上报。

1974年10月，党中央发出通知，宣布在近期召开第四届全国人民代表大会，还传达了毛泽东的意见：“无产阶级文化大革命，已经八年。现在，以安定为好。全党全军要团结。”[①]然而，“四人帮”不顾毛泽东的意见，认为召开四届全国人大是他们篡夺更多权力的时机，于是加紧了“组阁”阴谋活动。王洪文多次要求上海步子迈得更大，对干部要规划一下，要准备上海的中央委员都到中央来工作。12月底，江青集团在上海的亲信骨干通宵开会，确定了第三批16人名单，甚至内定了去向，作为中央各部的部长、副部长人选上报。

“四人帮”的“组阁”阴谋活动受到毛泽东的严厉批评。按照毛泽东的意见，四届全国人大的各项筹备工作和具体人事安排，主要由周恩来负责，进一步确定由周恩来担任国务院总理，邓小平担任第一副总理，这使得“四人帮”的“组阁”阴谋活动被挫败。但“四人帮”向中央各部门安插亲信骨干的活动却未曾停止，他们变换手法，化整为零，继续向中央其他部门输送亲信骨干。从1975年3月到次年2月，又先后将5人安插到教育部、共青团中央等部门。

在酝酿四届全国人大“组阁”名单的过程中，江青集团对毛泽东提议邓小平任国务院第一副总理极为不满，他们多次制造事端，围攻邓小平，其中以“风庆轮事件”最为突出。

---

① 中共中央党史和文献研究院编：《毛泽东年谱》第9卷，中央文献出版社2023年版，第551页。

“风庆”轮是上海江南造船厂制造的国产万吨级远洋货轮。1973年底，“风庆”轮建成后进行轻载试航。接船单位交通部远洋局认为柴油机主机汽缸磨损过大，同设计要求有差距，为安全起见，提出“风庆”轮先跑近洋运输，以后视情况再跑远洋。为此，“四人帮”在上海的亲信污蔑交通部有意打压上海，并将此上升为“造船不如买船，买船不如租船的洋奴哲学”。1974年3月，上海召开大会，点名批判交通部，影射攻击国务院领导。5月，经国务院批准，“风庆”轮在更换部分部件后首次从上海远航罗马尼亚。交通部为保障远航的安全，特意安排另一条远洋轮伴随“风庆”轮，并派专人到船上协助工作。“风庆”轮远航之时，正值“批林批孔”运动高潮。“四人帮”便借“风庆”轮问题开始大做文章。

9月底，“风庆”轮远航返回，上海组织了盛大欢迎仪式。《文汇报》和《解放日报》接连发表文章，宣称“我国近代造船工业发展史，是一部充满尊孔崇洋与反孔爱国斗争的历史”，要“彻底批判代表儒家卖国主义路线的崇洋媚外思想”。仅10月，上海两报就发表了近20万字的文章和报道。《红旗》杂志还发表由上海市委写作组以“风庆”轮党支部名义写的《扬眉吐气的三万二千浬》一文。其间，上海还组织10余万人上船参观，扩大影响。市革委会还根据“四人帮”的“指示”，组织发起了对交通部派遣到“风庆”轮上协助远洋工作的两位同志的批斗围攻，并提出要揪后台，把矛头指向周恩来和当时主持国务院工作的邓小平。

10月间，江青从新华社编印的内部刊物上看到“风庆”轮试航成功的报道后，立刻写下大段批语，污蔑国务院、交通部“崇洋迷外”“洋奴思想”“爬行主义”，是“买办资产阶级思想的人专了我们的政”①，攻击目标直指周恩来和邓小平。在当月召开的中央政治局会议上，江青等人又借“风庆轮事件”发难，强迫与会者对他们认定的所谓“卖国主义路线”表态。邓小平坚决顶住了“四人帮”的围攻，愤然离开会场以示抗议，会议无果而散。

此后，“四人帮”利用舆论工具，连续不断发表文章，将“风庆”轮的

---

① 中共中央党史研究室:《中国共产党历史》第二卷(1949—1978),中共党史出版社2011年版,第909页。

影响扩展到其他领域，接连制造“铜牌事件”①“更新轮事件”②及其他一系列事件，影射攻击国务院、交通部“投降卖国”，是“假洋鬼子”“现代的李鸿章”。上海市革委会代表还在国务院召开的会议上就“风庆轮事件”攻击国务院、交通部领导同志，造成极为恶劣的影响。

四、干部群众对极左思潮的抵制

“文化大革命”期间，上海党组织和人民对“左”倾错误和江青集团的斗争一直没有停止过。这种斗争十分艰难曲折。运动初期，面对“左”倾错误和极左思潮造成的空前混乱的无政府主义状态，在上海党组织和广大干部群众中，始终存在不同程度、不同形式的抵制和抗争。这种抵制和抗争，或表现为对“文化大革命”持消极态度，在各自岗位上坚持工作和生产；或表现为对武斗和破坏持抗议立场，对“文化大革命”的错误做法提出严厉批评。运动开始后不久，许多人对种种违反党的一贯方针政策的现象感到难以理解，采取写大字报、印发传单、上书党中央等形式阐述自己的观点。上海市委也通过多方努力，力图制止运动中出现的违法乱纪的粗暴行动。1966 年 9 月，上海部分老劳模联合署名散发传单《我们老工人要讲话》，并致电党中央和毛泽东，反对北京红卫兵在上海乱揪乱斗，主张在市委领导下开展运动。

1967 年“七一”前后，原市委宣传部几个干部发起成立名为“共产党员心向毛泽东”（“共向东”）的群众组织，秘密恢复党的组织生活，并编写印发传单，办刊物，公开批判“文攻武卫”口号与造反派怀疑一切、打倒一切的做法。同年 5 月和 7 月，上海第五钢铁厂有工人和技术员分别贴出“历史不容颠倒！”“坚决打倒两面派江青”的大字报，反对把“文化大革命”前的 17 年描绘成“漆黑一团”；认为“‘文攻武卫’口号是挑动各地武斗的总根子”。上海音乐学院院长、著名音乐家贺绿汀，在 1968 年 4 月的一次电视批斗大会上对强加于他的罪名和伪证据理严

① “铜牌事件”指 1975 年 9 月 18 日，美国商人感谢上海纺织品进出口分公司在外贸交往中交货及时、品质优良，向我方送铜铸感谢状，被指责为“修正主义路线的罪证”。

② “更新轮事件”指 1975 年交通部根据周恩来总理指示，利用香港游资，以低于国际市场废钢铁的价格买来的一艘远洋客货轮整修后重新使用，被指责为“崇洋媚外”。

词驳斥，从“被批者”转为批判者和审判者，使电视转播不得不中途停止。上海第六人民医院骨科医生、团总支书记宋岚因对江青的所作所为表达不满，被以“现行反革命”罪名入狱，面对严刑拷打，毫不屈服，以死抗争，临终血书“打倒江青”四个大字。1969 年 7 月，市煤气公司管线所助理技术员桑伟川给《文汇报》写信，反驳《人民日报》刊登的“丁学雷”恶毒攻击刘少奇、陈毅、谭震林等老一辈革命家的文章。张春桥为压制群众不同意见，授意组织大量批判文章对桑文观点加以围攻。桑伟川本人饱经批斗折磨后，被判七年有期徒刑。1970 年 2 月，上海汽车发动机厂工人贴出“炮打工总司”大字报，指出“安亭事件是反革命暴乱事件”[①]。随着运动的深入开展，许多原本出于对党和毛主席的信赖在初期被卷入运动的群众，并不赞成那些违反初衷的残酷斗争和无情打击的行为。他们经过不同的途径逐步醒悟，纷纷离开造反队伍，或者成为“逍遥派”，或者反过来以种种形式抵制和反对“文化大革命”。许多领导干部也在残酷迫害面前坚贞不屈，坚持抗争，以事实驳斥强加在身的莫须有罪名，努力维护党的形象。这种正义的抗争尽管暂时遭到压制，但它没有被压垮，仍在不断积蓄力量。

九一三事件后，上海一批老干部得以重新走上工作岗位。他们坚持实事求是原则，与胡作非为的造反派开展了针锋相对的斗争。1971 年 5 月，南汇县召开第三届党代表大会。会上，原县委书记、时任县党的核心小组副组长万辉与几个公社党委书记反对把“夺走资派的权”写进党代会的工作报告中，认为南汇县领导干部中没有“走资派”。他们的意见得到大多数与会代表的赞同。情况上报后，王洪文将其定性为否定“文化大革命”的政治事件，并带领亲信赶到南汇，逼迫这些领导干部作公开检查。随后，王洪文等又把全市郊县 600 余名县、镇以上党委书记集中到南汇，把南汇县党代会事件作为全市郊县“复辟”“倒退”的“典型”加以批判，对坚持正确意见的党员干部进行打击迫害，胁迫到会的人都要承认自己是“走资派”。但大多数与会党员干部并没有屈服。

① 中共上海市委党史研究室编著:《中国共产党在上海 80 年（1921—2001）》，上海人民出版社 2001 年版，第 664 页。

与之相类似，同年7月，市水产局老干部把该局党代会工作报告中“走资派”“夺权”等文字全部删除。有的干部公开明确提出，本单位没有“走资派”，不应该夺权。市轻工业局皮革塑料工业公司内也发生了同样的抵制斗争。在有190名党员干部参加的“批陈（伯达）整风”学习班上，许多人对“凡是执行资反路线的就是走资派”等言论予以反驳，批评了造反派刮经济主义风，对干部搞批斗、游行、戴高帽子等荒唐做法。甚至有同志质问：“一月夺权”到底是对还是错？这些抵制斗争反映出一批干部对“文化大革命”路线的独立反思。王洪文等视之如洪水猛兽，亲自出马打压，在全市发动了一场批判“右倾复辟倒退”运动。许多坚持正确意见的党员干部受到打击迫害。但追求真理的斗争火焰却不会因此而熄灭。

党的十大以后，广大干部群众对“文化大革命”不满、厌倦和怀疑的情绪愈加强烈。许多党员和群众通过各种形式，明确表示反对“文化大革命”的错误路线和方针。1973年，原上海市档案馆办公室副主任陆士谷，以共产党员的正义感和责任心连续三次致信党中央，直言“文化大革命”是错误的，是“残酷斗争，无情打击，造谣污辱”。陈毅逝世后，上海人民自觉抵制“四人帮”对陈毅的污蔑诋毁，表达对老一辈革命家在“文化大革命”中不幸遭遇的深切同情。上海越剧团某武功教师公开唱《黄桥烧饼歌》，缅怀陈毅的历史功绩，并在1973年至1975年间先后六次给毛泽东和中央领导写信，揭露张春桥“不是一个光明正大的共产党员”。“批林批孔”运动开展后，更多的党员、干部、职工、教师、学生、党外人士纷纷站出来，以各种形式表达对运动中许多做法的不满，并对江青集团进行进一步揭露批判。这些抗争者尽管大都遭到批斗，有的甚至被关押或判刑，但他们爱党爱国、坚持真理的精神激励了更多人的觉醒。

上海广大党员干部和人民群众长期以来对极左思潮的抵制和斗争，体现了对党、国家、社会主义事业的忠诚热爱和战胜困难、走出激流险滩的坚定信念，也才使得“文化大革命”的破坏受到一定程度的限制，并为最终一举粉碎江青反革命集团，奠定了广泛而深厚的群众基础。

第十五章

全面整顿和“文化大革命”的结束

“批林批孔”运动使上海又出现混乱的局面，致使国民经济受到严重影响。1975年的全面整顿尽管在上海遭到“四人帮”亲信骨干的阻挠，但在实践中仍产生了积极作用，使上海的各项工作趋于稳定。但是，随着“反击右倾翻案风”的展开，整顿工作被迫中断。1976年10月，党中央粉碎了“四人帮”在上海的亲信骨干进行武装叛乱的阴谋。“文化大革命”这场灾难结束。

第一节　1975年的整顿与挫折

“四人帮”的种种倒行逆施，激起了人们极大的愤慨，迫切希望采取措施，纠正左倾错误，把国民经济搞上去。1975年初，邓小平在毛泽东、周恩来的支持下，果断地对被搞乱的各条战线进行全面整顿。全面整顿受到“四人帮”及其在上海的亲信骨干的干扰。

一、贯彻全面整顿的方针

1975年1月召开的四届全国人大一次会议，重申党的一系列正确的经济建设方针，特别是实现四个现代化的宏伟目标，充分体现了广大人民群众的意愿，给人民群众以极大的鼓舞。同年初，在毛泽东、周恩来的支持下，邓小平开始主持中央工作。面对国民经济严峻的状况，邓小平根据毛泽东提出的要安定团结，把国民经济搞上去的指示，与“四人帮”展开针锋相对的斗争，排除各种干扰，以整顿领导班子、批判和消除派性为主要措施，从整顿铁路入手，开始了大刀阔斧的全面整顿。

1975 年 2 月，中共中央发出《批转一九七五年国民经济计划的通知》，要求全党团结一切可以团结的人，调动一切积极因素，坚持抓革命、促生产、促工作、促战备的方针，把国民经济搞上去，当前特别要把交通运输和煤炭、钢铁生产抓上去。

铁路这个国民经济的“先行官”问题十分严重。由于“四人帮”及其帮派骨干的破坏，徐州、南京、南昌、兰州等铁路枢纽的运输长期堵塞，阻碍了津浦、京广、陇海、浙赣四条铁路大动脉的畅通，并影响其他铁路干线的运输，生产部署被全部打乱，严重危及工业生产和与城乡群众生活密切相关的物资供给。1975 年 1 月，全国铁路平均日装车 4.88 万车，到 2 月降为 4.3 万车，按需要相差 1.2 万车。徐州铁路“卡脖子”状况对华东地区影响最大，上海市经常只有一个星期的存煤储备。由于铁路堵塞煤炭不能及时运到，电厂不能正常发电，许多工厂因此停产半停产。解决铁路运输的问题迫在眉睫。

2 月 25 日，中央召开全国各省、市、自治区党委主管工业的书记会议，着重研究解决铁路运输问题。会议提出，解决铁路问题的办法是要加强集中统一管理，建立必要的规章制度，增强组织纪律性。邓小平在讲话中明确指出，全党要以“四化”为大局，全党全国都要为实现这一伟大目标而奋斗。他着重强调了加强集中统一领导、建立必要的规章制度和坚决反对派性等三条整顿方针。对当时存在的“只敢抓革命，不敢抓生产”的倾向，他提出尖锐批评：“这是大错特错的。”[①] 全面整顿以铁路整顿为开端，接着邓小平又抓了钢铁工业的整顿、农业的整顿、国防工业的整顿、科技领域的整顿等，涉及了当时国民经济发展中最重要的问题。

3 月 5 日，中共中央发出《关于加强铁路工作的决定》，指出，铁路运输仍是当前国民经济中一个突出的薄弱环节，因此决定对铁路实行以铁

---

① 《邓小平文选》第 2 卷，人民出版社 1994 年版，第 4 页。

道部领导为主的管理体制，加强集中统一。并明确指出，“对少数资产阶级派性严重，经过批评和教育仍不改正的领导干部和派性头头，应该及时调离，不宜拖延不决，妨害大局”。3月7日晚，铁道部召开传达中央9号文件的电话会议后，上海铁路局当晚召开党委会，进行研究，作出部署。上海铁路局党委向蚌埠分局派出工作组，向杭州、上海分局和芜湖办事处派出联络员，进行联系和帮助开展工作。还恢复了上海铁路局机关处室建制，成立了上海铁路局政治部，采取果断的组织措施，进一步理顺了工作关系。多数分局班子整顿调整后，新班子新面貌，各方面工作有了明显转变。接着，几个分局党委对所属基层站与段软、散、懒的领导班子进行了整顿和调整。一大批骨干力量走上领导岗位，极大地促进了安定团结和运输生产。同时，还开展了整顿站车秩序和各项基础工作，整修了设备，全局运输生产稳步上升，各项经济技术指标大幅度提高，实现了铁道部提出的“四通八达、畅通无阻、安全正点、当好先行”的要求。

邓小平的全面整顿遭到“四人帮”及其上海亲信骨干的抵制和反对。全面整顿开始后，“四人帮”在上海的亲信骨干认为中央和其他省市的全面整顿是“复辟倒退”“走回头路”“唯生产力论”，不仅竭力封锁邓小平的讲话精神和国务院关于整顿的一系列文件，还大力宣传上钢五厂等批“唯生产力论”的典型，以此同邓小平全面整顿作消极抵抗。市委写作组根据“四人帮”的旨意，利用掌握的舆论工具，打着“反对唯生产力论”的幌子，攻击坚持抓革命、促生产的领导干部是“走资派”，诬蔑广大干部和工农群众坚守岗位、努力生产、大干社会主义是“给走资派脸上贴金”，影射攻击邓小平的全面整顿。

上海各条战线的全面整顿工作，虽然受到“四人帮”及其在上海亲信骨干的阻挠，但上海广大干部和群众顶住压力，自觉执行邓小平的全面整顿指示，使关于全面整顿的指导思想仍然在上海得到不同程度的贯彻。一些基层单位特意到江苏南京、浙江杭州等地通过学习、取经等方式，把中央一系列关于整顿的指示精神带回上海，在工作中自觉贯彻执行，重新建立了一系列行之有效的规章制度。一些中央在沪企业和科研院所则通过国务院召开的各种会议、中央下发的文件，认真学习和贯彻邓小平全面整顿的各项指示。

全面整顿使上海的各项工作逐步趋向好转,客观上取得了显著成效,一定程度上克服了“批林批孔”运动所造成的混乱状态。特别是上海铁路局经过整顿,1975年有12项经济技术指标超过了1974年,客运和货运分别提前26天和11天完成了全年计划。工业生产在24种主要工业品中,有22种的产量比1974年提高,其中钢产量增长6.1%,发电量增长10%,水泥增长15%,手表增长11.4%。多年来得到周恩来、聂荣臻等中央领导直接关心的上海航天基地建设,也结束了几年徘徊,在1975年取得突破,不仅在运载火箭的研制上取得新的进展,而且首次在上海生产制造了我国新的人造卫星。中国科学院在沪的科研院所在全面整顿的鼓舞下,广大科技人员排除干扰,科研秩序有所好转,一些科研领域取得了重大成果。1975年10月,中科院上海实验生物研究所研究成功化学合成脱氧核糖核酸十三核苷酸片段,12月,中科院上海有机化学研究所成功地用化学方法合成八核苷酸片段。至此,上海承担的人工合成核酸研究和第一阶段任务已全部完成,这标志着上海自然科学基础理论研究取得重大成果。上海的高等院校的教学秩序也有所转机,一些高等院校根据邓小平全面整顿的精神,强化课堂教学秩序和内容,起到了较好的效果。

二、“反击右倾翻案风”

随着邓小平主持的全面整顿的展开和深入,不可避免地触及“文化大革命”的“左”倾错误,逐渐发展成为对“文化大革命”比较系统地纠正。这既遭到“四人帮”的竭力反对,也为毛泽东所不能容忍。1975年11月中央召开打招呼会议,在全国发动“反击右倾翻案风”,展开了对邓小平的错误批判。江青集团企图将上海作为攻击和诬陷邓小平的基地,起示范作用,推动全国的“反击右倾翻案风”,并通过这一运动,打倒一大批支持邓小平全面整顿的中央和地方领导同志。

中央打招呼会议结束不久,上海仿效北京以清华大学、北京大学作为“反击右倾翻案风”的“窗口”的做法,迫不及待地树立复旦大学、上海师范大学为上海“反击右倾翻案风”的两个“窗口”,要求两校连夜赶写、张贴大字报,制造声势。两校随之层层动员,举办各种学习班,在校园里贴出了大量造谣中伤中央领导的大字报、大标语。江青集团在上海的亲信骨干多次到这两个学校具体布置,并组织全市各单位到复旦大学、上海师范大学学习、串连。由这两个学校出面,将攻击、诬陷邓小平及中央领导同志的材料汇编成册,广为散发。据不完全统计,从 1975 年 12 月起至粉碎“四人帮”前,复旦大学、上海师大共翻印了诬陷、诽谤邓小平等中央领导人的各类材料和大字报选达 76 余万份之多,接待参观和串连人数达 164 万余人。江青授意中央新闻纪录制片厂专门到复旦大学拍摄纪录片《复旦校园卷狂飚》;姚文元也将《解放日报》记者采写的上海师大报道加工修改,以《风雷滚滚旌旗奋》为题,在《人民日报》头版头条发表,流毒全国。

1976 年 2 月,中央再次召开打招呼会议期间,“四人帮”布置上海帮派骨干进一步发动“反击右倾翻案风”。从 2 月底到 3 月上旬,上海接连召开市委扩大会议、理论工作座谈会,以及区、县、局负责干部会议。要求全市各系统对邓小平主持起草的《论全党全国各项工作的总纲》《关于加快工业发展的若干问题》《中国科学院工作汇报提纲》进行深入批判。4 月 2 日、3 日,市委召开万人大会,公开点名批判邓小平。市委写作组同北京江青控制的“梁效”等写作组遥相呼应,在《学习与批判》等刊物上发表《由赵七爷的辫子想到阿 Q 小 D 的小辫子兼论党内不肯改悔的走资派的大辫子》等一系列文章,从理论上论证所谓“老干部=民主派=走资派”的荒谬逻辑。全市上演的文艺作品被规定一律要同“反击右倾翻案风”挂钩,写成以同“走资派”斗争为中心。经徐景贤等人审定的电影《欢腾的小凉河》《千秋业》《盛大的节日》等影片,影射攻击周恩来、邓小平等中央领导干部。

“四人帮”在上海的亲信骨干还通过各种途径,收集中央和其他省市党政领导人关于整顿的讲话和指示,由上海市总工会等单位出面,断章取义,分门别类,罗织种种罪名,编印成各种“白头材料”①,供各单位作为批判材料。据不完全统计,从 1975 年底到 1976 年 10 月,上海先后印刷了 700 多万份“白头材料”,散发到全市各单位和全国各地。然而,

① 即既无编发单位,也无编印整理者落款者的材料,以区别于党内正式文件的红头材料。

经过近十年的内乱，广大干部群众早已有了自己的是非判断，不再盲从。广大党员干部群众对“批邓、反击右倾翻案风”运动，都采取消极的态度加以抵制。有些“白头材料”反而成为人们学习邓小平整顿精神的重要来源。

“批邓、反击右倾翻案风”运动对1975年整顿工作中许多正确政策和采取的有效措施肆意攻击、批判，把全面整顿说成是“右倾翻案风”，使各条战线经过整顿刚刚出现的稳定局势遭受破坏，一批主持整顿和坚决执行整顿方针政策的干部受到打击，而一些在整顿中被撤职或调离的派性严重的人则被再次重用。对于整顿中起用被解放干部和发挥知识分子及工程技术人员作用的工作，被说成是“搞复辟”；把老干部统统说成是“民主派”，而“民主派就是走资派”，认为“走资派还在走”；把发展生产力说成是“唯生产力论”；把严格责任制、建立健全各项规章制度，说成是“修正主义的管、卡、压”；把改善经营管理、提高经济效益说成是“利润挂帅”。进而，使整顿中提出的许多正确政策和措施被彻底否定。一时间，重新建立起来的正常生产秩序又被打乱，管理制度废弛，派性斗争重新抬头，无政府主义四处泛滥，使上海刚刚趋于稳定的生产局面再次出现混乱。1976年全市工农业总产值完成439.4亿元，比1975年只增长1.1%。1976年全市财政收入完成144.42亿元，比1975年下降1.8%[①]。工业主要产品产量也出现了下降的趋势，其中钢从398万吨下降至373万吨，钢质船舶从33万吨下降至22万吨，发电设备从171万千瓦下降至123万千瓦，机床从17.7万台下降至16.3万台，化学药品从5709吨下降至5230吨。

第二节　社会主义建设的艰难发展

“文化大革命”这十年，正是世界经济快速发展、科技进步日新月异

① 上海市统计局、国家统计局上海调查总队编：《光辉七十载——1949—2019上海历史统计资料汇编》，中国统计出版社2019年版，第104页。

的十年。然而,受“文化大革命”运动的影响,上海错失了宝贵的发展机遇,同国际先进水平之间的差距逐渐拉大。在动荡而复杂的社会环境下,周恩来、邓小平在主持中央工作期间,尽力维护大局,上海广大党员干部群众恪尽职守、排除干扰、辛勤工作,使上海的社会主义建设事业取得艰难进展。

一、经济建设的曲折发展

在“文化大革命”中,上海国民经济遭到政治动乱的严重干扰和破坏,造成严重的挫折和损失。但在极左思潮下党的政策的一定调整,广大干部群众的抗争和抵制,使“文化大革命”的破坏程度受到一定程度的减少,上海的经济建设在曲折中发展。

整个十年中,由于企业的正常生产秩序被搞乱,新中国成立以来一系列正确的方针政策遭到批判和否定等,上海工业在极度混乱中发展,经历了“三起三落”。第一次是 1966 年由于调整政策的惯性和上海市委对经济工作的抓紧,工业总产值仍比上年增长 16.2%;1967 年全面动乱开始后,全市工业总产值比上年下降 9.7%。第二次是 1969 年以后,在周恩来总理主持经济工作形势下,上海工业重新恢复和发展,到 1973 年全市财政收入平均每年以 8 亿多元的速度增长;受到 1974 年的“批林批孔”运动冲击,导致当年上海工业增长率跌到“四五”期间最低点,许多主要工业产品产量大幅度下降。第三次是 1975 年邓小平主持全面整顿后,国民经济扭转停滞、下降局面,上海工业总产值比上年增长了 5.5%;1976 年由于“反击右倾翻案风”使正趋好转的经济形势再度恶化,上海工业生产再次出现停滞局面。“文化大革命”期间,许多规章制度被冲垮,检验机构被取消,无政府主义思潮泛滥,致使产品质量下降,成本单耗上升,生产事故频繁,经济效益逐年下降。1976 年 144 种主要产品的质量,有 108 种低于历史水平,占 75%。由于物资消耗上升,导致工业净产值增长率下降。1953 年到 1965 年工业净产值平均每年增长 12.1%,而“文化大革命”十年平均每年只增长 5.5%。1974—1976 年,地方财政收入连续三年没有完成国家计划。由于工业净产值增长率下降,使财政少收了约 200 亿元。

由于“农业学大寨”运动宣扬“大批促大干”,这给上海郊区农村工作带来了负面影响。郊区农村原来按劳动强度、技术程度规定的定额管理、评工记分制度被批判为“物质刺激”,“大寨式”(群众称之为“大概工”)记工方法全面推广。此外,片面强调农业生产“以粮为纲”,上海郊区不仅棉花和油料等经济作物减产,从而延缓了整个种植业的发展速度,林、牧、副、渔业生产也停滞不前。还有,不从大城市郊区农业和上海气候条件的实际出发,强行推广粮食作物的“三熟制”,扩大粮食播种面积和粮食复种次数,削减其他经济作物的播种面积。1976 年,郊区农村粮食复种次数和播种面积分别从 1968 年的 2.03 次和 707.98 万亩上升到 2.52 次和 842.45 万亩。农村社员开展家庭副业受到限制,社员自留地、家庭副业和集市贸易被当作“资本主义尾巴”割掉。所有这些,都极大地挫伤了广大社员的劳动积极性,造成农业产量不稳定,品种单调,使上海城市副食品供应紧张。

“文化大革命”中,突出“备战为纲”,片面强调发展重工业,造成内外贸易萎缩。重工业在全市工业总产值中的比重由 1965 年的 43.4% 提高到 1976 年的 53.1%;轻工业的比重显著下降,能够提供的日用工业品发展缓慢,造成了对外、对内贸易的萎缩,市场商品供应日趋紧张。上海外贸出口总值,在 1963 年到 1965 年经济调整时期平均每年递增 11.4%,1966 年到 1970 年平均递增率只有 2.5%,1971 年到 1974 年间虽有回升,但 1975 年和 1976 年则分别比上年下降了 9% 和 10.9%;上海调往全国各地的工业品,1963 年到 1965 年经济调整时期平均每年递增 6.2%,1971 年到 1975 年平均每年只递增 0.6%,到 1976 年不仅没有增加,还下降了。不仅如此,还批判“封、资、修”,说什么“服务好会变修”,西菜馆、咖啡馆被勒令停业,大店、名店只许供应低档菜,高档的理发、沐浴普遍改为一般的“大众化”服务,不少经营特色消失,经济效益和社会效益普遍下降。同时,供销合作社商业再度并入国营商业,合作商店和合作小组都由自负盈亏改为统负盈亏,个体商贩被迫转业,集市贸易被关闭,造成商品流通渠道单一,货不能畅其流,市场供应匮乏,服务质量也严重下降。

在这十年中,由于片面强调“先生产,后生活”,生产性与非生产性投资的比例进一步失调，1966 年到 1970 年非生产性投资只占基本建设的 16.1%，比 1965 年的 23.8% 还低 7.7%，1971 年到 1975 年又进一步下降到 9.1%，城市建设资金得不到保证。十年间，用于城市建设的资金，仅占全市城市基本建设投资的 7.23%。除少量同战备建设项目有关的工程外，整个上海连续几年没有大的非生产性项目建设，造成城市基础建设落后的矛盾更趋突出。城市建设停滞不前，有五年时间地方财政没有投资建造一个平方米住宅，这加深了城市原有的住宅紧缺矛盾。由于实行“高积累、低消费”，上海的消费基金在国民收入中所占比重，由 1965 年的 32.4% 下降到 1976 年的 26.7%。十年中，按劳分配制度受到严重破坏，在个人收入分配方面，取消了计件工资、奖金、评工记分的办法，推行了平均主义的低工资制度和大寨式记分办法。这期间，除 1971 年调整了一次工资外，其余各年都没有增加工资，新进厂工人一级工资标准降低到 36 元。全民所有制企事业单位职工的月平均工资，从 1965 年 69.58 元下降到 1976 年的 57.16 元，十年间下降了 17.8%。这期间，全市动员上山下乡的知识青年达 109 万多人，增加了上海市民家庭的沉重负担。市郊农民生活提高极少。郊区社员按生产队计算劳动力，年均收入从 1966 年的 248 元下降为 1976 年的 240 元，下降 3.2%。每人年平均分配在 120 元以下的郊区生产队达 8411 个，占总数的 30%。

与此同时，由于三线建设、援外、重大工程和引进国外技术等建设任务需要上海发挥作用，在党中央、国务院的支持下，上海在基本建设投资及原料、燃料等方面得到了更多的投入，加上广大干部、群众在极其困难的条件下，抵制干扰，坚守岗位，努力生产，尽量减少因动乱带来的损失。所以，上海经济建设还是取得了一些成就。

上海支援三线建设的搬迁工厂的工作，因为“文化大革命”的内乱而中断了一段时间。1969 年 3 月珍宝岛事件后，上海工业开始加强支援四川、贵州、云南等地“大三线”军工建设的力量，相继在这些地区建立了一批军工、机械、化工、冶金等重工业工厂。1970 年以后，三线建设进入高潮，上海的机械工业又为后方基地的设备进行了大量的补充。上海还陆续为攀枝花钢铁厂、第二汽车制造厂等工业建设，以及南水北调工程、人造卫星工程等全国重点项目和农业建设提供了大量机械设备。

1964年至1973年，上海共迁建304个项目，搬迁411个工厂、2.6万多台设备和92212名职工[①]。此外，上海先后在皖南的徽州、安庆、宣城三个专区和浙江临安等13个县（市）境内包建成81个单位，成为全国各省市小三线中门类最全、人员最多、规模最大的一个以军工生产为主的综合性后方工业基地，为国防建设和国民经济建设作出了一定的贡献。

为解决上海工业发展日益突出的原材料缺乏的矛盾，确保上海作为我国最大的工业中心的正常生产秩序，中央决定由上海负责开发上海邻近省份的铁、煤等原材料，在外省建设上海原材料基地。从1969年至1972年，上海先后动工开发了江苏梅山钢铁基地、江苏大屯煤矿、山东莱芜张家洼铁矿和安徽新桥硫铁矿等4个外省原材料基地。其中江苏梅山钢铁基地（即9424项目）建设速度最快，到1971年9月，一期工程基本完成。大屯煤矿到1976年，基本完成并投产。外省原材料基地的建设，对缓解上海工业发展的原材料短缺起到了积极作用。

1976年7月28日，河北省唐山市发生7.8级强烈地震。29日，上海组织第一批56支医疗队800余名医务人员奔赴唐山参与抗震救灾。后又组织三批医务人员，并建立4所抗震医院。市民航、铁路、海运等系统职工向灾区抢运各类救灾物资。至1978年底，上海赴唐山抗震救灾的医疗人员达3500余人，救灾物资达1.2万余吨。此外，上海建工、钢铁等工程技术人员组成支唐队，为唐钢和开滦煤矿的复工贡献力量；上海城市规划和建筑专家赴唐山实地勘测设计，为重建“新唐山”出谋划策。

在中央领导下，上海还开展了援外建设。这一时期，上海派出精干队伍，承担了加纳、坦桑尼亚、苏丹、赞比亚、阿尔巴尼亚等10多个国家的经济援助建设任务，完成了冶金、纺织、轻工等工业项目和会议厅、体育馆、办公楼等公共建筑，赢得了受援国家的赞扬，扩大了我国在国际上的影响。

这一时期，上海仪表电子工业发展速度较快。为了加速发展电子元

---

① 《上海劳动志》编纂委员会编：《上海劳动志》，上海社会科学院出版社1998年版，第190页。

器件，上海于1968年至1970年组织了全市性的发展电子工业大会战，大批企业转产电子产品，为仪表仪器、电子计算机以及电视机、收音机、录音机等仪表电讯行业整机产品升级换代、品种更新提供了元件基础，初步形成一个比较完整的电子工业体系，并且推进了电子技术在工业生产中的应用。1970年初，上海成功研制生产出我国第一台19寸电子管彩色电视机。此后，为了加速民用电子产品的生产，上海组织了一批轻工业企业转产电视机，逐步形成了年产10万部整机、10万多只显像管和成套电视台设备的生产能力，使电视机产量大幅度地上升，从1970年的3600台迅速发展到1976年的11.19万台。其他收音机、录音机的产量也成倍增长，其中收音机从1970年的157.16万台增加到1976年的232.63万台，录音机也从1.37万台增加到4.04万台。生产的发展促进了经济效益的提升，上海仪表电讯工业局的工业总产值从1967年至1976年上升了4倍，年均增长18.9%，成了上海工业中增长速度较快的一个部门①。

1969年8月，周恩来代表党中央、国务院向上海下达了不仅要搞好导弹科研和生产，而且要研制人造卫星和运载火箭的任务。上海开展了以机电二局为骨干，涉及300多个协作单位的大会战。因为是1970年第一号工程，所以被命名为“七〇一”工程。中央也从全国各地抽调了大批技术骨干充实上海的研制力量。参加研究和试验的技术人员克服各种困难，解决了一系列技术难题。1975年7月，上海机电二局研制的“风暴一号”运载火箭成功地把我国第一颗重达一吨的“长空一号”技术试验卫星送上了预定轨道，标志着上海突破了人造卫星研制零的纪录，为继续研制大型火箭和新型号卫星积累了经验，成为我国重要的航天基地。在周恩来的支持关心下，上海市于1970年2月8日对核电站的研制和建设进行了专门部署，“七二八”成为我国第一个核电站的工程代号。上海在充分利用民用工业的基础上，由国务院批准，开始了30万千瓦核电设备的研制工作。参加“七二八”工程的科研人员排除了

① 徐之河等主编：《上海经济》（1949—1982年），上海社会科学出版社1984年版，第290、303、1005页。

“文化大革命”的干扰，打破国外的技术封锁和垄断，在极其困难的条件下，为我国第一座核电站的建设作了艰辛的努力，在短短的几年中，取得了一大批成果，基本上具备了制造30万千瓦核电机组的能力。尽管由于“文化大革命”内乱的影响，“七二八”工程几经周折，迟迟未能正式开工。但是，这些研究成果为今后发展大等级的核电设备创造了有利条件，为我国的核电事业，如秦山核电厂的建成，作出了应有的贡献。

1970年8月，为了改变我国客机依赖进口的局面，中央向上海市下达了大型客机的研制任务，定名为“七〇八”工程，该飞机型号后命名为运十飞机。为尽快完成这一任务，上海在全市的机电、仪表、冶金、造船、化工、纺织、建材、轻工和邮电等系统及高等院校共262个协作单位，组织协同攻关。三机部、一机部、四机部、冶金部、化工部、建材部和中科院系统，也有70多个单位承担了协作配套项目。经过上万名工程技术人员和工人的共同努力，1976年9月，我国第一架大型客机在上海制造完成。1980年9月26日，运十飞机在上海北郊机场试飞成功，这标志着我国飞机制造业迈上了一个新的台阶。

总投资21.8亿元，从国外引进9套生产装置，通过围海造地，1975年9月，在金山卫海滩建起了国家重点建设项目——上海石油化工总厂，这个大型石油化工基地的建成对促进我国掌握石化化纤新技术，自主生产石化产品，加速发展合成纤维工业，解决全国人民的穿衣问题作出了贡献。

根据周恩来提出三年改变港口落后面貌的号召，上海开展了港口建设。尽管遭到江青集团在上海亲信骨干的干扰破坏，但由于上海港口建设领导小组由交通部和上海市双重领导，上海港从1973年起开展了空前的建设高潮，1973年到1978年，政府对上海港共投入3.16亿元，从多个方面进行了大规模的改造和扩建。兴建了20个万吨级泊位和1个外贸杂货码头，建成煤炭、散粮和木材等5条机械化作业线，改建了6个装卸区，建设了铁路、道路和仓栈等配套工程。港口的年吞吐量从1973年的5039万吨上升到1978年的7955万吨，机械化程度达到80%，为新时期上海港跨入世界亿吨大港打下了基础。

在改造和扩建港口的同时，上海还对铁路设施进行了必要的建设，主要新建了金山铁路支线，扩建了桃浦站，连同前已建成的5条铁路支线，南翔机务段和杨浦、彭浦等货运站，大大增强了铁路客货运输能力。为配合上海石油化工总厂的建设，建成了黄浦江上第一座公路、铁路双层的黄浦江大桥（今松浦大桥）。在市区兴建了一些公共建筑，提高了设计、施工的技术水平。在软土地基中“豆腐里打洞”，在黄浦江江底建成中国第一条水底公路隧道——打浦路隧道。建成能容纳1.8万名观众的上海体育馆，高达210.5米的上海电视塔，成排崛起的漕溪路高层住宅建筑群等。其中，大跨度网架屋盖结构、整体提升、一次吊装成功的新技术，156米电视塔身地面拼装、整体起扳的新办法，高层建筑的施工工艺等，都在实践中涌现出来，显示了较高的技术水平。

以上这些成就都是上海广大党员、党的各级领导干部和人民群众在极端困难的条件下，克服频繁的政治运动的重重干扰而实现的。在农村，大多数农民依然默默地坚持农业劳动。在许多工厂和工地，工人坚持生产。科学技术人员中许多人虽然受到打击迫害，失去了正常的工作条件，但仍尽可能地奋力工作。同济大学李国豪教授，被剥夺科研工作条件后，自己买材料，在家里做试验，写出《桁梁扭转理论》等著作，为我国建造大型桥梁作出了宝贵贡献。复旦大学苏步青教授被下放到江南造船厂。在下放期间，古稀之年的苏步青与青年教师一起，爬上船头，走进车间，研究国外文献，成功地用数学理论知识解决了船体放样中劳动强度大、精度差的问题。他把代数曲线论中的仿射不变量方法首创性地引入计算机几何学科，并将计算机应用于船体放样和切割中，解决了国外造船界长期没有解决的问题。后来，在全国科学大会上，这项科研成果荣获了重大科技成果奖。正是有着良好传统、较高整体素质的上海人民，在复杂、困难的局面下坚持奋斗，才取得了上述成绩。当然，如果没有“文化大革命”的内乱和破坏，上海的经济建设会取得更大更多的成就。

二、科教文化事业遭受严重挫折

“文化大革命”期间，“四人帮”及其在上海的亲信骨干否定科学技术和知识分子的作用。他们把引进国外先进技术污蔑为“崇洋媚外""卖国主义",上海科技事业遭到了严重破坏。1967年初,市科委、中国科学院华东分院、市科学技术协会等科技管理机构相继被造反派组织夺权,部分科研机构也遭拆散。如,上海钢铁研究所、一机部上海汽轮机锅炉研究所被拆散,科研人员被赶走,仪器设备损坏或被瓜分。全国唯一的上海香料研究所被强令改行。到1971年10月,有21个科研单位被撤销、裁并或内迁。高等院校的科研机构也几近瘫痪,直接为生产服务的工厂研究所和中心实验室被撤销了40%,工业系统的144个计量室(站)被撤掉了120多个,郊区10个县的农业技术推广站、植保植检站、畜牧兽医站和种子站的科技人员被裁减了一半。在"清理阶级队伍"运动中,张春桥等人污蔑"科技系统敌情复杂""死水一潭",把知识分子、统战对象和归国人员作为专政对象,制造了"两线一会"等一系列冤案。在批判所谓"专家治厂""技术第一"的口号下,许多在科学技术上有成就的知识分子遭受到残酷迫害,全市科技人员立案受审查的有3.1万人,因受迫害造成非正常死亡的达1123人。大批科技人员长期"靠边站",大量科技干部被下放,严重阻碍了上海的科技进步,使得上海与国际上迅速发展的现代科技之间本已缩小的差距重新拉大。

"文化大革命"开始后,大、中、小学相继"停课闹革命",学校教育处于瘫痪状态。学校干部队伍和师资队伍受到严重破坏。全市24所高校经拆、并、迁以后只剩16所,上海对外贸易学院、华东政法学院、上海财经学院被撤销;上海水产学院和上海铁道医学院被迁往外地;上海工学院并入上海机械学院;华东师范大学、上海师范学院、上海半工半读师范学校、上海体育学院和上海教育学院合并为上海师范大学。全市43所业余高校被片面强调在实践中学习、否定系统的基础知识学习的"七二一"大学取代。这样的裁撤与合并,使得上海高校原来比较合理的专业布局被打破。更为严重的是,上海高校自1966年到1969年连续4年停止招生。1970年开始试点招收工农兵学员。在校学生人数从1965年的5.25万人下降到1971年的3510人。由于实行从工农兵中招收学员,入学前大多数学员只有相当于初中甚至小学文化程度,学制改为二至三年,学员在校期间主要任务又是所谓"上大学、管大学、改造大学",因此大多数很难达到大学本、专科毕业水平。如果按正常年份的招生人数概算，十年间上海高校少培养了10多万名大学毕业生。由于中专教育和职业教育被彻底否定，撤销了所有的此类学校。中、小学学制缩短为9年，即小学5年，中学4年；把数、理、化课程改为工业基础、农业基础。学校在所谓“开门办学”“学工”“学农”，批判“智育第一”“师道尊严”的干扰和冲击下，社会上形成了一股“读书无用”的不良风气。学校教育质量严重下降，青少年中的文盲、半文盲大量增加，犯罪率上升。“文化大革命”给教育事业带来的严重损害，还表现在广大干部和知识分子横遭摧残，教师队伍受到极大的破坏。十年间，上海无辜被审查的高校干部、教师有8548人。以上海交通大学为例，其教职员工中有1065人被作为敌我矛盾处理，占教职员工总人数的1/3以上。受审查的中小学教师达18927人，占教师总数的21.7%，其中被迫害致死的达550人，致伤、致残的更多①。

上海的文化艺术事业，在“文化大革命”中被摧残得百花凋零。上海市文学艺术联合会及所属协会被砸烂，所有的杂志被迫停刊，新中国成立17年来的优秀作品几乎都被作为反党反社会主义的毒草而受到批判，几乎所有著名的文学家、艺术家都被作为“文艺黑线”人物、反动权威受到批斗，有的甚至被迫害致死。各种文艺剧团、乐队、画社被解散。大批文艺工作者被赶到“五七”干校劳动或下放工厂“战高温”。国营剧团除几个“样板团”外都被拆散，区、县很多剧团被解散，戏剧舞台上是清一色的《智取威虎山》《海港》等“革命样板戏”，使得人民群众的文化生活枯燥乏味。从1966年至1972年，上海没有拍过一部故事片。上海市出版局被造反派夺权，后被撤并。在市委写作组的控制下，上海的10家出版社被并为一家，图书、报刊的种类也大为减少。1967年至1971年的五年间没有一份杂志。1965年上海图书出版的种类有3238种，杂志58种、报纸6种，到1975年图书出版种类只有1638种，杂志23种、报纸3种。报纸杂志充斥着大批判文章和假、大、空的论调。

---

① 忻福良、赵安东主编:《上海高等学校沿革》，同济大学出版社1992年版，第27页；吕型伟主编:《上海普通教育史》（1949—1989），上海教育出版社1994年版，第370页。

第三节 “文化大革命”的结束

“文化大革命”使上海的社会主义建设艰难发展。“批邓、反击右倾翻案风”运动则进一步促使广大干部群众认识到“文化大革命”的错误,也促使人们进一步认清“四人帮”祸国殃民的面目。党中央粉碎“四人帮”后,采取有力措施挫败了“四人帮”在上海的亲信骨干进行武装叛乱的阴谋。

一、上海人民悼念周恩来

1976年1月8日,周恩来病逝。“文化大革命”后期,周恩来总理努力纠正“文化大革命”的极左做法,支持邓小平的全面整顿,因而成为“四人帮”攻击的主要目标之一。周恩来总理逝世后,上海人民把对党和国家前途命运的忧虑和对“四人帮”的憎恨寄托在对周恩来总理的无限哀思上。但“四人帮”及其在上海的亲信却竭力压制人民的悼念活动,以市革委会名义电话下达禁令:不准戴黑纱、设灵堂、制花圈、开追悼会。强调要继续开展“反击右倾翻案风”。

对于这些种种禁令,上海人民坚决予以抵制。各单位普遍收看电视、设立灵堂,群众自动佩戴黑纱、敬送花圈,举行各种形式的悼念活动。广大干部和群众还纷纷来到周恩来曾经生活和战斗过的地方,深切地缅怀周恩来的丰功伟绩。1月15日上午,周恩来逝世一周的时刻,黄浦江上船只汽笛长鸣达半小时,表达了上海人民对周恩来总理的悼念和对“四人帮”及其亲信骨干的强烈抗议。15日下午,首都举行周恩来总理追悼会,全市人民沉浸在悲痛之中,群众自发地将周恩来遗像和悼念花圈送到外滩市革委会所在地。黄浦江上所有船只不顾禁令,再次长鸣汽笛,表达对周恩来总理的悼念。一些周恩来总理生前视察过的工厂、农村和科研单位,自发举行座谈会,缅怀周恩来总理的丰功伟绩及对上海建设事业的关心。一些与周恩来总理有过交往的老工人、文艺工作者、科学家等撰写了大量纪念缅怀文章，寄托对周恩来总理的哀思，但都被“四人帮”及其在上海的亲信骨干扣押，报纸也不准刊登上海人民悼念周恩来总理的通讯报道。

3月5日，一些群众发现，上海《文汇报》在刊登新华社一篇关于学习雷锋的新闻稿时，删去了稿中原有的周恩来关于学习雷锋的题词，于是，责问的电话不断打向文汇报社。时隔不久的3月25日，一些群众注意到，《文汇报》头版发表的一篇文章中，出现了“党内那个走资派要把被打倒的至今不肯改悔的走资派扶上台”的语句。愤怒的群众认为，受“四人帮”控制的《文汇报》再次把矛头指向了周恩来，是存心反对周恩来和邓小平。

这些接连发生的事件，使人们胸中积蓄已久的爱与恨终于迸发出来。3月25日后的短短几天，《文汇报》就收到抗议信件420多封，抗议电话1000多个。南京人民群众自发举行悼念周恩来的游行和集会，在南京开往上海的各次列车上刷上“揪出《文汇报》黑后台！”“保卫周总理！”等大幅标语。

4月，以北京天安门广场为中心的悼念周恩来，声讨“四人帮”的全国性群众运动爆发了。4月5日，天安门广场的悼念、声讨活动，体现了人心向背，为后来粉碎江青反革命集团奠定了广泛、深厚的群众基础。4月8日凌晨，上海一名青年工人在市中心人民广场旗杆上，高高悬起一面用3尺白色绢纺制成的悼旗，悼旗中央贴有周恩来遗像，下垂长长的黄色绉纸，悼旗上写着“沉痛悼念周恩来总理”九个大字。悼念活动激起广大市民的共鸣，群众自发聚集在一起，听取该青年朗读邓小平代表中共中央对周恩来所致的悼词。悼念活动被“四人帮”在上海的亲信骨干污蔑为“人民广场扯白旗的反革命事件”，该青年工人被打成“反革命”遭拘捕审讯。1978年10月获平反。

二、粉碎武装叛乱阴谋

张春桥、王洪文等人筹建的“第二武装”经过多年的经营，到1976年初，已扩充到有9个师、602个团、1287个营、1.87万个连，包括郊区在内，适龄在册人员共309万人。不仅有步兵，而且有摩托、高炮、防化、通信、工程等各个专业兵种，拥有各种枪支22万余支，火炮1900余门，火箭筒2600余具，各种车辆500余辆，以及耗资100多万元建造起来的“上海民兵101艇”，形成了一支庞大的武装力量。市民兵指挥部的主要骨干还专程赴邻近省份的山区察看地形，为“上山打游击”做准备。

9月9日，毛泽东逝世。上海人民佩戴黑纱、设置灵堂，进行各种悼念活动。早在毛泽东病重期间，“四人帮”就多次催促在上海的亲信骨干，向由他们严密控制的“上海民兵”突击发放枪支7.42万支、炮300门、各种弹药1000多万发。毛泽东逝世后，“四人帮”加紧夺取党和国家最高权力的阴谋活动。

10月6日，华国锋、叶剑英等代表中央政治局，执行党和人民的意志，对王洪文、张春桥、江青、姚文元等实行隔离审查，一举粉碎了“四人帮”。

7日凌晨，中央办公厅通知马天水与上海警备区司令员周纯麟一起去北京开会。徐景贤、王秀珍等人获悉“四人帮”已经被隔离审查的消息之后，于8日晚召开紧急会议，决定发动武装叛乱：“要拉出民兵来，打一个礼拜不行，打3天、5天也好，让全世界都知道”。并确定了武装叛乱的指挥班子：设置两路指挥点，一路点设在丁香花园，由徐景贤率领，负责总的指挥和舆论准备，另一路由王秀珍率领，设点在市民兵指挥部（后转到东湖路招待所），直接指挥武装叛乱。徐景贤写下手令：“请民兵指挥部加强战备，2500人集中，3.1万人待命（晚上集中值班）。请民兵指挥部立即派人加强对电台、报社的保卫。”

王秀珍等人连夜在市民兵指挥部召开会议并制订武装叛乱的实施计划，会议决定：分别在江南造船厂和中国纺织机械厂设立第一、第二指挥点；在两个指挥点、上钢三厂及10个区的民兵指挥部架设15部电台，进行联络。9日，市民兵指挥部召集10个区、5个直属师负责人开会，命令集中兵力、人车、枪弹配套，动用各种枪炮2.7万余件，调集汽车、摩托车225辆，还集中大量物资和食品，准备为挽救江青反革命集团作最后的挣扎。他们还准备发表告全市全国人民书，提出“还我江青、还我春桥、还我文元、还我洪文”等口号。

党中央对上海的异动早有觉察。叶剑英等中央领导同志召开一系列会议，分析上海的形势，认为死心塌地为“四人帮”卖命的死党只是极少数，上海民兵的极大多数是受蒙蔽，是会拥护党中央坚决与“四人帮”及其在上海亲信骨干作斗争的，决定进一步加强政治攻势。同时，中央还指示南京军区加强战备，并部署部队对上海形成包围，以防事态恶化。9日，中央让在北京的马天水打电话通知徐景贤、王秀珍于10日去北京开会。两人的赴京，使武装叛乱失去指挥者。

“四人帮”在上海的亲信骨干发动武装叛乱的阴谋，同样遭到广大上海人民的抵制。就在武装叛乱的指挥点中国纺织机械厂，广大群众对“四人帮”在上海亲信骨干的行动表示怀疑和抵制，经厂党委决定，派专人到南京军区报告上海的情况。部分单位在接到徐景贤、王秀珍等人“战备”命令后，予以坚决抵制，他们管理好枪支弹药，坚守生产岗位。

最终，党中央及时采取有力举措，控制住了上海的局势，使这一叛乱阴谋未及实施就宣告失败。13日下午，市委召开扩大会议，传达中央打招呼会议关于粉碎“四人帮”的消息。14日，各区、县、局都传达了中央打招呼会议的精神。粉碎“四人帮”的消息传遍了上海大街小巷，商店内各种欢庆用品被抢购一空，人们奔走相告，自发组织各种欢庆活动，人数从几十万到上百万，热烈庆贺这一伟大的历史性胜利。

“文化大革命”长达十年的内乱，打断了上海经济恢复发展的正常进程，破坏了安定团结的局面，使各方面工作遭到新中国成立以来最严重的挫折和损失。作为运动的重灾区，上海各级党组织和政权组织力量受到极大削弱，大批干部和群众受到残酷迫害，民主和法制被肆意践踏，科学文化教育事业遭到严重摧残，党的优良传统和社会良好道德风尚在相当程度上被毁弃，全市陷入空前的政治危机和社会危机，从而丧失了宝贵的发展机遇。教训可谓极其深刻。

粉碎“四人帮”，实现了党和人民的共同意愿，是党和人民长期斗争的结果。上海广大党员干部群众在经历十年的磨难和挫折之后，终于结束了“文化大革命”这场灾难。上海的社会秩序得以恢复正常，各项工作重新走上健康发展的轨道。历史自此翻开了新的一页。经过“文化大革命”的严峻考验，党和社会主义制度的强大生命力再次得到印证，上海人民对走社会主义现代化建设道路的决心更加坚定不移。

第 四 编

在徘徊中前进和
实现伟大历史转折

（1976年10月—1978年12月）

按照党中央的部署，改组后的中共上海市委带领全市广大干部群众，开展揭批“四人帮”及其在上海的帮派体系，清查与“四人帮”有牵连的人和事的斗争，摧毁了“四人帮”在上海的帮派体系。整顿调整了各级领导班子，着手平反冤假错案，解决历史遗留问题，初步开展真理标准问题讨论。与此同时，市委顺应人民群众发展经济的强烈愿望，在工业上加强企业的领导和管理，树立先进典型；在农村初步落实党的农村政策，开展大规模农田基本建设；工农业生产的较快恢复，促进了内外贸易的增长；科技、教育、文化等社会事业得到初步的恢复和发展，为把上海工作着重点转移到社会主义现代化建设上来准备了必要条件。但由于“文化大革命”和长期“左”倾错误造成的政治上、思想上的混乱难以在短期内消除，指导思想上的“左”倾错误，在一段时间内仍然延续，上海的一些工作出现了在徘徊中前进的局面。

党的十一届三中全会召开后，市委把工作重心迅速转移到社会主义现代化建设上来，结束了徘徊中前进的局面，在社会主义建设中实现了伟大的历史性转折。从此，上海进入改革开放和社会主义现代化建设新时期。

第十六章

思想政治和组织上的初步拨乱反正

上海是“四人帮”进行阴谋活动的重要基地，持续十年的“文化大革命”给上海造成严重后果及影响。为解决好上海问题，党中央采取措施，改组上海市的领导班子，发动群众揭发批判“四人帮”罪行，清查“四人帮”在上海的帮派体系，整顿国家组织机构，部分进行冤假错案的平反，逐步恢复被打乱的社会政治秩序。

第一节　揭批“四人帮”运动和政治生活正常秩序的恢复

党中央对“四人帮”进行果断处置后，迅速派出中央工作组到上海。上海在中央工作组的推动下，坚持“既要解决问题，又要稳定局势”的方针，从组织上彻底清除“四人帮”遗留的隐患，使上海的政治生活正常秩序迅速得到恢复。

一、中共中央改组上海市委

“四人帮”及其帮派体系在上海的根基十分复杂。为统一思想，稳定局势，解决问题，中央政治局 10 月 12 日召开会议研究向上海派工作组接管上海的问题，决定派中央政治局候补委员、海军政委苏振华，中央政治局候补委员倪志福，江苏省委书记彭冲三人组成中央工作组赴上海，为改组上海市委做准备。13日，中央政治局召开会议，再次研究解决上海问题的方针政策，那就是既要解决问题，又要稳定局势。中央工作组的成员也进一步扩充，严佑民、林乎加、车文仪等加入，达到10余人。中央打招呼会议精神传达到区、县、局后，上海群众自发地连日举行游行集会，络绎不绝。16日，交通大学的团委、学生会发起召开了全市16所高等院校声讨"四人帮"大会，有3万多人参加。大会通过了向党中央的两点请求：一是立即改组上海市委，组成新市委，领导上海人民进行揭批"四人帮"的斗争；二是立即派中央调查组到上海，调查"四人帮"在上海的一切罪行。"四人帮"在上海的亲信骨干控制不住局势，不得已在10月19日电告中央，请中央予以指示。

此时，筹划中的中央工作组已完成从中央各部和国务院、海军和北京市抽调工作人员的工作。党中央因势利导，以苏振华为组长，倪志福、彭冲为副组长的中央工作组于20日抵达上海，迅速投入接管上海党政大权的斗争中。

中央工作组一边派人进驻上海市委写作组，查封办公室，为揭批"四人帮"收集大量的材料；另一边通过谈话，听取各方情况汇报，全面掌握中央打招呼会议后上海的情况；同时派中央工作组工作人员进驻上海市委各大组，深入调查研究，及时了解情况。23日，苏振华、倪志福到北京向中央政治局汇报工作时，根据马天水、徐景贤、王秀珍等上海市委主要领导在群众中威信扫地，失去控制局势的能力；上海有的党组织已经瘫痪，公安机关不能充分发挥作用，社会治安问题突出等不利于上海稳定的情况，建议中央迅速改组上海市委领导。

10月25日，党中央发出通知决定改组上海市委，苏振华兼任上海市委第一书记、市革命委员会主任；倪志福兼任上海市委第二书记、市革命委员会第一副主任；彭冲任上海市委第三书记、市革命委员会第二副主任；宣布撤销张春桥、姚文元、王洪文在上海党内外的一切职务。同时决定继续从中央各部调干部到上海各口（系统），并明确中央工作组的任务不仅仅是了解情况，而是要直接参加上海工作，加强上海的领导。

很快，中央派到上海的工作组成员下到各局，下到问题严重的上海国棉十七厂、国棉三十一厂等基层单位，加强对这些单位揭批查斗争的领导，还重点开展了考察各级领导干部的工作，动员原来受“四人帮”压制的领导干部站出来工作。

1977 年 1 月，中央政治局听取苏振华、倪志福、彭冲关于上海工作的汇报后，又决定对上海原市委和市革委会进行改组，任命新的市委常委会，增补周纯麟、林乎加、严佑民、王一平为书记；增加任命周纯麟等 7 人为新的市革委会副主任。并对“四人帮”在上海的亲信骨干马天水、徐景贤、王秀珍立案审查；同时明确，组、办、区、县、局班子要解决好，有的实在不行的，时间不要拖久了；有问题的大企业也不要拖久了，久拖不解决会挫伤上海群众积极性。到 1977 年 11 月，随着上海局势逐步步入正常轨道，中央工作组的成员开始陆续离开上海返回原机关，中央为进一步加强上海市委的领导班子力量，增补市委常委 5 人，并增补韩哲一为书记。

根据中央的指示精神，市委积极开展领导班子建设，从 1977 年到 1980 年，对区、县、局以上领导班子进行了三次比较大的调整，解决领导权问题。第一次是 1977 年冬到 1978 年，向主要工作部门和区、县、局委派主持工作的领导干部，负责领导揭批查，努力恢复生产、稳定局势，向一些“四人帮”严格控制的要害部门和一些基层单位派出工作组。并对市委和市革委会的工作机构进行调整，恢复建立市委办公厅、市委组织部、市委宣传部、市委统战部、市委党校等工作部门，增设政法办公室、市委纪律检查委员会筹备组、对台工作小组、政法领导小组、党史资料征集委员会和老干部局等机构。同时把市革委会的组、办改为委、办，建立委、办党组代行党委职权。1978 年 3 月开始，市委取消市属各局革命委员会的名称。市和区、县、局的组织机构基本上恢复到“文化大革命”前的状况，改变了党政机构合一和“大组套小组，上下都是组”的混乱状况。

第二次是 1978 年到 1979 年，在揭批查的基础上，结合市七届人代会的组织准备工作，对市委、市革委会 16 个主要部、委、办和部分区、县、局领导班子作重新调整，有 367 人调离原岗位，并陆续安排了一批受

“四人帮”打击迫害的干部充实加强各级领导班子,为上海加快拨乱反正,开创社会主义建设新局面创造了有利条件。

第三次是 1980 年,结合撤销市革命委员会领导体制,在广泛认真地考察干部的基础上,对区、县、局的部分领导作了调整,选派一批老干部担任主要领导。

上海市委的改组和各级领导班子的清理和整顿,从领导体制上把被“四人帮”及其亲信骨干把持的上海党政最高领导权夺了回来,肃清了“四人帮”及其亲信在各级机构的影响,为拨乱反正创造了有利条件。

二、揭批“四人帮”及其在上海帮派骨干的罪行

粉碎“四人帮”后,中央政治局立即对揭发批判“四人帮”的斗争作了部署,确定了扩大教育面、缩小打击面等工作原则,鼓励广大群众揭发“四人帮”的罪行。1976 年 10 月 20 日,中央工作组到上海后,按照中央赋予的帮助上海搞好揭发批判“四人帮”罪行的运动的职责,根据中共中央《关于王洪文、张春桥、江青、姚文元反党集团事件的通知》精神,采取大会、中会、小会相结合的方法,即在市体育馆举行万人揭批大会,在展览馆宴会厅举行区县局干部会议,和由各系统、各部门、各单位分别举行的面对面揭批会,推动上海揭批运动有序开展。

27 日,市委召开全市党员干部会议,对全市深入开展同“四人帮”及其在上海帮派骨干的斗争作部署,强调要把上海这座城市同全国、同中央紧密地连在一起,把上海广大干部和人民同“四人帮”严格地区分开,按照“要搞马克思主义,不搞修正主义;要团结,不要分裂;要光明正大,不要搞阴谋诡计”原则彻底揭发批判“四人帮”及其在上海的亲信骨干,使曾参与“四人帮”帮派活动的绝大多数人从被蒙蔽中解脱出来。11 月 4 日,成立揭批“四人帮”领导小组,组长彭冲,副组长周纯麟,组员由上海市委和中央工作组的成员组成,目的是揭发“四人帮”篡党夺权阴谋,为更好深入揭批“四人帮”罪行提供材料。同日,召开第一次全市性揭批“四人帮”及其在上海亲信骨干大会,25 万名基层党员干部收听了会议实况。大会集中揭发批判“四人帮”及其在上海亲信骨干阴谋发动武装叛乱的罪行,以及他们控制总工会,插手警备区,图谋搞乱军队

的阴谋。会后，全市各行各业先后召开了 10 多次万人以上的群众揭批大会。

12 月，中共中央将《王洪文、张春桥、江青、姚文元反党集团罪证》（材料之一）批转全党，系统公布了“四人帮”篡党夺权的阴谋和罪行。1977 年 4 月，市委结合中央下发的“四人帮”罪证材料之一，在层层揭批的基础上，召开全市第二次揭批“四人帮”大会。大会以大量的事实揭露“四人帮”破坏上海经济建设、破坏科学技术发展、毒害青少年、插手搞乱外地的罪行；批判“四人帮”在经济建设上散布的把发展企业生产诬蔑为“生产第一”，发展经济诬蔑为“唯生产力论”，把增加盈利诬蔑为“物质刺激”等谬论。

1977 年 5 月，市委结合中央下发的《“四人帮”的反革命面目及其罪恶历史》（材料之二），召开第三次全市揭批“四人帮”大会，一些受害者和受害者家属上台发言，以大量事实揭露和控诉“四人帮”及其在上海帮派骨干残酷迫害干部和知识分子，镇压公安干警，破坏档案销毁罪证的罪行。上海还组织编印了“四人帮”及其在上海帮派骨干在出版战线、教育方面、文化系统、电影方面、体育方面做出的反革命谬论摘编，供全市揭批学习使用。《解放日报》专门编了系列内部情况简报增刊，刊登各单位群众揭发“四人帮”及其在上海帮派骨干材料和“四人帮”及其在上海帮派骨干的初步交代材料。在此期间，从城市到农村，从机关到基层，各条战线、各个方面都不停顿地开展揭发批判，揭批“四人帮”反革命面目及其罪行。

1977 年 11 月，市委结合中央下发的《“四人帮”在各个领域散布的反动谬论》（材料之三），召开全市第四次揭批“四人帮”大会，主要批判“四人帮”及其在上海帮派骨干推行反革命政治纲领，篡党夺权的罪行，揭批“四人帮”及其上海帮派骨干搞阴谋文艺、迫害知识分子、搞映射文学、控制舆论工具鼓吹反革命纲领的罪行。

1978 年 5 月，市委召开第五次全市揭批“四人帮”大会，集中批判“四人帮”及其在上海帮派骨干制造的种种极左思潮，揭批为“四人帮”大造舆论的《社会主义政治经济学》，以及他们在经济、科技上提出的所谓“唯生产力论”，在上海医疗卫生界推行所谓“医护工合一”，在服务行业提出的所谓“饭店服务得好会出修正主义”等谬论。大会要求各系统、各地区、各部门对前一段揭批进行一次检查，进一步联系自己的实际，一段时间集中批一两个问题，直到分清是非，澄清思想，肃清流毒为止。

上海通过连续召开五次全市性群众大会开展揭批“四人帮”的斗争，形成了群众性的批判高潮。大大小小不同层面、不同规模的群众性揭批运动，使人们进一步认清了“四人帮”及其在上海帮派骨干的面目，把被“四人帮”颠倒的是非重新颠倒过来，为新时期党的工作全面拨乱反正，恢复实事求是的思想路线奠定了基础。

三、清查“四人帮”在上海的帮派体系

揭批“四人帮”及其在上海亲信骨干的罪行的过程，必然涉及对同“四人帮”阴谋活动有牵连的人和事以及“四人帮”在上海帮派分子如何处置问题。对此，中央工作组和上海市委在发动群众揭批“四人帮”罪行的同时，根据中央提出的“既要解决问题，又有利于大局稳定”“要破得彻底，立得正确”指示要求，着手开展清查与“四人帮”阴谋活动有牵连的人和事。

1976 年 11 月，市委专门成立清查“四人帮”专案小组，组长彭冲，副组长严佑民，任务是清查在上海同“四人帮”篡党夺权阴谋活动有牵连的人和事，清查重点是区县局以上领导机关和相当于县团以上的领导班子，以及“四人帮”直接插手和严密控制的基层单位。翌年，市委又成立揭批“四人帮”运动办公室，负责全市揭批、清查、专案方面的日常工作。各部委办和区县局也都成立了相应的机构。清查工作有条不紊地开展起来。

市委在中央的批准下，首先采取果断措施，对追随“四人帮”的骨干分子实行监护审查，对打砸抢分子进行惩办和处理。同时，派出工作组，到工交系统重点推进 1034 个工厂的揭批、清查工作。对那些立场坚定，旗帜鲜明，群众信任，领导运动比较主动，生产形势很好的领导班子采取依靠、支持；对那些说过错话、做过错事，经过帮助，在揭批“四人帮”及其在上海亲信骨干的斗争中，把自己摆进去进行自我批判，取得群众谅

解的主要领导成员进行留用,能力不够的进行调整;对那些问题严重,长期被“四人帮”控制,基本烂掉的领导班子进行整顿改组。

做好清查工作,需要严格区分和正确处理两类不同性质的矛盾,正确处理人民内部矛盾。在上海,首先需要解决好的是如何对待曾经持枪荷弹、上街巡逻的3万上海民兵问题,这不仅是3万民兵的定性问题,还涉及他们的家属,事关中央工作组能否迅速稳定局势,赢得广大群众的拥护。中央工作组和上海市委坚持“团结大多数,孤立极少数,扩大教育面,缩小打击面”的方针,提出“三个区分”“三个切开”,即把少数跟“四人帮”干坏事,陷得很深,同受“四人帮”的影响,说了错话做了错事区别开来;把正常工作关系,同搞阴谋诡计区别开来;把打招呼会议精神传达以前上当受骗、犯了错误,同打招呼会议精神传达以后坚持反动立场、负隅顽抗的区别开来。充分肯定上海工人阶级和广大人民群众的革命传统和在毛泽东革命路线指引下作出的贡献,与“四人帮”妄图把上海作为篡党夺权的基地严格切开;充分肯定上海民兵在维护社会治安,巩固无产阶级专政方面发挥的重要作用,与“四人帮”妄图蒙蔽广大民兵进行反革命武装叛乱严格切开;充分肯定上海的绝大多数干部是好的和比较好的,与“四人帮”网罗坏人,结帮篡党的罪行严格切开。以此为指导,1977年1月1日,经中央同意,上海组织十万民兵在人民广场集会,声讨“四人帮”及其在上海的一小撮余党篡党夺权、阴谋发动反革命武装暴乱的罪行。在大会上,苏振华宣布彻底改组民兵指挥部,把民兵指挥部纳入新市委领导下,由市委书记、上海警备区司令员周纯麟负责分管,民兵的日常工作由上海警备区负责,消除了广大民兵的疑虑,稳定了情绪。

上海还重点清查了全市性同“四人帮”篡党夺权阴谋活动有关的重大事件,主要有关于武装叛乱,关于批林批孔、批邓中另搞一套,关于向“四人帮”写黑信问题,关于插手外省、军队、中央各部问题,关于残酷迫害革命干部和群众问题,关于帮派体系问题等。在清查过程中,上海坚持重证据,重调查研究,严禁逼供,对专案材料要求做到事实清楚,证据确凿,定性正确,处理恰当,保证了每个案件的处理有根有据,群众满意,让人服气。截至1979年底,上海基本查清“四人帮”篡党夺权阴谋活动的重大事件，如“一月夺权”、猖狂攻击周恩来总理，攻击和诬蔑大批中央和地方领导等；摧毁了“四人帮”在上海的帮派体系，上海在清查工作中获得的“四人帮”罪证有98件被选入中央印发的“四人帮”罪证材料之中。在审判“四人帮”时，上海提供的罪证材料占三分之一。

同时，上海还开展了大讲“四人帮”横行时党受其害、国受其害、身受其害的深仇大恨，大讲同“四人帮”斗争的经历，大讲同“四人帮”斗争的经验体会的“三大讲”，与“四人帮”有牵连的人“讲清楚”等活动，联系实际，由事及人，对“四人帮”篡党夺权阴谋活动有牵连的人和事进行清查。“讲清楚”的人员全市有1万余人。由“讲清楚”而后予以解脱3734人。到1979年，上海对于那些牵连较大、陷得较深的人，经审查批准列为清查对象有5417人，包括处理和惩办打砸抢分子458人。到1987年4月，经过全市性清查与“四人帮”有牵连的人和事、清理打砸抢分子、“两案”（指林彪、江青反革命集团）审理、清理打砸抢分子补课和处理“双突”对象、干部考察等，上海摧毁了“四人帮”在上海苦心经营近十年的帮派体系，对“四人帮”帮派体系中的三类骨干分子——靠造反起家的打砸抢分子、宣扬和鼓吹极左思潮的文痞和卖身投靠的老干部，进行了相应的处理，全市共查处在“文化大革命”中犯有各种罪行、严重错误、错误的人1.4万，其中打砸抢分子741人，“两案”审理判刑人员162人，“突击入党”不符合党员标准条件而清除出党4783人，核定为造反起家、帮派思想严重、打砸抢分子等“三种人”的394人，定为严重错误的3971人，基本查清了“四人帮”在上海的文武班子，对恢复党的组织路线，纯洁党的干部队伍起到了积极的作用。

四、逐步恢复政治生活的正常秩序

随着全国局势的逐步稳定，提前召开第五届全国人民代表大会，对各级政权组织进行调整，恢复正常的国家政治生活被提上议事日程。1977年10月，四届全国人大常委会第四次会议召开，决定在1978年春召开五届全国人大会议，要求各省、市、自治区召开新的一届人民代表大会，选好省、市、自治区的革命委员会。上海市革命委员会按照全国人大常委会决定和中共中央召开的各省、自治区、直辖市组织部长、统战部长会议的精神，着手筹备召开市第七届人民代表大会，并确定1967年初建立的市革命委员会作为市第六届人民代表大会计算。

1977年11月下旬，在区、县、乡、镇人民代表大会还没有恢复的情况下，在市革委会主持下，采用临时的办法，由各区、县和驻沪解放军部队分别召开具有代表性的会议，选出上海市第七届人民代表大会代表1200名。12月24日至30日，上海市七届人大举行第一次会议，选举产生第五届全国人大代表184人，选举苏振华为市革命委员会主任，倪志福为第一副主任，彭冲为第二副主任，周纯麟、林乎加、严佑民、王一平等11人为副主任，标志着上海市人民代表大会制度在中断11年后得到恢复，政权建设开始走向正轨。与市五届人大代表相比，市七届人大代表中“文化大革命”期间遭受打击迫害的革命老干部和经受考验的中青年多；在第一线作出贡献的先进模范人员多；各条战线上辛勤劳动的知识分子多；民主党派、爱国人士的代表多，对上海地方正常政治秩序的恢复起到了推动作用。大会还批判了“四人帮”及其在上海的帮派骨干阴谋篡党夺权的反革命罪行，通过决议，批准市革命委员会工作报告，提出“高速度地发展国民经济，尽快地把上海建设成为社会主义的先进的工业和科学技术基地”的奋斗目标。1979年12月，市七届人大二次会议决定成立上海市人民代表大会常设机关——常务委员会，并通过决议，将上海市革命委员会重新改为上海市人民政府，恢复“文化大革命”前政府职能。根据中央有关精神，地方各级党委的第一书记不再兼任政府的主要负责工作。同时，市委也先后恢复在市人大、市政府、市政协，以及法院和检察院设立党组。

上海的政协工作及政协委员在“文化大革命”中受到的冲击比较严重，市政协第四届委员会在1966年8月被迫停止活动，被扣上“修正主义”和“投降主义”的帽子，停止活动达十年之久。直至1977年10月市政协召开政协副主席、秘书长、副秘书长联席会议，听取中共中央和上海市委关于召开市人民代表大会和市政协会议的有关精神的传达，标志着因“文化大革命”而中断的人民政协重新开始活动。12月，市政协召开五届一次会议，选举出政协上海市第五届委员会常务委员130人。彭冲当选为第五届市政协主席。1978年中国人民政治协商会议第五届全国委员会第一次会议在北京举行后，上海市政协开始积极发挥在民主协商国家大事中的积极作用和在发展统一战线中的重要作用。成立学习等七个工作委员会，协助市政府做落实政策等工作；建议恢复了“文化大革命”以来中断的“双周座谈会”制度，即中共上海市委和市各民主党派、无党派爱国人士的座谈会，积极发挥协商监督作用。1979 年 12 月，市政协五届六次常委会会议为进一步发展安定团结的新局面，适应统一战线日益巩固扩大的新形势，协商通过增补 95 人为第五届委员会委员，其中，有受“四人帮”迫害的老干部；有在新时期为农业、工业、国防和科学技术现代化作出贡献的各界知识分子；有被错划为右派已改正了的知名人士；有对台港澳和海外较有影响的知名人士；有原国民党海、空军起义人员等。

民主党派作为参政党，是接受中国共产党领导，与中国共产党通力合作的亲密友党，是为社会主义建设服务的政治团体和政治力量。“文化大革命”期间，各民主党派被迫停止活动，其成员遭到诬蔑和迫害，多党合作制度遭到破坏。为恢复多党合作制度，1977 年 10 月，中共中央批转中央统战部《关于爱国民主党派问题的请示报告》，重申中共对民主党派的方针依然是“长期共存、互相监督”，并提出了恢复省市级民主党派组织的活动后，上海各民主党派市级组织先后恢复活动。11 月，市委邀请各民主党派市委负责人共同协商提名上海市第七届人大代表和第五届市政协委员候选人，成为“文化大革命”以来中断 11 年之久的党派政治协商的新起点，对于坚持和发展中国共产党领导的多党合作和政治协商制度，发展统一战线，具有重要意义。

此外，工会、共青团、妇联、工商联等人民团体经过初步拨乱反正，积极发挥作用，重新焕发新的生机。市总工会在全市组织开展创建红旗班组活动，协助企业抓好班组安全生产和职工思想工作，在促进经济发展方面发挥了作用。市妇联帮助工商界家属和市级代表性知识分子家属恢复“文化大革命”期间中断的学习活动，协同市政协，将她们的学习纳入市政协学习委员会下设的妇女界学习分会，还恢复了由于十年动乱而中止多年的评选三八红旗手活动。市工商联积极协助党和政府落实对民族工商业者的各项政策，发挥工商业者技术和管理专长，使其为经济建设献计出力。1978 年下半年,上海市妇联、共青团、工会的市级代表大会相继召开,选举产生了新一届领导成员,都根据社会主义现代化建设任务的需要制定了新的工作章程。“文化大革命”中被打乱的政治生活的正常秩序逐步得到恢复。

第二节　调整社会关系和真理标准问题的讨论

平反冤假错案,处理历史遗留问题,调整社会各方面关系,是广大干部群众的迫切要求,也是调动社会各个阶层人员积极性,促进社会的安定团结的必需。市委在党中央的指导下,从为反对“四人帮”的人和案件平反开始,到逐步落实党的干部政策,解决历史遗留问题,一定程度上有利于调动社会各方面的积极性。由于“两个凡是”方针的提出和推行,拨乱反正的开展遇到了阻碍。

一、平反冤假错案和“两个凡是”的影响

揭批“四人帮”运动开展后,广大干部群众普遍要求尽快纠正“文化大革命”造成的冤假错案。对此,党中央在 1976 年 12 月发出通知(即 23 号文件),指出要对纯属反对“四人帮”的人和案件应给予彻底平反。根据中央 23 号文件精神,市委发出通知明确:凡纯属反对“四人帮”的人,应予重新处理,已拘捕的,应予释放;已立案的,应予撤销;正在审查的,解除审查;已判刑的,取消刑期予以释放;给予其他处分的也应予撤销。并于 1977 年 1 月成立贯彻中央 23 号文件办公室,负责全市重新处理纯属反对“四人帮”的案件,对凡纯属反对“四人帮”的人进行重新处理;凡属主要反对“四人帮”而又犯有其他错误的人,按照党的政策,是什么问题就是什么问题,实事求是地处理。1977 年 4 月,上海又成立了市委复查小组,负责市委交办的重点案件的复查。全市各部、委、办、区、县、局和大专院校一级的党委也相继成立复查小组,开始全面复查“文化大革命”中的冤假错案。

为切实做好平反冤假错案工作,上海重点抓了上海国棉十七厂、国防科委在上海的七一一所和上海人民出版社三个平反冤假错案的典型,实现以点带面。由于三家单位情况不同,上海国棉十七厂的平反工作由中央工作组专门派出工作组推动,七一一所、上海人民出版社的平反工作则是由两家单位的党委会领导。在整个过程中,上海充分发挥党组织的作用,通过举办学习班,做好各方人员的思想政治工作,充分摸清情况,在相关单位召开的揭批“四人帮”大会上,为受“四人帮”迫害的人恢复名誉。

1977 年 2 月下旬,市委常委会讨论上述三个典型的经验,随即召开有各区县局大专院校和相当这一级的党委大会,介绍三个单位的经验。面上的复查工作全面推开。复查工作始终坚持实事求是原则,重调查研究,重证据;坚持一分为二的观点,对干部进行历史的辩证的分析;坚持历次政治运动中对干部所作的正确的结论;坚持党的干部工作的优良传统和作风,在复查中,认真听取各方面的不同意见和本人申诉。8 月召开的党的第十一次全国代表大会,通过的政治报告再次强调“‘四人帮’强加于人的一切诬蔑不实之词,应予推倒。”10 月《人民日报》发表《把被“四人帮”颠倒了的干部路线是非纠正过来》文章,充分肯定绝大多数干部在中国革命和建设中的贡献,要求组织部门认真落实干部政策,说出了千百万干部的心里话。在中央精神的影响下,上海的平反冤假错案工作有了进一步的推进。

上海重点对一批影响巨大、涉及党内重要人物和社会知名人士的冤案、假案、错案开展平反。曹荻秋同志是在“文化大革命”中受“四人帮”迫害致死的省部级干部。经过认真复查,上海市委在 1978 年 3 月向中央上报了《关于曹荻秋同志历史问题的复查报告》,认为原市委在给中央的两次报告中对曹荻秋的一切诬蔑不实之词应当全部推倒,获中共中央批示同意。6 月,上海市隆重举行曹荻秋骨灰安放仪式,为曹荻秋同志彻底平反昭雪、恢复名誉。金仲华是享誉国内外的社会活动家,是与我们党长期合作共同奋斗的好战友,但在“文化大革命”中被“四人帮”迫害含冤去世,成为一大冤案。1977 年 12 月,市委统战部恢复建立后,与市政协一道为金仲华平反昭雪,恢复名誉。1978 年 8 月,上海隆重举行金仲华骨灰安放仪式,肯定他的历史是清楚的,为金仲华平反。上海还先后为常溪萍、陈同生、周信芳、郑君里、粟宗华、孙兰等在“文化大革命”中受“四人帮”迫害致死的人士平反昭雪,恢复名誉。

所谓“一月革命”问题和上海地下党案件是牵涉较多干部群众平反的大问题。对此,市委通过认真调查研究,逐步对其中受到迫害的干部群众给予平反。1978年12月,市委在中共中央批示同意上海市委《关于解决所谓“一月革命”问题的请示报告》后,召开30万人参加的大会,宣布对在所谓“一月革命”中被公开点名批判的干部群众和群众组织以及一切冤假错案予以彻底平反。1979年3月,市委批准《关于上海地下党案件的调查报告》,推倒强加给上海地下党的一切诬蔑不实之词,彻底平反。特别是所谓“一月革命”问题的解决,扫除了上海大规模平反冤假错案的思想政治上的障碍。

上海的公安局、检察院、法院也是“四人帮”作为全面夺权的重要目标,公检法广大党员、干部遭受残酷迫害,全市公检法系统被诬陷迫害的党员、干部达5300余人。市委对此进行全面复查,在1978年2月至11月,先后为市公安局局长黄赤波、市检察院检察长林道生、市高级法院院长李继成等一批领导干部平反,推倒强加的一切诬陷不实之词,恢复政治名誉。为受迫害致死的党员、干部平反昭雪。有关党组织为其他遭受诬陷迫害的党员、干部进行了复查平反。

上海还对科技文化系统中的重要冤假错案进行平反。清查中国科学院华东分院上海植物生理研究所“两线一会”特务集团案,于1978年1月宣布对凡因所谓“两线一会”特务集团案受诬陷迫害的全市科技系统630余人一律予以平反。清查因“文艺黑线专政”论而遭受迫害的上海诬陷迫害广大文艺工作者案,为一批为党的文艺事业作出贡献,国内外享有盛誉的文学家、戏剧家、音乐家、美术家、表演艺术家进行复查平反。到1977年12月,上海重新处理纯属反对“四人帮”的案件的工作结束,全市复查平反受迫害的党员、干部和群众1.05万余人,原被拘捕、判刑的全部撤销刑期获得释放,立案审查的解除审查,已作组织结论或鉴定的取消组织结论和鉴定,受批判的在一定范围内分清是非,消除影响,原受党纪团纪处分的全部撤销处分,本人的交代和结论材料当面销毁。没有工作的重新安排工作,已死亡的认真做了善后工作。

平反冤假错案是一项极为复杂、艰难的工作。随着纯属反对“四人帮”的人和案件的平反,干部群众对那些不是纯属反对“四人帮”的冤假错案彻底的平反呼声越来越高。但是,1977 年 2 月,《人民日报》《红旗》杂志和《解放军报》发表题为《学好文件抓住纲》的社论,公开提出“凡是毛主席作出的决策,我们都坚决维护,凡是毛主席的指示,我们都始终不渝地遵循”的方针,即“两个凡是”,给揭批“四人帮”划定了界限,也影响到平反冤假错案工作的深入推进。拨乱反正遇到了思想障碍。

二、真理标准问题的局部讨论

随着揭批查的不断深入,不可避免地要涉及毛泽东晚年的错误,涉及对“文化大革命”的看法。而“两个凡是”的提出,使这些问题一时成为难以触动的禁区。对此,邓小平等老一辈革命家反复强调必须准确地完整地理解毛泽东思想,恢复和发扬党的实事求是的优良传统。一些干部和理论工作者开始就真理标准问题撰写文章。

1978 年 5 月 10 日,《实践是检验真理的唯一标准》在中央党校内部刊物《理论动态》上刊发,引发很大反响,5 月 11 日《光明日报》以“本报特约评论员”名义在头版发表该文,新华社当天发了通稿。12 日,《人民日报》《解放军报》《解放日报》等全文转载,后又有多家省报转载,由此,一场关于真理标准问题的大讨论在全国展开。上海的党员、干部和群众也自觉地投入这场大讨论中。

1978 年初上海市社联恢复活动,多次召开社联各级领导会议,传达中央精神,传递和交流全国真理标准大讨论的信息,走在上海真理标准问题讨论的前面。《实践是检验真理的唯一标准》一文刊发后,市社联在 6 月组织召开座谈会,围绕这一文章开展讨论。9 月,复旦大学举办党员干部读书班,动员党员干部积极参加讨论真理标准问题。9 月 16 日,《文汇报》在第一版对复旦大学这次活动进行了详细的报道,并配发了《读马克思的一封信——谈实践是检验真理的唯一标准》的文章。随后,上海社联又连续三次邀集上海市理论界举行座谈会,讨论真理标准问题,充分肯定坚持实践是检验真理的唯一标准的重大深远意义;认为这个讨论不仅是理论上的拨乱反正,而且关系到思想政治路线问题;认为坚持实践是检验真理的唯一标准这一根本观点是顺利开展社会主义现代化建设,正确对待新的历史时期提出的许多新的情况、新的问题和健康发展社会科学研究的思想前提。

与此同时,市委党校的学员们也就真理标准问题进行了热烈的讨论。1978 年 4 月市委党校复校后第一期干部轮训班正式开学,部分学员面对真理标准问题强烈要求开展相关讨论,也有学员对这场讨论进行强烈指责。对此,市委党校冲破阻力开展讨论,组织干部学习马克思主义哲学课程时,引导学员掌握马克思主义的基本原理,注意把真理标准问题的讨论结合进去。9 月,市委党校还举行了真理标准问题讨论会,组织党校教学人员开展真理标准问题的讨论。市委党校创办的《学习动态》,成为当时开展真理标准问题讨论的重要理论阵地之一,先后发表相关文章 20 余篇。

由于真理标准问题的讨论是实事求是与“两个凡是”思想路线的争论,是一场新的历史条件下的伟大的思想解放运动。为此,上海的理论工作者们主动走出去,到部分机关、学校、企业、工人文化宫进行宣讲,宣传实践是检验真理的唯一标准,受到基层党员干部群众的欢迎。

尽管上海理论界、教育界关于真理标准问题的讨论开展了不少活动,但对比全国真理标准问题讨论开展得如火如荼的情况,上海关于真理标准问题的大讨论的开展是落后于形势、落后于全国的。上海的主要报刊一度没有组织刊登这方面的文章。直至 10 月上海市委常委会开会专门讨论真理标准问题后,上海人民出版社于 11 月 2 日出版了《实践是检验真理标准论文集》;《解放日报》于 11 月 3 日在第二版刊登了《维护马克思主义实践性的权威》文章,明确指出:实践性是马克思主义最显著的特点之一;对马克思主义和毛泽东思想不能采取神化、绝对化的态度;真理标准讨论是思想上拨乱反正,必须旗帜鲜明。这是上海第一篇旗帜鲜明站出来支持实践是检验真理的唯一标准的文章。

三、落实各项政策

随着平反冤假错案工作的逐步推进，群众对解决涉及面更广的如右派摘帽问题、知识分子问题、知识青年问题等的呼声日益高涨。对此，早在1977年的科学和教育工作座谈会上和1978年的全国科学大会上，邓小平等中央领导就强调在揭批“四人帮”的斗争中，要狠抓干部政策和知识分子政策的落实工作。

上海是我国知识分子集中的地方。“文化大革命”期间许多知识分子受到严重冲击和残酷迫害，这不利于现代化建设。为更好地调动包括知识分子在内的一切积极因素投入揭批查“四人帮”的斗争中，1977年2月上海召开各条战线先进工作者、先进生产者、劳动模范代表大型座谈会。其中知识分子劳模群体引人注目，这是对知识分子出身的劳动模范、先进工作者的重新肯定，极大鼓舞了知识分子和脑力劳动者的工作热情。2月，市委、市革委又组织召开了文化、教育、科学、医务、工程技术、宗教、民主党派、爱国人士、侨胞、少数民族、台湾同胞代表座谈会，鼓舞社会各界积极为实现我国四个现代化的宏伟目标而奋斗。

1978年11月，中共中央组织部发出《关于落实知识分子政策的几点意见》后，上海开始实事求是地解决在“文化大革命”中及以前在“左”的思想指导下处理错了的需要落实政策的知识分子的历史遗留问题，到1987年9月基本完成知识分子的落实政策任务。该平反的平反，被扣减工资的给予补发，被查抄的财物文物图书、挤占的私房给予清退，还帮助解决因冤假错案造成夫妻两地分居和“农转非”等问题。

上海也是我国工商业者最集中的城市。“文化大革命”期间，对原工商业者的统战政策遭到严重破坏。为调动工商业者发展生产的积极性，市委在1977年12月决定恢复建立市委统战部。各区、县和统战对象比较集中的单位也相继恢复了统战机构或设置了专职统战干部，为复查平反、落实政策准备了条件。10月，中共中央批复上海市委报送的《关于对上海民族资产阶级分子被查抄财物处理意见的请示报告》，同意将查抄的财物发还给资本家，并指出，受江青反革命集团及其在上海的余党干扰破坏的其他有关党对民族资产阶级的政策，要按照中央过去的规定，进行调查研究，逐步加以落实。1978 年 4 月，中共中央统战部派调查组同上海有关部门一起进行调研，征求工商界代表人物和工厂企业党委及职工的意见，并将情况分成查抄财物处理、“高薪”、病假工资和医疗待遇、私房、安排使用等五个问题，考虑处理意见。8 月，中共上海市委将这方面的情况和意见向中共中央报送了《关于落实对民族资产阶级政策的若干问题的请示报告》。12 月 26 日，党的十一届三中全会召开后的第四天，中共中央迅速向全国转发上海市委的《请示报告》，为全面落实对民族资产阶级的政策铺平了道路。1979 年 1 月，中共中央统战部召开落实民族资产阶级政策座谈会，肯定原工商业者的大多数经受了“文化大革命”的考验，没有动摇走社会主义道路的信心。

会后，上海认真贯彻落实中央的批示。对原工商业者被查抄的巨额存款和其他财物，发还原工商业者，并按银行规定付给存款利息。对原工商业者被占用的私房问题，落实私房归还政策，应还能还或给予补偿。原工商业者安排使用问题，对其中用非所长的调整工作，对有管理经验的给予合理安排使用。据 1983 年的不完全统计，全市民主党派成员、原工商业者、台胞台属、宗教、民族和归侨、侨眷等方面人士，共复查 10114 人（其中“文化大革命”中案件 7603 人，历史老案 2511 人），对冤假错案都予平反。原在沪全国人大代表、全国政协委员、市人委委员、市政协常委、市人委正副局长和各民主党派、工商联等市级组织负责人中，在“文化大革命”期间被迫害致死的金仲华、黎照寰等 62 人，均公开平反昭雪，恢复政治名誉，做好各项善后工作。原工商业者梦寐以求的重大问题解决了，投身改革开放和现代化建设事业的积极性被极大地调动起来。他们广泛开展经济咨询，为改革开放和现代化建设服务。如 1978 年，市、区工商联、民建会组织有经营管理经验和技术专长的退休工商业者，成立四化建设服务组，帮助街道和区属集体事业单位筹建企事业，改善经营管理，传授业务技术等。

随着对知识分子、民族资产阶级扣减高薪、生活福利待遇、退休工资以及被查抄的钱物、私房问题得到一步步解决，为被错划为“右派分子”的知识分子、爱国人士和党内干部全部摘帽的呼声越来越高。为彻底解决这个问题，1978 年 4 月 5 日，中共中央批准中央统战部、公安部

《关于全部摘掉右派分子帽子的请示报告》,决定全部摘掉右派分子的帽子。至5月2日,上海对尚未摘掉右派分子帽子的1471人全部摘掉了右派帽子。关于错划为“右派”的改正问题,中央经过研究决定对过去错划了的人,要做好改正工作。11月,上海市委批转中共上海市委组织部、统战部、公安局、劳动局、民政局关于贯彻中共中央上述指示的实施意见,要求各单位对过去确实错划了的人,慎重地、实事求是地做好改正工作。1979年,中共上海市委又先后批转市委统战部等五部门《关于错划右派改正后若干具体问题处理意见》和《关于对“中右分子”审查安置等问题的批复》《关于对反右派有关联案件处理问题的请示报告》等文件,对在反右运动中虽未戴右派帽子但被定为“中右分子”“反社会主义分子”或因有“右派言论”受处分的党员、干部的复查明确政策,统一行动。全市各级单位设立了右派摘帽办公室,专门负责此项工作。到1980年9月,复查改正工作基本结束。全市共改正16297人,其中,市级爱国民主人士被划为右派分子的有106人,改正104人。此外,被定为“中右分子”“反社会主义分子”或因“右派言行”而受到处分和被戴上其他帽子的11815人,也一律平反,恢复政治名誉,分配适当的工作,恢复原工资待遇。对生活有困难的给予经济补助。受株连的家属子女也落实了政策。

知识青年问题也是个牵涉面很大的历史问题。粉碎江青反革命集团后,党中央开始调整知识青年上山下乡政策。1978年2月,中共中央办公厅转发国家计划委员会《关于经济计划的要点》,提出:按照“四个面向”的原则,妥善安排城镇知识青年。10月,全国知识青年工作会议召开,会议提出了统筹解决知识青年问题的若干意见,决定缩小上山下乡的范围,扩大留城面,把知识青年纳入城镇就业渠道。上海积极贯彻中央的指示精神。市委在1979年1月召开干部大会,传达全国知识青年工作会议精神,提出上海贯彻的具体意见,对知识青年政策作出重大改变。这次会议后,郊县城镇中学毕业生不再列入上山下乡范围,由各县自行安排。工人退休、退职后,可从其上山下乡子女中招收一名符合招工条件的参加工作;集体所有制职工退休后,则由集体所有制企业招收其一名子女。市区中学毕业生的安排,在广开门路的基础上,尽量做到直接升学、就业，不再搞上山下乡的做法。暂时不能升学、就业的，由有关部门组织学习文化，进行职业培训。同时，发挥各局、各区县的积极性，条块结合、统筹安排解决本系统、本地区知识青年的就业问题。

与此同时，上海还根据中央的部署，积极落实党的民族政策、宗教政策、侨务政策、对台政策等，发展了安定团结的政治局面，调动了各界群众建设社会主义的积极性。但受“两个凡是”的限制，加之真理标准问题讨论得不全面、不深入，上海在思想、政治、组织等领域的全面拨乱反正及大规模调整社会关系没有能够实现。

第十七章

国民经济、社会事业的恢复发展和实现伟大历史转折

在开展揭批“四人帮”及其在上海帮派体系斗争的同时,市委在经济建设中也进行了拨乱反正工作。初步落实党的各项政策,建立健全各项规章制度,工业、农业和财贸等得到了初步恢复与发展。与此同时,积极发展各项社会事业,促进了科技、教育、文化事业的恢复和发展。在党的十一届三中全会以后,把工作重心转移到社会主义现代化建设上来,实行改革开放的重大战略决策,上海的历史揭开了新的篇章。

第一节　国民经济的恢复发展

粉碎“四人帮”后,上海面临着如何消除“文化大革命”对上海的严重破坏,尽快把上海国民经济搞上去的紧迫任务。在市委领导下,通过积极贯彻党中央和国务院关于整顿生产秩序的精神,上海落实党的各项经济政策,使经济得到了初步的恢复。

一、工业生产的较快恢复

上海的工业在“文化大革命”期间受到林彪、江青反革命集团的严

重干扰和破坏。粉碎江青反革命集团后,市委从抓“工业学大庆”入手,学习大庆油田“三老、四严”① 的作风,加强企业管理,推广工业战线先进典型经验,促进了工业的恢复和发展。

1977 年 4 月 20 日至 5 月 13 日,全国工业学大庆会议先后在大庆油田和北京召开,会议要求狠抓企业整顿,把关系国民经济全局的重点企业的领导班子整顿好。会议提出,要广泛开展社会主义劳动竞赛,掀起增产节约的高潮,使各项经济技术指标,在最短的时间内达到本企业历史最高水平,在两三年内达到本行业目前的国内先进水平。5 月 29 日至 6 月 15 日,市委举办有 1600 多名领导干部参加的贯彻全国工业学大庆会议学习班。通过学习、研讨形成建成大庆式企业和普及大庆式企业的规划和赶超“三个先进水平”② 的规划,以推动工业生产技术和管理水平的提高。

8 月 7 日,市委召开全市工业学大庆会议。会议总结交流了全市工业学大庆群众运动的经验,表彰了在工业学大庆群众运动中涌现出来的大庆式企业、学大庆先进企业、学大庆先进集体和学大庆先进生产(工作)者,为开展工业学大庆运动树立了标兵。会议提出要加强企业领导班子和职工队伍建设,搞好企业管理,建立健全和严格执行岗位责任制,要求不断提高企业管理水平,大搞技术革新和技术革命,争取到 1980 年,全市要有 50% 的企业,建成大庆式企业,通过普及大庆式企业的群众运动,加快上海工业发展的速度。全市工业学大庆会议的召开,顺应了粉碎“四人帮”后干部群众迫切要求改变工业战线混乱局势、恢复国民经济、发展工业生产的强烈愿望,调动了干部群众建设社会主义的积极性,为全市稳定经济发展秩序起到了重要作用。

在学大庆,赶超先进过程中,1977 年全市实现的技术革新有 2 万多项,其中较为重大的 1000 多项③。上海工业系统在开展工业学大庆的同时,开展以增产节约为中心的社会主义劳动竞赛。上海轻工系统的保温

---

① 当老实人、说老实话、办老实事,严格的要求、严密的组织、严肃的态度、严明的纪律。

② 即本厂历史最高水平、国内同行业先进水平、国际先进水平。

③ 彭冲:《把工业学大庆运动提高到新水平,为实现新时期的总任务而奋斗》,《文汇报》1978 年 6 月 28 日。

瓶行业、自行车行业首先开展“学大庆，比学赶帮争先进”的竞赛活动，提出以“三高二低创水平”①为目标的社会主义劳动竞赛。接着，钟表、文教、五金、皮塑、日化等行业也迅速行动起来，冶金、纺织、手工、仪表、电业等系统也都掀起了竞赛热潮。全市有180多万职工投入了各种形式的竞赛活动。1977年下半年，纺织系统38万职工中，有33万职工参加了各种形式的竞赛活动。第二织布公司1700名挡车工中，有1200多人创造了“万米无次布”的优异成绩②。至1978年底，全市有776个工厂建成大庆式企业③。

在全市开展工业学大庆、建设大庆式企业的同时，市委还紧紧围绕“工业三十条”④指示精神，提出要加强大中型企业的领导和整顿工作的任务，要求把企业的领导班子的整顿作为重点。在开展揭批“四人帮”斗争的基础上，整顿工交部门各级领导班子，并以此带动企业的全面整顿，将那些靠造反上台的人清除出去，代之以有干劲、懂业务的人，解决领导班子“软、懒、散”的问题。向一些遭受“四人帮”严重破坏、领导权被帮派骨干把持的企业单位派驻了清查工作队。特别是对一些大中型企业，如上海国棉十七厂、上海柴油机厂等单位进行重点整顿。到1978年，全市有80%以上的部门和企业调整了领导班子，恢复了党委领导下的厂长分工负责制。经过整顿的领导班子成员，以大庆干部为榜样，纷纷到生产第一线，参加劳动，领导生产，做大干快上的带头人。在整顿企业领导班子的同时，还认真抓好职工队伍建设，努力建设一支作风硬、技术精的队伍。

在整顿企业领导班子的同时，还加强了生产指挥系统，重视了对计划、生产、技术、设备、物资、劳动、财务等方面的管理，建立健全了以岗位责任制为中心的各项规章制度。例如上海机床厂，“文化大革命”前有

---

① 高产、高效、高质，低耗、低成本，创造历史最高水平。

② 彭冲：《上海市革命委员会工作报告》，《文汇报》1977年12月31日。

③ 陈锦华：《广泛深入地开展增产节约运动　夺取1979年国民经济新胜利（摘要）》，《文汇报》1979年4月6日。

④ 1978年4月20日，中共中央颁发《关于加快工业发展若干问题的决定（草案）》（简称“工业三十条”）。

一套比较健全的管理制度，生产的精密磨床在国内外有一定信誉。“文化大革命”开始后，各项管理制度都被废弃，设备完好率下降到26.5%，一年生产2000多台机床，要接到600—700封反映质量问题的来信。1978年，上海机床厂健全了18个经济技术管理科室，恢复了工艺科，充实了质量管理人员，对生产的200多种磨床选了7种重点产品，复查、修改和整顿设计图纸、工艺文件、设备和工艺装备。这些工作为提高产品质量打下了基础。

由于采取了一系列行之有效的措施，上海的工业生产得到了比较快的恢复。工业生产从1977年4月起逐月回升，1977年全市工业总产值达到486.2亿元，比1976年增长8.7%，扭转了自1973年以后工业发展速度逐年减缓的局面。1978年全市工业总产值达到544.66亿元，比1977年增长12.1%；58种主要工业产品产量有50种超额完成了计划。

二、农业生产的恢复和发展

粉碎“四人帮”后，市委把农业作为整个国民经济发展的基础，制定一系列具体工作措施，狠抓农业和农田水利基本建设，促进了农业生产的恢复和发展。

1976年底中央召开第二次全国农业学大寨会议，号召全国人民在揭批“四人帮”的同时，要掀起一个“抓革命，促生产”的高潮，努力把国民经济搞上去。1976年12月28日、1977年1月3日至13日，市委两次召开全市党员干部大会，传达贯彻第二次全国农业学大寨会议精神。接着，市委组织上海市党的基本路线教育工作队，下乡进驻郊区各县，深入开展农业学大寨运动，并结合农村的生产生活实际，帮助开展揭发批判“四人帮”运动，清除“四人帮”散布的一些谬论对农村干部群众的影响。“文化大革命”中，“四人帮”把发展农业生产作为“唯生产力论”进行批判，搞乱了农村干部群众的思想。工作队通过揭发批判“四人帮”对党的农村政策的干扰破坏，解除“左”倾错误思想对广大干部群众的禁锢，调动了社员群众发展农业生产的积极性。随着揭批“四人帮”斗争的深入发展，工作队及时帮助郊区各级领导班子整党整风，调整、健全领导班子，落实党的政策。

在1977年召开的全国农田基本建设会议上，中央发出要在农闲时大搞农田基本建设的号召。同年8月，市委举办农田基本建设学习班，讨论推进郊区农田水利建设。10月，市革委会提出“要把郊区农田尽快建成高产稳产农田、实现农田基本建设同城市建设、内河航运、战备相结合”的治水方针，决定建立上海市农田基本建设指挥部，作为市革委会在水利建设方面的办事机构。在完成横贯青浦、松江、上海三县，全长46公里的淀浦河开挖工程后，12月，大治河开挖工程动工，上塘民工10多万人。大治河西起黄浦江，东至东海，全长39.5公里，横跨上海、南汇等县，总土方量5441万立方米，至1979年4月竣工。大治河的开挖，对于上海、南汇、奉贤、川沙等县的排灌、航运、建设稳产高产田，起了很大的作用。

在加强农田基本建设的同时，上海加强了对农业生产的领导，干部深入第一线抓好“丰产片”，建设“吨粮田”。1978年，郊区“丰产片”农田面积达20多万亩，产量比一般农田高10%—20%。同年9月，市委召开农村工作会议，提出要正确处理农业生产和副业生产、粮食作物和经济作物的关系，促进农副业生产的发展。郊区各县还加强劳动管理，恢复定额计酬、评工计分制度，建立生产责任制，实行生产定额管理。针对片面强调“以粮为纲”，忽视多种经营的倾向，1978年11月，市革委会财贸办公室和农业办公室联合召开郊县多种经营干部会议，提出大力发展多种经营的任务和措施。明确指出，社员经营的家庭副业，只要不影响集体生产和集体劳动，不损害公共利益，不损害国家资源，就应当看作是正当的，不能乱加干涉和限制。按规定划给的自留地，归社员家庭使用种植，集体搞不了或不可能全部搞的项目和品种要鼓励社员去搞。同时规定了对国家下达的多种经营产品计划、播种面积，必须认真执行，不得擅自变动。对多种经营面积，实行鼓励先进择优安排，即凡单产高、上市多、贡献大的社队，要适当增加用地面积，给予一定的奖励；凡计划面积种植不足，产品上市少，定期不改正的，要减少用地面积。这些具体政策的规定，调动了农民从事多种经营的积极性，大大增加了计划规定市场需要品种的种植面积。郊区各县根据各自自然条件和资源，确定了各县的骨干产品，突出重点，带动一般。市郊一些县社把发展长毛兔和杞柳作为重点品种来生产。到1978年底，郊区农村饲养的长毛兔达18万只，比1977年增加8万只，交售兔毛6万多斤，价值85.7万多元，增长28%。杞柳种植也从1972年的1.3万亩增加到1.8万多亩，生产杞柳条19.23万担，可代替大量包装用木材。林业中的果园面积，1978年达到4.5万多亩，比1977年增长68.5%。此外山羊毛、麻菇、水貂、养蜂、养鳗和药材等经营项目，也有所发展。农村多种经营的恢复，使郊县农村的副业经济有了比较大的发展。

由于逐步恢复落实了农村各项经济政策，加上1978年的风调雨顺，市郊农业取得大丰收。1978年粮食产量260.88万吨，棉花12.1万吨，油菜籽11.63万吨，分别比1976年增长3.4%、77.3%和58.6%；蔬菜达到158.3万吨，比1976年增长了9.3%。上述农作物的单位面积产量超过了历史最高水平。由于郊区农副业生产的发展，部分农副产品的提价，郊区广大农民的收入有了较大的提高；1978年农民人均分配收入达到281元，比1976年增加107元。

三、财贸工作的调整和恢复

在工农业生产恢复和发展的同时，市委、市政府开始对财贸工作进行整顿。首先是批判了"四人帮"关于取消商品生产和商品交换的种种谬论，大大解放了广大商业职工的思想；然后加强商业企业的经营管理，扩大商品流通，企业内建立岗位责任制，健全经济核算制度。在清除把商业经营特色诬蔑为"封、资、修"，为"老爷、太太服务"的流毒后，各行各业的商品经营特色和传统技艺又重新提倡。另外，又开展优良服务质量活动。商业部门的各级领导干部对商品供应和网点进行了调查研究，组织合理布点。服务行业恢复了"服务到桌边"等许多好的服务传统。不少商店增加经营品种，扩大服务项目，延长营业时间，改进供应方法。1978年，仅南京路、淮海路就有100多家商店恢复了经营特色。一些著名的特色商店恢复了原来的店名，如培罗蒙西服店、王开照相馆、三阳南货店、老介福呢绒绸布店、新雅粤菜馆、张小泉剪刀店、吴良材眼镜店等重整门面，重现了原有的深受广大消费者喜爱的特色。

由于工农业生产的恢复和发展，商品货源有所增加，1978年全市商业部门的各项经济指标都逐步恢复或超过历史最高水平。1978年全市商业部门内贸工业品收购总值为128.49亿元,调出市外工业品总值107.52亿元,分别比1976年增长23.6%和33%;内贸农副产品收购和调入总值26亿元,增长20.6%。社会商品零售总额60.81亿元,上海市场又重新展现了蓬勃生机。

在对外贸易方面,主要采取了一系列措施:一是在"平等互利、互通有无"的原则下,扩大了同国际市场的交流,先后同联邦德国、日本等20多个国家建立了新的贸易关系。1978年,已同150多个国家和地区的2万多家客商建立了贸易关系。二是实行产销见面,扩大出口商品货源。1977年在对外成交中,开始由一部分工厂直接同外商见面,以便于适应外贸市场需要。1978年生产出口商品专业厂增加到1774家。三是在郊区试办农副土特产品出口的生产基地,如香菇、长毛兔、水貂等生产饲养基地。四是在贸易方式上采取主动灵活的经营方式,根据不同商品、不同地区、不同客户,恢复了定牌、数量折扣等国际市场上通用的贸易做法。各进出口公司试办了来料加工、装配业务和补偿贸易,引进了一批先进技术设备。

1978年5月,市委、市政府提出经济发展以进养出的措施:按照国际贸易通用惯例,采取多种方式,扩大以进养出;通过发挥现有生产潜力和对老企业进行技术改造,加速发展出口商品生产;建立一批样板厂,提高出口产品的竞争力;解决外贸体制和政策方面手续过繁、规定过死等问题。与此同时,上海有计划、有步骤地引进和采用国外先进技术,淘汰陈旧落后的设备和工艺装备,充分发挥老企业的作用,重点抓了30个行业的改造,迅速改变上海工业技术装备落后,劳动生产率低的状况。经过反复论证,1978年12月,大型钢铁联合企业——宝山钢铁总厂开工建设。这是新中国成立以来规模最大、投资最多的项目,总投资达230亿元,引进世界一流的生产技术和管理方式,建设规模为年产钢、铁各600万吨,使我国钢铁工业同世界先进水平的差距大为缩短。虽然引进工作受到当时经济领域中急于求成倾向的影响,出现了规模过大、要求过急的问题,但毕竟为我国的现代化建设提供了比较先进的技术装备和较高的起点,同时也为党后来制定改革开放的方针政策做了积极准备。

为适应扩大对外经济贸易事业的需要，1978年市委、市政府成立上海市出口办公室（1979年11月改为上海市进出口办公室），加强对上海市对外出口和对外经济工作的领导。1978年上海外贸出口总值为28.93亿美元，比1977年增长30.3%。

在生产发展和内外贸易增长的基础上，财政收入完成较好。全市工交企业亏损额1977年比1976年减少了50%，盈利普遍提高；工交企业上缴利润比1976年增加10%，出现了利润增长大于生产增长幅度的局面。由于扭亏增盈工作取得较大进展，地方财政收入增加较快，1977年比1976年增加8.5%。由于努力开展增产节约，财政、税务系统帮助企业加强经济核算，开展经济活动分析，促进了生产，1978年的财政收入又比1977年增加14.6%，1977年、1978年连续超额完成国家下达的财政收入任务，从而扭转了1974年至1976年连续3年完不成财政收入计划的局面。

经过全市人民的共同努力，上海的国民经济阻止了连年滑坡的势头，得到比较明显的恢复并呈现上升的态势。1978年，全市工农业总产值565.94亿元，比1976年增长21.5%；全民工业企业利润、税金为153.76亿元，比1976年增长33.3%；上海口岸出口总值达到28.93亿美元，比1976年增长45.2%；上海港口吞吐量完成7955万吨，比1976年增长47.3%。

尽管全市工农业生产和财贸工作得到较快发展，国民经济长期停滞不前甚至下降的局面得以扭转，但这两年经济增长还带有明显的恢复性质，是多年停滞以后的回升。实际上，国民经济中还存在着很多有待解决的问题，如经济比例失调，经济管理体制僵化，经济结构不合理，整个社会经济发展水平较低，人民生活还有许多实际困难。

四、经济工作中新的比例失调

随着政治局面的初步安定和经济形势的逐渐好转，广大干部群众建设愿望日渐强烈，盼望能尽快改变“文化大革命”造成的经济建设秩序混乱、发展步伐缓慢的状态，期望把被耽误的时间抢回来。但由于对过去经济建设方面的经验教训没有认真总结，对经济好转的形势又估计过高,经济工作指导思想上再度出现了急于求成的倾向。1976 年底召开的第二次全国农业学大寨会议,提出了“普及大寨县”和三年实现农业机械化的目标。1977 年的经济计划指标也因为“太保守”而受到批评并被突破。在缺乏科学论证的情况下,石油、钢铁、煤炭等行业的“跃进”计划相继提出。这些“跃进”目标的提出,对上海制定经济发展目标产生了直接影响。

根据中央制定的发展目标,上海市革委会于 1977 年 7 月重新安排 1978 年计划,强调要求速度上有一个大发展,技术上有一个大突破,管理上有一个大提高,今后三年、八年,上海工业要以每年递增 10% 以上的速度发展①。提出了在 1985 年以前集中力量把上海的钢铁、石油化工、机械、电子工业搞上去,基本建设规模和固定资产投资盲目扩大。1977 年,上海 5 万元以上的基本建设项目达 1048 个,总投资 81 亿元,比 1971 年至 1975 年总投资 55.3 亿元增加 46%。1978 年基本建设项目进一步增加到 1320 个,总投资达 99 亿元,整个经济建设的摊子和规模已远远超过了当时上海国民经济的承受能力。许多建设项目尽管从发展目标上来说很有必要,但在当时的条件下,无论从投资规模还是建设速度上来说,都脱离了实际。与此同时,郊区掀起了以改土治水为中心的农田基本建设,大打改天换地的人民战争。

在经济计划工作中继续推行所谓“积极平衡”。这表现在:一是中央各部的计划下达到上海,上海要无保留地接受。上海的经济计划实际上只是汇总各部的计划,高速度、高指标,满打满算,各部的计划把上海限制得很死,无法实现综合平衡。二是把高指标带来的缺口称为积极平衡,把量力而行、留有余地批评为消极平衡、右倾保守。三是地区计划往往自成体系,原材料物资都有缺口,地方必须自己安排生产,这就不适应社会化大生产的要求,造成经济效益低下。

在工作方法上坚持大搞群众运动。在过去的一个长时期中,以阶级斗争为纲造成了十分严重的后果。此时又用农业学大寨等群众运动的

---

① 《上海人民政府志》编纂委员会编:《上海人民政府志》,上海社会科学院出版社 2004 年版,第 294 页。

形式召开大会来指挥生产建设，满足于形式上的轰轰烈烈，不讲究扎扎实实的科学管理，不讲究实际效益。

在对外经济关系上，由于没有彻底清除“左”的指导思想，发展对外经济关系怕资本主义输入，怕修正主义渗透，担心同外商做生意会“引狼入室”，怕被扣上“卖国主义”帽子等，致使上海的对外贸易发展缓慢，上海口岸的进出口总额在世界贸易总额中的比重越来越小。

在发展经济的道路上坚持高积累、低消费，“骨头”和“肉”的比例严重失调。由于长期追求高速度、高积累，影响了人民生活质量的提高，人民改善基本生活条件的迫切要求没有摆到重要地位。据统计，1977年上海积累和分配之比高达81∶19，1978年进一步高达82.2∶17.8。在积累基金中，由于长期重生产、轻生活的思想没有得到改变，大部分用于生产性建设，非生产性建设和城市建设资金比重相对较少，历年造成的上海城市建设“欠账”没有得到解决。

由于实施这些超越当时经济发展实际的计划，使得上海的国民经济在得到恢复的同时，造成新的比例失调，水、电等能源、资源短缺与工农业发展的矛盾更加凸显。

第二节　教育、科技和文化事业的初步恢复和发展

粉碎“四人帮”后，市委从批判“两个估计”[①]、重建科教文化秩序入手，在政治、业务和生活等方面全面落实党的知识分子政策，科教文化事业迎来了大发展的春天。

① 1971年4月15日至7月31日，全国教育工作会议在北京举行。在会议通过并经毛泽东同意的、“四人帮”修改定稿的《全国教育工作会议纪要》中，提出了所谓“两个估计”，即：新中国成立后17年“毛主席的无产阶级教育路线基本上没有得到贯彻执行”，“资产阶级专了无产阶级的政”；大多数教师和新中国成立后培养的大批学生的“世界观基本上是资产阶级的”。

一、教育领域的拨乱反正

由于受“两个凡是”的禁锢，教育战线上“两个估计”仍被视为禁区，广大知识分子仍然承受着沉重的精神枷锁。

邓小平恢复工作后，1977 年 8 月主持召开科学和教育工作座谈会，听取科学家和教育工作者的意见。会上，上海交通大学的吴健中老师谈了对“两个估计”的强烈质疑和不满，认为“两个估计”就如同是强加在知识分子身上的一道“精神枷锁”和“紧箍咒”，影响了教育事业的正常发展。邓小平指出：新中国成立后 17 年的教育战线“主导方面是红线”，17 年中，“我国的知识分子绝大多数是自觉自愿地为社会主义服务的”。9 月，针对高校招生中存在的问题，邓小平提出：“要下决心恢复从高中毕业生中直接招考学生，不要再搞群众推荐”①。11 月 18 日，《解放日报》《文汇报》转发《人民日报》发表教育部大批判组一篇题为《教育战线的一场大论战——批判“四人帮”炮制的“两个估计”》。26 日，上海市革委会召开揭批“四人帮”炮制“两个估计”的反革命罪行大会，号召全市各级党组织立即行动起来，彻底肃清“两个估计”在上海的流毒和影响。会后，上海的各大专院校、广大教师和干部都产生了强烈的反响，他们纷纷发表文章，用建国 17 年教育战线在党的正确路线、方针、政策指引下取得的重大成就为事实，批驳“四人帮”诬蔑教育战线“十七年黑线专政论”的反动谬论。至此，多年来压在教育界、知识界头上的“两个估计”终于被推倒。

10 月，市委发文《批转市教育局党委关于贯彻执行〈国务院批转教育部关于一九七七年高等学校招生工作的意见〉的请示报告》，成立上海市高等学校招生委员会，开始了高等学校的招生工作。招生考试明确规定：高等学校招生实施文化统一考试，学校按文化考试成绩择优录取。为照顾因“文化大革命”而失去进入高等学校学习机会的“老三届”，即 1966 届、1967 届、1968 届高中毕业生，这次高考的考生年龄放宽到 30 周岁。

---

① 邓小平：《关于科学和教育工作的几点意见》，《邓小平文选》第 2 卷，人民出版社 1994 年版，第 55 页。

上海高考恢复后的首次考试于12月11日、12日举行。由于这是中断了11年后,高等学校第一次通过文化考试进行招生,因此,参加高考的人数多达11万人。全市分设150多个考场。考生年龄跨度从15岁到30岁,许多单位和家庭出现了师徒、师生、兄弟姐妹一起参加考试的情景。1978年7月,上海举行了1978年度高考,全市共有11.1万名考生在210个考场参加了考试。这两届上海高考共录取新生2.5万多人。在高考制度恢复的同时,同年5月,恢复了中断的研究生招生。

否定"两个估计"和恢复高考制度,使上海在教育领域的拨乱反正迈出了关键一步,激发了广大青少年学习科学文化知识的热情,调动了广大教师的积极性,保证了高等学校的教育质量。同时,对中小学恢复正常教育秩序,提高教学质量产生了积极影响。

为贯彻《教育部关于办好一批重点中小学的试行方案》,1978年2月上海市确定了重点中小学校174所,包括重点中学70所、小学102所、幼儿园2所。根据教育部颁发的《全日制十年制中小学教学计划试行草案》,上海制定颁发《关于加强全日制中小学教学工作的意见》《中小学校长、教导主任领导教学工作的若干意见(试行稿)》,对中小学教学各个环节作出较为详细的规定。为尽快提高教学质量,上海对中小学校领导班子进行调整,把业务强、管理经验丰富的教学管理骨干选拔到学校重要领导岗位上,增加对重点学校的拨款,在各区县还建立教师培训学校,请高等院校帮助培训一批中学教师。同时,抓紧落实党的知识分子政策,尽力改善教师工作生活条件,评定教师职称,表彰作出贡献的教师。1978年7月召开的上海市教育工作会议上,17名教师晋升为特级教师,并命名3名模范班主任。基础教育的发展不仅为高等院校输送了大批德智体全面发展的学生,而且为各条战线培养了具有较高文化素质的劳动者。

在恢复高等院校统一招生考试的同时,加快高等院校的恢复和发展。1978年,上海相继恢复"文化大革命"中被强行撤销、合并的一些院校,如华东师范大学、上海师范学院、上海体育学院、上海财经学院等,创办上海交通大学机电分校、复旦大学分校、上海科技大学分校等13所实行走读制的大学分校。1978年全市高等院校达45所,比1977年增加29所[①]。上海各高等学校根据教育部“坚持标准,保证质量”的要求,进行教师职称确定和提升工作。全市复旦大学等16所高校提升319人,其中理工科171人、医科74人、文科74人。越级提升14人,由教员确定为教授、副教授的51人(其中,有中医教授12人、副教授4人,上海第一次为中医学科评定高级职称),讲师升副教授的222人,副教授升教授的32人[②]。各高等院校加强师资队伍培养建设,努力改善教师的工作和生活条件,调动了教师的工作积极性。

职业技术教育和成人教育也得到了恢复和发展。1978年6月,上海市革委会批准复办和新建中等专业学校。此后又相继恢复技校的招生工作,恢复或创办化工、冶金、纺织、轻工、电力、建材、医疗器械、海关、旅游等一批高等专科学校。“文化大革命”结束后,上海对“七二一”大学进行全面整顿,重组初、中等职工教育的师资队伍与管理机构,对成人教育的布局、设点和专业设置进行统一规划和调整,大力发展电视大学、职工中专学校、职工业余学校,将验收合格的“七二一”大学改为职工大学或业余大学,将“文化大革命”期间创办的郊县“五七”农业大学改为农业技术学校或农技培训中心。同时,还举办管理干部学院、教育学院,鼓励普通高等院校举办函授学院、夜大学等,在全市试行高等教育自学考试制度,使成人教育得到较快的恢复和发展。

二、向科学技术现代化进军

“文化大革命”中,上海科技事业遭到严重破坏。粉碎江青反革命集团后,市委采取一系列措施,进行拨乱反正和加强科学技术工作。

根据党中央关于召开科学技术大会的通知精神,市委加快了科技领域工作的整顿,抓紧制订科技工作发展计划。1977年10月,市委召开上海市科技工作会议,会议制定《上海市1978—1985年重点科学技术发展纲要》。为了加强对科技工作的统一领导和管理,11月,市委决

---

① 《上海人民政府志》编纂委员会编:《上海人民政府志》,上海社会科学院出版社2004年版,第294页。

② 中共上海市教育卫生工作委员会党史资料征集委员会办公室编:《中共上海市教育卫生体育系统党史大事记》(1949—1989),上海交通大学出版社1993年版,第347页。

定恢复设立上海市科学技术委员会、中国科学院上海分院和上海市科学技术协会,成立上海科学院,与中国科学院上海分院一套班子,挂两块牌子。上海市科学技术委员会设党组。市革委会各委、办、局也先后建立、恢复科技管理机构,各区、县相继恢复了科学技术协会,建立了科委。市科学技术协会的 44 个学会也先后恢复活动。

1978 年 2 月,市委召开上海市科学大会,提出要抢时间、争速度,把上海建设成为一个具有世界先进水平的工业和科学技术基地;要求建立一支宏大的科技队伍,拥有一大批世界第一流的科学家;形成一批基础科学中心和新技术研究中心;拥有现代化的科学实验手段;在科学技术的主要领域,多数接近或赶上当时的世界先进水平,部分超过世界当时的先进水平;解决国家四化建设中的重大科技问题。这个奋斗目标脱离了当时国家科学技术与经济水平的实际,显示出冒进的态势。大会给予 300 多个先进单位和 900 多名先进个人发奖,向科学大会献礼的科技成果有 390 项;同时举办上海市科技成果展览会。大会号召全市广大科技工作者向科学技术现代化进军,为实现四个现代化作出贡献。

同年 3 月,中共中央在北京召开全国科学大会。会议指出,科学技术是生产力,我国绝大多数科学技术人员已经是工人阶级和劳动人民自己的知识分子,已经是工人阶级的一部分,是我们党的一支依靠力量。上海有 200 多名代表参加,有 16 个先进集体、81 名先进科技工作者得到大会的表彰,还获得优秀科技成果奖状 1115 张。上海的“从动物血中提取抗 A 抗 B 标准血清鉴定人类血型”科研成果,荣获全国科学大会颁发的“重大贡献奖”。

为了贯彻全国科学大会精神,1978 年 4 月,市委召开全市党员干部会议。会议强调要加强党对科研工作的领导,进一步落实知识分子政策。在研究所内部,普遍进行定方向、定任务、定人员、定设备、定协作关系为内容的整顿工作,要求各研究所以出成果、出人才为基本任务,保证科研人员每周有六分之五的时间从事研究工作,等等。同时,会议决定开展 10 项重点项目科研会战,即大规模集成电路、计算机技术及应用、光纤通信、超导技术、环境保护、肿瘤防治、水稻良种选育、催化剂筛选技术、精密仪器和遥感科学及应用等项目的攻关。明确的科研方向和任务,良好的科研环境,使科研工作了有较快的进展。1977年、1978年两年内取得重要科技成果1259项;恢复了技术职称评定工作,全市完成11万名科技人员技术职称的评定。

上海的社会科学研究工作获得了新生。1978年1月,市委宣布恢复中断活动10余年的上海市哲学社会科学学会联合会。随后,所属的哲学、经济、历史、语文、外文、法律、教育、国际关系等8个学会恢复并开展活动。在“文化大革命”期间被解散的上海社会科学院于1978年10月恢复,该院除了恢复原有的哲学、经济、历史、法学研究所外,还新组建了部门经济、世界经济、文学、情报、社会学、人口学、青少年、宗教、苏联东欧等10多个研究所。复旦大学、华东师范大学等高等院校重建、创建了一批研究所(室)。全市社会科学工作者以马克思主义为指导,积极清除“左”的影响,投身于理论战线的拨乱反正,在真理标准问题讨论、正确评价毛泽东思想和探索有中国特色社会主义现代化建设等重大理论问题的讨论中发挥了积极的作用。

三、文化事业开始重新走上正轨

在恢复与发展教育、科技事业的同时,市委非常重视文化事业的恢复和发展。上海的文化事业在“文化大革命”时期遭到严重破坏,大批文艺工作者受到迫害,大量的文艺作品受到批判。粉碎“四人帮”后,广大文艺工作者在市委的支持下,打破了林彪、“四人帮”炮制的“文艺黑线专政论”,调整各级各类文化机构,开展落实党的文艺政策、平反冤假错案等工作,一些深受广大人民群众喜欢的优秀文艺作品被重新搬上舞台。

上海文艺界的拨乱反正始于“文化大革命”前17年部分优秀文学艺术作品的开禁。复映、复演和重印被长期禁锢的优秀文艺作品,是上海文艺界开展揭批江青反革命集团的重要组成部分。在电影方面,1976年10月,上海全市影院恢复上映了《创业》《海霞》和《园丁之歌》等影片。1977年上海又相继恢复上映《红色娘子军》《林则徐》《枯木逢春》等故事片。到1978年春节前夕,已恢复上映“文化大革命”前拍摄的故事片100多部[①]。戏剧方面，1977年，话剧《万水千山》《南海长城》，以及评弹《蝶恋花·答李淑一》等一批被禁演的优秀剧目获得新生。1977年上半年，全市戏剧演出2371场，其中剧场公演1604场。上海的文艺舞台上，不仅恢复上演了京剧《海瑞上疏》《铁流东进》等优秀传统剧目，而且一批曾被迫停演或取消的剧种、音乐、舞蹈、杂技、木偶、曲艺也相继重新排演了优秀传统节目，如昆剧《琼花》、越剧《忠魂曲》、沪剧《鸡毛飞上天》、淮剧《白蛇传》，等等。文学方面，1977年5月25日，《文汇报》刊登了被迫停笔10年的老作家巴金的《一封信》。此后，《文汇报》又先后发表了艾青、于伶、柯灵等一批老作家"文化大革命"结束后的第一篇作品。同年起，为了展示各类新创作，上海先后恢复创办了《上海文学》《外国文艺》《中华文史论丛》《艺苑掇英》等一批专业期刊。到1978年9月，上海共有文艺期刊、丛刊41种。图书出版方面，为缓解"文化大革命"造成的严重"书荒"，1977年下半年，上海重印了外国历史小说《斯巴达克思》，重版了17册《数理化自学丛书》。1978年5月初，上海又集中重印出版发行了35种中外文学名著，其中包括中国现代文学《子夜》《家》《新儿女英雄传》等，中国古典文学名著和古典诗词选注本《儒林外史》《官场现形记》《古文观止》《唐诗选》《宋词选》，以及外国文学作品《悲惨世界》《安娜·卡列尼娜》《牛虻》等。中外名著的重印再版，使新华书店出现了门庭若市的景象。两个月内，读者通宵达旦排队买书，上海各基层店发行150多万册，一时盛况空前。南京东路新华书店门市部排队买书最多的一天达1.6万人。上半年，上海发行所向全国发行沪版的中外文学名著200万册。

完成思想上的拨乱反正，是实现上海文化艺术事业全面复兴的重要任务和根本保证。文化艺术界思想上的拨乱反正、正本清源是从揭批江青反革命集团大搞阴谋文艺开始。1977年，上海通过召开各类会议或发表文章，揭露和批判江青反革命集团在文艺界大搞阴谋文艺的罪行。同年5月，上海市委召开纪念毛主席《在延安文艺座谈会上的讲话》发表三十五周年文艺座谈会，有文学、戏剧、电影、美术、音乐等工作者660

---

① 《春回影坛银幕生辉》，《文汇报》1978年2月5日。

余人参加会议,参会人员揭发批判“四人帮”篡改毛泽东文艺思想、破坏社会主义文艺事业的罪行,决心为繁荣发展社会主义文艺作出新的贡献。

在复映复演再版传统优秀文艺作品,开展思想上的拨乱反正的同时,上海加紧了恢复调整文化机构、重组文艺队伍的步伐。1977 年,上海建立了上海曲艺团,恢复了上海人民淮剧团、上海歌剧院。1978 年后,上海先后恢复成立了上海人民艺术剧院、青年话剧团、上海交响乐团和上海民族乐团,改建原上海京昆剧团,正式成立上海昆剧团,改建原上海京剧团为独立的上海京剧一、二、三团,并新建了上海乐团、上海芭蕾舞团、上海歌舞团。至 1979 年底,上海共重建重组了 17 个市级艺术表演团体。上海各家出版社也开始了恢复重建工作。1978 年 1 月,市委决定上海出版系统恢复原来建制,重建上海市出版局,下设上海人民出版社、上海文艺出版社、上海人民美术出版社、上海古籍出版社、少年儿童出版社、上海教育出版社、上海科学技术出版社、上海辞书出版社、上海译文出版社和上海书画出版社等 10 个专业出版社,新建了中国大百科全书出版社上海分社、上海科学技术文献出版社。与此同时,市委宣布恢复中断活动 10 余年的上海市文学艺术界联合会和作协、剧协、美协、音协等协会。

平反冤假错案、落实知识分子政策也是文艺界拨乱反正的重要内容。在加快平反冤假错案的同时,上海文艺界还贯彻落实党的知识分子政策,积极退还文物、图书等抄家物资,对文艺六级以上人员补发了在运动中被强行扣发的工资,聘请了一批老画家为兼职画师或特约作者,每月补贴固定生活费,定期组织学习,安排创作。同时,放手使用知识分子,充分发挥其作用,并加强了在知识分子中发展党员和提拔干部的工作。1978 年后,吴贻弓、闵惠芬、孙道临、石筱英、艾世菊等一批文艺界知名人士先后加入了中国共产党。

重新获得艺术新生命的上海文艺工作者以饱满的精神投入创作排演,并积极培养新生文艺力量。1978 年 5 月至 6 月,上海恢复举办了“文化大革命”结束后的首届“上海之春”,也就是第八届“上海之春”。这次文艺会演历时三周,汇聚了 16 个专业文艺演出团体和 24

个业余文化演出团体的2000多人，共演出了13台、62场，288个音乐舞蹈节目①。

在市委的重视和关心下，上海文艺创作逐步活跃并开始繁荣。1978年，青年剧作家宗福先创作了歌颂1976年四五运动的四幕话剧《于无声处》。该剧以群众在天安门广场悼念周恩来总理为背景，正面描写欧阳平与江青反革命集团的斗争，宣泄了久抑在人们心中的积愤和呼声，引起了广大观众的强烈反响和共鸣。它在全国率先发出了为天安门事件平反的呼声，被誉为“戏剧舞台上的一声春雷”。9月，该剧在市工人文化宫剧场举行首场演出，获得成功。10月，《文汇报》连续三天用三个版面全文刊载该剧剧本。11月，《于无声处》剧组受邀进京演出。北京观众在寒夜里通宵排队争购戏票，演出通过电视向全国转播，当时约有数千万人之多的观众在剧场里、电视机前，观看演出。11月14日，经中央批准，中共北京市委宣布，天安门事件完全是革命行动。16日，《人民日报》发表特约评论员文章《人民的愿望，人民的力量——评话剧〈于无声处〉》。文章指出，话剧《于无声处》是天安门广场革命群众运动的艺术表现。此外，还有京剧《刑场上的婚礼》、越剧《忠魂曲》、评弹《丹心谱》、上海说唱《狗头军师》等一批以歌颂老一辈无产阶级革命家丰功伟绩、揭露江青反革命集团罪恶题材的新作，这些作品较好地发挥了作用。

在文学创作方面，自从《人民文学》1977年第11期发表刘心武创作的揭露“四人帮”文化专制主义对青少年造成的严重后果，给青少年留下心灵创伤的社会问题的短篇小说《班主任》后，1978年8月11日的《文汇报》上，刊登了复旦大学中文系一年级学生卢新华的短篇小说《伤痕》。当天的《文汇报》加印至150万份。小说突破了当时文学创作不能有中间人物、不能写社会主义时代的悲剧等很多禁区，以一个悲剧故事，揭露了极左路线和血统论给中国社会，特别是青年一代心灵上造成的伤害，成为当时思想解放运动中“发自文艺界的一声粗重的呐喊”，一时轰动全国。9月2日，北京《文艺报》召开座谈会，讨论《班主任》

① 《文汇报》1978年6月16日。

和《伤痕》。自此，“伤痕文学”的提法开始流行。“伤痕文学”是“文化大革命”这场社会大动乱后的产物，它集中揭示了十年浩劫给人们的身心所造成的累累伤痕，是对“文化大革命”的最初反思，它对清算“文化大革命”的罪恶，对文学界的思想解放起了十分重要的作用。

第三节　实现伟大历史转折

1978年12月18日到22日，党的十一届三中全会在北京召开。这次全会高度评价了真理标准问题的讨论，从根本上打破了“两个凡是”的束缚，结束了粉碎“四人帮”之后两年中党的工作在徘徊中前进的局面。全会充分肯定了必须完整、准确地掌握毛泽东思想的科学体系，确定了解放思想、开动脑筋、实事求是、团结一致向前看的指导方针，果断停止使用“以阶级斗争为纲”的口号，作出了把党和国家工作中心转移到经济建设上来，实行改革开放的历史性决策，实现了新中国成立以来党的历史的伟大转折，我国改革开放由此揭开序幕，中国从此进入了改革开放和社会主义现代化建设新时期，中国共产党从此开始了建设中国特色社会主义的新探索。

1978年12月23日，在党的十一届三中全会公报发表的当天，市委发出《关于认真组织学习〈党的十一届三中全会公报〉的通知》，要求全市广大党员干部群众认真学习党的十一届三中全会公报，解放思想，开动脑筋，结合本地区本单位的实际，群策群力，同心同德，团结一致向前看，胜利地实现党的工作中心的转移，把大家的智慧和力量集中到搞好社会主义四个现代化建设上来。

1979年1月4日，中共中央决定彭冲任中共上海市委第一书记、市革命委员会主任。苏振华、倪志福不再兼任中共上海市委、上海市革命委员会的职务。

为推动党的十一届三中全会精神在上海的贯彻落实，1月6日至16日，2月13日至15日，市委分两段召开工作会议，传达和学习中共十一届三中全会精神，研究落实工作重点转移的各项措施。在1月召开的工作会议上，与会同志解放思想，畅所欲言，不回避矛盾，结合学习中共十一届三中全会精神，对照上海实际，对上海的一些重大问题，包括“文化大革命”期间及其以前的一些问题，特别是粉碎“四人帮”两年多来市委的工作，以及领导平反冤假错案和开展真理标准问题讨论等问题，进行了认真和深入的讨论。会议就上海进一步开展揭批“四人帮”运动，抓紧处理好上海人民特别关心的拨乱反正、平反冤假错案，解决历史遗留问题，解决“文化大革命”期间的所谓“防扩散”案件，解决1959年“反右倾”遗留问题等七个问题作了结论，宣布凡属冤假错案的一律彻底平反。在2月召开的工作会议上，市委提出了要把上海建设成为先进工业、先进科学技术和对外贸易的基地，为社会主义四个现代化建设作出贡献的任务。为了适应工作重点转移的新形势，会议作出了要改变党包办一切的领导方法，逐步做到党政分工；改变衙门作风，提高办事效率，学会围绕四个现代化建设做思想政治工作；领导深入调查，抓好典型，总结经验，指导全面等八项决定。市委决定，从2月15日起，在全市掀起一个学习党的十一届三中全会精神，向群众进行全党工作着重点转移的宣传教育高潮。市委认为，把全党工作的着重点转移到社会主义现代化建设上来是一次伟大的革命转变。为使全市党员干部和广大群众适应这一伟大的转变，市委要求广泛深入地开展宣传教育工作，动员全市人民都来想工作重点转移，讲工作重点转移，议工作重点转移，努力搞好本职工作，为实现四个现代化贡献自己的全部力量。

2月2日至4月24日，市委召开理论工作务虚会。这次会议按照中央正在北京举行的理论工作务虚会精神，印发了胡耀邦在北京理论工作务虚会上的讲话等15个文件和材料。市委主要领导出席会议作了报告和总结。参加会议的同志敞开思想，联系实际，对市委在真理标准问题讨论上的态度，提出了批评。会议还对人们比较关心的一些重大理论问题，比如：关于社会主义时期的阶级斗争和主要矛盾，“无产阶级专政下继续革命”的口号，“文化大革命”的历史教训，1957年以来党内“左”的错误发展的历史教训，新中国成立以来党的路线、方针和政策，如何正确理解毛泽东思想等重大问题，展开了热烈的讨论，批判了“左”的错误。会议后期传达了邓小平在北京理论务虚会上的讲话，强调在中国实现四个现代化，必须坚持四项基本原则，如果动摇了四项基本原则中的任何一项，那就会动摇了整个社会主义事业、整个现代化建设事业。同时，针对当时人们思想的实际，提出既要进一步清除“左”的错误思潮，也要反对右的错误思想，坚持用辩证唯物主义的观点正确认识和解决工作着重点转移中出现的一些新问题。

市委工作会议和理论工作务虚会推动了全市贯彻党的十一届三中全会精神，实现工作着重点转移的进程。从此，“文化大革命”和长期“左”的错误造成的严重混乱局面根本改观，上海平稳地实现了历史转折。全市各个领域的拨乱反正全面展开。全市范围内深入开展真理标准问题大讨论补课，彻底否定“两个凡是”的方针，实事求是的马克思主义思想路线确立起来；全面平反冤假错案，彻底解决历史遗留问题，实行“调整、改革、整顿、提高”的方针，在城市开展了以扩大企业自主权为重点的体制改革，在农村开始进行多种形式生产责任制的探索，发展教育、科技、文化等事业，开展社会主义精神文明建设，进一步巩固和发展安定团结的政治局面和社会秩序，上海经济社会发展进入新的历史时期。

结　束　语

从1949年5月上海解放到1978年12月党的十一届三中全会召开,是中国共产党领导上海人民进行社会主义改造和开始全面建设社会主义的时期。

这29年间,在党中央的坚强领导和兄弟省市的大力支持下,上海市委坚持以马克思列宁主义、毛泽东思想为指导,团结带领全市人民自力更生、发愤图强,实现了从新民主主义到社会主义的转变,进行社会主义革命,推进社会主义建设,取得了巨大成就,为当代上海的发展进步奠定了根本政治前提和制度基础,积累了开展社会主义建设的重要经验。这一时期所取得的成就主要表现在以下几个方面:

战胜政治、经济、军事等领域的一系列挑战,建立和巩固了新生的人民民主政权。上海的解放,既是中国革命真正由农村进入城市的历史标识,也是国际社会关注中国共产党能否在城市站住脚,并长久掌握政权的焦点所在。面对解放之初政治、经济等领域的严峻挑战,上海市委根据党中央和毛泽东的指示,坚决贯彻全心全意依靠工人阶级、广泛团结各界人士的方针,围绕生产建设这一中心工作,打破国民党当局的封锁轰炸,通过"银元之战"和"米棉之战"战胜投机势力,在较短时间内顺利完成国民经济恢复任务;迅速稳定社会秩序,开展抗美援朝运动,进行社会各方面民主改革,荡涤旧社会污泥浊水,上海的社会面貌由此焕然一新。

确立社会主义制度,为上海的发展奠定根本政治前提和制度基础。在迅速恢复国民经济的基础上,上海市委根据党中央提出的过渡时期总路线要求,开始进行有计划的社会主义建设,基本上完成对生产资料私有制的社会主义改造,基本上实现生产资料公有制和按劳分配,建立起社会主义经济制度。同时在推进民主建政过程中,建立人民代表大会制度这一根本政治制度,实行中国共产党领导的多党合作和政治协商这一基本政治制度,为人民当家作主提供了制度保证。社会主义制度在上海的确立,是上海历史上最伟大、最深刻的变革之一,为上海尔后的一切进步和发展具有深远的历史意义。

建设先进工业基地和科学技术基地,为我国建立起独立的比较完整的工业体系和国民经济体系作出重要贡献。在我们党探索符合中国国情建设道路的过程中,上海市委充分发挥自身工业基础较为雄厚、技术人才较为集中等优势,顺时应势制定"充分利用、合理发展"等重要方针,把上海初步建成一个生产门类比较齐全、协作配套能力比较强、科学技术水平比较高的综合性工业基地和科学技术基地,取得了一批中国第一,乃至世界第一的重要成就。上海市委积极响应党中央"向科学进军"的号召,在国防尖端技术和基础理论研究领域取得一批接近或达到世界先进水平的重要成果,初步实现了把上海建成我国先进的工业和科学技术基地的目标。

文化和社会建设卓有成效,人民群众的物质生活和文化生活得到显著提升。这一时期,上海市委始终坚持马克思主义的指导地位,贯彻中央"百花齐放、百家争鸣"方针,发展社会主义文化,创作了一批蜚声国内外的优秀文化成果,极大丰富了人民群众的文化生活;积极发展人民教育,劳动人民的受教育水平不断提高,并为社会主义建设培养了大批人才。积极发展卫生事业,保障和促进人民身体健康,居民平均预期寿命显著延长,从解放初的三四十岁提高至1978年时的73.35岁。贯彻"两为"方针,兴建工人新村,改善公共基础设施,人民生活环境和居住条件得到较大改善。在热火朝天的社会主义建设中,上海涌现出了以"南京路上好八连"、杨富珍为代表的先进集体和模范人物,自力更生、奋发图强、艰苦奋斗、勤俭建国的社会主义新风尚蔚然成风。

牢固树立"全国一盘棋"思想,为支援全国建设贡献力量。从20世纪50年代开始,上海市委坚持在服从服务国家发展战略中发展自己,围绕中共中央制定的优先发展重工业，建设社会主义工业化强国的发展战略，充分运用现有工业设备的能力，充分发挥各方面的潜在力量，从人力、物力、财力等各方面支持国家重点建设项目和各省市地方经济社会的发展，其领域涉及工业、商业、服务业、金融、教育、文化、卫生等各个方面。通过支援全国建设，不仅对改善全国发展不平衡的状况产生积极影响，从中也体现出上海这座城市的品格特质和价值导向。

执政条件下党的自身建设显著加强，党的领导地位不断巩固。这一时期，上海市委高度重视执政条件下党的自身建设问题。扎实开展思想教育，不断提升广大党员政治素质和理论水平；开展干部理论学习和知识培训，不断提高领导水平。探索建立并不断完善符合上海特点的党的领导体制和组织设置，不断发展壮大党的队伍，党员的先锋模范作用和基层党组织的战斗堡垒作用得到充分体现，成为推进上海各项事业发展的组织保障。坚决贯彻党中央关于“两个务必”的要求，针对党在执政以后可能产生的种种消极现象，端正党风，严肃党纪，惩处党内和干部队伍中的腐败现象，增强党的纯洁性，党与群众的联系更加紧密。

29 年春华秋实，29 年栉风沐雨，成绩与挫折并存，平坦与坎坷交织。诚然，在探索社会主义建设道路的过程中，先后经历了“大跃进”运动、人民公社化运动等曲折，及至 1966 年爆发的“文化大革命”运动，使上海各方面工作遭受最严重的挫折和损失，教训十分深刻。但就总体上而言，党团结带领上海人民在建设社会主义的道路上勠力同心，百折不挠，攻坚克难，不断地夺取胜利，才是这一时期历史的主题和主线，本质和主流。29 年的探索和实践积累的正反两方面经验，对于党领导上海人民顺利地走向更美好的未来具有深刻启示：

一、必须坚持党的全面领导，确保上海社会主义建设道路的正确政治方向。中国共产党是领导我们事业的核心力量。这一时期，上海市委之所以能团结带领全市人民战胜一系列艰巨挑战、实现国民经济的全面恢复、建立社会主义基本制度、开展社会主义建设并取得重大成就，正是由于坚持党的全面领导。坚决贯彻落实中央的决策部署，始终在思想上政治上行动上同党中央保持一致。充分发挥党的领导政治优势，把党的领导落实到全市工作的各领域各方面各环节，不断增强党的政治领导力、思想引领力、群众组织力和社会号召力,为上海社会主义建设事业的顺利开展提供了根本政治保证。

二、必须坚守党的初心使命,把人民对美好生活的向往作为推动上海发展的奋斗目标。党的根基在人民、血脉在人民、力量在人民,人民是党执政兴国的最大底气。这一时期,上海党组织始终坚持全心全意为人民服务的根本宗旨,使人民群众充分享受社会主义建设的丰硕成果。始终坚持党的群众路线,充分调动一切积极因素,充分激发蕴藏在人民群众中的创造伟力,使广大人民群众的主人翁作用在建设新上海过程中得到充分发挥。

三、必须坚持服从服务国家战略,自觉把上海发展放在全国发展的大局进行思考和谋划。全国支援上海,上海支援全国,上海的发展离不开党中央的关心指导和兄弟省市的大力支持。党的第一代领导集体高度重视上海的地位和作用,在关键时刻都对上海的发展作出重大战略决策,为上海的发展指明了正确方向。上海市委也牢固树立大局意识、全局观念,将服务全国作为根本使命,自觉把自身发展放在全国发展的大局进行思考和谋划,在服务国家战略中构筑上海发展的战略优势。

四、必须坚持以经济建设为中心,大力发展生产力提升人民生活水平。贫穷不是社会主义,社会主义的根本任务是发展生产力。从解放伊始把恢复和发展经济作为中心任务,在较短时间内实现国民经济的全面恢复;到社会主义改造基本完成,进入社会主义社会后,根据党的八大作出的社会主要矛盾是人民日益增长的物质文化需要同落后的社会生产之间的矛盾的正确判断,把党的工作重点坚定不移地转移到以经济建设为中心的社会主义建设上来,上海市委始终坚持以经济建设为中心,大力发展生产力,并在此基础上逐步改善人民的物质文化生活。

五、必须坚持敢于斗争,以强烈责任意识推动上海有效应对前进道路上的风险挑战。党和人民取得的一切成就,不是天上掉下来的,不是别人恩赐的,而是通过不断斗争取得的。面对敌对势力的封锁轰炸和颠覆破坏,面对旧中国留下的生产萎缩、民生困苦的烂摊子,上海市委正是通过发扬昂扬斗志和拼命精神,团结带领全市人民通过自力更生、发愤图强,战胜一切可以预见和难以预见的风险挑战,确立社会主义基本制度,实现上海历史上最深刻最伟大的社会变革;推进社会主义建设,推动上海各项事业取得历史性成就。

六、必须坚持统一战线,最大限度凝聚起共同奋斗建设新上海的力量。建立最广泛的统一战线,是党执政兴国的重要法宝。这一时期,上海市委把做好党的统一战线工作摆在重要位置,既注重团结一切可以团结的力量,调动一切可以调动的积极因素,充分发挥统一战线人才荟萃、智力密集、联系广泛的优势;又注重将党的领导贯穿于统一战线各领域和统战工作全过程,更好推动各界人士为全市中心工作和重要战略任务的顺利推进贡献力量。

七、必须坚持加强和改进党的自身建设,为上海的发展提供坚实的组织保障。办好中国的事情,关键在党。这一时期,上海市委一手抓好党的思想建设、组织建设和作风建设,提高全市各级党组织的组织力、凝聚力和战斗力,使党成为一个有统一意志、组织严密的整体;一手抓好党的领导体制的完善和执政水平的提升,加强党对国家事务和各项经济、文化、社会工作的领导,正确处理党同这些组织关系,从各方面保证权力机关、行政机关、司法机关和各种经济文化组织有效地行使自己的职权,保证各类群众组织主动负责地进行工作,确保党始终成为引领上海经济社会发展顺利推进的坚强领导核心。

纵观整个社会主义革命和建设时期,上海完成了从旧社会的“十里洋场”“冒险家的乐园”向人民城市的质的蜕变。这座城市的一切成就和变化,离不开中国共产党的坚强领导,离不开以毛泽东同志为核心的党的第一代中央领导集体的亲切关怀和把脉指向,离不开兄弟省市的大力支持,更离不开广大共产党员同全市人民的赓续奋斗。随着 1978 年党的十一届三中全会的召开,一个风华正茂的上海,以崭新的姿态昂首阔步迈进了改革开放和社会主义现代化建设新时期。

习近平总书记指出:“回望过往的奋斗路,眺望前方的奋进路,我们必须把党的历史学习好、总结好,把党的成功经验传承好、发扬好。”站在新的历史起点上重温上海社会主义革命和建设 29 年的历史,从中汲取奋勇前进的力量,必将激励全市人民为创造上海更加美好的明天而不懈奋斗,在不断展开的历史新画卷上书写新的奇迹。

后　记

研究和编写中国共产党在上海的历史，是中共上海市委党史研究室承担的一项重要职责。在喜迎党的二十大召开之际，根据中央党史和文献研究院统一部署，由我室组织编写的《中国共产党上海历史》第二卷(1949—1978)(以下简称《上海二卷》)一书正式出版了。

本书反映的是自1949年5月上海解放至1978年12月党的十一届三中全会召开这29年的历史。我们在编写本书时，努力遵循以下基本指导原则：

(一)坚持马克思列宁主义、毛泽东思想、邓小平理论、"三个代表"重要思想、科学发展观，全面贯彻习近平新时代中国特色社会主义思想；对重大历史问题的把握，以中共中央《关于建国以来党的若干历史问题的决议》《关于党的百年奋斗重大成就和历史经验的决议》及党的十一届三中全会以来中共中央、上海市委的历次重要会议和有关党史的重要论述为依据。

(二)坚持辩证唯物主义和历史唯物主义，力求全面准确展现社会主义革命和建设时期中国共产党领导上海人民自力更生、发愤图强的奋斗历程、取得的伟大成就；客观反映中共上海市委在探索社会主义建设道路过程中积累的宝贵经验；充分揭示新中国成立以来上海党的队伍不断发展壮大和加强党的自身建设的历史启迪。

(三)坚持以史鉴今资政育人，既以档案资料为主要依据，又充分吸收、积极借鉴和利用党史学界的最新研究成果。以"不忘前人、激励今人、启迪后人"为目的，坚持为进一步增强"四个意识"，坚定"四个自信"，做到"两个维护"服务；为坚持社会主义核心价值体系，传承红色基因，弘扬城市精神品格服务；为坚持人民至上，站稳群众立场，深入践行人民城市重要理念服务。

《上海二卷》的编写，是在中共上海市委党史研究室主任室领导下进行的。它是中共上海市委党史研究室集体研究的成果，凝聚了几代上海党史工作者的心血。

自2000年启动《上海二卷》写作工作后，历任主任室都高度重视该书的编写工作，将其作为上海党史工作五年规划的重点项目。对《上海二卷》编写和修改中的一些重大问题，如编写的指导原则、基本方案、结构框架以及对重大问题的把握、重要意见的采纳等，都经过主任室集体讨论决定。

根据主任室的要求，参与《上海二卷》编写人员从梳理这一时期上海地方党史的发展脉络和重大事件入手，形成《上海二卷》写作大纲。随着2011年《中国共产党历史》第二卷（1949—1978）的正式出版，在完善大纲的基础上推进书稿的撰写和修改工作。从2021年8月起，在严爱云主任、唐洪涛副主任的领导下，根据中央最新精神启动新一轮修改工作。全书分为17章，具体撰写人员如下：第一章和第二章张励，第三章贾彦、刘玉杰，第四章谢黎萍、段春义，第五章至第七章张励，第八章黄坚，第九章黄坚、段春义，第十章黄坚，第十一章贾彦、刘玉杰，第十二章黄坚，第十三章严爱云、张鼎，第十四章严爱云、徐建刚、张鼎，第十五章黄金平，第十六章郭继，第十七章黄金平。张励、黄金平对全书进行统稿。全书最后由严爱云定稿，经主任室审议后，报上海市委批准出版。

在本书编写过程中，中央党史研究室郑谦、武国友、张化对本书大纲提出宝贵修改意见；本室和研究二处老领导冯小敏、俞克明、徐建刚、顾明、张文清、吴振兴、谢黎萍、邹荣庚、吴祥华、曹力奋、孙锡鸿等审读书稿并提出修改意见。忻平、杜艳华、完颜绍元、张秀莉、邵雍、金光耀、金大陆、周武等专家学者（按姓氏笔画为序排列）也为本书提出修改意见。上海市委党史研究室研究二处承担书稿的主要编写任务和组织协调工作，其他处室也给予大力支持。中共党史出版社的领导和编辑为本书的出版付出了辛勤努力，在此一并表示由衷的感谢！

全书内容时间跨度长、涉及领域广，内涵十分丰富，由于自身水平有限，书中的疏漏与不足之处，恳请广大读者不吝赐教，以便在再版时作适当修订。本书所用照片的摄制者，有的因各种原因一时未能取得联系，望能在见书后与我们联系。

中共上海市委党史研究室

2022年3月

丛书后记

历史是最好的教科书。党的十八大以来,以习近平同志为核心的党中央高度重视党史和文献工作。全国党史和文献部门深入贯彻落实习近平总书记关于党史和文献工作的一系列重要论述,扎实开展党史研究和编写工作,推出系列党史编研成果,充分发挥了以史鉴今、资政育人的作用。

为庆祝中国共产党成立100周年,中央党史和文献研究院组织各省(自治区、直辖市)党史和文献部门编写和修订本地区新民主主义革命时期的中国共产党历史基本著作,由中共党史出版社推出《中国共产党历史(地方卷)集成·新民主主义革命时期》(简称"一卷集成"),为开展党史学习教育和"四史"宣传教育提供了重要读本,受到社会各界的好评。

为迎接党的二十大胜利召开,深入贯彻落实中共中央办公厅《关于推动党史学习教育常态化长效化的意见》,"推动正确党史观更深入、更广泛地树立起来,让正史成为全党全社会的共识",中央党史和文献研究院组织《中国共产党历史(地方卷)集成·社会主义革命和建设时期》(简称"二卷集成")编写出版工作,用党的光辉历程和伟大成就鼓舞斗志、明确方向,用党的光荣传统和优良作风坚定信念、凝聚力量,用党的实践创造和历史经验启迪智慧、砥砺品格,为实现中华民族伟大复兴的中国梦提供不竭精神动力。

"二卷集成"编写出版工作,坚持以习近平新时代中国特色社会主义思想和习近平总书记关于党史、文献工作的重要论述为指导,以党的第二个历史决议、第三个历史决议为遵循,注重吸收最新研究成果。中央党史和文献研究院院务会高度重视此项工作，曲青山院长给予大力指导。各地党史和文献部门积极配合，26个省（自治区、直辖市）完成了“二卷集成”的编写出版任务。“二卷集成”的出版，是全国党史和文献部门向党的二十大献上的一份厚礼！

党有所需，史有所为。编写出版中央和地方党史基本著作，是党中央赋予全国党史和文献部门的重要职责。我们将继续做好后续集成丛书的编写出版工作，全面系统讲好党的历史，修好红色家谱，为广大党员干部群众在新时代新征程深入学习党史、从党史中汲取前进的智慧和力量，不断作出新的贡献。

中央党史和文献研究院第七研究部

2022年9月